Schachtaktik richtig berechnen

Valeri Beim

Aus dem Englischen übertragen von Petra Nunn

AF730028

GAMBIT

Die englische Originalausgabe erschien unter dem Titel *How to Calculate Chess Tactics* bei Gambit Publications Ltd im Jahr 2006
Deutsche Erstausgabe bei Gambit Publications Ltd im Jahr 2015

Copyright © Valeri Beim 2006, 2015
Übertragung aus dem Englischen © Petra Nunn 2015

Valeri Beims Recht als Autor dieses Werks wurde in Übereinstimmung mit dem Copyright, Designs and Patents Act 1988 geltend gemacht.

Alle Rechte vorbehalten. Diese Publikation darf ohne vorherige Einwilligung des Verlags weder ganz noch teilweise vervielfältigt, in einem Datenabfragesystem gespeichert oder eingefügt und in keiner Weise (elektronisch, mechanisch, als Fotokopie, aufgezeichnet oder in anderer Weise) übertragen werden. Insbesondere darf diese Publikation ohne vorherige Einwilligung des Verlags weder ganz noch teilweise gescannt, im Internet verbreitet oder auf eine Website hochgeladen werden. Jede unerlaubte Handlung in Verbindung mit dieser Publikation unterliegt ggf. strafrechtlicher Verfolgung und begründet zivilrechtliche Schadensersatzansprüche.

ISBN-13: 978-1-910093-24-5
ISBN-10: 1-910093-24-6
(Englische Ausgabe: ISBN-13: 978-1-904600-50-3; ISBN-10: 1-904600-50-6).

VERTRIEB:
Weltweit: Central Books Ltd, 99 Wallis Rd, London E9 5LN, England.Tel +44 (0)20 8986 4854
Fax +44 (0)20 8533 5821.E-Mail: orders@Centralbooks.com

Gambit Publications Ltd, 99 Wallis Rd, London E9 5LN, England.
E-Mail: info@gambitbooks.com
Website (wird regelmäßig aktualisiert): www.gambitbooks.com

Englische Ausgabe editiert von Graham Burgess.
Deutsche Bearbeitung und Satz: Petra Nunn
Titelbild: Wolff Morrow
Gedruckt und gebunden von TJ International, Padstow, Cornwall, England

10 9 8 7 6 5 4 3 2 1

Gambit Publications Ltd
Direktoren: Dr. John Nunn GM, Murray Chandler GM und Graham Burgess FM
Deutsche Redakteurin: Petra Nunn WFM

Inhalt

Zeichenerklärung 4
Einführung 5
„Der Teufel steckt im Detail“ 7

Teil 1: Taktik im Schach 8
Was ist Taktik, und was sind Kombinationen? 8
Taktik in der Praxis 20
Schlag auf Schlag 26
Logische Analyse 32
Die Entwicklung der taktischen Fähigkeiten 46

Übungen zum 1. Teil 56

Teil 2: Die Technik der Variantenberechnung 63
Berechnung und Taktik 63
Die Technik der Variantenberechnung 69
Was man tun soll, bevor man anfängt zu rechnen 78
Unklare und komplizierte Situationen 87
Die Rolle der Bewertung 93
Wann man mit der Berechnung aufhören soll 102
Berechnung in Etappen 106
Konkrete Aktion zur Verwertung eines Vorteils 113
Resultierende Züge 119
Zusammenfassung 136
Kalkulationstraining 136
Schlussfolgerung 141

Übungen zum 2. Teil 142

Lösungen 153
Lösungen der Aufgaben zum 1. Teil 153
Lösungen der Aufgaben zum 2. Teil 168

Spielerverzeichnis 189
Verzeichnis der Komponisten 191

Zeichenerklärung

+	Schach
++	Doppelschach
#	Matt
!!	brillanter Zug
!	starker Zug
!?	interessanter Zug
?!	zweifelhafter Zug
?	schwacher Zug
??	grober Fehler
+−	Weiß gewinnt
±	Weiß steht klar besser
⩲	Weiß steht etwas besser
=	Ausgleich
⩱	Schwarz steht etwas besser
∓	Schwarz steht klar besser
−+	Schwarz gewinnt
1-0	die Partie endet mit einem Sieg für Weiß
½-½	die Partie endet mit einem Remis
0-1	die Partie endet mit einem Sieg für Schwarz
(*n*)	n-te Wettkampfpartie
(D)	siehe nächstes Diagramm

Einführung

Dieses Buch ist nicht charakteristisch für die Mehrzahl der Taktikbücher oder für Kombinationssammlungen, und es enthält auch keine konventionelle Themenklassifikation für Kombinationen. Der Leser wird jedoch eine große Anzahl von Kombinationen vorfinden, und das Buch behandelt zudem mancherlei weiterreichende Fragen aus originärer und unkonventioneller Sicht. Vor allem aber geht es um zwei der wichtigsten Themen im Schach – Taktik und Variantenberechnung.

Ich bin davon überzeugt, dass kein Zweifel an der besonderen Bedeutung dieser beiden Themen bestehen kann, da es keinen Spieler auf der Welt gibt, dem nicht schon häufig (ich betone – *häufig*, nicht nur einmal oder zweimal) eines der nachfolgenden Missgeschicke passiert ist:

a) ein taktischer gegnerischer Schlag wurde übersehen;

b) die Gelegenheit zu einer günstigen taktischen Lösung zum Stellungsproblem wurde versäumt; oder

c) man wurde von seinem Gegner in der Kunst der Variantenberechnung einfach deklassiert, was, wie wir sehen werden, aus einer Anzahl von Komponenten besteht.

Nehmen wir alternativ das Beispiel eines sehr wichtigen Aspekts im Schach, nämlich die Fähigkeit, seine Figuren auf die günstigsten Felder zu platzieren. Sogar in Stellungen, in denen der korrekte Aufbau für den Spieler offensichtlich ist, muss er die notwendige Umgruppierung in der richtigen Zugfolge ausführen. Und die Richtigkeit des Letzteren hängt vollkommen von der genauen Berechnung der Varianten ab. Ein Irrtum in diesem Bereich kann das mustergültigste Stellungskonzept zu Grunde richten. Darüber hinaus können Schwächen im taktischen Bereich und in der Variantenberechnung einem Spieler selbst in den günstigsten Stellungen teuer zu stehen kommen. Solche Situationen sind zweifellos in der Praxis eines jeden Schachspielers vorgekommen.

Es gibt noch einen anderen Aspekt dieses Problems. Positionelle Fehler können die eigene Stellung zerstören, aber selten in einer Weise, die unverzüglich zur Niederlage führt. Dagegen können Fehler bei der Variantenberechnung (besonders wenn taktische Ressourcen übersehen werden, sei es die eigenen oder die des Gegners) nicht selten zu einer gravierenden Verschlechterung der Stellung führen, wenn nicht sogar zum unverzüglichen Verlust. Wie Sie in diesem Buch sehen werden, ist es außerdem in vielen Stellungen schwierig, wenn nicht sogar unmöglich, ohne konkrete Variantenberechnung zu einer präzisen Einschätzung zu gelangen. Anders ausgedrückt, die Fähigkeit, Varianten zu berechnen hat einen bedeutsamen Einfluss auf das positionelle Urteilsvermögen eines Spielers.

Es gibt noch eine letzte, aber äußerst wichtige Überlegung. Stellen wir uns die Frage: Von allen Eigenschaften, die ein Schachspieler zum Erfolg benötigt, ist welche die wichtigste? Von allen möglichen Antworten denke ich, können wir uns auf diese einigen: die Fähigkeit zu *gewinnen*! Und dabei ist das wichtigste Element das taktische Können des Spielers und die Fähigkeit, Varianten zu berechnen. Für einen Spieler, der in dieser Hinsicht unzureichende Kompetenz an den Tag legt, ist es äußerst schwierig, erfolgreich im Schach zu sein, ebenso wie eine Fußballmannschaft nicht gewinnen kann, wenn sie nicht zumindest einen Spieler hat, der den Ball ins Netz schießen kann.

Aus den vorstehenden Ausführungen lässt sich diese unausweichliche Schlussfolgerung ziehen: Obgleich Schach aus vielen verschiedenen Elementen besteht, sind *die ausschlaggebenden Faktoren, die das Ergebnis einer Schachpartie entscheiden, Taktik und die Variantenberechnung*.

Wie meine regelmäßigen Leser feststellen werden, waren einige der Probleme, mit denen wir uns in diesem Buch befassen, bereits Gegenstand eines Kapitels in meinem ersten Buch *Chess*

Recipes from the Grandmaster's Kitchen. Nun ist der Zeitpunkt gekommen zu verraten, dass dieses Buch in der Hauptsache aus einer Serie von Artikeln über verschiedene Themen bestand, fast so wie eine Sammlung von Entwürfen. Es war immer meine Absicht gewesen, dass diejenigen Teile des Buches, die die wichtigsten Fragen behandelten, in eigenen Bänden detaillierter ausgeführt werden würden, und dieses Buch ist das erste von ihnen. In diesem Zusammenhang möchte ich darauf hinweisen, dass ich keines der Beispiele aus *Recipes* benutzt habe und dass nichts was hier präsentiert wird – abgesehen von unbedeutenden Ausnahmen – zuvor in meinen anderen Büchern erschienen ist. Außerdem habe ich weitestgehend versucht, hochaktuelles Material zu benutzen, insbesondere Partien aus den letzten drei Jahren. Allerdings habe ich auch ein paar klassische Beispiele verwendet, aber vor allem solche, die den meisten Lesern nicht übermäßig vertraut sein sollten.

Die Quantität des Materials, das hier präsentiert wird, ist beträchtlich, aber die Menge, die mir zur Verfügung stand, war sogar größer. Um den Umfang knapp zu halten, habe ich überwiegend Partiefragmente angeführt und seltener vollständige Partien angegeben. Ferner habe ich im Abschnitt „Übungen" bei der Präsentation der Lösungen oftmals zusätzliches Material angefügt, was weitere Schlussfolgerungen und Vorschläge bietet.

Trotz alldem, was ich oben über die Wichtigkeit des hier behandelten Themas gesagt habe, bin ich davon überzeugt, dass viele Schachliebhaber sich unweigerlich fragen werden, ob ein weiteres Buch über ein Thema, worüber schon so viel geschrieben wurde und weiterhin so viel geschrieben werden wird, wirklich notwendig ist. Insbesondere, was kann der Leser abgesehen von einigen neueren Beispielen desselben Themas erwarten? Ich habe bereits erwähnt, dass ich niemals mit der Arbeit an einem Buch beginne, wenn ich nicht davon überzeugt bin, dass ich etwas Neues anzubieten habe. Ganz gleich, ob viel oder wenig, es gibt immer etwas Neues in meinen Büchern. Bei dieser Gelegenheit werde ich Ihnen eine besonders bedeutende Anzahl völlig originaler Erwägungen, Schlussfolgerungen und Empfehlungen präsentieren, die hauptsächlich entweder im Gegensatz zu den allgemein anerkannten Ansichten stehen oder diese in einigen Fällen ergänzen und entwickeln. Daraus folgt, dass dieses Buch an einigen Stellen zwangsläufig etwas polemisch ist, was besonders in Bezug auf die Arbeit von Großmeister Kotow zutrifft, der in der Vergangenheit eine Menge über dasselbe Thema geschrieben hat.

Wie bei meinen vorherigen Büchern, ersuche ich meine Leser höflichst, mir ihre Kommentare zu dem, was sie hier lesen, zuzusenden, ungeachtet dessen, ob diese Kommentare positiv ausfallen oder nicht. Sowohl Ihr Lob als auch Ihre konstruktive Kritik wird von mir dankbar aufgenommen werden. Meine E-Mail-Adresse ist valeribeim@gmx.net

Valeri Beim
Wien, Juni 2006

„Der Teufel steckt im Detail"

Ich habe diese wohlbekannte Redensart als den Epigraf ausgewählt, weil es die Hauptbotschaft dieses Buches sehr gut zusammenfasst: *Schach ist nur in begrenztem und nicht sehr großem Ausmaß ein schemenhaftes Spiel.* Details oder scheinbare „Lappalien" spielen oft eine entscheidende Rolle im Schach. Es könnte sich beispielsweise als äußerst schwierig oder sogar unmöglich erweisen, eine günstige Anordnung der eigenen Streitkräfte zu erreichen, weil der konkrete Weg zum erwünschten Ziel entweder zu kompliziert ist oder eventuell überhaupt nicht existiert. Und dies hängt wiederum von den spezifischen konkreten Eigenschaften der Stellung ab – mit anderen Worten, von ihren Details, die manchmal auf den ersten Blick fast nicht wahrnehmbar und daher schwer zu bestimmen sind. Bei Taktik und Variantenberechnung geht es genau um diese *Identifikation und die ausführliche Darstellung der Stellungsdetails*. Bevor wir uns aber solchen Materien zuwenden, ist es wichtig, die genaue Thematik zu formulieren, die studiert werden soll – anders ausgedrückt, jedes genau zu definieren, sodass wir wissen, worum es geht und nicht am Ende verschiedene Dinge unter einer gemeinsamen Bezeichnung erörtern. Auch wenn die Bezeichnungen „Taktik" und „Variantenberechnung" jedem bekannt sind, auch denjenigen, die nur gelegentlich spielen, ist es nicht einfach sie zu definieren.

Part 1: Taktik im Schach

Ich glaube, dass im Schach alles von Taktik abhängt.
TIGRAN PETROSJAN

Unter Meistern ergänzen sich Kombinations- und Positionsspiel. Sie versuchen mit Kombinationen falsche Werte zu widerlegen und mit positionellem Spiel wahre Werte zu demonstrieren.
EMANUEL LASKER, *Das Handbuch des Schachspiels*

Was ist Taktik, und was sind Kombinationen?

Wir beginnen mit der Bestimmung der zur Diskussion stehenden Kernfrage. Es wird sich bald zeigen, dass auch wenn der Begriff „Taktik" auf fast jeder Seite in fast jedem Schachbuch erscheint, es alles andere als einfach ist, seine genaue und allgemein anerkannte Bedeutung herauszufinden, genauso wie es schwierig ist, dies mit anderen sehr wichtigen Elementen zu tun, die mit Taktik im Zusammenhang stehen.

So wird der schwer definierbare Begriff zum Beispiel in dem substanziellen Wälzer „Schach: Enzyklopädisches Wörterbuch", erschienen in Moskau in 1990, beschrieben: „Taktik ist die Summe der Mittel und Methoden, mit denen spezielle Schachaktionen ausgeführt werden, die in den strategischen Plan und in seine Verwirklichung einbezogen werden." Was kann man zu dieser Definition sagen? Verstehen Sie, was es bedeutet? Ich, zum Beispiel, verstehe es nicht, und es ist umso schwieriger dem zuzustimmen, da es ziemlich unklar ist, aus welchen Gründen man taktische Mittel und Methoden von nicht-taktischen unterscheiden soll. Oder sollte man alle diese Mittel als taktisch ansehen? Bedeutet dies nunmehr, dass alles im Schach Taktik ist?

Offensichtlich wird eine klarere Definition benötigt. Ich glaube, dass die folgende die beste ist: *Taktik befasst sich mit gegenwärtigen Problemen*, also mit Problemen, die *hier und jetzt* gelöst werden müssen. Ein anderer sehr wichtiger Faktor ist, wie mir scheint, dass sich im Schach der Unterschied zwischen taktischen und anderen Methoden zur Lösung eines bestimmten Problems in erheblichem Maße aus dem *emotionellen Empfinden* des Spielers ergibt. Was ich damit meine ist, dass Schachspieler eine Operation üblicherweise zum Bereich der Taktik zählen, wenn sie auf den ersten Blick unerwartet und nicht normgerecht ist und oftmals die Entwicklung der Aktion auf dem Brett oder ihre Intensität drastisch verändert. Im normalen Leben werden solche Ereignisse häufig als *revolutionär* beschrieben.

Schachtaktik besteht aus zwei grundlegenden Elementen: *taktische Schläge* (manchmal auch kombinatorische Schläge genannt) und *Kombinationen*. Über viele Jahrhunderte hinweg sind diese beiden äußerst wichtigen und bekannten Elemente nicht angemessen unterschieden und formuliert worden, obgleich viele Versuche unternommen worden sind. Es scheint, dass keine große Notwendigkeit dafür besteht, da jeder Spieler, auch derjenige mit wenig Erfahrung, einen taktischen Schlag oder eine Kombination erkennen kann, wenn er eine sieht, aber dennoch ist es immer nützlich, eine genaue und klare Formulierung der grundlegenden Prinzipien zu haben, welcher Art auch immer.

Der Vorteil liegt darin, dass eine erfolgreiche Formulierung, die die Eigenschaften eines Phänomens präzise beschreibt, dazu dient, die Gegenwart dieses Phänomens in einer komplizierten Situation aufzuspüren, und auf diese Weise kann sogar ein relativ schwacher oder unerfahrener Spieler Dinge tun, die zuvor nur Meister bewerkstelligen konnten. Ich würde allerdings noch gerne hinzufügen, dass obschon taktische Schläge und Kombinationen zwei verschiedene Sachen sind, Sie bei dem Versuch, herauszufinden, was genau der Unterschied ist, bald Probleme bekommen werden.

Versuchen wir es trotzdem: Was ist der Unterschied? Um die Frage korrekt zu beantworten, muss man sich eine Definition für jeden Begriff ausdenken, aber bevor wir das selbst versuchen, lassen Sie uns herausfinden, was andere Autoritäten darüber gesagt haben.

Ein taktischer Schlag

„Ein kombinatorischer Schlag [wir haben schon gesagt, dass die Begriffe taktischer Schlag und kombinatorischer Schlag austauschbar sind – VB] ist der erste Zug einer Kombination, der gewöhnlich ein Opfer beinhaltet, und häufig für den Gegner überraschend kommt." – *Schach: Enzyklopädisches Wörterbuch.*

Das ist im Prinzip keine schlechte Definition und stimmt in einem gewissen Maß mit dem überein, was wir schon über die Taktik gesagt haben. Sie beinhaltet das wesentliche Element der revolutionären Veränderung, die sehr wichtig ist. Um dieser Definition in vollem Umfang zustimmen zu können, sind nur eine oder zwei Modifikationen erforderlich. Zunächst kann ein taktischer Schlag eine eigenständige Sache sein, und eine Fortsetzung in der Form einer Kombination ist nicht zwingend. Zweitens ist ein taktischer Schlag nicht immer mit einem Opfer verbunden (und muss nicht unbedingt der erste Zug einer Kombination sein, obwohl das ein unbedeutendes Detail ist), aber es muss immer „revolutionär" sein, d. h. es muss die Situation auf dem Brett drastisch verändern.

Es ist einfach zu sehen, dass die hier ermittelten Eigenschaften mit der Definition der Taktik übereinstimmen, die wir zuvor vorgeschlagen haben. Das ist nicht überraschend, *da ein taktischer Schlag nur die kleinste einzelne Einheit ist, die innerhalb des übergreifenden Phänomens existiert, das wir Taktik nennen.* Wie ist dieser Satz zu verstehen? Da Taktik nicht quantifizierbar ist („Bitte wiegen Sie mir 200 Gramm Taktik ab!"), kann Taktik nicht als Substanz betrachtet werden, sondern ist stattdessen ein Phänomen, und ihre physische Manifestation auf dem Schachbrett erfolgt in der Form von individuellen taktischen Schlägen. Man kann sich das am leichtesten mit der Analogie einer Mauer vorstellen. Eine Mauer kann nicht allein als Ganzes existieren, sondern sie besteht aus verschiedenen Elementen – Zement und Bausteine, entweder aus Holz oder aus Stein. So ist es im Schach – taktische Schläge sind für die Taktik, was Bausteine für die Mauer sind.

Und schließlich das berühmteste Mitglied der Taktikfamilie – die Kombination.

Die Kombination

Der Versuch eine Definition dieses Begriffs zu finden, der präzise und für alle akzeptabel ist, ist viele Male unternommen worden. Die bekannteste Definition wurde von Botwinnik formuliert: „Eine Kombination ist eine zwingende Opfervariante, die zum Vorteil des Angreifers führt."

Dies erscheint mir eine gänzlich zufriedenstellende Definition zu sein, abgesehen von einem wichtigen Detail, dessen Korrektur ich auf später verschieben werde. Botwinniks Definition ist jedoch kritisiert worden, und sei es auch nur, weil es immer Leute gibt, die gerne Kritik ausüben. Die Kritiker lassen sich hauptsächlich darüber aus, dass manchmal eine Kombination gespielt wird, die kein Opfer mit sich bringt. Deshalb sind noch weitere Definitionen präsentiert worden.

Im oben erwähnten *Enzyklopädischen Wörterbuch* findet man einen Versuch, die Definition zu verbessern: „Eine Kombination ist eine zwingende Variante, die verschiedene taktische Mittel nutzt; das Opfer ist ein Element, das gewöhnlich vorhanden ist." Im Wesentlichen unterscheidet sich diese Definition nicht so sehr von Botwinniks, abgesehen davon, dass sie einen Verweis auf taktische Mittel enthält, und die Gegenwart eines Opfers nicht absolut notwendig macht.

Dies ist nun schon sehr nahe an meiner eigenen Sicht der Sache, aber es scheint mir, dass auch diese Definition ein wenig verbessert werden kann. Ich werde dem Leser daher meine eigene Definition anbieten, die auf den obigen Schlussfolgerungen basiert: *Eine Kombination ist eine Anordnung von taktischen Schlägen und ihren Verbindungen, die einen zwingenden Charakter hat und zu günstigen Konsequenzen für den Angreifer führt.*

Es handelt sich um eine Anordnung, weil es in einer Kombination oft passiert, dass nach einem anfänglichen taktischen Schlag und seinen unmittelbaren Folgen, häufig nach ein paar Zügen ein weiterer taktischer Schlag folgt, und so weiter. Die zwingende Natur einer Kombination ist ein wichtiges Element, während ihre Verbindungen eine Reihe von Zügen vorsehen, die nicht selbst ein revolutionäres Element enthalten. Eine Kombination zielt darauf ab, dem Angreifer einen Vorteil zu bringen, was zum großen Teil mit Botwinniks Definition übereinstimmt.

Lassen Sie uns nun zusammenfassen, was wir bisher über Taktik gesagt haben.

- Schachtaktik befasst sich mit Problemen, die eine dringende Lösung erfordern.
- Schachspieler betrachten Taktik traditionell als eine Spielweise, die auf den ersten Blick *unerwartet, und unorthodox erscheint, und oftmals die Richtung der Geschehnisse radikal verändert oder die Intensität, mit der diese Geschehnisse ablaufen.* Mit anderen Worten, Dinge, die im Allgemeinen *radikal* oder *revolutionär* genannt werden.
- Taktik ist ein abstraktes Konzept. Sie taucht plötzlich auf dem Brett in der Form von *taktischen Schlägen* auf, die selbst eine Art Revolution im Schach darstellen, und zur gleichen Zeit die kleinsten Elemente innerhalb der Taktik darstellen. Aus diesen Elementen oder Bausteinen werden Kombinationen konstruiert. *Eine Kombination ist eine Anordnung von taktischen Schlägen und ihren Verbindungen, die einen zwingenden Charakter hat und zum Vorteil des Angreifers führen sollen.*

Dieser theoretische Exkurs hat sich als sehr langwierig erwiesen, aber es war schwierig darauf zu verzichten, weil das Thema zunächst mal schon sehr gründlich untersucht worden ist, und zweitens weil die genauen und klaren Definitionen bei denen wir auf diese Weise angekommen sind, alles was folgt untermauert.

Und nun lade ich Sie dazu ein, einige Beispiele zu studieren, die die verschiedenen Aspekte von all dem zeigen, was oben formuliert worden ist und die vielleicht Ihre eigene Interpretation der vorgeschlagenen Definitionen verdeutlichen und verbessern. Wir beginnen mit zwei sehr einfachen und vertrauten Situationen:

W

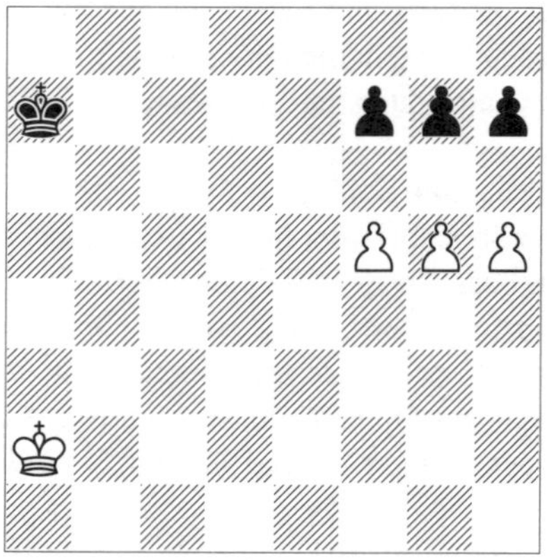

Weiß gewinnt durch eine gut bekannte Idee. Zunächst der „einfache“ Schritt:

1 g6 fxg6

Und nun ein „Hieb“, um das letzte Hindernis vor dem zukünftigen Freibauern zu entfernen:

2 h6! gxh6

Schließlich der letzte Schritt:

3 f6

Mit Gewinn.

Aus technischer Sicht ist alles sehr einfach. Aber ich würde Ihre Aufmerksamkeit gerne auf den 2. weißen Zug lenken und seine Rolle in dem ganzen Verfahren. Es ist besonders für einen Anfänger überraschend, weil es ein Opfer beinhaltet und es das allgemeine Tempo des vorhergehenden Spiels drastisch verändert. Alles was bisher gesagt worden ist bedeutet, dass die Verwendung des Adjektivs „revolutionär“ zur Beschreibung des Zugs vollauf gerechtfertigt ist, welches, wie wir schon erörtert haben, ein deutliches Zeichen dafür ist, dass Taktik auf dem Brett aufgetaucht ist. Mit anderen Worten, die Taktik (die, wie wir schon herausgefunden haben, ein abstraktes Konzept ist) erscheint in dieser Situation durch den taktischen Schlag 2 h6!. Die gesamte Operation von Weiß passt in unsere Definition einer Kombination, da sie aus einem taktischen Schlag im 2. Zug (nicht im 1.!) besteht, welcher die essentielle Fortsetzung des Manövers ist, das im 1. Zug begonnen wurde, und dies wird dann im Gegenzug durch die forcierte Fortsetzung des 3. Zugs von Weiß gekrönt. Mit anderen Worten, der 1. und der 3. Zug von Weiß sind eng mit dem taktischen Schlag verbunden. Nun haben wir das, was wir zuvor diskutiert haben, nämlich taktische Schläge (in diesem einfachen Fall, nur ein solcher Schlag, aber oft handelt es sich um mehrere) und essentielle Verbindungen, die zusammen die vereinte Gesamtheit formen, die wir als Kombination bezeichnen.

Nun folgt ein anderes sehr bekanntes Beispiel:

S

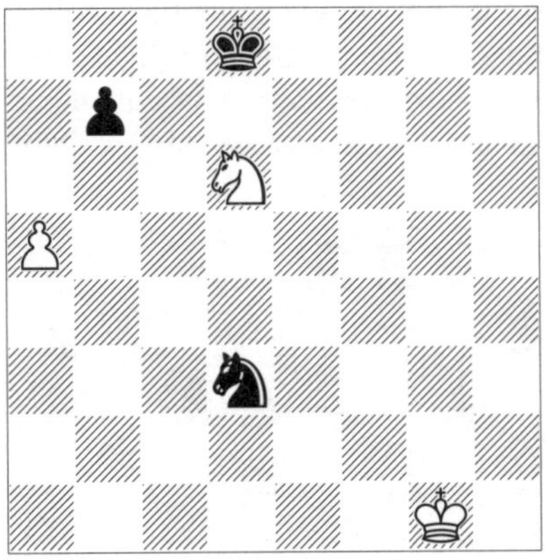

Man kann sich leicht vorstellen, dass der Nachziehende den natürlichen, aber leider fatalen Zug 1...♘c5?? spielt und Remis anbietet. Die Antwort wäre zweifellos „Ich möchte gerne weiter spielen!": 2 ♘xb7+!! ♘xb7 3 a6 ♔c7 4 a7!, und Weiß gewinnt.

Auch hier ist es offensichtlich, dass der 2. weiße Zug ein taktischer Schlag ist, der Rest der Variante forciert ist, und dass alle Züge miteinander verbunden sind, einschließlich des 4. Zugs von Weiß, der die ganze Operation krönt. Das ist genau das, was wir zuvor beschrieben haben.

Deshalb würde ich sogar in dieser frühen Phase die Schlussfolgerung ziehen, dass sich die originalen Definitionen der Elemente der Taktik und ihre gegenseitige Beziehung, die ich anfänglich offeriert habe, in der Praxis bewahrheiten, und wir sie getrost als Werkzeug für unsere weitere Arbeit einsetzen können.

Um das Thema eingehender und aus anderen Perspektiven zu untersuchen, schauen wir uns nun weitere Beispiele an.

W

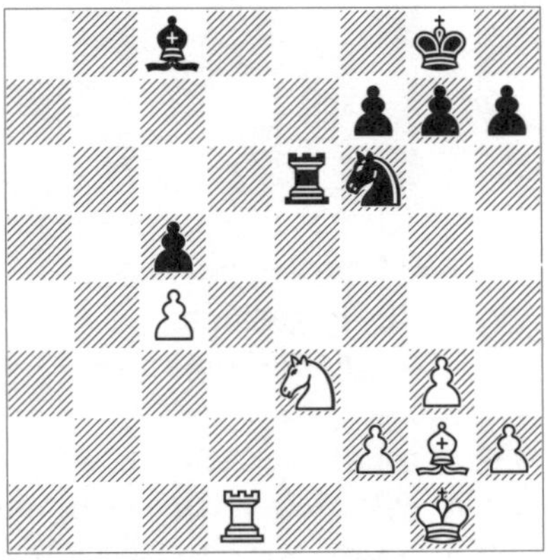

Graf – Carlsen
Spanische Mannschaftsmeisterschaft, Sanxenxo 2004

Die Lösung zu diesem Problem hängt von einer Methode ab, die wir später detailliert untersuchen werden. Für den Augenblick werden wir den Denkprozess von Weiß nur wie folgt zusammenfassen: „Da die einzige angemessene Verteidigung von Schwarz gegen die Schläge 29 ♖d8+ und 29 ♗h3 der Zug 29...♖e8 ist, müssen wir ein Mittel finden, ihn zu stoppen." Sobald wir diesen Gedanken einmal in Betracht gezogen haben, kommt uns auch schon bald die Lösung in den Sinn:

29 ♗c6! 1-0

Man kann dieses Beispiel schwerlich eine Kombination nennen – eher einen einzelnen Schwerthieb. Das zeigt, dass sich taktische Schläge nicht nur als Teil einer Kombination ergeben, sondern auch isoliert in Erscheinung treten können, obwohl das ziemlich selten geschieht.

Die folgende Endspielstudie sieht wie ein Fragment einer gewöhnlichen Turnierpartie aus:

W

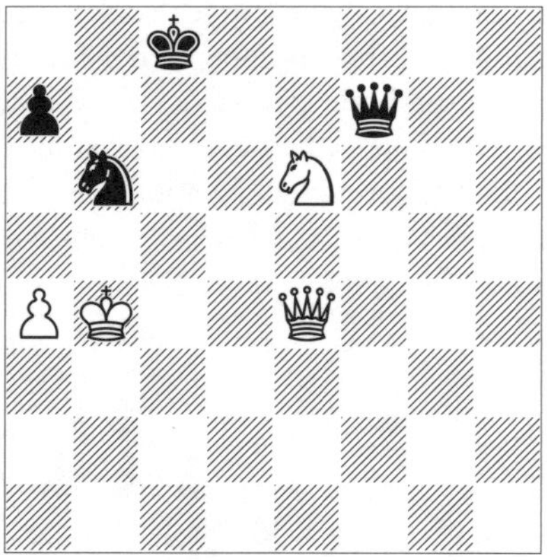

Weiß am Zug gewinnt

E. Pogosiants

Znamia Yunosti (Minsk), 1963

Es ist nicht sofort offensichtlich, wie die Figurenaktivität von Weiß in einen Sieg umgewandelt werden kann, was aber keinen Weltuntergang bedeutet. In solchen Situationen sollte der Spieler, der die Initiative besitzt, nicht Remis anbieten, sondern stattdessen den vielversprechendsten Weg suchen und ein paar Züge in diese Richtung machen. Danach wird die Sache durchschaubarer sein als zu Beginn, und der Weg zum Sieg wird, falls er existiert, oftmals klar werden. Mit diesem Gedanken im Hinterkopf fahren wir fort! Zunächst nähert sich die Dame dem Angriffsziel:

1 ♕c6+ ♔b8 2 ♕d6+

Lässt nicht zu, dass der Nachziehende unzählige Schachgebote gibt: 2 ♘c5? ♕f4+ 3 ♔a5 ♕d2+ 4 ♔a6 ♕e2+ mit Remis.

2...♔c8

2...♔a8 ist gleichwertig.

Und was nun? Versuchen wir ein anderes Schach:

3 ♕d8+ ♔b7 *(D)*

Plötzlich fällt der Groschen:

4 ♕xb6+!! ♔xb6 5 a5+

Weiß gewinnt: 5...♔a6 6 ♘c5#; 5...♔b7 6 ♘d8+.

Warum war es so schwierig, den wunderbaren 4. Zug von Weiß zu sehen? Selbstverständlich deshalb, weil es genau einer dieser revolutionäreren Züge ist, von denen wir zuvor gesprochen haben, ein Zug, der völlig aus der

W

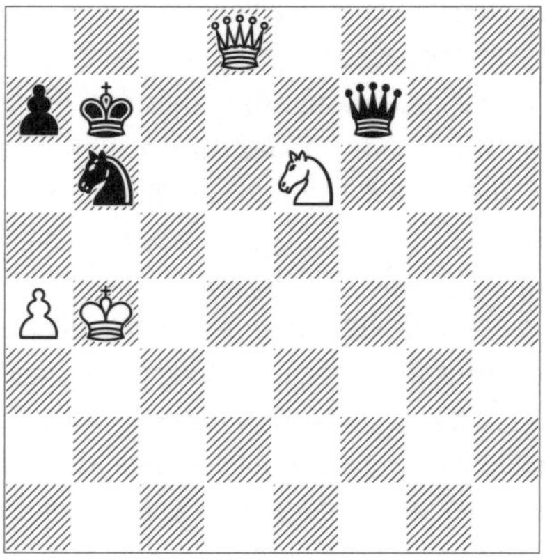

Reihe tanzt. Es ist ein Zug, der unerwartet ist, scharf und außergewöhnlich. Die menschliche Psyche überwindet solche Barrieren nicht ohne besondere Anstrengung.

Und nun ein weiteres eindrucksvolles Beispiel, das aus zwei taktischen Schlägen besteht. Nur einer davon erscheint tatsächlich auf dem Brett, aber der andere ist genauso wichtig:

W

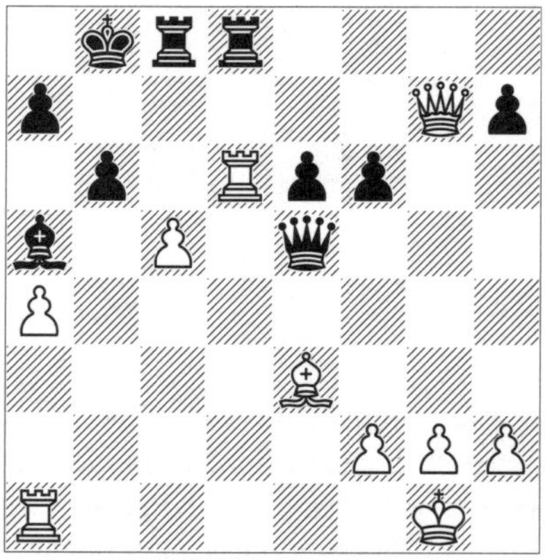

Al. Karpow – Owetschkin

Russische Mannschaftsmeisterschaft, Smolensk 2000

Weiß hat einen offensichtlichen Vorteil, und nach dem natürlichen 27 ♖ad1 ♖xd6 28 cxd6 wäre die Aufgabe des Schwarzen nicht einfach. In der Partie findet der Spieler mit den weißen Steinen (bei dem es sich, wie ich anmerken möchte, um *Alexander* Karpow handelt, nicht um den ehemaligen Weltmeister) sogar einen besseren Zug, der die Partie geschwind beendet:

27 ♗f4!!

Brillant – äußerst überraschend, eindrucksvoll und effektiv!

27...♕xf4

Eine sehr hübsche Variante ist 27...♕xa1+ 28 ♖d1+!, und Weiß hat nach 28...e5 29 ♖xa1 exf4 30 cxb6 eine technische Gewinnstellung. In dieser Variante spielt zweifellos das Kreuzschach im 28. Zug „die erste Geige", und verdient es vollkommen, als taktischer Schlag beschrieben zu werden: Es war unerwartet und hat den Ablauf der Ereignisse drastisch verändert. Es ist ebenfalls klar, dass ein Zug, der so eine drastische und bedeutsame Veränderung mit sich bringt, es verdient als revolutionär bezeichnet zu werden. Zudem ist die Möglichkeit für Schwarz, den Turm im 27. Zug zu schlagen eine zähere Verteidigung, aber dann folgt eine sogar noch beeindruckendere Widerlegung, und psychologisch gesehen ist es schwer, dem Gegner zu erlauben, solch einen ungewöhnlichen und beeindruckenden Zug zu spielen. Das zeigt, dass psychologische Faktoren ebenfalls für das behandelte Thema relevant sind.

28 c6! 1-0

Nach 28...♖xc6 29 ♖xd8+ ♖c8 30 ♖ad1 ist die schwarze Stellung hoffnungslos.

Die folgende Partie wurde gleich zu Beginn durch einen taktischen Schlag entschieden:

Petrosjan – Grigorjew

Tiflis 1945

1 e4 c5 2 ♘f3 ♘f6 3 e5 ♘d5 4 ♘c3!? ♘xc3 5 dxc3 b6? *(D)*

Der erste Fehler und schon der entscheidende. Solche Dinge passieren gelegentlich in sehr scharfen Eröffnungsvarianten – der 2. Zug von Schwarz und der 4. Zug von Weiß haben der Partie einen sehr scharfen Charakter verliehen. Ein Beispiel für korrektes schwarzes Spiel ist Moissejenko-Nataf, Kapuskasing 2004: 5...♘c6 6 ♗f4 h6 7 ♗d3 e6 8 ♕d2 ♕c7 9 h4 b6 10 0-0-0 ♗b7 11 ♗e4 0-0-0 12 h5 ♘a5 mit Chancen für beide Seiten und nur einem minimalen Vorteil für Weiß. Nach der Partiefortsetzung erscheint ein Blitz wie aus heiterem Himmel (und ein Blitz ist selbst eine revolutionäre Entwicklung – dieses Mal in der Natur!).

W

6 e6! dxe6 *(D)*

Das schwarze Spiel ist ebenfalls nach dem anderen Schlagen hoffnungslos: 6...fxe6 7 ♘e5 g6 8 ♕f3 ♕c7 9 ♕f7+! ♔d8 10 ♗f4 d6 11 0-0-0. Es ist auch nicht offensichtlich, wie er sich nach 6...♘c6 7 ♘g5! fxe6 (7...dxe6 8 ♕f3 verliert sogar schneller) 8 ♗d3 g6 9 ♕f3 ♕c7 10 ♕f7+ ♔d8 11 ♗f4 ♘e5 (11...e5 12 ♗e3 +–) 12 ♗e4 ♗h6 13 ♗xe5 ♕xe5 14 f4 retten kann +–.

W

7 ♕xd8+!

7 ♗b5+ ♗d7 8 ♘e5 ♗xb5 9 ♕xd8+ ♔xd8 10 ♘xf7+ ist deutlich schwächer; nach den weiteren Zügen 10...♔e8 11 ♘xh8 g6 12 h4 ♗g7 13 h5 gxh5 14 ♖xh5 ♗xh8 15 ♖xh7 ♗f6 hat Weiß keinen Vorteil.

7...♔xd8 8 ♘e5 ♔e8 *(D)*

Die Aufgabe eines Bauern durch 8...♖g8 9 ♘xf7+ ♔e8 10 ♘g5 ist ebenfalls unerquicklich für Schwarz, aber Weiß gewinnt nun zwingend.

Für Trainingszwecke würde ich empfehlen, dass Sie nun versuchen, das Übrige selbst auszuarbeiten.

W

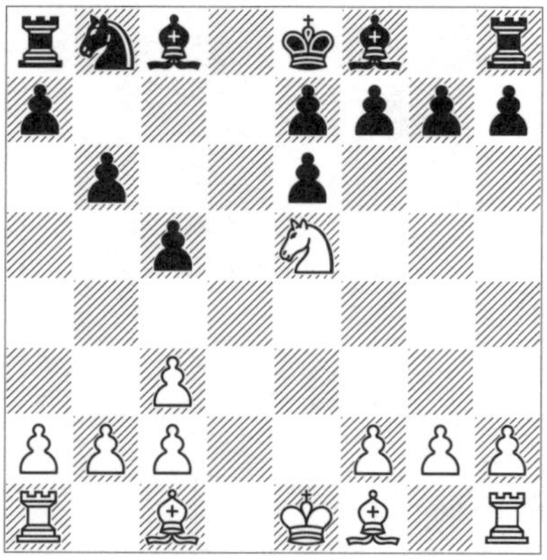

9 ♗b5+ ♗d7

Nicht besser ist 9...♘d7 10 ♗c6 ♖b8 11 ♗f4 ♖b7 12 0-0-0 ♖c7 13 ♗xd7+ ♖xd7 14 ♘xd7 ♗xd7 15 ♗b8 mit Gewinn.

10 ♘xd7 ♘xd7 11 ♗f4! e5 *(D)*

11...a6 12 ♗c6 ♖c8 13 ♗b7 ist ebenfalls hoffnungslos für Schwarz.

W

12 0-0-0 f6 13 ♗xd7+ 1-0

Diese Serie von Beispielen zeigt, dass es vollkommen gerechtfertigt ist, den Begriff „revolutionär“ für taktische Schläge zu verwenden. Nun werden wir uns ein Beispiel ansehen, das verschiedene theoretische und praktische Fragen aufwirft und eine schöne Überleitung zum nächsten Kapitel schafft:

W

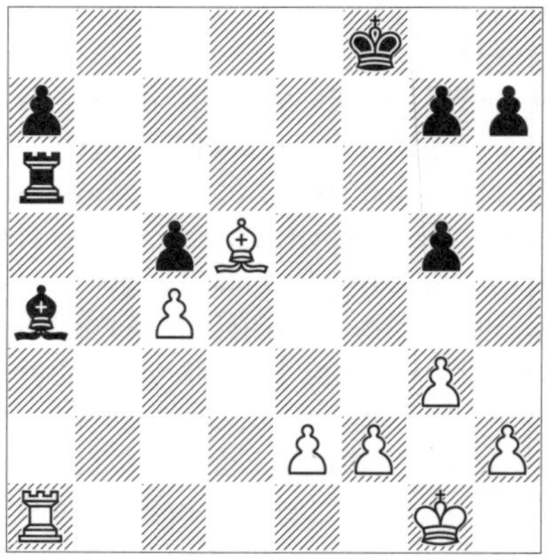

Euwe – Aljechin

Weltmeisterschaftsmatch (Partie 20), Amsterdam 1935

Diese Stellung sieht äußerst günstig für Weiß aus. Der Gegner hat zumindest verdoppelte Bauern auf dem Königsflügel, die sich für das Endspiel als bedeutsamer Faktor erweisen können. Weiß ist schon im Besitz eines freien e-Bauern, der sich in den Startlöchern befindet, während der gegnerische Freibauer noch weit vom Vormarschieren entfernt ist. Der weiße Läufer besetzt zudem ein starkes Feld, jedoch besteht der größte Trumpf der weißen Stellung in der Fesselung auf der a-Linie, die dazu führen kann, dass ein weißer Turm beide feindlichen Figuren binden kann. Mit so wenigen Figuren auf dem Brett könnte sich das als entscheidend herausstellen.

Es gibt jedoch ein bedeutsames „aber“ in all dem: All diese logischen Schlussfolgerungen sind nur stichhaltig, wenn man sich die Stellung von einem statischen Gesichtspunkt aus anschaut. Die Betrachtung des einzig dynamischen Elements, nämlich die schwarze Drohung ...♗b5, stimmt nachdenklich, denn dieser Zug (beachten Sie, dass es sich in der Tat um einen kleinen taktischen Schlag handelt – das ist im Zusammenhang mit der theoretischen Frage, mit der wir uns befassen, wichtig) könnte die Stellung von Schwarz deutlich verbessern.

Beispielsweise nach einer typischen Variante wie 30 f3 ♗b5! 31 ♖b1 (Turmtausch hilft Weiß offensichtlich nicht; in diesem Fall ist es wichtig, dass der weiße Läufer den Bauern c4 verteidigen muss und dabei selbst das Risiko eingeht, nicht viel mehr als ein „großer Bauer“ zu werden; außerdem kann der entfernte schwarze Freibauer gefährlich werden) 31...♗d7 32 ♖b8+ ♔e7 33 ♖g8 ♔f6 34 ♖f8+ ♔e5 35 ♖f7 ♗e6 36 ♖xg7 ♗xd5 37 ♖xg5+ ♔d4 hat Schwarz gute Chancen, die Partie zu retten. Daraus können wir den Schluss ziehen, dass es gut für Weiß wäre, wenn er den schwarzen Läufer am Verlassen des Felds a4 hindern könnte. Aber kann ihm das gelingen?

30 ♖a2!

Nun ist nach 30...♗b5 31 cxb5 der weiße Turm verteidigt.

30...♔e7

Als Folge des starken 30. weißen Zugs ist die schwarze Stellung nun schwierig, und auch das zähere 30...g4!? führt nach 31 h3! gxh3 (nach 31...h5 32 hxg4 hxg4 33 e4! ♔e7 34 e5 hat Weiß einen deutlichen Vorteil) 32 f4 h5 33 e4 g6 34 ♔h2 ♔g7 35 e5 ♔f8 36 e6 zu einem großen Vorteil für Weiß.

31 f4! gxf4 32 gxf4 ♔f6 *(D)*

Schwarz ist sowohl nach 32...♔d6 33 e4 ♔c7 34 ♔f2 ♔b6 35 ♖b2+ ♔a5 36 ♖b7 als auch nach 32...♖g6+ 33 ♔f2 ♗d7 34 ♖xa7 übel dran, aber Euwe beendet die Partie nun überzeugend.

W

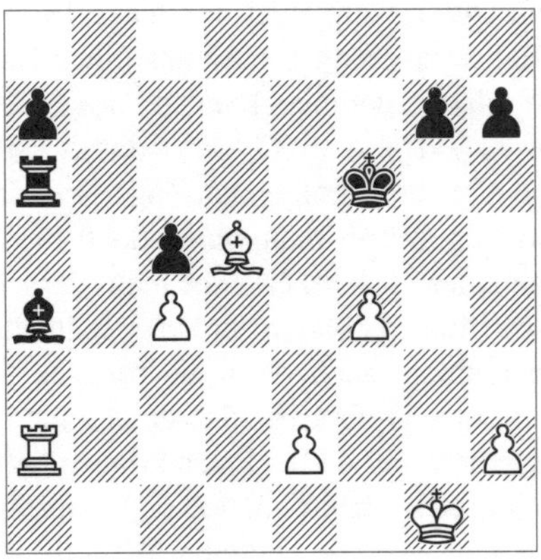

33 e4 g5 34 f5! h5 35 h4! gxh4 36 ♔h2 ♔g5 37 ♔h3 ♖a5 *(D)*

W

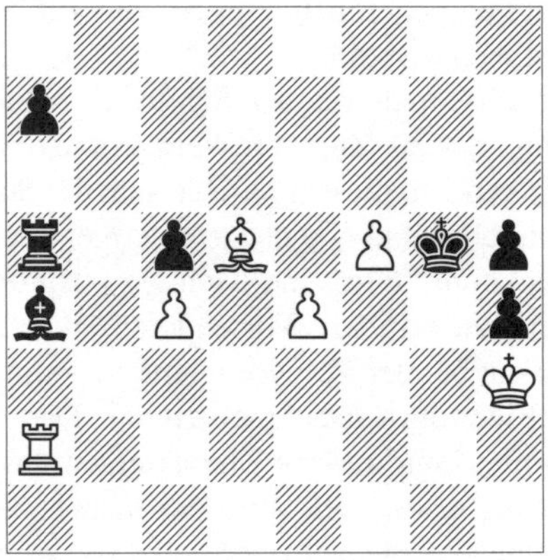

38 ♗b7!

Diese Art und Weise, den Vorteil zu verwerten, ist stärker und logischer als 38 ♗c6 ♗xc6 39 ♖xa5 ♗xe4 40 ♖xc5 ♗xf5+ 41 ♔g2 ♔f6 42 ♖a5 ♗g4 43 ♖xa7 ♔e5 44 ♔f2 ♔d6 45 ♔e3 ♔c5, wonach es nicht klar ist, wie Weiß gewinnt.

38...♔f6 39 ♗d5 ♔g5 40 ♗b7 *(D)*

S

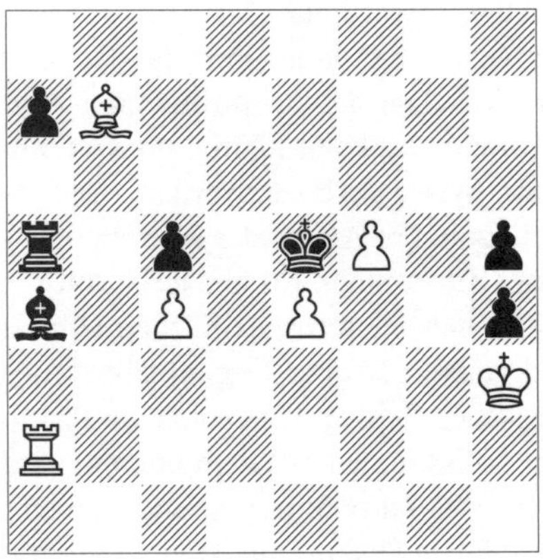

Wenn die Zeitkontrolle näher kommt, ist es für die stärkere Seite oft hilfreich, die Züge zu wiederholen (aber nicht dreimal!), um so wichtige Entscheidungen zu verschieben, bis man sie detaillierter betrachten kann.

40...♔f6 41 ♗c8!

Der Abgabezug. Schwarz ist hilflos (z. B. 41...♔g5 42 e5).

1-0

Ich habe schon ausführlich über dieses letzte Fragment geschrieben, aber ich denke, dass es notwendig ist, eine oder zwei zusätzliche

Beobachtungen hinzuzufügen, die für unser Thema wichtig sind.

Zunächst mal war der Schlüssel zu dieser Stellung, der 30. Zug von Weiß, ein taktischer Schlag. Aber in diesem Fall hat sich der Schlag nicht durch Zufall ergeben, sondern er erlaubte der stärkeren Seite, eine wichtige positionelle Aufgabe zu erfüllen. Mit anderen Worten, er kam Weiß bei der Verwirklichung der strategischen Richtung seines Spiels zugute. Das deckt sich vollauf mit unserer Charakterisierung der Taktik als das Mittel, mit dem man konkrete Probleme löst, die beim Verfolgen von strategischen Ziele entstehen. Wir werden dieses wichtige Thema später detaillierter erörtern.

Der zweite wichtige Faktor des Endspiels, das wir gerade untersucht haben, ist die Tatsache, dass der zelebrierte 30. Zug von Weiß auf den ersten Blick schwer verständlich erscheint. Ich habe weiter oben schon gesagt, dass es ein taktischer Schlag ist, aber er ist weder mit einem offensichtlichen Opfer verbunden noch mit einem anderen Schlag. So warum habe ich ihn als solchen gewürdigt?

Der Grund ist nicht, dass er den gegnerischen taktischen Schlag verhindert – eine solche Vorbeugung kann häufig auf vollkommen einfache Weise erreicht werden. Der Hauptpunkt liegt in der Art, in der es erreicht worden ist – der Turm zieht auf ein Feld, auf dem er nur unter besonderen spezifischen Umständen verteidigt ist, als eine Gegenmaßnahme zum gegnerischen Schlag. Und solch ein Phänomen stimmt vollkommen mit dem überein, was wir zuvor als revolutionär beschrieben haben.

Diese letzte Diskussion ist nicht nur für sich selbst gesehen wichtig, und nicht nur im Hinblick auf einen einzigen taktischen Schlag, sondern auch weil taktische Schläge ein wichtiger Teil von Kombinationen sind.

Nachdem wir uns nun im Einzelnen mit der Frage von taktischen Schlägen und ihrer Stellung und Bedeutung im Schach befasst haben sind wir bereit, uns mit der Thematik von Kombinationen auseinanderzusetzen. Aber lassen Sie uns zunächst zu der Definition dieses wichtigen Konzepts zurückkehren. Es gibt einige gut bekannte kritische Äußerungen über Botwinniks ziemlich erfolgreiche Definition. Das Hauptelement dieser Kritik bezieht sich auf die Tatsache, dass einige Kombinationen ein Opfer beinhalten. Lassen Sie uns zunächst mal zwei klassische Beispiele betrachten, die zuverlässige Autoren als Kombinationen ohne Opfer beschrieben haben und bilden wir unsere eigene Meinung.

W

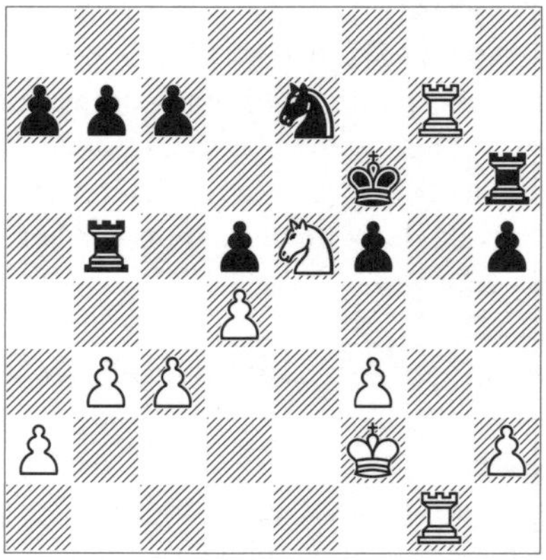

Steinitz – Neumann
Dundee 1867

Sweschnikow schreibt „Hier folgt eine einfache, aber attraktive Kombination."

31 a4! ♖a5 32 b4 ♖a6 33 ♘d7+ ♔e6 34 ♘c5+ 1-0

Das Interessante ist hier, dass Weiß nichts opfert, sondern selbst Material nimmt. Wenn man an die Frage jedoch von einem streng formalen Gesichtspunkt herangeht, dann gibt es hier ein Opfer, wenn auch versteckt. Demnach hätte Schwarz streng genommen einen Bauern mit 31...♖xb3 nehmen können, obgleich das wegen 32 ♘d7+ ♔e6 33 ♘c5+ direkt verliert. Ebenso hätte er im folgenden Zug auf a4 schlagen können. Wenn man sich jedoch die Stellung genauer ansieht, erkennt man, dass Weiß dasselbe Manöver wie in der Partie hätte durchführen können, auch ohne die formale Möglichkeit eines Opfers zuzulassen! Er hätte mit einem Schach auf d7 beginnen können, gefolgt von einem Schach auf c5, und erst dann seinen Bauern nach a4 ziehen können. Weiterhin hätte Weiß im zweiten Zug ohne ein „Opfer" gewinnen können: 32 ♘d7+ ♔e6 33 ♘c5+ (ich möchte anmerken, dass 33 ♖e1+ ♔xd7 34 ♖exe7+

eine andere unkomplizierte Gewinnvariante ist) 33...♔f6 34 b4. Was sollen wir dazu sagen? Die gleichen Züge in einer anderen Reihenfolge gespielt, führen zum gleichen Ergebnis. Und was wären die Konsequenzen, wenn wir Botwinniks Formel kritiklos akzeptieren: Verwandelt die Gegenwart eines versteckten Opfers im einen Fall das Ganze in eine Kombination, während seine Abwesenheit in der anderen Zugfolge bedeutet, dass es sich nicht länger für diesen ehrenvollen Titel qualifiziert? Elementarer gesunder Menschenverstand rebelliert gegen solch unsinnigen Formalismus in unserem geliebten Schach, auch wenn wir ihn im Alltag ständig akzeptieren!

Aber lassen Sie uns unsere abschließenden Schlussfolgerungen auf etwas später verschieben, und uns zuerst eine gut bekannte Stellung ansehen, die große Ähnlichkeit mit der vorherigen Partie hat:

W

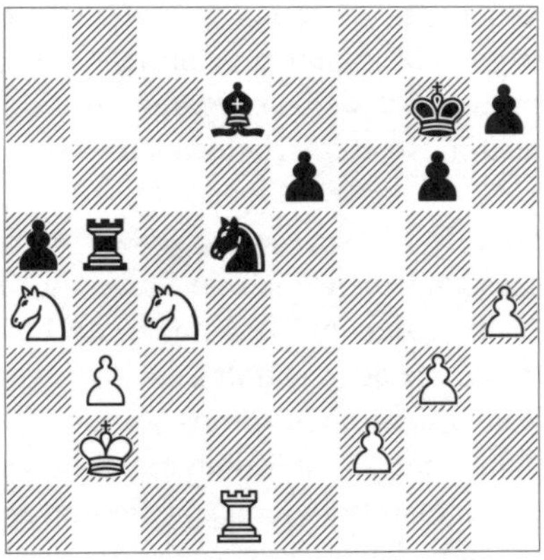

Capablanca – Yates
New York 1924

Die Geschehnisse von Zug 40 bis 44 werden von verschiedenen namhaften Spielern als eine Kombination angesehen:

40 ♘c3 ♖c5 41 ♘e4 ♖b5 42 ♘ed6 ♖c5 43 ♘b7 ♖c7 44 ♘bxa5 *(D)*

Weiß hat einen Bauern gewonnen, während er alle Vorteile seiner Stellung beibehält, und er gewann die Partie auf typische und lehrreiche Weise. Der Rest der Partie wird hier nur mit kurzen Kommentaren gegeben, damit wir nicht von unserem eigentlichen Thema abgelenkt werden:

S

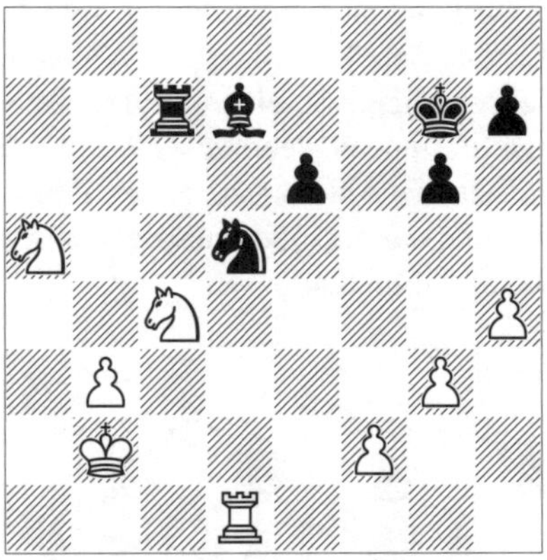

44...♗b5 45 ♘d6 ♗d7 46 ♘ac4 ♖a7 47 ♘e4 h6 48 f4 ♗e8 49 ♘e5 ♖a8 50 ♖c1 ♗f7 51 ♖c6 ♗g8 52 ♘c5 ♖e8 53 ♖a6 ♖e7 54 ♔a3 ♗f7 55 b4 ♘c7 56 ♖c6 ♘b5+ 57 ♔b2! ♘d4 58 ♖a6 ♗e8 59 g4! ♔f6

59...h5 60 g5 ♘f5 61 ♖xe6 ist ebenfalls hoffnungslos für Schwarz.

60 ♘e4+ ♔g7 61 ♘d6 ♗b5 62 ♖a5 ♗f1 63 ♖a8! g5

Um die Variante 63...♘e2 64 ♘e8+ ♔h7 65 ♘f6+ ♔g7 66 g5 zu vermeiden.

64 fxg5 hxg5 65 hxg5 ♗g2 66 ♖e8! ♖c7

Wie Aljechin zeigt, verliert 66...♖xe8 67 ♘xe8+ ♔f8 wegen 68 g6!.

67 ♖d8 ♘c6 68 ♘e8+ ♔f8 69 ♘xc7+ ♘xd8 70 ♔c3 ♗b7 71 ♔d4 ♗c8 72 g6 ♘b7 *(D)*

W

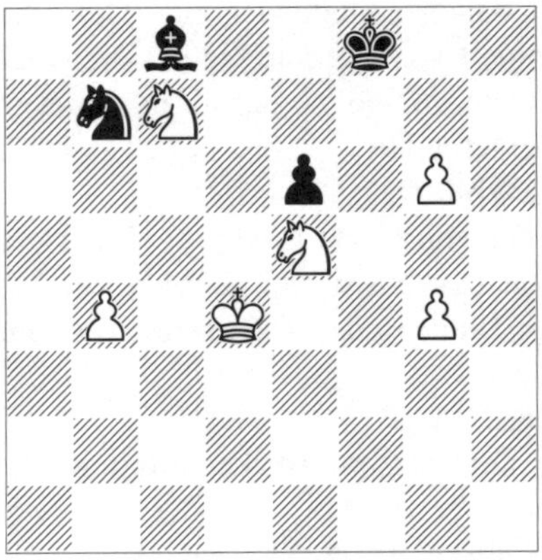

73 ♘e8! ♘d8 74 b5 ♔g8 75 g5! ♔f8 76 g7+ ♔g8 77 g6 1-0

In diesem Fall gibt es noch nicht mal den Hauch eines Opfers von Weiß, aber Kotow und

Bondarewski nennen die Zugfolge vom 40. bis zum 44. Zug eine Kombination! Wie kommen diese ehrwürdigen Spieler und Trainer dazu, diese Definition zu gebrauchen? Einstweilen werden wir die Antwort zu dieser Frage verschieben und uns ein modernes Beispiel desselben Themas anschauen.

W

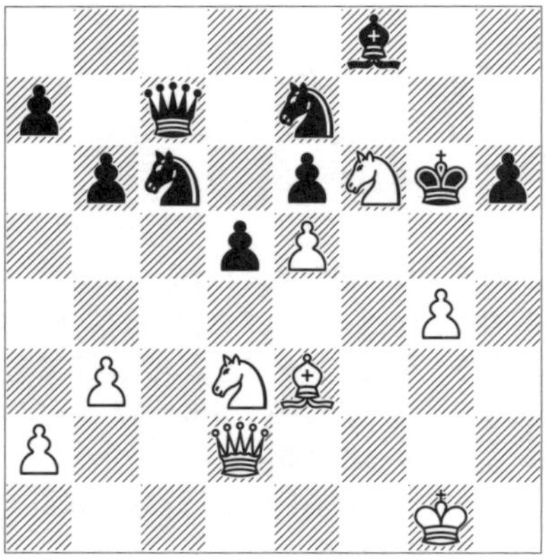

Rublewski – Sadwakassow
Poikowski 2005

Strategisch gesehen ist die Situation klar – Weiß muss den schlecht verteidigten feindlichen König angreifen, und solche Operationen verlangen immer genaues Spiel. Approximationen haben in solchen Situationen nichts verloren!

36 ♘e8!

Ein starker einleitender Zug. Der Springer kontrolliert von diesem Feld aus drei wichtige Punkte: d6, f6 und g7; das übrige Spiel entwickelt sich forciert.

36...♕b8 *(D)*

W

Im Fall von 36...♕d8 wäre das Spiel ähnlich. Es folgt nun ein wichtiges Manöver mit der weißen Dame, wonach Schwarz vollkommen wehrlos ist.

37 ♕h2! ♔f7

37...♔h7 38 ♘f6+ ist ebenfalls hoffnungslos für Schwarz.

38 ♘d6+ ♔g8 39 ♕h5 ♗g7

Weiß gewinnt ebenfalls sehr schnell nach 39...♘d8 40 ♗xh6.

40 ♕f7+ ♔h8 41 ♘e8 ♗xe5 42 ♗xh6 1-0

Wir haben also nun gesehen, dass Weiß nach seinem ausgezeichneten Spiel im 36. und 37. Zug einen entscheidenden Angriff entwickelte. Aber warum habe ich dieses Beispiel als ein Beispiel für Taktik eingefügt? Man kann die Variante 37...♕xe8 38 ♕h5+ doch sicherlich nicht als das zur Kombination dazugehörige Opfer ansehen? Natürlich nicht. Aber es ist trotz allem ein taktischer Schlag! Ich würde das hinsichtlich des 37. Zugs von Weiß betonen. Das ist ganz bestimmt revolutionär, da es die Orientierung der weißen Figuren drastisch ändert und ihm einen entscheidenden Vorteil gibt.

Die drei Beispiele, die wir gerade betrachtet haben, ermöglichen uns, die Frage zu beantworten, ob es sich um Kombinationen handelt, oder ob wir sie aufgrund des Nichtvorhandenseins von Opfern nicht so nennen können. Ich sehe nicht, wie man sie Kombinationen nennen kann, wenn man Botwinniks Definition akzeptiert, aber ich glaube, dass man es auf der Basis meiner eigenen Formel tun kann. Der springende Punkt ist, dass beide Definitionen verlangen, dass die ausgeführte Operation darauf abzielen soll, dem Angreifer etwas Vorteil zu bringen (hier möchte ich einen anderen Punkt unterstreichen – ich sage „abzielen soll, dem Angreifer etwas Vorteil zu bringen...“; das ist besser als zu sagen „etwas Vorteil zu bringen“, weil es auch Kombinationen gibt, die inkorrekt sind, wobei es sich aber trotzdem um Kombinationen handelt), und dieses Element ist in all diesen Beispielen vorhanden. Außerdem erfordern beide Definitionen, dass sich das Geschehen auf dem Brett auf zwingende Weise entwickelt, was hier auch der Fall ist.

Es gibt aber einen wichtigen Unterschied. In Botwinniks Definition ist ein Opfer obligatorisch, ich dagegen denke, dass nur ein taktischer Schlag (eine Revolution) notwendig ist. Und wie wir schon erklärt haben, ist ein Opfer nicht erforderlich! In meiner Heimat Odessa würde man sagen, dass lediglich „etwas Besonderes“ nötig ist, und in all diesen Beispielen liegt etwas Besonderes vor. Was ist dieses Etwas? Erinnern Sie sich: In zwei Fällen hat die stärkere Seite ihr Ziel mittels eines Doppelangriffs erreicht, eines der thematischsten taktischen Schläge. Und in einem anderen Fall reichte es aus, einen drastischen Richtungswechsel herbeizuführen. Daraus folgt, dass all die vorherigen Beispiele von dieser Definition der Kombination erfasst werden, und ich glaube, dass meine vorgeschlagene Definition allen Einwänden gerecht wird und als eine genaue Formulierung des Konzepts der Schachkombination betrachtet werden kann.

Um unsere Auffassung dieses Problems zu bekräftigen, schlage ich vor, dass wir uns zwei weitere Beispiele ansehen und gleichzeitig eine kleine Übung zur Selbstbestätigung durchführen.

W

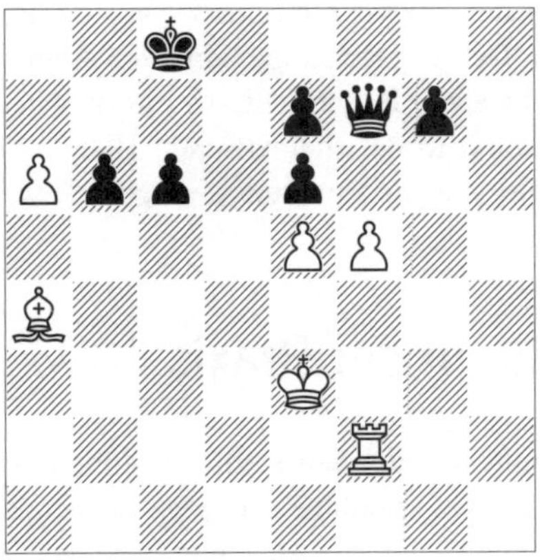

Weiß am Zug gewinnt

L. Kubbel

3. Preis, *64*, 1927

Botwinnik hat mehr als einmal geschrieben, dass es in Studien keine positionellen Urteile gibt. Diese Behauptung sollte man so verstehen, dass es unmöglich ist, den Verlauf der Partie auf der Basis rein positioneller Betrachtungen vorherzusagen, wenn man die Anfangsstellung einer Studie nicht als Aufgabe betrachtet, sondern sie einfach wie eine Partiestellung analysiert. In Studien hängt alles von der präzisen Variantenberechnung ab. Das ist hier der Fall. Die deutlich schwächeren Streitkräfte des Anziehenden erreichen auf fast wundersame Weise ein bemerkenswertes Maß an Harmonie.

1 a7! ♔b7 2 ♖a2! ♔xa7 *(D)*

Andere Antworten verlieren auch: 2...♕e8 3 ♗xc6+ +–; 2...b5 3 ♗xb5 +–.

W

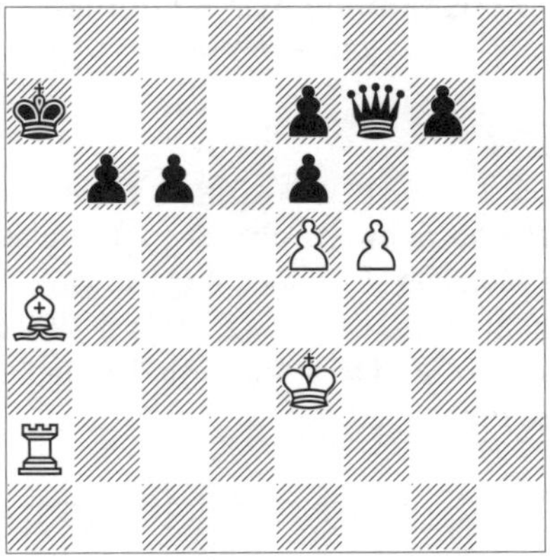

3 fxe6! ♕g8

Die Dame hat kein gutes Feld. Zum Beispiel 3...♕f5 4 ♗c2+ oder 3...♕f1 4 ♗b5+.

4 ♗xc6+ ♔b8 5 ♖a8+

Und jetzt eine Frage: Welchen der ersten drei Züge von Weiß kann man einen taktischen Schlag nennen? Die Antwort ist der zweite. Mit diesem Zug bereitet der Turm einen Hinterhalt vor und erzeugt eine effektive Zusammenarbeit mit den weißen Streitkräften, die auf geometrischen Motiven basiert.

Das folgende Beispiel zeigt eine ähnliche Idee.

In diesem Endspiel aus einer Turnierpartie entfalten sich die Geschehnisse eher wie eine Studie.

1 ♖c2!

Weiß schneidet den schwarzen König von seinem eigenen Freibauern ab. Nach 1 f7? ♖xf7 2 ♔xf7 ♔c4 ist es Remis.

W

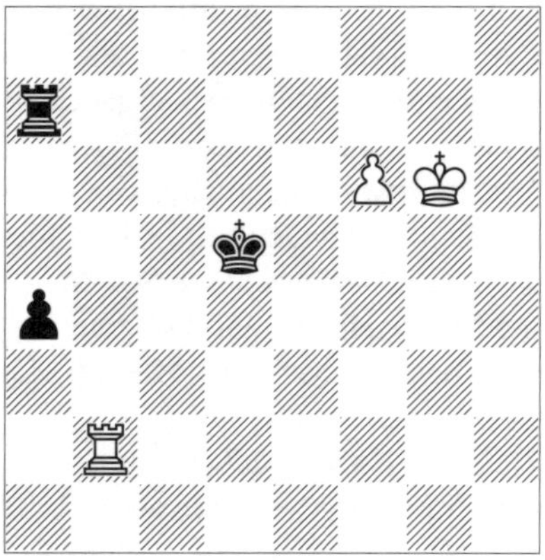

Konstantinopolski – Fridman
Lwow 1940

1...♔e6 *(D)*

1...a3 2 f7 a2 3 f8♕ a1♕ 4 ♕c5+ verliert ebenfalls für Schwarz, aber das seltsam aussehende Manöver 1...♖a6!? 2 ♔g7 ♖a7+ 3 f7 ♔e6 stellt Weiß, der 4 ♖f2! ♔d5 5 ♖f4! a3 6 ♔g8 a2 7 f8♕ a1♕ 8 ♕d8+ finden muss, vor größere Probleme.

W

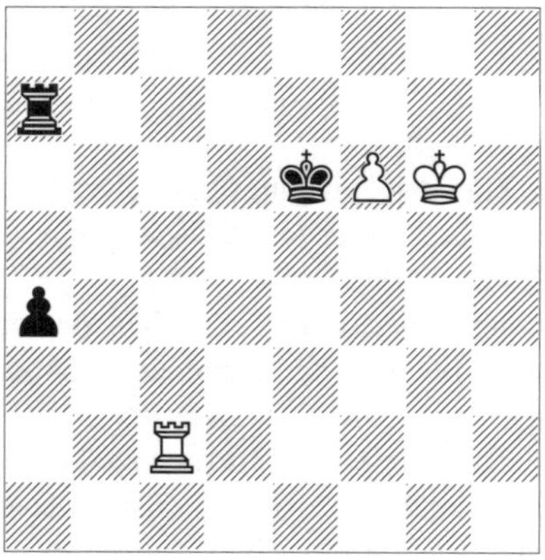

Aber sogar nach dem Textzug gibt es nur einen Gewinnweg. Die folgenden Versuche scheitern: 2 f7? ♖xf7 3 ♖e2+ ♔d5 4 ♔xf7 ♔c4 =; 2 ♖c6+ ♔d5 3 ♖c1 ♔e6!; oder 2 ♖f2 ♔d5! 3 f7? ♖xf7 4 ♔xf7, und Schwarz verteidigt: 4...♔c4 5 ♔e6 ♔b3 6 ♔d5 a3 7 ♖f3+ ♔b2 8 ♔c4 a2 9 ♖f2+ ♔a3!.

2 ♖c3!! a3

Nach 2...♖a8 3 f7 ♖f8 gewinnt Weiß durch 4 ♖c6+ ♔e7 (4...♔d5 5 ♖a6 ist dasselbe) 5 ♖a6.

3 f7

3 ♖e3+ ♔d5 4 f7 a2 5 f8♕ a1♕ 6 ♕f5+ gewinnt, ohne das trickreiche (aber gewonnene) Endspiel ♕ gegen ♖ zuzulassen.

3...♖xf7 *(D)*

3...a2 4 f8♕ a1♕ 5 ♕f6+ ♔d5 6 ♕c6+ führt zu Matt, während 3...♖a8 4 ♖xa3 das Endspiel ♕ gegen ♖ ergibt.

W

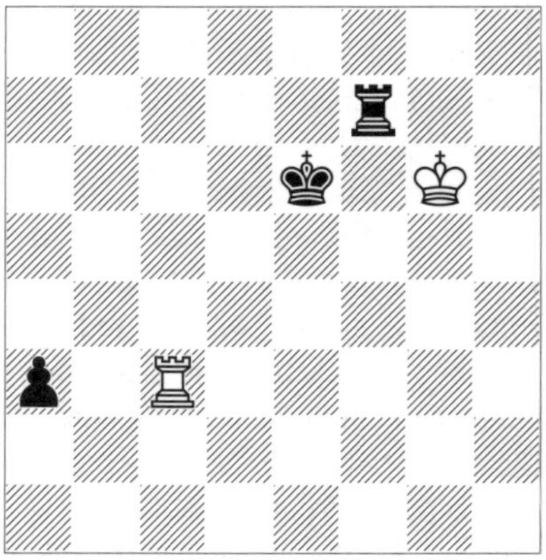

4 ♖e3+ ♔d5 5 ♔xf7 a2 6 ♖a3 1-0

Wieder möchte ich Ihnen die Frage präsentieren: Welcher der weißen Züge sollte als taktischer Schlag betrachtet werden? Die Antwort ist wieder der zweite. Und wieder aus demselben Grund: Der Zug stellt einen direkten Angriff auf den schwarzen Bauern auf, der ein entscheidendes Tempo in der thematischen Hauptvariante gewinnt, was als Revolution eingestuft werden muss.

Taktik in der Praxis

Nachdem wir nun beträchtliche Mühen auf die theoretische Grundlage der Frage verwendet haben, ist es an der Zeit zu zeigen, wie das Leben eines Spielers erschwert werden kann, wenn er günstige taktische Möglichkeiten übersieht.

Botwinnik – Larsen
Palma de Mallorca 1967

1 c4 ♘f6 2 ♘f3 e6 3 g3 d5 4 ♗g2 ♗e7 5 0-0 0-0 6 b3 c5 7 ♗b2 ♘c6 8 e3 b6 9 ♘c3 ♗b7 10 d3 ♖c8 11 ♖c1 ♖c7 12 ♕e2 ♖d7 13 ♖fd1 ♖e8

Larsen begeht eine kleine Ungenauigkeit. Botwinnik erachtet 13...♕a8 mit der Absicht ...♖fd8 als besser.

14 cxd5 ♘xd5 15 ♘xd5 ♖xd5 16 d4! ♕a8?!

Eine weitere Ungenauigkeit, aber dieses Mal ist es ernsthafter. Laut Botwinnik war 16...♖d7 essentiell.

17 dxc5! ♖xd1+ 18 ♖xd1 *(D)*

S

18...♗xc5?

Nach zwei Ungenauigkeiten, die zu immer größeren Schwierigkeiten für Schwarz geführt haben, begeht er nun den entscheidenden Fehler. 18...bxc5 war unerlässlich. Obwohl Weiß dann einen klaren und nachhaltigen Vorteil hätte, gäbe es noch viel zu tun.

19 ♘g5!

Mit diesem offensichtlichen Sprung beginnt Weiß einen Angriff mit all seinen Figuren gegen den wehrlosen schwarzen König. Die Partie sollte nun recht schnell vorbei sein.

19...h6 20 ♘e4?!

Zug um Zug verpasst Weiß jedoch Chancen die Partie mit einem direkten Angriff zu beenden. Dies ist die erste Chance. Der Anziehende konnte mit dem offensichtlichen Schlag 20 ♘xf7! gewinnen: 20...♔xf7 21 ♕g4! ♗f8 *(D)* (Schwarz wird nach 21...e5? 22 ♗d5+ schnell matt gesetzt, und er verliert auch nach 21...♘d4 22 exd4 ♗xg2 23 dxc5).

W

Nun hat er einen zwingenden Gewinn durch 22 ♗e4! ♖d8 (22...♘e7 verliert wegen 23 ♕f3+; nach 22...♘a5 23 ♖d7+ ♖e7 24 ♕g6+ ♔g8 25 ♕h7+ ♔f7 26 ♗g6# setzt Weiß matt) 23 ♕g6+ ♔g8 24 ♕xe6+ ♔h8 25 ♕xh6+ mit Matt.

Es besteht kein Zweifel daran, dass Botwinnik das Schlagen auf f7 in Betracht gezogen hat, aber offensichtlich gelang es ihm nicht, die Varianten richtig zu berechnen. Dadurch verlängert er die Partie und macht sich das Leben viel schwerer. Anstatt nur zwingende Varianten zu berechnen, muss er nun nicht zwingende positionelle Abspiele in Betracht ziehen. Anders ausgedrückt, die Aufgabe wird erleichtert, wenn man nur forcierte Varianten berechnen muss, weil der Spieler sich nur auf einen relativ begrenzten Bereich konzentrieren muss. Später werden wir noch genauer darauf eingehen.

20...♗f8 *(D)*

W

21 ♖d7?!

Einmal mehr begeht der Anziehende einen Fehler in einer Stellung, die reich an Taktik ist, d. h. in einer Situation, die Berechnung erfordert. Zusätzlich zu den obigen Ausführungen ist folgendes anzumerken: Wenn sich nach einer vertanen Chance, die Partie mit einem taktischen Schlag zu beenden, eine weitere Chance ergibt (was hier geschieht, da zu viele schwarze Figuren abseits stehen), ist es normalerweise komplizierter und daher für den Spieler schwieriger zu sehen. Hier gab es eine andere zwingende Gelegenheit, die mit 21 ♘f6+! gxf6 22 ♕g4+ ♔h7 beginnt, und nun hat Weiß eine Wahl. Das Abspiel, das Botwinnik in seinen Anmerkungen gibt, ist 23 ♗e4+ f5 24 ♗xf5+ exf5 25 ♕xf5+ ♔g8, und hier analysiert er lediglich das inkorrekte 26 ♕f6?, wonach 26...♘e5! 27 ♗xe5 ♖xe5 Schwarz Vorteil gibt. Das ist der Grund, warum er das Springeropfer nicht brachte, aber 26 ♕g4+! ♔h7 27 ♖d7! erzwingt Matt; beispielsweise 27...♘e5 28 ♖xf7+ ♘xf7 29 ♕f5+ oder 27...♘e7 28 ♖xe7 ♖xe7 29 ♕f5+ ♔g8 30 ♕f6 ♔h7 31 g4!. Zusätzlich, und was beileibe nicht unerheblich ist, hatte Weiß außerdem einen einfacheren Weg zum Sieg mit 23 ♖d7! ♖e7 24 ♗e4+ usw., während einen Zug später 24 ♖d7! ♘e7 (24...♖e7 25 ♗xf5+ exf5 26 ♕xf5+ ♔g8 27 ♕f6) 25 ♖xe7 ♖xe7 26 ♗xf5+ usw. ein weiterer Weg zum Sieg ist.

21...f5?

Botwinnik glaubte nicht, dass sein 21. Zug ungenau war, aber statt seiner fehlerhaften Antwort, die Weiß wieder einen forcierten Gewinn ermöglicht, hätte Schwarz 21...e5 spielen sollen. In diesem Fall behält Weiß einen unbestrittenen Vorteil, aber diesen in einen Sieg umzumünzen würde viel Zeit und Mühe in Anspruch nehmen. So etwas passiert, wenn man seine Chancen nicht wahrnimmt.

22 ♘d6!

Die Entscheidung, in dieser scharfen Stellung eine nicht zwingende Fortsetzung zu spielen, erweist sich als korrekt. Schwächer war 22 ♘f6+!? gxf6 23 ♕h5 ♖e7 24 ♕g6+ ♖g7 (schlechter ist 24...♗g7 25 ♗xc6 ♖xd7 26 ♗xd7 ♗h1 27 ♗xe6+ ♔h8 28 f3! mit Gewinn) 25 ♖xg7+ ♗xg7 26 ♗xc6 ♗xc6 27 ♗xf6 ♕f8 28 ♗xg7 mit einem Vorteil, der nur mit erheblichen Mühen realisiert werden kann. Aber auch hier war wieder einmal ein forcierter Gewinn möglich! Botwinnik sagte, dass er während der Partie die Variante 22 ♕h5! ♖e7 23 ♖xe7 ♘xe7 erwogen und sogar den Schlag 24 ♘d6! ♗xg2 (24...g6 25 ♕h4) 25 ♕f7+ ♔h7 (25...♔h8 26 ♘e8 +–) gesehen hatte, aber aufgrund der schon drohenden Zeitnot, das einfache Abspiel 26 ♗xg7! ♗xg7 27 ♘e8 ♕xe8 28 ♕xe8 mit Gewinn übersehen hatte.

22...♗xd6 *(D)*

W

23 ♖xd6?

Dieses Übersehen beendet allerdings ein für allemal jegliche Chancen für Weiß, die Partie mit einem direkten Angriff zu gewinnen. Botwinniks Anmerkungen in diesem Moment sind sehr interessant (übrigens sind sämtliche Anmerkungen von Botwinnik, die hier erwähnt werden, aus dem Buch *Analytical and critical works 1957-1970*, Fizkultura i Sport, 1986). Zu seinem 23. Zug schreibt er: „Eine pragmatische Entscheidung, in Zeitnot ist es besser, einen positionellen Gewinn anzustreben als taktische Komplikationen herbeizuführen.“ Trotz meines Respekts für Botwinnik sowohl als Spieler als auch als Kommentator, schockiert mich dieser Kommentar. Es ist klar, dass der Anziehende sogar nach dem Textzug einen nachhaltigen und unbestrittenen Vorteil behält, aber in seinen Kommentaren verbirgt sich eine versteckte Verachtung für das taktische Schachelement, was tausende von Schachspielern, die von einem der bedeutendsten Autoritäten aller Zeiten lernen wollen, ernsthaft in die Irre führen könnte. Unter keinen Umständen sollte man Taktik oder Kalkulation verhöhnen! Solcher Hohn wird fast immer bestraft. Botwinnik hatte in dieser Partie viel Glück, dass Larsen mehrere Chancen versäumte, die Partie zu retten. Mit dem Figurenopfer 23 ♖xg7+! ♔f8 hätte der Gewinn sichergestellt werden können, und nun schreibt Botwinnik, dass er in Zeitnot nur die Variante 24 ♕h5 ♖e7 25 ♖g6 ♘d8! sehen konnte, die ihm ungünstig erschien. Wenn man aber die Berechnung etwas weiter führt, stellt sich heraus, dass Weiß einen forcierten Gewinn durch 26 ♗f6! ♖h7 (26...♗xg2 27 ♖xh6 ♘f7 28 ♖h7! ♔e8 {einziger Zug} 29 ♗xe7 +–) 27 ♗xd8 ♗xg2 (27...♕xd8 28 ♗xb7 +–) 28 ♖f6+ ♔g8 29 ♕e8+ ♔g7 30 ♖g6# hat. Diese Variante ist kompliziert, nicht nur in der Zeitnotphase, aber er versäumte außerdem einen anderen, einfacheren Gewinn mit 24 ♖h7!, wonach Schwarz aufgeben kann. Zugegebenermaßen beantwortete Larsen den Fehler von Weiß mit einem eigenen:

23...♘d4?

In gewisser Hinsicht kann man dies als zwei Fehler ansehen, ein taktischer und ein positioneller. Mit dem ersteren werden wir uns gleich befassen, aber letzterer ist offensichtlich – im Mittelspiel kommen die ungleichfarbigen Läufer nur dem Weißen zugute. Stattdessen hätte er durch 23...♕c8!? 24 ♕d2 ♘b8 eine Stellung erreichen können, in der ein Gewinn für Weiß bei weitem nicht gewährleistet ist.

24 ♖xd4 ♗xg2 25 ♖d7 ♗h3

Nach 25...♗h1 gibt die Antwort 26 f4! dem Weißen, wie Botwinnik zeigt, eine Gewinnstellung.

26 f3 ♖d8 *(D)*

26...e5 verliert sofort: 27 ♕c4+ ♔h8 28 ♕f7 ♖g8 29 ♗xe5.

W

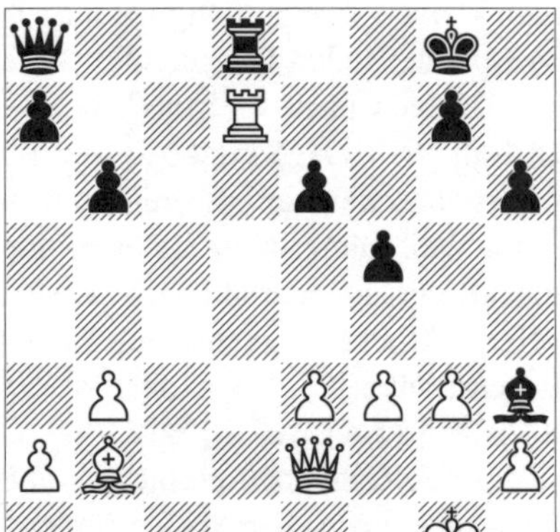

27 ♖xg7+

Zeitnot und Erschöpfung führen dazu, dass Weiß eine schlechte praktische Entscheidung fällt: Er gewinnt einen Bauern, überlässt dem Nachziehenden jedoch die d-Linie. Botwinnik erklärt, dass er in der offenkundigen Variante 27 ♕d1(!) ♖xd7 28 ♕xd7 ♕f8 den Zug 29 ♕xa7! (nicht 29 ♕xe6+? ♕f7) versäumte, wonach Weiß problemlos gewinnt: Er rückt seine Damenflügelbauern so weit wie möglich vor und tauscht dann die Damen auf g7.

27...♔f8 28 ♖h7 ♕d5 29 ♔f2 ♕d1 30 ♖h8+? *(D)*

Hier hätte Weiß genau und mutig rechnen sollen. 30 ♗c3! plant, den Läufer auf h3 mit ♖xh6 zu gewinnen, wenn die Damen getauscht werden, während Weiß nach 30...♕h1 31 ♖h8+ ♔e7 32 ♗b4+ den Turm gewinnt und Schwarz kein Matt hat.

S

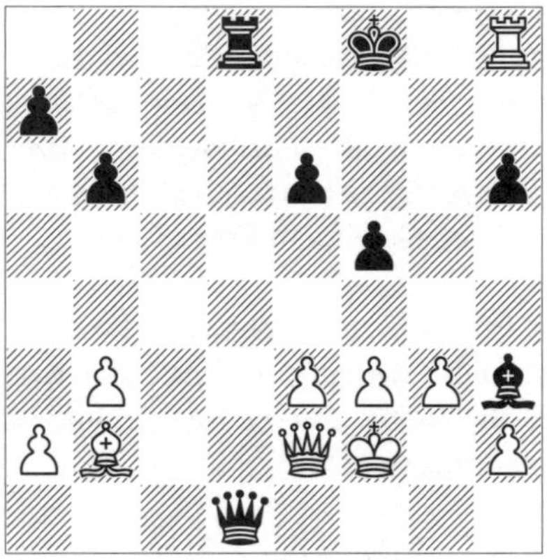

30...♔f7 31 ♖xd8 ♕xd8 32 ♕c2 ♕d5 33 ♕c7+ ♔e8 34 ♕b8+ ♔d7?

34...♕d8! gibt Schwarz gute Chancen, die Partie zu retten. Die weiteren Geschehnisse sind erzwungen.

35 ♕xa7+ ♔c8 36 ♕a6+ ♔c7 37 ♕c4+ ♕xc4 38 bxc4 ♔c6 39 ♗d4 h5 40 a4 ♔c7 41 c5 bxc5 42 ♗xc5 ♔c6 43 ♗b4 ♔b6 *(D)*

44 g4!

Auf diesen Zug wies Smyslow während der Analyse nach Abbruch der Partie hin.

44...hxg4 45 ♔g3 e5

Das verliert sofort, aber auch Abwarten hätte die Partie nicht gerettet. In diesem Fall zeigte Botwinnik den Gewinnplan: 45...♔c6 46 fxg4 fxg4 47 e4 ♔b6 48 e5 ♔c6 49 ♔f4 ♔b6 50 ♔g5

W

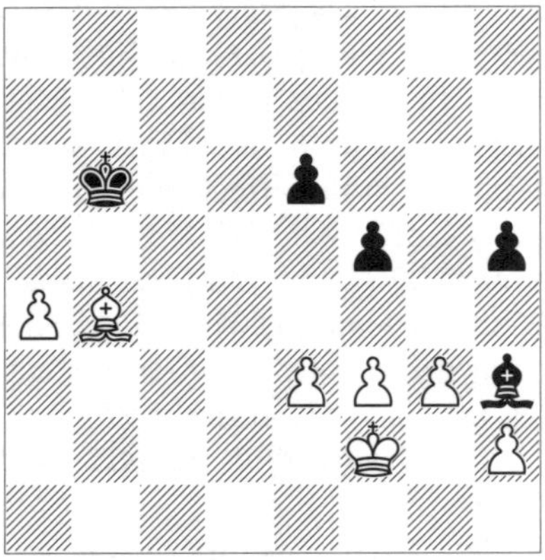

♔c6 51 ♗e1 ♔d5 52 ♗g3 ♔c5 53 ♔f6 mit Gewinn.

46 e4! fxe4

46...f4+ 47 ♔h4 ♔c6 48 ♗c3 ist ebenfalls hoffnungslos für Schwarz.

47 fxg4 1-0

Diese Partie ist ein gutes Beispiel dafür, dass ein Spieler, der die Gelegenheit versäumt, die Partie mit einem taktischen Schlag zu beenden, sich seine Aufgabe beträchtlich erschwert und eventuell den Gewinn in Frage stellt.

Das folgende, eher einfache Beispiel, demonstriert die Vorteile für einen Spieler, dem es gelingt, die Taktik und die Berechnung in Einklang zu bringen.

Plachetka – Zinn

Dečin 1974

1 ♘f3 c5 2 b3 ♘c6 3 ♗b2 ♘f6 4 e3 d5 5 ♗b5 e6 6 ♘e5 ♕c7 7 0-0 ♗d6 8 ♗xc6+ bxc6 9 f4 0-0 10 ♖f3 ♘d7 11 ♖h3 *(D)*

Dies ist eine bekannte Theoriestellung.

11...g6?

Es ist auch bekannt, dass dieser Zug ein schwerer Fehler ist. Das Einsammeln des Bauern ist auch schlecht: 11...♘xe5 12 fxe5 ♗xe5 13 ♕h5, und Weiß steht besser. Aber 11...f6! ist hier stark. Danach ist das Figurenopfer unzureichend: 12 ♕h5?! fxe5 13 ♕xh7+ ♔f7 14 ♖g3 ♔e8 15 ♖xg7 ♗a6 16 ♘a3 exf4 17 exf4 ♔d8, und Weiß hatte nicht genug Kompensation in Rogers-Bacrot, Cap d'Agde Schnellschach 1998. Nun übernimmt Weiß das Kommando.

S

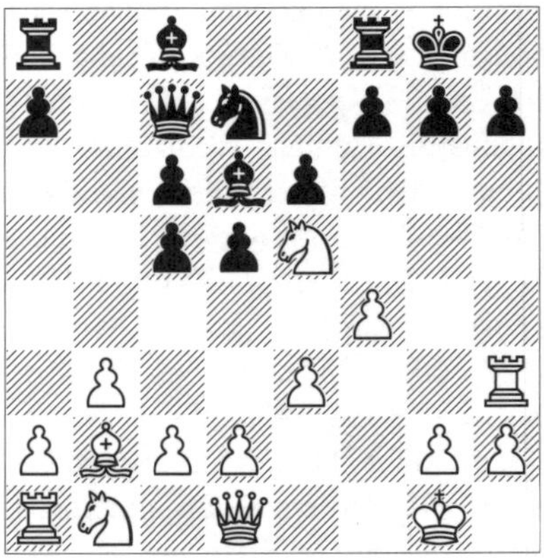

12 ♕h5! ♘f6 *(D)*

Die Dame kann nicht geschlagen werden: 12...gxh5 13 ♖g3+ ♔h8 14 ♘xf7#.

W

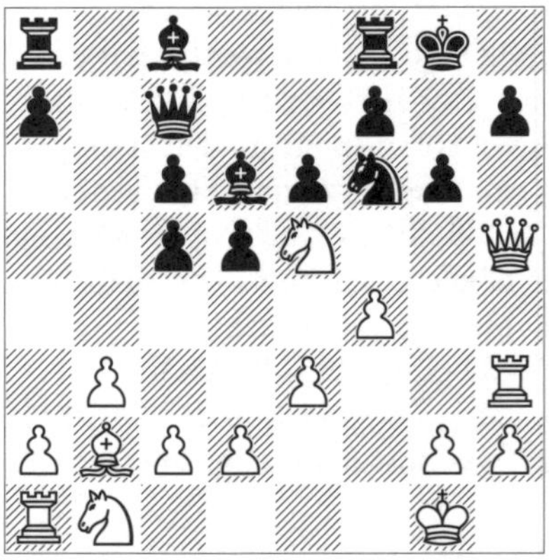

Das ist die Schlüsselstellung. Schlechte Berechnung und das Versäumen taktischer Möglichkeiten können jede Stellung verderben. Die Vorgängerpartie, Bellon-Pfleger, Olot 1972, endete in 39 Zügen nach 13 ♕h6? d4 14 ♘g4 ♘h5 15 ♖xh5 f5 16 ♖g5 fxg4 usw. mit Remis. Aber nach dem scheinbar besseren Rückzug 13 ♕h4?! hat Weiß nicht mehr als einen kleinen Vorteil, und der Gegner erhält nach dem keineswegs offensichtlichen Gegenschlag 13...d4! etwas Gegenspiel; z. B. 14 exd4 (14 ♕xf6?? ♗e7) 14...♘h5 15 g4 ♗e7 16 ♕f2 ♘g7. Daher muss Weiß den folgenden einfachen, aber effektiven kombinatorischen Schlag finden:

13 ♘g4!!

Dies ist ganz klar die beste der drei möglichen Fortsetzungen in dieser Stellung.

13...gxh5

Nicht 13...♘xh5 14 ♘h6#.

14 ♘xf6+ ♔h8

Nach 14...♔g7 gewinnt der Anziehende mittels 15 ♘e8++! ♔h6 16 ♗g7+ ♔g6 17 ♖g3+ ♔f5 18 ♖g5+ ♔e4 19 ♘c3#.

15 ♖xh5! h6

Und dieses Mal folgt nach 15...♔g7 wieder 16 ♘e8++!.

16 ♘xd5+ 1-0

Mit drei Bauern im Rückstand gab Schwarz auf.

Im nächsten Beispiel konnte sich Weiß mittels Taktik den Konsequenzen einer schlecht gespielten Eröffnung entziehen.

W

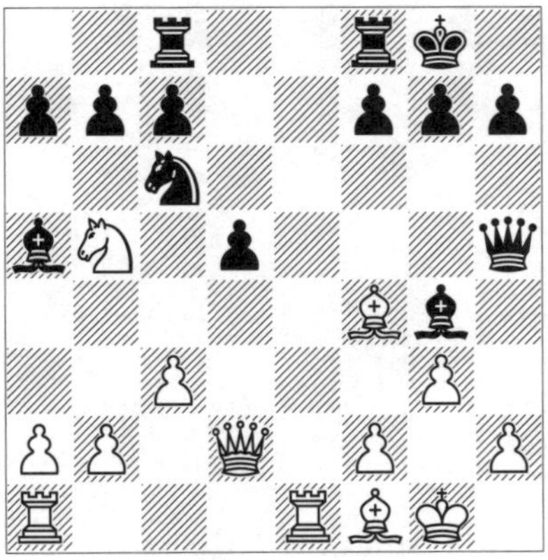

Juchtman – Palatnik
Meisterschaft von Odessa 1966

Schwarz hat nicht nur einen Mehrbauern, sondern auch einen Zentrumsvorteil. Bei normaler Entwicklung der Ereignisse, sieht sich Weiß einer langen und undankbaren Aufgabe gegenüber. Seine Chancen hängen daher davon ab, ob er die kurzfristigen dynamischen Merkmale der Stellung ausnutzen kann, wobei es sich um einen leichten und vorübergehenden Koordinationsmangel unter den schwarzen Streitkräften handelt, was nur für denjenigen erkennbar ist, der ein scharfes Auge für Taktik hat. Selbst einen Zug Verzögerung wird die Chance vergeben. Daher schlägt Weiß direkt zu.

17 ♘xa7!

Das ist nicht nur eine gute praktische Chance, den Gegner in den Komplikationen ins Stolpern zu bringen, sondern es ist außerdem objektiv notwendig, auch wenn die Konsequenzen nicht eindeutig sind.

17...♘xa7 18 ♖e5 ♕g6?

Und tatsächlich gerät der Nachziehende ins Straucheln, weil ihm der Spatz in der Hand nicht genug ist und er nach der Taube auf dem Dach greift. Ein Fehler wäre auch 18...♗f5?. Nach 19 ♕xd5 g6 20 ♕xa5 ♘c6 21 ♖xf5 ♘xa5 22 ♖xh5 hätte Weiß einen unbestrittenen Vorteil im Endspiel. Die korrekte Entgegnung ist 18...f5! mit der Fortsetzung 19 ♕xd5+ ♔h8 20 ♕xa5 ♘c6 21 ♕c5 ♘xe5 22 ♗xe5, wonach die schwarzen Chancen größer sind, obgleich Weiß gute Chancen hat, die Partie zu retten. Nun folgt eine zwingende Variante:

19 ♖g5 ♕e6 20 ♖e1 ♕d7 21 ♖xd5 ♕a4 *(D)*

W

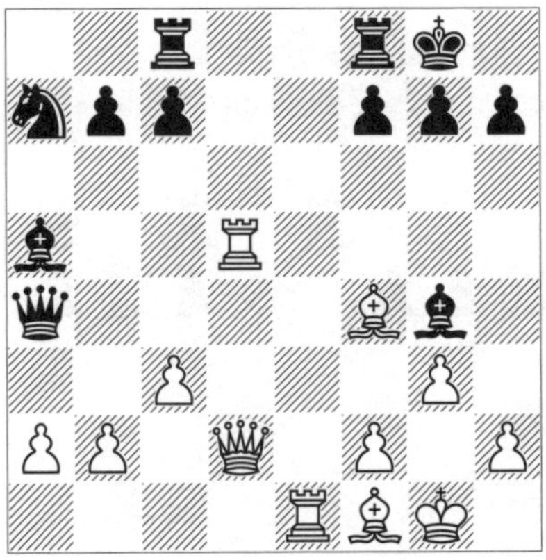

Es scheint, als ob Schwarz am Ende der Variante im Besitz einer Mehrfigur ist und keinerlei besondere Probleme hat (22 b3 ♕a3). Das legt die Vermutung nahe, dass der junge Spieler mit den schwarzen Steinen hier seine Berechnung beendet hat. Wir werden auf dieses Problem im Kapitel über Berechnung von Varianten genauer eingehen.

Aber in dieser Partie spielte der erfahrene Meister Juchtman:

22 ♖g5!

Es stellt sich heraus, dass Schwarz die Stellung vollkommen falsch beurteilt hat und Weiß nun einen beträchtlichen Vorteil erhält. Diejenigen Leser, die mit der Partie Aljechin-Sterk,

Budapest 1921 (siehe mein Buch *Wie man dynamisches Schach spielt*; Gambit, 2006, Seite 52) vertraut sind, werden die Ähnlichkeit zwischen den beiden Partien feststellen.

Es ist zu beachten, dass 22 ♗h6! ebenfalls zum Sieg führt, da Weiß nach 22...gxh6 23 ♕xh6! ♕c6 24 ♖g5+ ♕g6 25 ♗d3 eine „ganze“ Dame gewinnt.

22...♖cd8

22...♗e6 verliert auch: 23 ♗e5 (das Opfer 23 ♖xg7+ führt auch zum Erfolg: 23...♔xg7 24 ♗h6+! ♔h8 25 ♕g5 ♕g4 26 ♕f6+ ♔g8 27 ♖e5 erzwingt Matt) 23...g6 (23...f6 24 ♖xg7+! ♔h8 25 ♗d3 +–) 24 ♗f6!, und der schwarze König ist schutzlos. Weiß gewinnt auf thematische Weise im Fall von 22...♗f3 23 b3 ♕a3 24 ♖xg7+! ♔xg7 25 ♗h6+ ♔h8 26 ♕d4+! f6 27 ♕d7 ♖g8 28 ♗d3, während 22...♖fd8 auf ähnliche Weise wie die Partiefortsetzung verliert: 23 ♖xg7+! ♔h8 (23...♔f8 24 ♗h6) 24 ♗e5 mit Matt.

23 ♖xg7+! ♔h8 *(D)*

Nach 23...♔xg7 gewinnt 24 ♗h6+!.

W

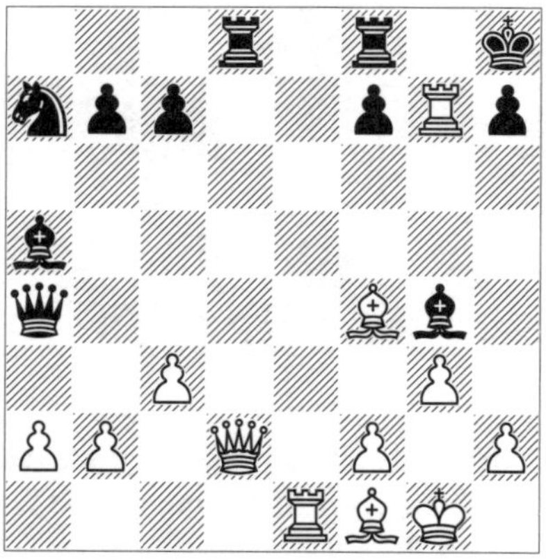

Der nächste Zug gibt der Partie den letzten Schliff:

24 ♗e5! f6

24...♖xd2 25 ♖xf7+ ♔g8 26 ♖g7+ ♔h8 27 ♖xg4+.

25 ♕h6 1-0

Sogar heute habe ich noch die Partie vor Augen, die Gesichter der Spieler und den Schauplatz des Geschehens. Wie lange das schon her ist! Jakob Juchtman, der heutzutage fast vergessen ist, war ein Spieler mit kolossalem Talent, das er traurigerweise niemals voll verwirklichte. Er hatte eine ausgezeichnete Technik und einen bemerkenswerten kombinatorischen Weitblick.

Schlag auf Schlag

In den meisten Fällen ist es der Angreifer, der taktische Schläge verteilt, aber gelegentlich kommt es vor, dass der Verteidiger eine taktische Ressource findet.

In dem folgenden klassischen Beispiel gelingt es Schwarz, den gegnerischen Druck mit einem taktischen Schlag zu neutralisieren.

S

Smyslow – Geller

Kandidatenmatch (6. Partie), Moskau 1965

Zunächst scheint es, dass die Figuren von Weiß aktiver platziert sind und dass sein freier d-Bauer potentiell äußerst gefährlich werden könnte. Schwarz hat noch keinen Weg gefunden, seine Dame und seinen Turm auf c8 ins Spiel zu bringen, die momentan wenig Bewegungsfreiheit haben. Angesichts dessen überrascht es nicht, dass sein nächster Zug die Liste der zu untersuchenden Züge angeführt hat. Das Problem besteht darin, die entstehenden Komplikationen genau zu berechnen.

18...c4! 19 ♘d4!

Weiß muss äußerst genau spielen, wenn er seine Initiative erhalten und weiterentwickeln will. Das Kernproblem besteht darin, dass Weiß bezüglich der statischen Merkmale der Stellung in mancher Beziehung schlechter steht, insbesondere im Hinblick auf die Bauernstruktur. Im Endeffekt würde der Verlust der Initiative in unerfreuliche Konsequenzen für Weiß enden. Daher ist seine Aktivität im Fall von 19 ♕f5 ♘f8! 20 ♗e5 ♘h7! 21 ♖ac1 ♖c5 im Sand verlaufen und seine Schwächen werden zu einem wichtigen Faktor.

Nach dem Textzug droht Weiß, den Springer nach c6 oder e6 zu spielen, von wo aus er schrecklich stark wäre.

19...♗xd5!

19...♗xd4 20 ♖xd4 ist eine weitere Möglichkeit, der Drohung zu begegnen. Diese führt zu einer Stellung, in der Weiß einige Trümpfe in der Form eines zentralen Freibauern und des Läuferpaars hat. Die Variante, die Geller wählte ist überzeugender, da sie zwingend und vollkommen eindeutig ist.

20 ♘b5

Die weißen Züge sind erzwungen, und er hat keine große Wahl. Nach 20 ♕f5?! ♘c5 21 ♕xc8 ♕xc8 22 ♗xc8 ♖xc8 hat Schwarz mehr als genug Kompensation für seinen geringfügigen Materialverlust.

20...♖c5 21 ♗c7! *(D)*

Diese Fortsetzung des Angriffs ist ebenfalls notwendig. Die Varianten 21 ♘c7? ♘e5 22 ♘xe8 ♘f3+ 23 ♔f1 ♕xe8 24 ♗e3 ♗e4 25 ♕e2 ♖c7 und 21 ♗e3? ♖xe3 22 fxe3 ♕b8 führen beide zu einem klaren Vorteil für Schwarz.

S

Aber was soll Schwarz jetzt tun? Er verliert nach 21...♖xc7? 22 ♖xd5 ♖b7 23 ♖ad1 ♖e7 24 ♕d2 und steht ebenfalls nach den Varianten 21...♕e7? 22 ♗d6 ♘e5 23 ♗xe7 ♘f3+ 24 ♔g2! (24 ♔f1 ♘h2+ 25 ♔e2? verliert wegen 25...♖xe7+ 26 ♔d2 ♗e4) 24...♘e1+ 25 ♔f1 ♘xc2 26 ♗xc5 und 21...♕a8?! 22 ♗xd7 ♖e7 23 ♗f5 ♖cxc7 24 ♘xc7 ♖xc7 25 ♖e1 schlecht, wonach er ungenügende Kompensation hat.

21...♘e5!

Das ist der Gegenschlag, den Geller spätestens bei seinem 19. Zug sehen musste, und wahrscheinlich schon einen Zug zuvor.

22 ♗xd8

Weiß muss die Realität akzeptieren. Nach 22 ♗g2? ♕d7 23 ♗xe5 ♗xe5 24 ♕d2 ♖d8 hat Schwarz einen entscheidenden Vorteil.

22...♘f3+ 23 ♔f1 ♘h2+ ½-½

Das folgende Beispiel setzt das Thema fort. Der Kampf erweist sich hier als sehr kurz, aber sehr blutrünstig!

S

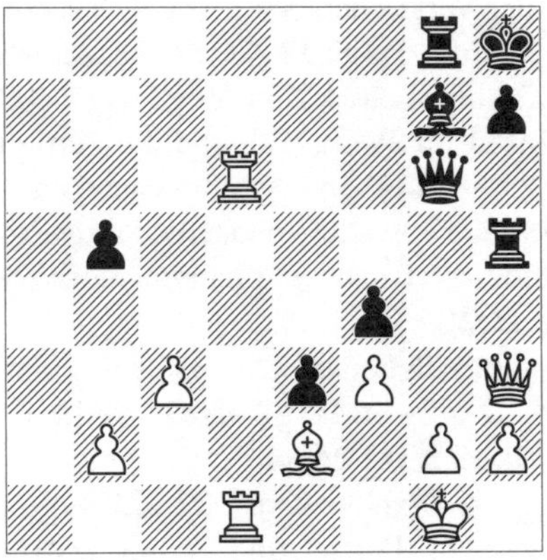

Leko – Kramnik

Linares 2004

Trotz seines Minusbauern ist es offensichtlich, dass die schwarzen Chancen aufgrund seines Bauernpaars auf f4 und e3 und der verwundbaren Stellung des weißen Königs besser sind. Sogar die geradlinigste Variante 33...♖xh3 34 ♖xg6 hxg6 35 gxh3 ♖b8 gibt Schwarz etwas Vorteil, aber in solch einer Stellung will man mehr. Die Variante 33...♕xd6? 34 ♕xh5 reicht nicht aus, da der Vorteil in dem Fall auf Weiß übergeht. Es bleibt nur der Zug übrig, der in der Partie gespielt wurde:

33...♗f6! 34 ♖xf6 *(D)*

34 ♕g4 verliert wegen 34...♖g5.

S

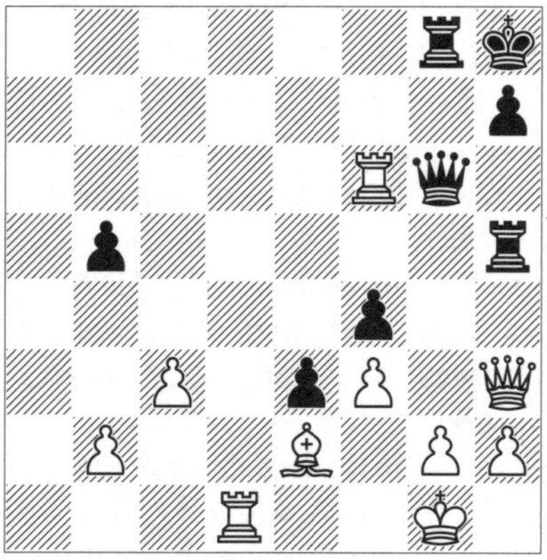

Aber was hatte Kramnik jetzt vor? Auf den ersten Blick ist keine überzeugende Antwort auf diese Frage ersichtlich.

Nach der Folge 34...♕g7? 35 ♖d7 ♖xh3 36 ♖xg7 ♔xg7 37 ♖xf4 ♖h5 38 ♖e4 ist es gewiss Weiß, der Vorteil hat. Nach 34...♖xh3 35 ♖xg6 ♖xg6 36 ♖d8+! ♔g7 37 ♖d7+ ♔h8 (schwächer ist 37...♔h6 38 ♖d4 ♖h4 39 g3 ♔g7 40 ♔g2 mit Vorteil für Weiß, während die Partie nach 37...♔f8 38 ♖d4 ♖h4 39 g3 ausgeglichen ist) 38 ♖d8+ ♔g7 39 ♖d7+ endet die Partie Remis.

Stattdessen folgte ein phänomenaler Zug:

34...♕c2!!

Es stellt sich heraus, dass 35 ♕d7 sofort wegen 35...♖xg2+ 36 ♔xg2 ♕xe2+ verliert.

35 ♕xh5 ♕xe2 36 g4

Nach 36 ♕xh7+ ♔xh7 37 ♖d7+ gewinnt 37...♖g7. Die Fortsetzung 36 g3 ♕xd1+ 37 ♔g2 e2 kann Weiß ebenfalls nicht retten.

36...♕f2+ 0-1

Das folgende Fragment ähnelt dem vorherigen:

S

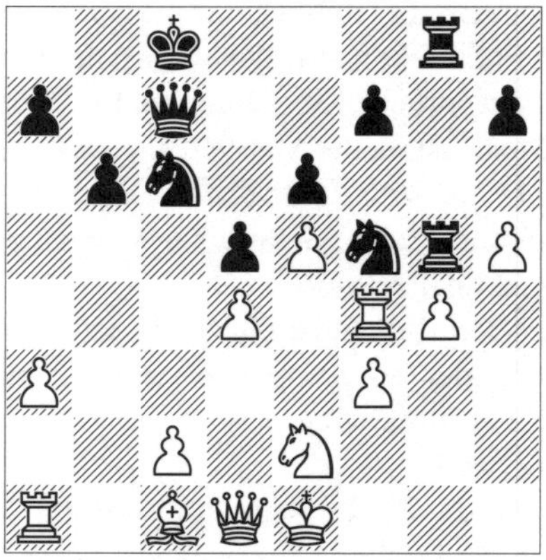

Sashikiran – S. Williams
Gibraltar Masters, Caleta 2005

Die Stellung ist chaotisch, aber es ist klar, dass Schwarz entschlossen handeln muss und versuchen muss, die Partie zu öffnen, da Weiß sonst seinen Material- und Raumvorteil mühelos verwerten wird. Schwarz kann die Partie nur durch Materialopfer öffnen, und daher war das Folgende kaum überraschend:

19...♘xe5!

Es gibt keine Alternative, da die Konsequenzen des anderen befreienden Opfers ungünstig für Schwarz sind: 19...♘fxd4 20 ♖xd4 ♘xd4 21 ♕xd4.

20 dxe5 ♕xe5 *(D)*

W

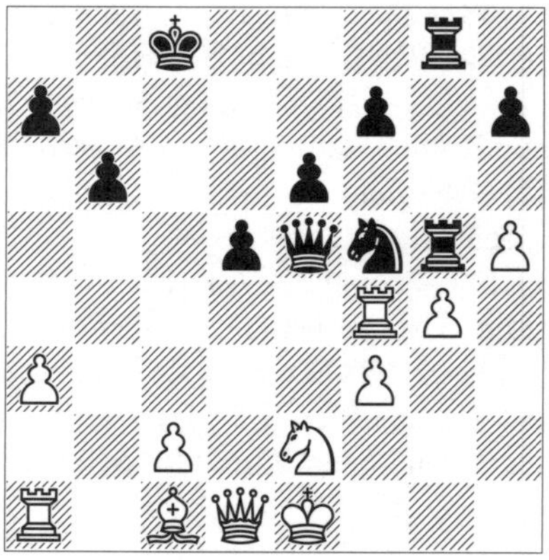

Nun muss Weiß eine wichtige Entscheidung fällen. Seine Wahl ist schwierig, wie die Varianten 21 ♗d2 ♖xh5! 22 gxh5 ♖g1+ 23 ♔f2 ♖xd1 und 21 ♖a4 ♖xh5! zeigen. In beiden Fällen müssen die weißen Chancen als besser angesehen werden, wobei der Gegner jedoch Gegenspiel behält. Angesichts des weißen Vorteils in der Anfangsstellung, sollte er nach einer überzeugenderen Fortsetzung suchen, was ihm auch gelang:

21 ♖xf5! ♖xf5 *(D)*

21...exf5? ist grottenschlecht: 22 ♗xg5 ♖xg5 23 f4.

Aber wie sieht der Plan des Anziehenden nun aus?

22 ♕d4!!

W

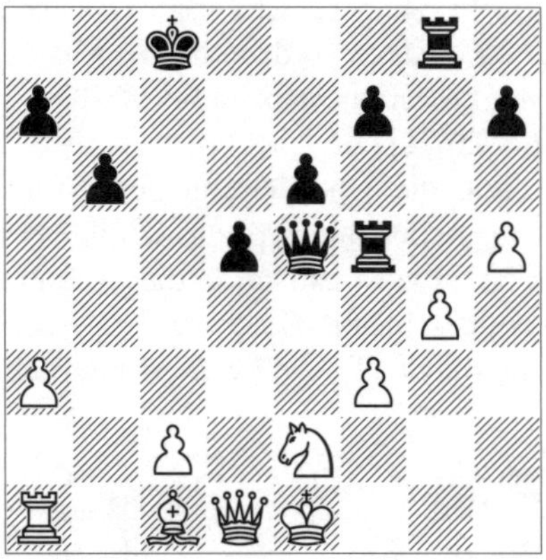

Der Schlüssel zum weißen Spiel. 22 ♗b2 ♕xb2 23 gxf5 ist deutlich schwächer; dann ergibt sich nach 23...♕e5! eine unklare Stellung. Nun lichtet sich die Stellung, und sämtliche Hoffnungen von Schwarz werden zunichte gemacht.

22...♕h2

Schwarz verliert auch nach Damentausch: 22...♕xd4 23 ♘xd4 ♖e5+ (23...♖f6 24 g5) 24 ♔f2 ♔d7 25 ♗f4.

23 gxf5 ♖g2 24 ♕d3 d4 25 ♕e4 exf5 26 ♕c6+ 1-0

Im folgenden faszinierenden Beispiel findet der Verteidiger einen glänzenden Gegenschlag:

W

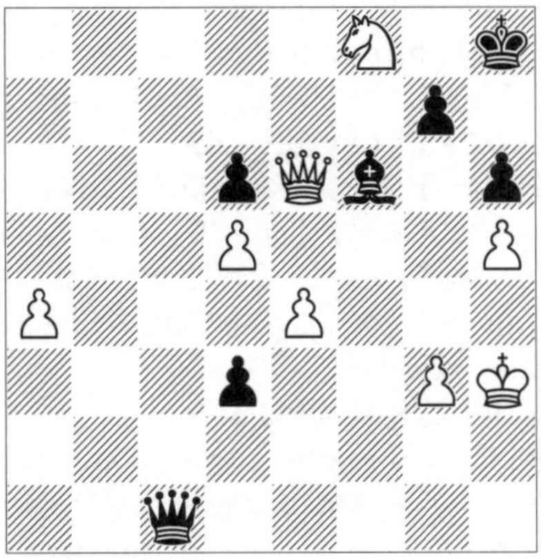

A. Kovačević – Awruch

Olympiade, Calvia 2004

In dieser Stellung verfügen beide Parteien über Pluspunkte. Schwarz hat einen mächtigen Freibauern, und der weiße König steht exponiert. Weiß dagegen hat Angriffschancen gegen den schwarzen König. Allerdings bringt Weiß ein direkter Angriff nichts ein: 61 ♕f5 ♕h1+ 62 ♔g4 ♕d1+ 63 ♕f3 (nicht 63 ♔f4?? ♗g5+ –+) 63...♕c2 64 ♕f5 ♕d1+ 65 ♕f3 ♕c2 führt nur zum Remis. Er entscheidet sich daher für einen Königsmarsch, in der Hoffnung den König in den Angriff einzubinden und ihn zugleich innerhalb des feindlichen Lagers vor Schachgeboten zu schützen. Dieser Plan sieht sehr verlockend aus.

61 ♕e8 ♕h1+

Schwarz hat keine Wahl.

62 ♔g4 ♕d1+ 63 ♔f5 ♕f3+ 64 ♔g6 *(D)*

Der weiße Plan ist aufgegangen.

S

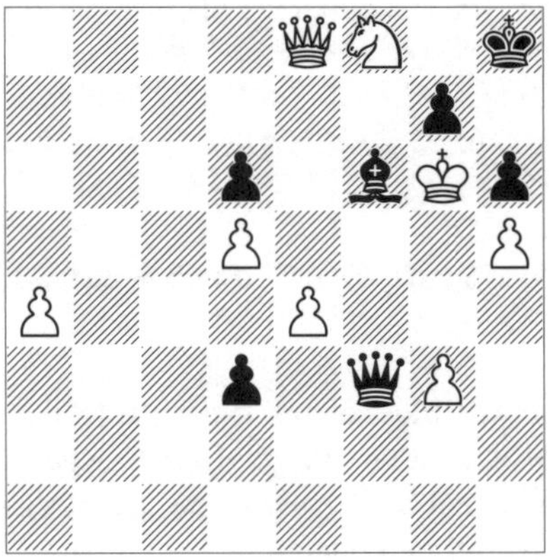

Es scheint alles vorüber zu sein. Nach der offensichtlichen Fortsetzung 64...♕g4+? 65 ♔f7 ♕xh5+ 66 ♘g6++ setzt Weiß matt. Nun aber findet Schwarz eine der wundersamen Ressourcen, für die wir Schach so sehr lieben.

64...♗e7!! 65 ♕xe7*(D)*

Und nun passiert das Unglaubliche – es stellt sich heraus, dass es Weiß ist, der sich vor den Folgen seines eigenen Angriffs retten muss! Das Schach verliert nun: 65 ♘e6+? ♗f8 66 ♕xf8+!? ♕xf8 67 ♘xf8 ♔g8! (der einzige Weg; 67...d2? ist falsch: 68 ♔f7 d1♕ 69 ♘g6+ ♔h7 70 ♘f8+ mit Remis). Es sieht eher wie eine Kampfsportart als Schach aus!

65...♕f6+?!

Schwarz verpasst die Gelegenheit, das Beste aus seinem Superzug zu machen, und seinen Gegner zu zwingen, die rettende Variante nach

S

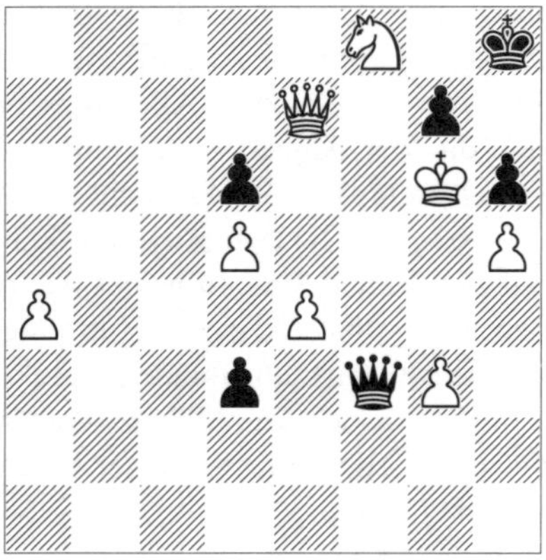

65...♕xg3+ zu finden. Weiß müsste danach äußerst genau spielen, was nach einer so dramatischen Wende nicht so einfach ist. 66 ♔f7 ♕f3+ 67 ♔g6! (das ist einfacher als nach e8 zurückzukehren) 67...♕g4+ 68 ♔f7 ♕xh5+ 69 ♘g6+ ♔h7 70 ♕e6 d2 71 ♔f8 ♕f3+ 72 ♔e8 (Vorsicht ist geboten: 72 ♔e7?? ♕f6+ 73 ♕xf6 gxf6 74 ♔f7 h5 −+) 72...d1♕ 73 ♘f8+ ♔h8 74 ♘g6+ mit Remis.

66 ♕xf6 gxf6 67 ♔f7 d2 68 ♘g6+ ♔h7 69 ♘f8+ ½-½

Zum Abschluss dieses Themas folgt hier eine interessante Partie, die zeigt, dass Gegenschläge manchmal auf erfolgreiche „Kontergegenschläge" treffen können!

Iwantschuk – Moissejenko

Russische Vereinsmannschaftsmeisterschaft, Sotschi 2005

1 d4 ♘f6 2 c4 e6 3 ♘f3 ♗b4+ 4 ♘bd2 b6 5 a3 ♗xd2+ 6 ♕xd2 0-0 7 e3 ♗b7 8 ♗e2 d6

Hier sind die Fortsetzungen 8...a5!? 9 b3 d6 10 0-0 ♘bd7 11 ♗b2 ♕e7 und 8...d5!? 9 0-0 dxc4 10 ♗xc4 ♗d5 11 ♕e2 ♗xc4 12 ♕xc4 ♕d5!? 13 ♕xc7 ♘c6 mit Kompensation (I.Sokolov-Swjaginzew, Kallithea Europäische Vereinsmannschaftsmeisterschaft 2002) interessant.

9 0-0 ♘e4 10 ♕c2 f5

Die Fortsetzung in Shabalov-Ippolito, Meisterschaft der USA (Seattle) 2003 war charakteristisch dafür, wie sich die Dinge normalerweise in dieser Art von Stellung entwickeln: 10...♘d7 11 b4 a5 12 ♗b2 ♘g5 13 ♘d2 f5 14 f3 ♕e7 15 c5 dxc5 16 dxc5 bxc5 17 bxa5 ♘f7 18 e4 mit besseren Chancen für Weiß.

11 b4 ♖f6?! *(D)*

Obschon die Überführung des Turms auf eine Angriffsposition typisch in solchen Stellungen ist, erweist es sich in dieser konkreten Stellung als schlecht. Die Fortsetzung der Entwicklung durch 11...♘d7 war erforderlich.

W

12 d5!

Nun gelingt es Weiß, diesen typischen zentralen Durchbruch in einer sehr günstigen Form zu erreichen.

12...exd5

Der springende Punkt des weißen Spiels ist, dass die normale Reaktion des weißen Vorstoßes, 12...e5, hier zum Bauernverlust nach 13 ♗d3 (13 ♘h4!? ist ebenfalls stark) führt.

13 ♗b2 ♖g6 14 cxd5 ♘d7

Nach der Folge 14...♗xd5 15 ♖fd1 geben sowohl 15...♗b7 16 ♖ac1 c6 (16...c5 17 bxc5 bxc5? 18 ♕b3+ +−) 17 ♘e5! ♖h6 18 ♗c4+! d5 19 b5! als auch 15...♗e6 16 ♘d4 Weiß eine bedeutsame Initiative.

15 ♖ac1 ♖c8 16 ♖fd1 a6

Weiß hat viel Raum gewonnen und die Mobilisierung seiner Streitkräfte abgeschlossen. Es ist nun an der Zeit, den Angriff zu beginnen.

17 ♗d3! ♕e7 18 ♘d4 ♗xd5 *(D)*

19 ♗c4!

Der weißfeldrige Läufer verteidigt die zahllosen Schwächen im schwarzen Lager, und daher ist der Abtausch dieses Läufers für den Anziehenden günstig. Beachten Sie bitte, dass

W

Iwantschuk richtigerweise von der alternativen Methode, diesen Abtausch herbeizuführen, Abstand nimmt; nach der Fortsetzung 19 ♗xa6 ♖f8 20 ♗c4 (20 ♕xc7?? ♘xf2 –+) 20...♗xc4 21 ♕xc4+ ♔h8 22 ♕xc7 ♕g5 23 g3 f4 entsteht eine Stellung, die obwohl sie objektiv günstig für Weiß ist, zu beträchtlichen Komplikationen führt. Die Seite, die einen unzweifelhaften positionellen Vorteil hat, braucht nicht im Trüben zu fischen. Sie soll stattdessen immer nach der größtmöglichen Übersichtlichkeit in der Stellung streben.

19...♗xc4

Die richtige Strategie wird immer durch Taktik unterstützt (wir werden darauf noch später zurückkommen). Das ist hier der Fall, da nach 19...♕f7 die Antwort 20 ♘xf5! ♗xc4 21 ♕xe4 ♖e6 (21...♗e6 22 ♘xd6 +–) 22 ♕xc4 ♕xf5 23 ♖xd6! folgt, mit einer gewonnenen Stellung.

20 ♕xc4+ ♔h8 21 ♘xf5 ♕e8 *(D)*

W

Der einzige Zug.

22 ♕xa6!? ♖g5

Nach 22...♕f8 23 f3 ♘g5 (23...♘b8 24 ♕b7 +–) 24 e4 ♘e5 25 ♔h1 hat Weiß einen gewinnbringenden Vorteil.

23 ♘g3

Obwohl dieser Zug strategisch und technisch gesehen offensichtlich ist, erfordert er präzise Berechnung. Für einen Spieler aus Fleisch und Blut wäre es absurd, seine Figuren mit einem Zug wie 23 ♖d5!? hängen zu lassen, wenn man einen entscheidenden Vorteil besitzt, auch wenn einige Computerprogramme ihm den Vorzug geben würden. Für einen menschlichen Spieler besteht der beste Weg, seinen Vorteil zu verwerten darin, den *für ihn* klarsten und angenehmsten Weg zum Sieg zu wählen.

23...♘xg3 24 hxg3 *(D)*

S

24...♖xg3!

Schwarz nimmt seine letzte Chance wahr. Aber Weiß hat eine Widerlegung!

25 ♖xd6!

Und nicht 25 fxg3? ♕xe3+ 26 ♔h2 ♕h6+ mit Dauerschach, während Schwarz ebenfalls größere Chancen hat, die Partie in der Variante 25 ♕b7 ♖xe3! zu retten.

25...♖a8

Nun kann er nicht auf e3 nehmen: 25...♖xe3 26 fxe3 ♕xe3+ 27 ♔h1 ♖e8 28 ♖d3 +–.

Aber wie soll Weiß fortsetzen?

26 ♖e6!

Hier ist der Kontergegenschlag. Nun steht Weiß total auf Gewinn.

26...♕g8 27 ♕b7 ♖g5 28 ♖xc7 ♖b8

Hier hätte Schwarz natürlich guten Gewissens aufgeben können, aber wahrscheinlich spielte er aufgrund der Zeitnot seines Gegners weiter.

29 ♕e4 ♕d8 30 ♖b7?

Ein schwerer Fehler. Das einfache 30 ♖c1 oder 30 ♕c2 gewinnt mühelos.

30...♘f8! *(D)*

Plötzlich ergibt sich für Schwarz eine vortreffliche Chance. Abgesehen davon, dass es nicht wirklich so „plötzlich" war, da ihm eine solche Idee vorschwebte als er seinen 24. Zug spielte.

W

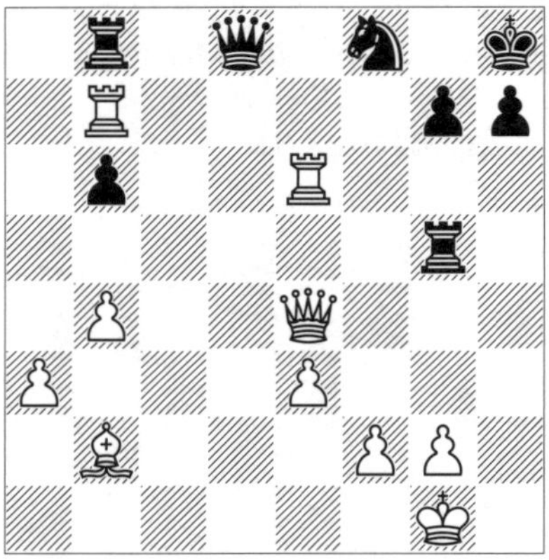

31 ♖h6?

Weiß versäumt seine letzte Chance, um den Sieg zu kämpfen. Zweifellos war dies das Ergebnis der Zeitnot, in Verbindung mit dem Schock der unerwarteten taktischen Ressource des Gegners. 31 ♖xb8? ♕d1+ 32 ♔h2 ♕h5+ 33 ♔g1 ♕d1+ führt zum Remis, aber der Anziehende konnte den Vorteil nur mit 31 ♗d4! ♘xe6 (nicht 31...♖xb7? 32 ♖e8 +–) 32 ♖xb8 ♕xb8 33 ♕xe6 aufrechterhalten. Freilich ist es nicht klar, wie groß sein Vorteil in diesem Fall ist.

31...♖xb7 32 ♕xb7 ♕d1+ 33 ♔h2 ♖h5+ 34 ♖xh5

34 ♔g3 ♖g5+ 35 ♔h2 ♖h5+ ist ebenfalls Remis.

34...♕xh5+ 35 ♔g3 ♕g5+ 36 ♔f3 ♕f5+ ½-½

Nach der Fortsetzung 37 ♔e2 ♕c2+ 38 ♔f3 ♕f5+ endet die Partie mit Remis durch Zugwiederholung.

Logische Analyse

Nachdem wir nun gesehen haben, wie starke Spieler taktische Schläge ausführen und versteckte kombinatorische Möglichkeiten in ihren Partien entdecken, können wir uns nun dem Hauptthema zuwenden. Das erste Thema sollte dem Leser bei der Beantwortung der von jedem Schachliebhaber am häufigsten gestellten Frage helfen: Wie lerne ich, es selbst so zu tun? Wir werden nun in Betracht ziehen, was ein Amateurspieler tun sollte, damit er sich nicht nur an herrlichen Kombinationen und taktischen Schlägen in den Partien von starken Spielern erfreuen kann, sondern auch die Fähigkeit entwickelt, solche Schläge in seinen eigenen Partien zu finden und zu nutzen. Die beliebteste Methode dieses Ziel zu erreichen, besteht in der Arbeit mit Kombinationssammlungen. In solchen Sammlungen werden die Kombinationen im Allgemeinen nach Themen eingeteilt, also nach der Beschaffenheit des taktischen Schlags, in der Hauptsache solche, die die Kombination einleiten, denn wie wir schon wissen, können Kombinationen eine ganze Serie von taktischen Schlägen enthalten. Das bedeutet, dass nicht alle Schläge, die in einer Kombination auftreten, von der gleichen Art sein müssen. Es steht jedoch außer Frage, dass der anfängliche Schlag oft ein besonders wichtiges Element ist, weil es den Prozess in die Wege leitet, und weil der Spieler das Vorhandensein eines solchen kombinatorischen Motivs in der vor ihm liegenden Stellung wahrnehmen muss. Durch das Studium von Kombinationssammlungen wird ein Spieler mit der typischen Funktionsweise vertraut und, was besonders wichtig ist, er schult sich darin, solche Möglichkeiten in einer gegebenen Stellung aufzuspüren.

Ich habe nichts gegen eine solche Lernmethode, im Gegenteil, ich betrachte sie als äußerst nützlich und in der Tat unerlässlich für jeden Schachspieler, der sein Spiel verbessern will. Weil ich jedoch nicht wiederholen will, was so häufig von anderen getan worden ist, und weil ich glaube, dass es eine Menge anderer, sehr nützlicher Ideen gibt, die erforscht werden können, biete ich dem Leser nicht noch eine weitere thematische Kombinationssammlung an, und möchte die Sache aus einem anderen Blickwinkel betrachten.

Ich möchte dem Leser eine andere Methode ans Herz legen, nach der Lösung in solchen Stellungen zu suchen – insbesondere, wie man Kombinationen nicht auf der Basis der Vertrautheit mit etwas Ähnlichem findet, sondern *durch logische Analyse der eigentlichen Situation auf dem Brett.*

Am besten lässt sich diese Methode nicht durch abstrakte Worte und Formeln erklären, sondern durch konkrete Beispiele. Wie immer beginnen wir mit einfachen Situationen, damit es dem Leser nicht passiert, dass er den Wald vor lauter Bäumen nicht sieht.

W

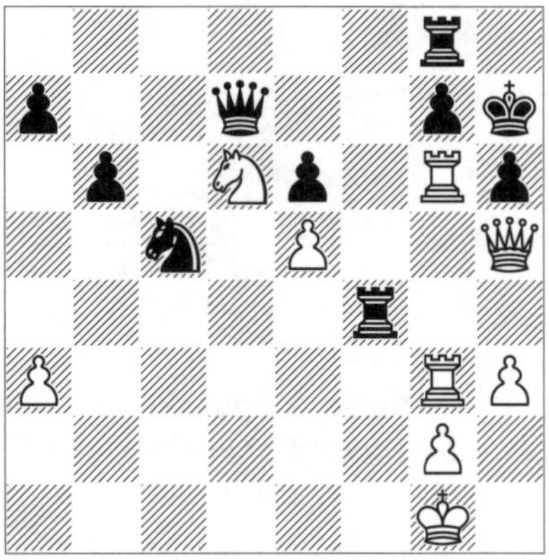

M. Hoffmann – Papp
Budapest 2004

In dieser Stellung würde es einem erfahrenen Löser von Kombinationen sehr leicht gelingen, das typische taktische Thema zu identifizieren. Wir werden darüber später noch sprechen. Zunächst aber lassen Sie uns ein wenig darüber philosophieren, wann, wo und wie taktische Schläge gefunden werden. Das heißt, wir werden eine allgemeine Methode zum Lösen solcher Probleme entwickeln.

Zunächst mal, worin sollte der erste Schritt für einen Spieler beliebiger Spielstärke bei der Suche nach der Lösung bestehen? Die Antwort zu dieser Frage ist immer dieselbe: *Er sollte sich zunächst einen allgemeinen Stellungsüberblick verschaffen (Übersicht).*

Wenn man das tut, sollte man Vorsicht walten lassen, damit man nichts übersieht, da man im Voraus nicht weiß, welche Details der Stellung sich als wichtig erweisen werden. Wir werden das nun detailliert mit dem vorliegenden Beispiel tun, damit man sieht, wie eine solche Übersicht ausgeführt werden soll. In unserem Beispiel scheint alles ziemlich einfach zu sein, und es gibt nicht viele Details in der Stellung. Bei der Durchführung dieses Prozesses ist es wichtig, sich an eine bestimmte Reihenfolge zu halten, da es zu einem disziplinierten Denkprozess führt, und den Prozess sowohl vereinfacht als auch beschleunigt und damit die Arbeitsqualität verbessert. Man sollte sich zunächst die Materialverteilung ansehen. Formal betrachtet hat Schwarz einen Mehrbauern, was aber gegenwärtig wenig Einfluss auf die Partie hat. Wir werden uns diesen Faktor merken, aber für den Augenblick ignorieren. Danach muss man die starken und schwachen Punkte in der Bauernstruktur beider Seiten betrachten. Dabei bemerken wir den quantitativen und qualitativen Vorteil, den Schwarz am Damenflügel hat. Auf dem Königsflügel und im Zentrum ist die Bauernstruktur symmetrisch und befindet sich im Gleichgewicht. Dies sind statische Faktoren, d. h. Faktoren, die sich nur langsam ändern (mehr über dieses Thema finden Sie in meinem Buch *Lektionen zur Schachstrategie*; Gambit, 2005).

Nach diesen Faktoren müssen wir die dynamischen Merkmale der Stellung prüfen, d. h. Merkmale, die sich schnell verändern. Hierzu zählen Dinge wie Figurenaktivität und der Ausmaß ihrer Koordination (bezüglich dieses Faktors empfehle ich Ihnen, sich mein Buch *Wie man dynamisches Schach spielt*; Gambit, 2006 anzuschauen). In dieser Hinsicht zeigt sich der Unterschied zwischen den beiden Seiten eindeutig. Weiß hat eine mächtige Einheit starker Figuren auf dem Königsflügel, und es ist offensichtlich, dass diese Figuren gut zusammenarbeiten. Alles was sie noch brauchen ist etwas mehr Handlungsspielraum. Im Moment jedoch wird Weiß durch den Bauern g7 erheblich behindert, obwohl dieser Bauer zur gleichen Zeit dem größtmöglichen Druck ausgesetzt ist. Er muss daher zugleich als der wichtigste und der schwächste Punkt in der schwarzen Stellung betrachtet werden und wird deshalb zum Dreh- und Angelpunkt der gegnerischen Aufmerksamkeit. Der weiße Springer ist ebenfalls gut postiert und zum Einsatz mit den anderen Figuren bereit.

Die schwarzen Streitkräfte sind nicht so gut platziert. Sie sind auch nicht so schrecklich gut koordiniert, obgleich sie schon darauf vorbereitet sind (und das ist sehr wichtig), mit der Entlastung der Situation mittels 33...♘e4 zu beginnen. Aus all dem Gesagten lassen sich einige Schlussfolgerungen ziehen: Der Vorteil von Weiß besteht in der Koordination seiner Streitkräfte. Ihr Hauptangriffsziel wird der Bauer g7 sein und dann der schwarze König, der dahinter steht. Es stimmt, dass es auf den ersten Blick nicht klar ist, wie der Anziehende dieses Ziel erreichen wird. Es ist jedoch klar, dass er es erreichen muss; ansonsten wird sein gesamter vorübergehender Vorteil im Sand verlaufen, und der schwarze Mehrbauer wird letztendlich zum echten Faktor werden. Der hier anwendbare Grundsatz ist bislang in der Schachliteratur ungeläufig, obwohl er in der Praxis wohlbekannt ist, und die Grundlage aller Taktik ist. Er ist auch all denjenigen bekannt, die einen Teil ihres Erwachsenenlebens in der früheren Sowjetunion verbracht haben und geht folgendermaßen – „wenn es nicht funktioniert, aber Du willst unbedingt, dass es funktioniert, dann muss es funktionieren!“

Obwohl dies zunächst wie ein Witz aussieht, beschreibt er die Quintessenz der Schachtaktik ausgezeichnet – *mithilfe der wirklichen Stärke der Stellung kann man Dinge erreichen, die auf den ersten Blick unmöglich erscheinen.* Auf die vorliegende Stellung ist das wie folgt anwendbar: Aus der vorangegangenen Analyse geht hervor, dass Weiß seine Kraft auf g7 konzentrieren muss, und sobald er das getan hat, wird sich die Partie von allein spielen:

33 ♘e8! ♔h8?

33...♖f7? verliert ebenfalls sofort wegen 34 ♘f6+. 33...♖xe8 ist zäher, aber sogar dann sollte Weiß nach 34 ♖xg7+ ♕xg7 35 ♖xg7+ ♔xg7 36 ♕xe8 ♖a4 37 h4! ♖xa3 38 h5 ohne große Schwierigkeiten gewinnen. Nach 33...♕xe8 34 ♖xg7+ entwickeln sich die Dinge ähnlich.

34 ♘xg7 1-0

Man sollte sich nicht vor der augenscheinlichen Komplexität des Prozesses der Übersicht und der Schlussfolgerungen, die oben beschrieben wurden, fürchten. Mit etwas regelmäßiger Praxis werden Sie in der Lage sein, diese gesamte logische Analyse innerhalb weniger Minuten durchzuführen.

Damit wir etwas Übung in dieser effektiven und wichtigen Methode bekommen, werden wir uns nun eine Reihe anderer Beispiele ansehen.

W

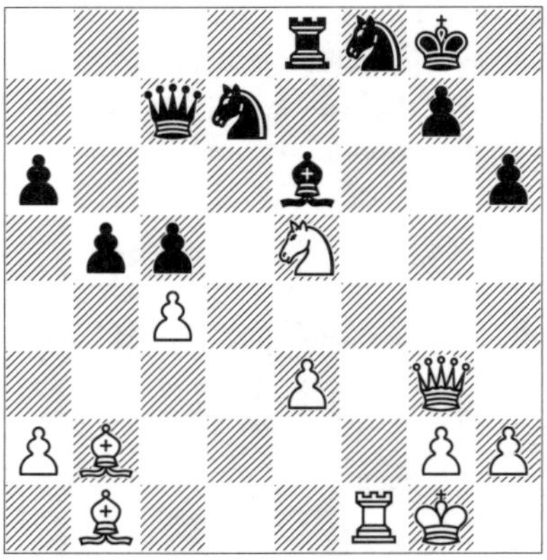

Keres – Spasski

Interzonenturnier, Göteborg 1955

Auch hier werden wir versuchen, den Prozess der Stellungsbewertung sowie die Schlussfolgerungen, die wir daraus ziehen, detailliert zu beschreiben (was ich zusammen als den Prozess der logischen Analyse bezeichne):

a) Das Material ist ausgeglichen.

b) Weiß hat zwei Läufer gegen Läufer und Springer seines Gegners. Diesen Faktor werden wir etwas später bewerten.

c) Weiß hat vier Bauerninseln, Schwarz dagegen zwei. Von einem formalistischen Standpunkt aus gesehen müsste man die schwarze Bauernstruktur vorziehen, aber Formalismus im Schach ist auch relativ unproduktiv. Fürs Erste werden wir das Urteil aussetzen.

d) Die Frage nach der Figurenaktivität und Koordination ist nicht schwierig: Die Aktivität und Zweckmäßigkeit des weißen Aufbaus ist offensichtlich. Sein Turm besetzt eine wichtige offene Linie, die beiden Läufer haben keinen

Gegenspieler und beäugen den ziemlich exponierten schwarzen König bedrohlich, und auch die Dame ist auf dieselbe Seite gerichtet. Auch der weiße zentralisierte Springer ist stark, obgleich es noch besser wäre, wenn er gar nicht auf dem Brett wäre, in welchem Fall Matt auf g7 folgen würde!

Der letzte Kommentar enthält auch die Wahrheit über die Bauernstruktur. In solch einer scharfen Stellung, die so anfällig für plötzliche Veränderungen ist, spielt die Anzahl der Bauerninseln keine große Rolle. Entscheidend ist, wer eher in der Lage ist, die gegnerischen Schwächen auszunutzen. Die Antwort zu dieser Frage ist klar: die Seite mit der aktiveren Stellung. In dieser Hinsicht ist der Unterschied zwischen den beiden Seiten beträchtlich. Und schließlich sind alle weißen Streitkräfte auf den Königsflügel gerichtet. Vor allem auf das Feld g7. Sowohl der Läufer als auch die Dame von Weiß sind auf dieses Feld gerichtet, und es wird nur vom schwarzen König verteidigt. Das einzige Problem von Weiß ist, wie er seinen eigenen Springer am wirksamsten von der langen Diagonale entfernen kann. Wenn er versucht, ihn zu opfern, kann Schwarz das Opfer einfach ablehnen, und nach 30 ♘xd7 ♛xg3 würde sich der Traum des Weißen in einen Albtraum verwandeln. Die Schlussfolgerung ist, dass Weiß hinsichtlich seiner Figurenaktivität und Koordination, in Verbindung mit dem unzureichend geschützten schwarzen König, einen eindeutigen Vorteil hat, aber es keinen klaren Weg gibt, dies auszunutzen. Ist das eine logische Schlussfolgerung? Nein, natürlich nicht! Es besteht kein Zweifel daran, dass es eine Lösung zu diesem Problem gibt, und diese müssen wir finden. Deshalb erinnern wir uns an die obige Formel: „Wenn es nicht funktioniert, aber Du willst unbedingt, dass es funktioniert, dann muss es funktionieren!“. Nun ist es allerdings an der Zeit darauf hinzuweisen, dass diese Formel nicht allein aufgrund des Wunschdenkens eines Spielers umgesetzt werden kann. Gesunde positionelle Rechtfertigung gehört ebenfalls dazu, sei es im Schach wie auch im Leben ganz allgemein. Wie wir zuvor schon beschrieben haben, ist diese Rechtfertigung in dieser Stellung vorhanden. Jetzt muss man sich nur noch auf die Hauptschwäche des Gegners konzentrieren, bei der es sich genau um den Punkt handelt, auf den unsere Streitkräfte gerichtet sind, und siehe da, die Lösung ist gefunden:

30 ♕xg7+! 1-0

Schwarz gab wegen der Variante 30...♔xg7 31 ♘xd7+ ♔g8 32 ♘f6+ ♔f7 33 ♘d5+ und 34 ♘xc7 auf.

Ich habe absichtlich ein zweites Beispiel gewählt, dass einen Angriff auf g7 zum Thema hat. Dadurch können wir die Charakteristika der beiden Methoden vergleichen, die sich mit der Suche nach einer kombinatorischen Lösung befassen. Ein Spieler, der sich häufig mit dem Lösen von Stellungen aus Kombinationssammlungen beschäftigt, würde die Idee des Damenopfers auf g7 schnell finden, da er viele Beispiele mit ähnlichen Opfern gesehen haben wird. Durch die Assoziation von Ideen kann schon ein einziges vorheriges Beispiel bei der Suche nach der Lösung helfen. Dieses Beispiel reicht schon aus, um den großen Nutzen von kontinuierlichem Training auf diesem Gebiet zu betonen.

Aber wie wir gesehen haben, funktioniert die Methode, die ich vorgeschlagen habe, auch sehr gut. Ihr besonderer Verdienst ist, dass sie besonders effektiv in originalen und komplizierten Situationen ist, in denen es sehr schwierig oder sogar unmöglich ist, standardmäßige Motive zu erkennen. Dann ist die Fähigkeit, eine logische Analyse der Stellung durchzuführen unschätzbar. Folglich ist die Methode in verschiedenen Situationen effektiv, und ideal ist es, wenn man beide Methoden in seinem Arsenal hat.

In der folgenden Stellung ist es klar, dass Weiß energisch vorgehen muss, damit er die Initiative nicht verliert und dass seine Chancen auf dem Königsflügel liegen, weil sämtliche schwarzen Leichtfiguren auf dem anderen Flügel abgeschnitten sind, und der Nachziehende bedeutende Schwächen auf den dunklen Feldern des Königsflügels hat. Infolge dieser Betrachtung wissen wir, wo Weiß angreifen sollte und dass er entschlossen handeln muss. Solche Gedanken führen naturgemäß dazu, dass man das folgende Opfer in Betracht zieht:

22 ♘xg7!

W

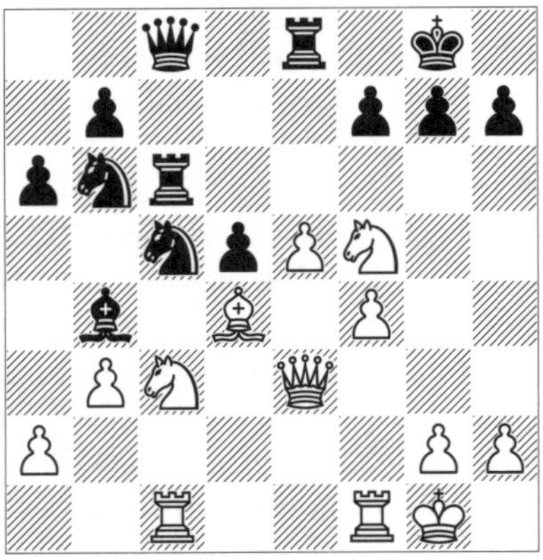

Anand – Nisipeanu
Bundesliga 2004/05

Das ist zweifellos ein taktischer Schlag. Aber wie erzwungen sind die Konsequenzen? Und eine weitere Frage: Kann man es als thematischen taktischen Schlag betrachten? Mit anderen Worten, wie typisch ist die Idee auf der dieses Opfer basiert? Wir werden uns mit der Beantwortung dieser Fragen im Moment nicht befassen, sondern werden uns ansehen, wie die Partie weiterging:

22...♔xg7 23 f5 *(D)*

S

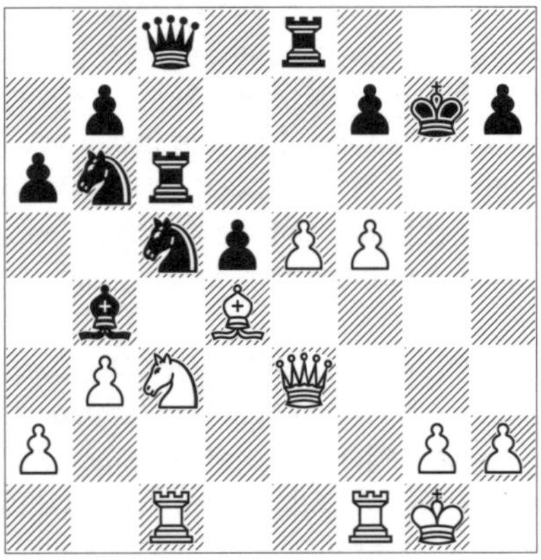

Der letzte Zug von Weiß und die entstandene Stellung sind der Schlüssel zu seinem Opfer. Trotz der Mehrfigur leidet Schwarz daran, zu wenige Figuren in dem Bereich des Brettes zu haben, auf den es ankommt. Der weiße Bauer auf f5 verwehrt den schwarzen Figuren den Zugang auf die wichtigen Felder e6 und g6 und hindert sie folglich daran, auf den Königsflügel zu gelangen. Währenddessen können die weißen Figuren nicht daran gehindert werden, sich dem schwarzen König zu nähern.

23...h6

Es gibt keine wirkliche Verteidigung. Sowohl 23...♖g8 24 e6+ ♔f8 25 ♕h6+ ♔e8 26 ♕xh7 als auch 23...♗xc3 24 ♖xc3 ♘e4 25 e6+ f6 26 ♖xc6 verlieren.

24 e6+ ♔h7 25 ♕e5 ♖g8 26 exf7 ♖g5 27 ♕e7! 1-0

Weiß gewann die Partie auf effektvolle Weise, aber es bleiben noch einige entscheidende Fragen offen. Die wichtigste ist diese: Alle Varianten, die dem Opfer folgen, fügen sich logisch zum weißen Vorteil zusammen, aber kann man das alles eine Kombination nennen? Ich denke, dass diese Frage bejaht werden sollte, weil die weißen Drohungen sich schnell entwickeln und es für Schwarz in keiner der Varianten eine Verteidigung gibt. Ist dies eine typische Kombination? Würde die Kenntnis von typischen kombinatorischen Ideen das Aufspüren dieser Kombination erleichtern? Nur begrenzt. Was wir hier sehen ist eine Kombination ohne ein klares kombinatorisches Motiv. Es ist präziser zu sagen, dass Weiß durch das Opfer einen sehr starken, immer größer werdenden Angriff erhält, als dass er eine typische Kombination als solche ausgeführt hat. Für unsere Zwecke ist es wichtig festzuhalten, dass jemand, der ausschließlich Kombinationen in einem Lehrbuch löst, Schwierigkeiten haben wird, den 22. Zug von Weiß zu finden, wogegen logische Analyse den Spieler schnell auf die korrekte Idee hinweist.

Werfen wir nun einen Blick auf einen anderen Aspekt des zur Diskussion stehenden Themas in diesem Abschnitt und kehren zu etwas zurück, was vorher bereits gesagt wurde: Bei der Durchführung der allgemeinen Übersicht ist es wichtig, dass man kein Detail übersieht, da es unmöglich ist, im Voraus zu wissen, welche Details sich im späteren Verlauf als wichtig erweisen werden. Obgleich dieses Postulat offensichtlich erscheinen mag, ist es äußerst nützlich, wie das folgende Beispiel verdeutlicht.

W

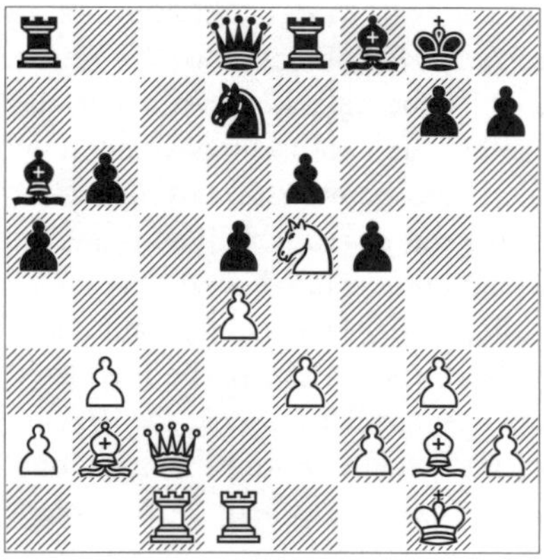

W

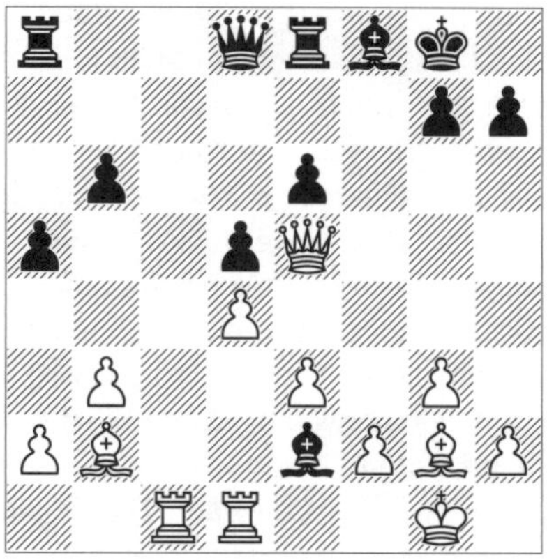

Ungureanu – Bellin
Europäische Mannschaftsmeisterschaft, Moskau 1977

Weiß fand einen wunderschönen Schlag.

20 ♕xf5! ♘xe5

Die Dame kann nicht geschlagen werden: 20...exf5? 21 ♗xd5+ ♔h8 22 ♘f7+.

21 ♕xe5

Nun scheint es klar, dass Weiß durch die Ausnutzung der Schwächen in der gegnerischen Stellung und aufgrund der schlechten Platzierung seiner Figuren, eine effektive und eindrucksvolle Kombination vom Stapel gelassen hat, mit einem offensichtlichen und absolut typischen kombinatorischen Motiv, das ihm einen wichtigen Bauern gebracht hat. Man könnte meinen, dass das unbestreitbar wäre, es stellt sich jedoch heraus, dass die Sache nicht so einfach ist:

21...♗e2 *(D)*

Bei der Einleitung der Kombination musste der Anziehende dem schwarzen Gegenspiel sorgfältige Aufmerksamkeit widmen.

22 ♗h3!

Der einzige Zug! Weiß musste diesen wichtigen und unbedingt erforderlichen Zug vorhersehen, der die Kombination, die im 20. Zug begann, rechtfertigt. Nach 22 ♖d2?? ♗d6 ist die Dame futsch!

22...♔h8

Auch 22...♗xd1 23 ♗xe6+ ♔h8 24 ♖xd1 a4 25 ♕xd5 ist gut für Weiß, mit einem unumstrittenen Vorteil.

23 ♗xe6 ♗f3 24 ♕f5

Weiß hat einen klaren Vorteil erzielt, den er in der Folge realisieren konnte, auch wenn es nicht ohne einige technische Probleme ablief (1-0, 41).

Und nun möchte ich zur Ausgangsstellung zurückkehren, aber mit einer kleinen Änderung – der weiße Bauer wird von h2 nach h3 gestellt. Wenn man die Partiefortsetzung gesehen hat, ist es einfach zu verstehen, warum diese „Nebensächlichkeit“ so wichtig ist: Im 22. Zug wäre Weiß nicht in der Lage, den Schlüsselzug mit seinem Läufer zu spielen, und seine einfache, typische und offensichtliche Kombination wäre gänzlich unmöglich!

Dieses Beispiel veranschaulicht nicht nur, wie wichtig jedes Detail ist und demzufolge wie wichtig es ist, die Feinheiten einer Stellung im Voraus sorgfältig zu prüfen, sondern es wird sich auch bezahlt machen, sich dieses Beispiel für die Zukunft zu merken. Es wird sich als besonders nützlich erweisen, wenn wir uns die Verbindung zwischen Taktik und Variantenberechnung ansehen, ein Bereich in dem sich viele Beispiele finden lassen, die ich anfügen könnte, wo ich mich aber auf nur ein weiteres beschränkt habe.

Nun werden wir mit dem Thema fortfahren, das wir kurzfristig unterbrochen haben, nämlich die Entwicklung der kombinatorischen Vorstellungskraft. Im Folgenden werde ich häufig auf typische kombinatorische Motive hinweisen, von denen viele Beispiele in jedem Kombinationsbuch gefunden werden können, aber wie ich zuvor schon gesagt habe, werden wir solche

Motive nicht detailliert in diesem Buch untersuchen. Ich würde allerdings nicht zögern, jedem der seine kombinatorische Vorstellungskraft verbessern will, zu empfehlen, dass er sich eine gute Sammlung von Kombinationen aneignet, und *jeden Tag* versucht, eine Auswahl von diesen zu lösen. Ich kann Ihnen versichern, dass 15 oder sogar nur 10 Minuten jeden Tag ausreichend sind! Diese Arbeit wird jeden Spieler mit dem notwendigen kombinatorischen Arsenal ausstatten.

Wir werden das vorliegende Thema weiterhin mit der von mir vorgeschlagenen, weniger verbreiteten, aber nicht weniger wichtigen Methode untersuchen, und wir werden uns weitere Beispiele anschauen und prüfen, wie solche Stellungen durch logische Analyse gelöst werden können.

W

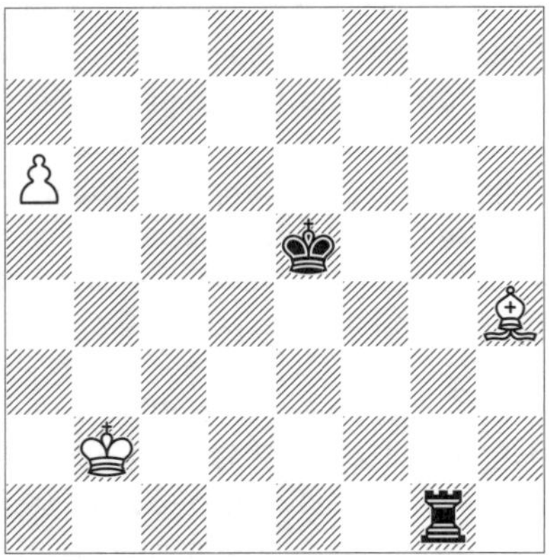

Weiß am Zug gewinnt
H. Weenink
Tijdschrift v.d. KNSB, 1917

Vor uns befindet sich eine Studie. Wie es die Regeln der Schachkomposition verlangen, gibt es nur eine Lösung. Es wird außerdem erwartet, dass die Lösung ein Überraschungselement enthält. Unter Einhaltung der Terminologie, die wir zuvor in diesem Buch entwickelt haben, können wir davon ausgehen, dass dieses erforderliche Element mit dem was wir als „revolutionär" beschrieben haben, übereinstimmt, und daraus folgt, dass eine Studie ohne Taktik fast undenkbar ist und dass die Lösung fast immer eine Kombination beinhaltet. Dies ist in diesem Beispiel der Fall. Der Hauptfaktor bei der Suche nach einer Kombination ist der weiße Freibauer. Es ist ebenfalls klar erkennbar, dass der Bauer selbst nicht sofort umgewandelt und nur durch den Läufer unterstützt werden kann. Nur der Turm kann gegen den Bauern ankämpfen, und das nur entlang der 8. Reihe. Wenn all diese Faktoren in der Übersicht zusammengefasst worden sind, springt einem die Idee entgegen, wie der Geist aus der Flasche: Der Bauer rückt nach a7 vor, und der Läufer geht nach b8, wonach der Anziehende sein Ziel erreicht hat. Der erste Schritt auf diesem Weg ist offensichtlich:

1 a7

Und nun beginnt das richtige Spiel:

1...♖g2+!?

Das ist erzwungen, wie die Variante 1...♖g8 2 ♗g3+ ♔d4 3 ♗b8 zeigt. Um der gegnerischen Drohungen Herr zu werden, versucht der Nachziehende das Beste aus den Möglichkeiten seines Turms zu machen.

2 ♔b1

2 ♔b3? wäre ein Fehler, da der Turm nach 2...♖g8 auf das Feld a8 gelangt und es kein Schach mit dem Läufer gibt, weil er mit Schach geschlagen werden würde!

2...♖g1+ *(D)*

W

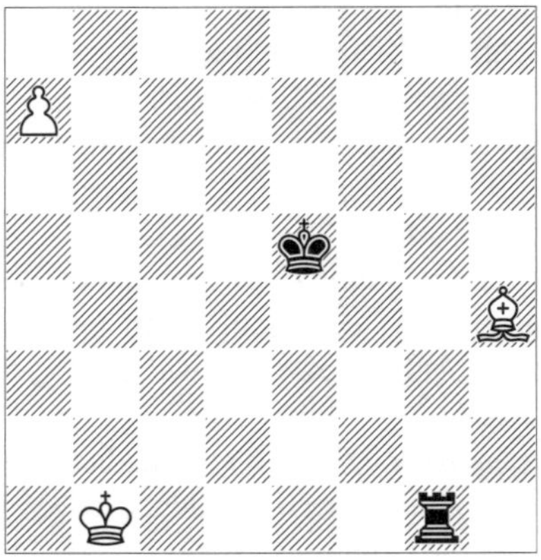

Aber was nun? Der weiße König darf die Kontrolle über die Felder a2 und b2 nicht aufgeben, und er kann nicht auf die dritte Reihe gehen. Daher muss man auf ein Eliminierungsverfahren zurückgreifen: Wenn die normalen Züge nicht funktionieren (3 ♔c2 ♖a1 =; 3 ♔a2 ♖g2+

4 ♔a3 ♖g8 =), muss man auf die „ungewöhnlichen“ (oder die revolutionären) zurückgreifen!

3 ♗e1!!

Nachdem dieser Zug ausgeführt worden ist denken wir sofort „Hurra, es funktioniert!“. Es funktioniert allerdings nur, wenn der Läufer auf der e-Linie geopfert wird, weil genau dort der schwarze König steht.

3...♖xe1+

Eine thematische Variante ergibt sich nach 3...♖g8 4 ♗g3+ ♔d4 5 ♗b8.

4 ♔b2 ♖e2+ 5 ♔b3! ♖e3+ *(D)*

W

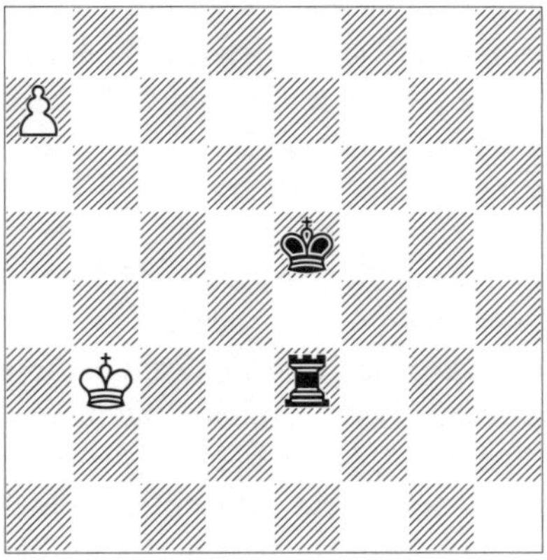

6 ♔b4! ♖e4+ 7 ♔b5!

Die Schachgebote haben sich erschöpft, und Weiß kann nicht an der Umwandlung seines Bauern gehindert werden.

Wie wir sehen, ist das Aufspüren einer taktischen Lösung in einer einfachen Stellung mittels logischer Analyse eine effektive Vorgehensweise. Dies ist daher eine wertvolle Methode, obgleich sie nicht oft in der Schachliteratur erwähnt wird. Wir werden darüber noch häufiger im Abschnitt über die Berechnung von Varianten zu sprechen kommen.

Obwohl ich so weit wie möglich versucht habe, eine detaillierte Diskussion über typische kombinatorische Ideen zu vermeiden, kann ich dem Thema nicht ganz und gar aus dem Weg gehen. Ich war davon einmal mehr überzeugt als ich die folgende Partie sah, deren kritischer Moment eine frappierende Ähnlichkeit mit Beispielen aus mehreren Partien von Paul Morphy aufweist.

Rublewski – Zhang Zhong

Match Russland gegen China, Moskau 2004

1 e4 e5 2 ♘f3 ♘c6 3 d4

Sergej Rublewski ist ein bekannter Experte der Schottischen Variante.

3...exd4 4 ♘xd4 ♘f6 5 ♘xc6 bxc6 6 e5 ♕e7 7 ♕e2 ♘d5 8 c4 ♘b6 9 ♘c3 a5 10 f4 ♗a6 11 b3 ♕e6 12 ♗b2 a4 13 0-0-0

Eine neue Idee. In einer ähnlichen Stellung in der Partie Rublewski-Adams, Rethymnon Europäische Vereinsmannschaftsmeisterschaft 2003, rochierte Rublewski kurz und stellte seine Dame auf c2.

13...♗b4 14 ♘e4 axb3 15 axb3 ♗b7 16 ♕f2!?

Nun ist die weiße Dame aktiver platziert.

16...♕e7!? *(D)*

Der Gegner lässt sich durch die weißen Drohungen nicht beunruhigen. Er hatte allerdings kaum eine andere Wahl. Nach 16...♕h6 17 ♗d3 c5 verbleibt Schwarz mit einigen Problemen. Nun landet Weiß einen taktischen Schlag, dessen Konsequenzen aber noch nicht absehbar sind.

W

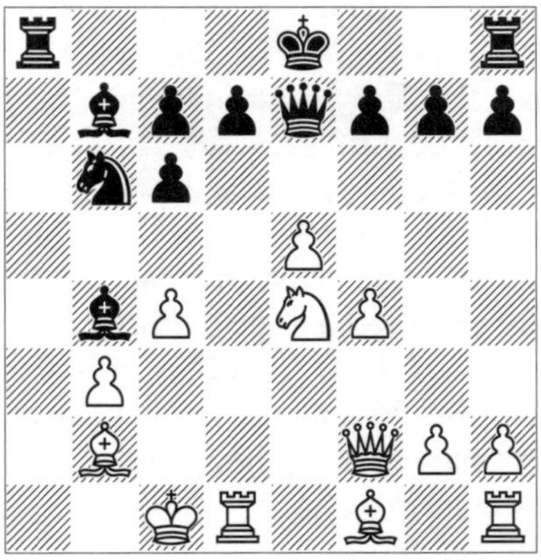

17 ♘d6+! cxd6 18 exd6!

Die Pointe. Schlecht für den Anziehenden wäre 18 ♕xb6? ♗c5 19 ♕xb7 0-0: 20 ♔b1 (schwächer ist 20 exd6 ♕e3+ 21 ♔b1 ♖fb8 mit Gewinn, oder 20 ♗d4 ♗xd4! 21 ♖xd4 dxe5 22 ♖xd7 ♕a3+. und Schwarz hat einen starken Angriff) 20...♖a7 mit einem klaren Vorteil für Schwarz.

18...♕d8

Die Antwort ist erzwungen. 18...♗xd6 19 ♖e1 ♗xf4+ 20 ♔c2 und 18...♕f8 19 ♕xb6 sind beide hoffnungslos für Schwarz.

19 ♗xg7 f6! *(D)*

W

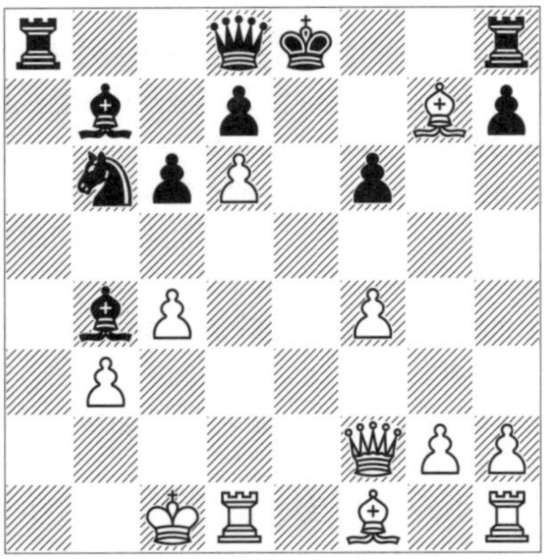

Und wieder ist dies die einzige Fortsetzung.

20 ♗e2!?

Weiß erhöht die Spannung. Nach 20 ♗xh8?! ♖a1+ 21 ♔b2 (21 ♔c2?? ♖a2+) 21...♖xd1 22 ♕e2+ ♔f7 23 ♕xd1 ♔g8!? sind die Chancen ungefähr ausgeglichen.

20...♔f7 21 ♕g3 h5?

Schwarz begeht überraschenderweise einen ernsthaften Fehler. Dieser Zug sollte forciert verlieren. 21...♖a5 war unerlässlich. Dann entsteht nach 22 f5!? (22 ♖d5 ♖a1+ 23 ♔b2 ♗c3+! 24 ♕xc3 {aber nicht 24 ♔xc3? ♘xd5+ 25 cxd5 ♕a5+, und Schwarz gewinnt} 24...cxd5 führt zu einer unklaren Stellung, in der der Nachziehende vernünftige Chancen zu haben scheint) 22...♖xf5 23 ♖hf1 ♖g8 24 ♖xf5 ♖xg7 25 ♕h4! ♔g8 26 ♗f3 eine Stellung, in der die weißen Chancen etwas besser aussehen, aber auch nicht mehr.

22 f5 ♕e8 *(D)*

Schwarz muss versuchen, das Feld g6 zu kontrollieren. Das ist der Faktor, auf dem die nächste von Weiß verpasste Gelegenheit basieren sollte.

Und nun erreichen wir den Moment, aufgrund dessen diese Partie hier berücksichtigt wird. Rublewski, ein starker Spieler und ausgezeichneter Taktiker, kommt vom richtigen Weg ab.

23 ♗xh8?

W

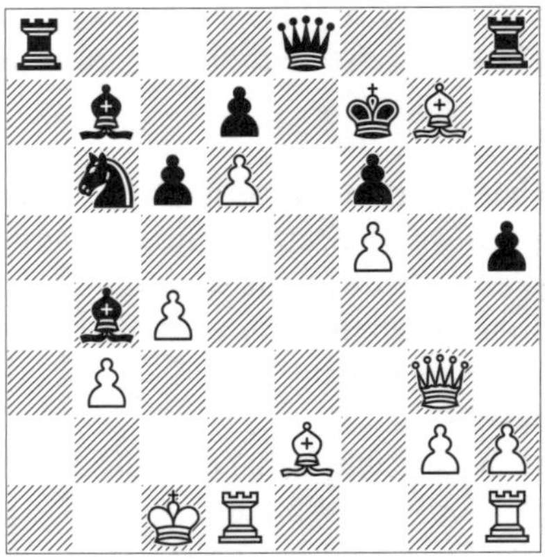

Er konnte die Partie sofort durch 23 ♖he1!! entscheiden, mit den folgenden Varianten:

a) 23...♖a1+ 24 ♔b2 ♗xe1 (24...♕e5+ 25 ♕xe5 fxe5 26 ♗xh8 und 24...♖xd1 25 ♗xh5+! verlieren ebenfalls für Schwarz) 25 ♕g6+ mit Gewinn.

b) 23...♗xe1 24 ♖xe1 ♖a1+ 25 ♔d2! ♖a2+ (25...♖xe1 26 ♕g6+) 26 ♔d3!.

Es ist völlig klar, dass Schwarz in dieser attraktiven und ungewöhnlichen Stellung keine Verteidigung hat. Die Varianten, die wir gesehen haben, sind nicht schrecklich schwierig. Ich bin nicht der Ansicht, dass das Problem in der Variantenberechnung lag, was für einen Spieler von Rublewskis Niveau keine schwierige Aufgabe war. In diesem Fall vermute ich, dass die Schwierigkeit darin bestand, die Idee selbst zu finden. Im Prinzip scheint es ziemlich einfach zu sein, sie durch logische Analyse aufzuspüren (siehe die Anmerkung zum 22. Zug von Schwarz), aber da ist die andere, geläufigere Methode, die auf der Kenntnis von typischen kombinatorischen Motiven basiert, und durch das Studium von Kombinationsbüchern und von Meisterpartien entwickelt worden ist. Im gegenwärtigen Fall wäre es nützlich, die Partien von Morphy studiert zu haben, und ich werde weiter unten zwei Beispiele von ihm präsentieren. Aber diese Partie ging wie folgt weiter:

23...♕xh8 24 ♕g6+ ♔f8 25 ♗xh5 ♕g7 26 ♔b2 ♕xg6 27 ♗xg6 ♘c8 28 h4 *(D)*

Weiß behält den Vorteil im Endspiel, aber es versteht sich von selbst, dass ein Gewinn durch einen direkten Angriff, der schnell und forciert ist, etwas völlig anderes ist, als ein

S

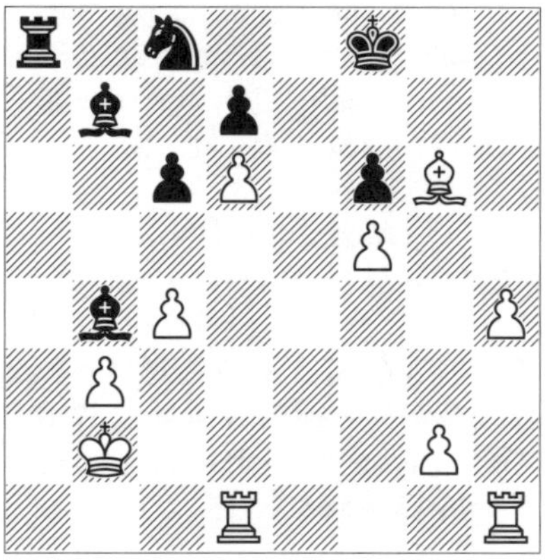

etwas besseres Endspiel gegen zähe Verteidigung zu gewinnen, was die Partie über viele Züge in die Länge zieht. Außerdem ist es psychologisch nicht einfach, sich der neuen Situation anzupassen, wenn man eine Chance vertan hat, die Partie zuvor einzügig zu beenden. Derartige Höhen und Tiefen erfordern einen großen Aufwand an Energie und erschweren es einem Spieler, die Partie später optimal weiterzuführen. Ich werde noch auf einen kritischen Punkt in der restlichen Partie eingehen.

28...♗xd6 29 ♖he1 c5 30 g4 ♗c6 31 ♖e8+ ♔g7 32 g5 ♗f4 33 ♖g1 fxg5 34 hxg5 d6 35 ♖e6 ♗d7 36 ♖e4 ♗h2 37 ♖ge1 ♖a7 38 ♖h4 ♗e5+ 39 ♔c2 ♘e7 40 ♖h7+ ♔f8 41 ♖f7+ ♔e8 *(D)*

W

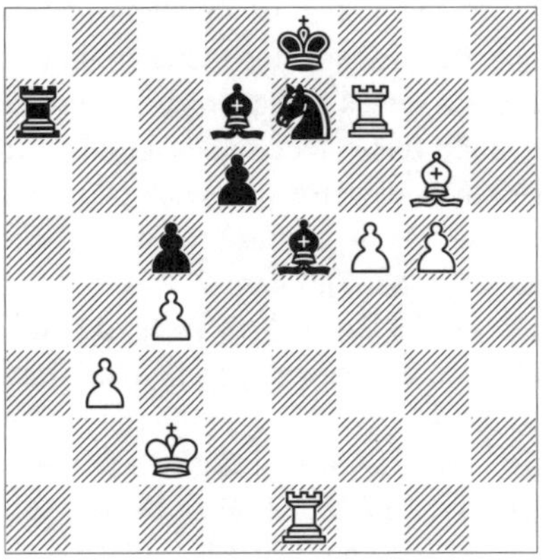

Trotz allem ist es Rublewski gelungen, eine äußerst vielversprechende Stellung zu erreichen, und er hätte sich hier einen entscheidenden Vorteil durch 42 ♖xe5! dxe5 43 ♗h5 ♖a2+ 44 ♔c3 ♔d8 (nach 44...♖h2 45 f6! kommt die Tatsache, dass Schwarz keine Läuferschachs hat zum Tragen; nach 45...♘c6 46 ♖h7+ ♖xh5 47 ♖xh5 ♗f5 48 ♖h8+ ♔f7 49 ♖a8 erhält Weiß einen großen Vorteil) 45 f6 ♘c6 46 ♖f8+ ♔c7 47 f7! ♖f2 (nach 47...♘b4 48 ♗g6! ♖f2 49 ♗b1 ♗e6 {sofort verliert 49...♗f5 50 ♗xf5 ♖xf5 51 ♔d2!} 50 g6 ♔d7 51 g7 sollte Weiß gewinnen) 48 ♔d3! ♘d4 49 ♖a8 ♘e6 50 ♔e3 ♖f4 51 g6 ♗c6 52 ♖e8, usw. sichern können. Leider versäumte er diese Gelegenheit.

42 ♗h5?

Aber nun können Sie selbst beurteilen, wie viel länger und komplizierter die Varianten sind, die Weiß hier berechnen muss, verglichen mit denen, die nach dem verpassten Gewinn im 23. Zug entstehen! Daher verdient der Fehler von Weiß hier Verständnis. Gleichwohl ist zu beachten, dass eine vertane Chance häufig nicht wiederkommt, und falls doch, oftmals in einer schwierigeren und komplizierteren Form. In der Partie folgte:

42...♖a2+ 43 ♔d3 ♖h2! 44 ♖xe5!?

Der letzte Versuch, aber es ist schon zu spät. Das Tempo, das Weiß im 42. Zug verloren hat, rettet Schwarz.

44...dxe5 45 f6 ♗f5+ *(D)*

Dieses Schach ist für den Nachziehenden entscheidend.

W

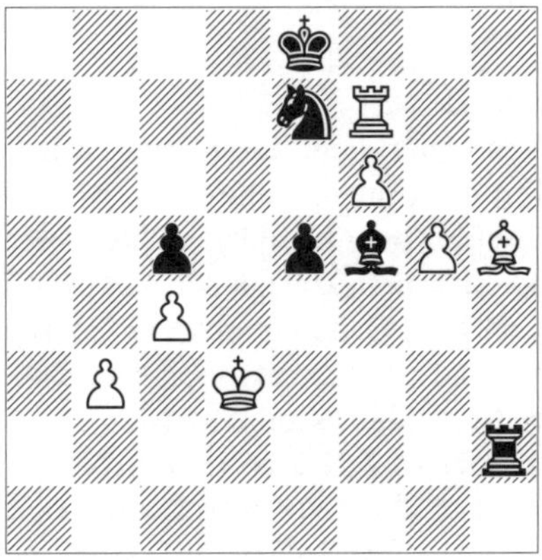

46 ♔e3 ♖h3+ 47 ♔d2 ♖xh5 48 ♖xe7+ ♔f8 49 ♖xe5 ♖xg5 50 ♖xc5 ♔f7 51 ♖c6 ♖g3 52 ♖b6 ♗e6 53 ♔c2 ♔xf6 54 ♖d6 ♔e5 55 ♖d8 ♗f5+ 56 ♔b2 ½-½

Nun folgen die zwei versprochenen Beispiele aus Morphys Partien, die ich ohne detaillierte Anmerkungen geben werde, damit wir nicht zu sehr von unserem Hauptthema abgelenkt werden. In einer der berühmtesten Partien der Schachgeschichte war Morphy mit denselben Erwägungen konfrontiert, die die verpasste Gelegenheit in der gerade untersuchten Partie beeinflusst haben.

Morphy – Duke of Brunswick und Count Isouard

Paris Opera 1858

1 e4 e5 2 ♘f3 d6 3 d4 ♗g4?! 4 dxe5 ♗xf3 5 ♕xf3 dxe5 6 ♗c4 ♘f6? 7 ♕b3 ♕e7 8 ♘c3 c6 9 ♗g5 b5? 10 ♘xb5! cxb5 11 ♗xb5+ ♘bd7 12 0-0-0 ♖d8 *(D)*

W

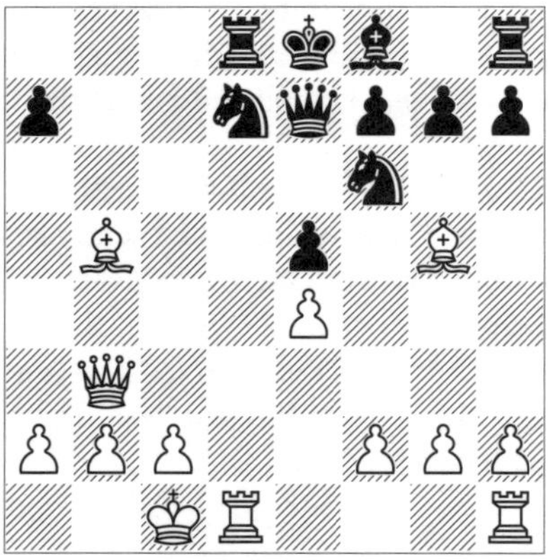

13 ♖xd7!

Dieses Opfer dient dazu, den Springer von dem Teil des Bretts zu entfernen, wo sich der gegnerische König befindet, während der Anziehende selbst effektiv nur den inaktiven Turm auf h1 aufgibt. Dadurch erhält er sofort einen entscheidenden Materialvorteil auf dem Teil des Bretts, auf den es ankommt.

13...♖xd7 14 ♖d1 ♕e6 15 ♗xd7+!

Sowohl 15 ♕xe6+ fxe6 16 ♗xf6 als auch 15 ♗xf6 gxf6 16 ♗xd7+ ♕xd7 17 ♕b8+ gewinnen ohne Probleme, aber wie kann man die Gelegenheit zu einer solch effektiven und reizvollen Lösung ungenützt an sich vorbeiziehen lassen?

15...♘xd7 16 ♕b8+!! ♘xb8 17 ♖d8# (1-0)

Die folgende, auch sehr berühmte Partie, wurde in einer Blindsimultanveranstaltung gespielt und entwickelte sich auf sehr ähnliche Weise, wie die vorherige:

Morphy – NN

Blindsimultan, New Orleans 1858

1 e4 e5 2 ♘f3 ♘c6 3 ♗c4 ♘f6 4 d4 exd4 5 ♘g5 d5 6 exd5 ♘xd5? 7 0-0 ♗e7 8 ♘xf7 ♔xf7 9 ♕f3+ ♔e6 10 ♘c3! dxc3 11 ♖e1+ ♘e5 12 ♗f4 ♗d6 13 ♗xe5 ♗xe5 *(D)*

W

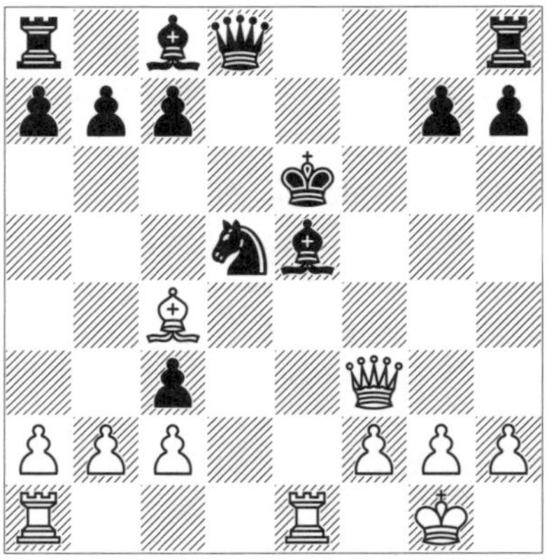

14 ♖xe5+!

Auch hier ist der Sinn des Opfers paradoxerweise, dass es den weißen Materialvorteil auf dem Teil des Bretts erhöht, auf dem sich das wahre Geschehen abspielt: Im Moment steht der weiße Turm auf a1 und ist am Kampfgeschehen nicht beteiligt. Einen Zug später nimmt er den aktiven Platz seines Kollegen ein, während sein Gegner nicht mehr über seinen Läufer verfügt. Die Herangehensweise von Weiß ist rein dynamischer Natur, d. h. sie basiert auf schnelle Veränderungen in der Stellung.

14...♔xe5 15 ♖e1+ ♔d4 16 ♗xd5 ♖f8 *(D)*

Auch andere Züge versprechen Schwarz keine Rettung:

a) 16...cxb2 17 ♖e4+! ♔c5 18 ♕c3+.

b) 16...♕f6 17 ♕d3+ ♔c5 18 b4+ ♔b6 19 ♕e3+ ♔a6 20 ♕c5 b5 21 a4.

c) 16...♕d6 17 b4! ♕xb4 18 ♖e4+ ♔c5 19 ♕e3+ ♔b5 20 ♕d3+ ♔a5 21 ♖xb4 ♔xb4 22 ♕c4+.

d) 16...♖e8 17 ♕d3+ ♔c5 18 b4+.

W

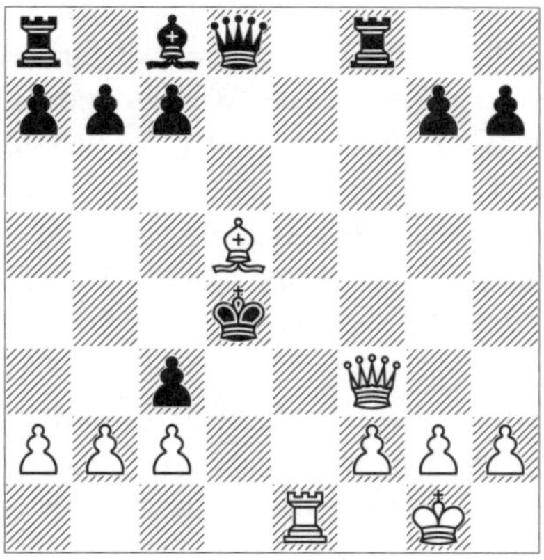

Das weiße Opfer hat sich als vollauf gerechtfertigt erwiesen.

17 ♕d3+ ♔c5 18 b4+ ♔xb4 19 ♕d4+ ♔a5 20 ♕xc3+ ♔a4 21 ♕b3+ ♔a5 22 ♕a3+ ♔b6 23 ♖b1# (1-0)

Im folgenden einfachen, aber hübschen Beispiel, ist es schwieriger die Lösung durch logische Analyse zu finden als durch die Kenntnis von kombinatorischen Motiven. Das Beispiel versetzt uns jedoch in die Lage, uns innerhalb dieses Abschnitts über Taktik einem anderen wichtigen Thema zuzuwenden.

S

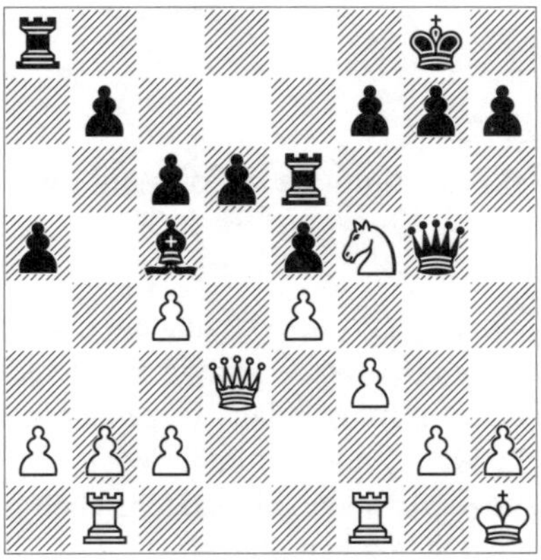

Delekta – Geller
Cappelle la Grande 1992

Zunächst werden wir die Stellung aus dem Blickwinkel der logischen Analyse prüfen. Das Material ist gleich, aber Schwarz hat verschiedene positionelle Vorteile. Ein Faktor ist die Sicherheit beider Könige. Während der König von Schwarz solide verteidigt ist, ist das bei seinem Pendant nicht der Fall, insbesondere, wenn man sich das Feld h2 und die gesamte h-Linie anschaut. Außerdem sind die schwarzen Figuren aktiver und besser koordiniert. Vor allem ist der schwarze Läufer dem weißen Springer deutlich überlegen. Wenn man beide Figuren vom Brett nehmen würde, würde sich die weiße Stellung merklich verbessern. Sein König würde sich sicherer fühlen, und für seine Schwerfiguren wäre es einfacher, im eigenen Lager zu manövrieren und sich besser miteinander abzustimmen. In diesem Fall wäre die Partie ungefähr ausgeglichen. Dies alles ist der mächtigen Stellung des schwarzen Läufers, und der mangelnden Stützpunkte für den Springer im Zentrum zu verdanken.

Zusammenfassend lässt sich also sagen, dass Weiß mit beträchtlichen Problemen bezüglich der Sicherheit seines Königs rechnen kann, insbesondere auf der h-Linie. Außerdem kann der weiße Springer kein gutes sicheres Feld finden. Das bedeutet, dass Schwarz einen Weg finden muss, einen Angriff auf den gegnerischen König mit der Belästigung seines Springers zu verbinden. Der Zug 17...g6 liegt nahe, hat allerdings den erheblichen Nachteil, dass dem Turm der Zugang auf das wichtige Feld h6 verwehrt wird. Auf der anderen Seite kann der Turm, wenn der Springer nicht verjagt wird, sowieso nicht nach h6 gehen!

Daraus ergeben sich zwei Fragen:

a) Gibt es eine Lösung zu diesem Widerspruch?

b) Kann man aus der Stellung triftige Gründe für Schwarz finden, dass objektiv eine klare Lösung vorhanden sein sollte?

Die Antwort zur zweiten Frage ergibt sich aus der schon dargelegten Analyse, und wir können sagen, ja es sind triftige Gründe vorhanden. Nachdem wir diese Schlussfolgerung gezogen haben, erinnern wir uns an unseren Aphorismus: „Wenn es nicht funktioniert, aber Du willst unbedingt, dass es funktioniert, dann muss es funktionieren!“, was für Stellungen gilt, in denen man einen großen positionellen Vorteil hat, wo aber keine unmittelbare Lösung gefunden werden kann. Dann müssen wir nach einer *Revolution* Ausschau halten. Und wenn ein Spieler auf diese Weise vorgeht, ist die taktische Lösung zum strategischen Problem immer irgendwo zu finden. Es folgte:

17...g6!

Trotzdem!

18 ♘g3

Nach 18 h4 ♕d8 19 ♘h6+ ♔g7 20 ♘g4 ♕xh4+ 21 ♘h2 ♗f2 hat Schwarz einen großen Vorteil.

18...♕xg3!

Der springende Punkt! Nun ist nach 19 hxg3 g5 das Matt unvermeidbar. Daher:

0-1

Ist das also der ganze Trick? Nein! Gehen wir zum 18. Zug von Weiß zurück und schauen uns die Stellung etwas sorgfältiger an. Ist der Anziehende wirklich vollkommen hilflos? Wenn Sie gründlich darüber nachdenken, werden Sie die rettende Ressource 18 g4! *(D)* entdecken.

S

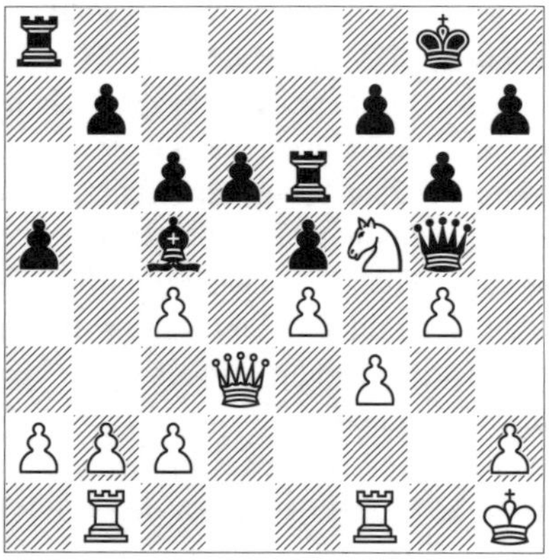

Materiell gesehen hat Weiß Ausgleich, obwohl das erkennbar zu Lasten einer deutlich geschwächten Stellung geht. In diesem Fall hat Schwarz keine Chancen auf einen direkten Angriff, aber durch die Nutzung der Schwächung des gegnerischen Königsflügels, und mit der Fortsetzung 18...a4!?, kann er gemäß aller Regeln der Schachstrategie Raum gewinnen und außerdem Druck auf dem anderen Flügel erzeugen, mit den besten Chancen, seinen Vorteil entscheidend zu vergrößern.

Welche Schlussfolgerungen können wir aus dieser Partiestellung ziehen?

a) In Schachaufgabensammlungen findet man häufig ähnliche Beispiele über die Ausnutzung einer offenen Linie. Wie wir bereits festgestellt haben, wird ein Spieler, der sich ständig mit der Lösung solcher Übungen befasst, es leichter finden, diese Stellung aufgrund seiner Erfahrung zu lösen als ein Spieler, der sich ausschließlich auf logische Analyse der Stellung verlässt.

b) Um diese Methode in der gegenwärtigen Stellung zu nutzen, müssen wir in der Lage sein, etwas sehr Wichtiges zu erkennen – die Verbindung zwischen Strategie und Taktik im Schach.

Untersuchen wir nun eine andere Stellung über dasselbe Thema:

W

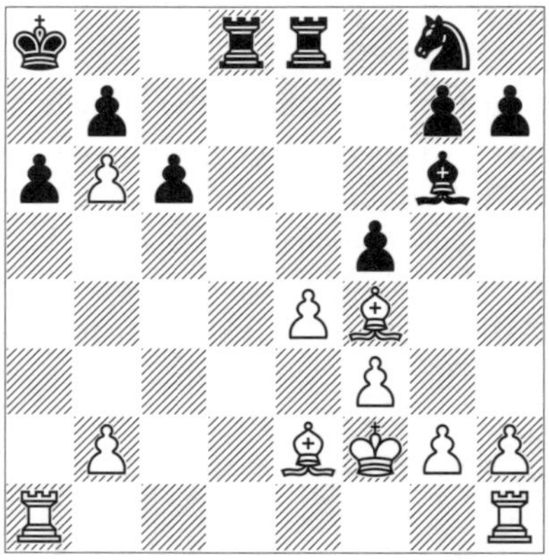

Tschiburdanidse – Polownikowa
Krasnoturinsk 2004

Weiß hat sich große Aktivität am Damenflügel erspielt, aber ihre Gegnerin versuchte mittels eines Zentrumsschlags Gegenchancen zu erhalten. Weiß findet mithilfe der Taktik eine verlässliche Methode, ihre strategischen Erfolge in einen Sieg umzumünzen.

25 ♖xa6+!

Die einzige Möglichkeit! Die Varianten 25 exf5 ♗xf5 26 ♖hd1 (26 b4?! ♖d4 ∓) 26...♘f6 27 ♗e5 ♗d3! und 25 ♗c7 ♖d2 26 e5 ♘f6! (schwächer ist 26...♘e7 27 ♖hd1 ♖xb2 28 ♖d7) machen deutlich, dass ruhiges Spiel in dieser Stellung für Weiß nicht ausreicht. Und daraus folgt, dass eine taktische Lösung zu den Stellungsproblemen häufig *obligatorisch* ist!

25...bxa6 26 ♗xa6 fxe4 *(D)*

Falls 26...♖d7 27 ♖a1 ♖ee7, dann ergibt sich die schnellste und beste Gewinnmethode durch eine andere taktische „Explosion“: 28 b7+! (die „technische“ Herangehensweise würde die Sache wesentlich verkomplizieren und die Aufgabe der stärkeren Seite schwieriger gestalten: 28 ♗c8+ ♖a7 29 ♖xa7+ ♖xa7 30 bxa7 fxe4 31 ♗e3 ♘f6) 28...♖xb7 29 ♗b5+ ♖a7 30 ♗xc6+ ♖eb7 31 ♖d1! ♖a6 32 ♖d8+ ♔a7 33 ♗e3+ (auf diese Variante wies Golubew hin).

W

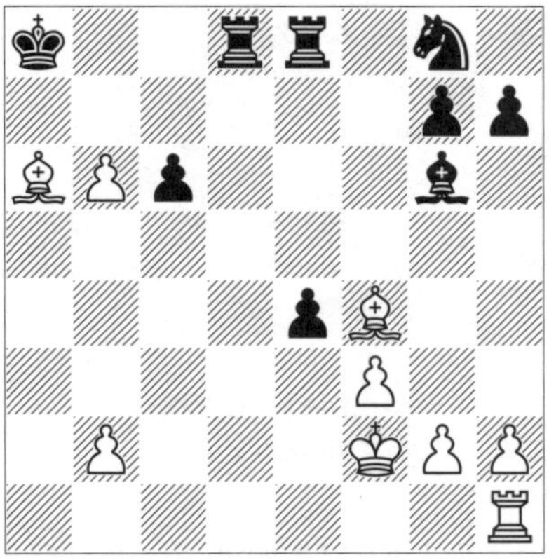

27 ♖a1 e3+ 28 ♔e1 1-0

Die letzten beiden Beispiele zeigen, dass ein positioneller Vorteil nur bis zu einem gewissen Grad auf „natürliche“ Weise ausgebaut werden kann. Irgendwann kommt fast immer der Zeitpunkt, wenn weitere Fortschritte mit normalen Mitteln unmöglich werden, und der Spieler gezwungen wird, sich nach energischen Maßnahmen umzusehen, nämlich die Art von Maßnamen, die wir als revolutionär bezeichnet haben. Und das bedeutet den Gebrauch von taktischen Methoden, um strategische oder technische Probleme zu lösen. Anders ausgedrückt, es ist ein fester Bestandteil der Schachlogik, dass fast immer ein Zeitpunkt in der Partie kommt, wenn das Erreichen des erwünschten strategischen Ziels ohne den Gebrauch von Taktik äußerst schwierig oder sogar unmöglich wird.

Und nun ein paar Worte zu einem der wesentlichen Aspekte des Themas, das wir in diesem Buch betrachten. Bekanntermaßen werden taktische Vergehen härter und stärker bestraft als strategische Fehler. Außerdem wird das Ergebnis der Partie häufig durch Taktik entschieden, wovon es unzählige Beispiele gibt. Da aber viele der Stellungen, die wir schon untersucht haben oder die wir später untersuchen werden, mit dieser Frage in Zusammenhang stehen, werde ich hier nur ein spezifisches Beispiel präsentieren.

S

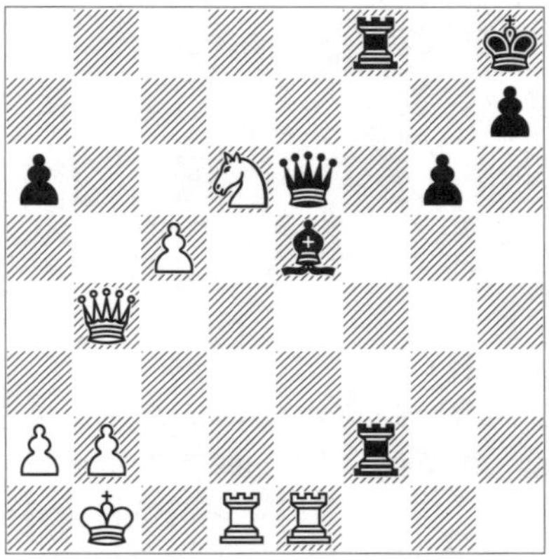

L. Dominguez – Quezada

Kubanische Meisterschaft, Santa Clara 2005

Die Stellung ist materiell ausgeglichen, und jede Seite besitzt positionelle Trümpfe. Weiß hat sowohl seine Türme als auch seinen Springer zentral postiert, und dem Nachziehenden steht ein mächtiges Turmpaar und ein Läufer zur Verfügung, der direkt auf den weißen König gerichtet ist, und außerdem eine Dame, die sich in Lauerstellung befindet. Da die Königssicherheit immer wichtiger ist als andere Faktoren, und Schwarz hier am Zug ist, muss er seine ganzen Kräfte darauf konzentrieren, den schnellsten Weg zu finden, zum Feld b2 durchzubrechen. Gleichzeitig muss er die gegnerischen Chancen berücksichtigen und versuchen, als erster echte Drohungen aufzustellen. Dies alles könnte er durch 34...a5! erreichen, und wenn Weiß seine Dame mittels 35 ♕b6 (oder 35 ♕b7) wegzieht, kann Schwarz 35...♕g4! spielen und sein Ziel verwirklichen. Aber er verpasste diese Chance und spielte stattdessen...

34...♖8f4?

Dies erlaubt Weiß, seine eigenen Stellungsvorteile umzusetzen:

35 ♕b8+ ♖f8 *(D)*

W

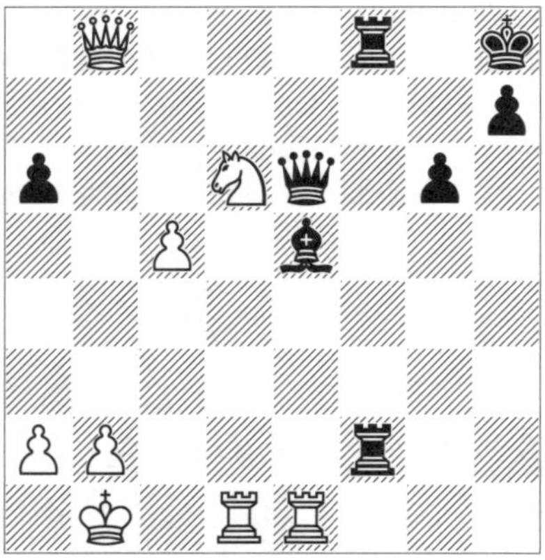

36 ♘f7+!?

Nun ist Weiß mit dem Remis nach 36 ♖xe5 ♖xb8 37 ♖xe6 ♖bxb2+ nicht zufrieden. Und angesichts der Ereignisse erwies sich das als die richtige Entscheidung.

36...♖2xf7 37 ♕xe5+ ♕xe5 38 ♖xe5

In der Folge gewann Weiß ein langwieriges Endspiel, das ich hier ohne Kommentar wiedergebe.

38...♔g7 39 c6 ♖c7 40 ♖c5 ♖f6 41 ♖dc1 ♖f4 42 a3 h5 43 b4 h4 44 ♔b2 h3 45 ♔b3 h2 46 a4 ♖f3+ 47 ♔b2 ♖f2+ 48 ♔b3 ♖f3+ 49 ♔b2 ♖f2+ 50 ♔c3 ♖f3+ 51 ♔c4 ♖f4+ 52 ♔d5 ♖xb4 53 ♔d6 ♖c8 54 c7 ♖d4+ 55 ♔c6 ♖h4 56 ♖h1 ♖f8 57 ♔b7 ♖b4+ 58 ♔a7 ♖b2 59 c8♕ ♖xc8 60 ♖xc8 g5 61 ♖c3 1-0

Die Entwicklung der taktischen Fähigkeiten

Aus diesen letzten drei Beispielen und den vielen anderen, die wir schon untersucht haben, können wir eine bedeutsame Schlussfolgerung ziehen. Wenn es einem strategisch talentierten Spieler gelingt, seine Gegner zu überspielen, er aber auf taktischem Gebiet unzulängliche Fähigkeiten besitzt, wird er viele Punkte wegwerfen und dann wahrscheinlich zu der Sorte von Spielern gehören, die allen Leuten mit ihrem Gejammer auf die Nerven gehen, wenn sie mal wieder mit ihrem Schicksal hadern, weil sie eine Gewinnstellung nicht gewinnen konnten.

Wenn Sie dieses Schicksal vermeiden wollen, müssen Sie Ihr taktisches Können entwickeln! Zu diesem Zweck ist ein regelmäßiges Studium von Beispielen aus der Praxis von Meistern nützlich, wie die drei folgenden.

W

Kuijf – Hodgson
Wijk aan Zee 1989

Die schreckliche Drohung 16...♘c5 liegt in der Luft. Am besten geht man dieser Drohung aus dem Weg, indem man den Springer von c3 wegzieht. Weiß wählt jedoch eine unglückliche Marschroute:

16 ♘b1?

Es war unbedingt erforderlich, den Springer nach e4 zu spielen. Nach 16 ♘e4 ♕a4 17 b3 ♕a3+ 18 ♕b2 ♕xb2+ 19 ♔xb2 ♗xe4 20 fxe4 ♖xe4 wird eine ungefähr ausgeglichene Stellung erreicht. In der Partie streckte Schwarz seinen Gegner mit einer Serie von Keulenschlägen nieder:

16...♕b3! 17 ♗d3

17 ♘a3 verliert ebenfalls nach 17...♕xa2 18 ♕xa5 ♕a1+.

17...♕xa2 18 ♕b4

Nach 18 ♕c3 ist der zwingendste Gewinnweg 18...♘b3+ 19 ♔c2 ♘a1+! 20 ♔d2 ♗xd3! 21 ♔xd3 ♘c5+ 22 ♔d2 ♘cb3+! 23 ♔d3 ♕a6! 24 ♘f4 ♖xd5+ 25 ♘xd5 ♕g6#.

18...♖e2! 19 ♗xe2 ♘b3+ 20 ♕xb3 ♕xb3 21 ♖d2 ♕e3 0-1

S

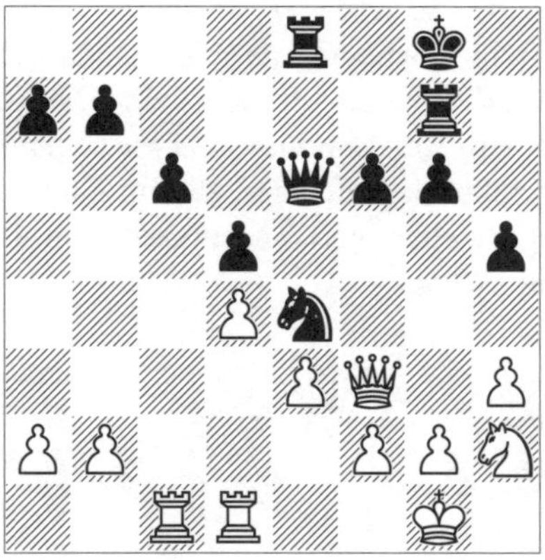

Bobotsow – Petrosjan
Olympiade, Lugano 1968

Gemäß seinem typischen Stil hat sich Petrosjan einen Vorteil fast aus dem Nichts erarbeitet, aber um zu gewinnen muss er einen Weg finden, seinen Vorteil weiter auszubauen. Er muss sich beeilen, denn falls es Weiß gelingt, seinen Springer über f1 nach d2 (nur zwei Züge) zu überführen, wird er den Druck seines Gegners deutlich verringern. Eine erfolgreiche Lösung erfordert Taktik:

33...g5!

Droht das höchst unerfreuliche ...g4. Weiß hat keine große Wahl.

34 ♕xh5 *(D)*

Unerlässlich, da Schwarz nach 34 g4 hxg4 35 hxg4 ♖h7 36 ♔g2 ♖h4 einen deutlichen Vorteil hat.

S

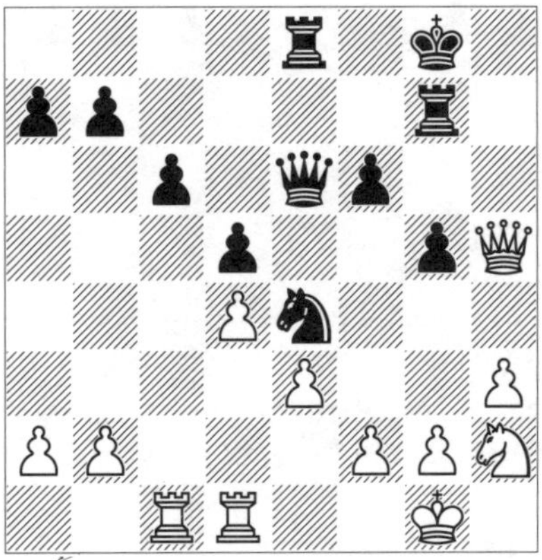

34...f5 35 ♖e1

Falls 35 ♕e2 g4 36 hxg4 fxg4 37 g3 ♖f8 38 ♖f1 ♘g5!, dann ist Weiß übel dran.

35...g4 36 hxg4 fxg4 37 f3

Andere Fortsetzungen sind auch schlecht; z. B. 37 ♖c2 ♖g5 38 ♕h4 ♖e7 39 f4 (einziger Zug) 39...♖gg7! 40 g3 ♘d6!, während Weiß ebenfalls in der Variante 37 g3 ♖g5 38 ♕h4 ♔g7 den Kürzeren zieht.

37...gxf3 38 ♘xf3 ♖h7 39 ♕e5 *(D)*

S

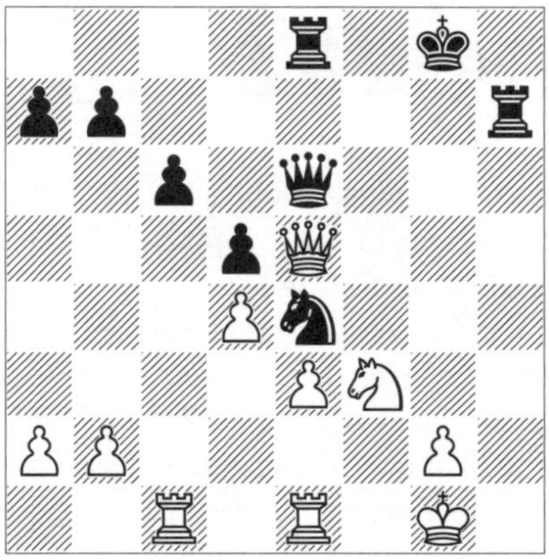

Nun folgt ein einfaches Finale:

39...♕c8! 40 ♕f4 ♖f8 41 ♕e5 ♖f5 0-1

Das gesamte nächste klassische Beispiel basiert auf den Gebrauch von Taktik, um strategische Ziele zu erreichen.

Tartakower – Capablanca
New York 1924

1 e4 e5 2 f4 exf4 3 ♗e2?

Dieser seltsame Zug steht kaum im Einklang mit den Ideen des Gambits, wie Capablanca eindeutig nachweist.

3...d5 4 exd5 ♘f6 5 c4 c6 6 d4 *(D)*

6...♗b4+!

Eine Rarität – eine theoretische Neuerung von Capablanca! Es handelt sich außerdem um eine Neuerung, die gänzlich auf den taktischen Nuancen der Stellung basiert. Nach der weniger resoluten Fortsetzung 6...cxd5 7 ♗xf4 dxc4 8 ♗xc4 ♗b4+ 9 ♘c3 wurde in der ersten Runde desselben Turniers eine ausgeglichene Stellung in Tartakower-Bogoljubow erreicht.

7 ♔f1

S

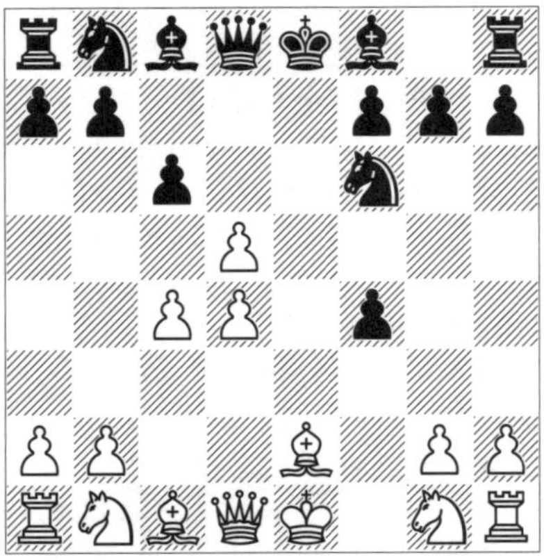

Das erste Mißgeschick für Weiß. 7 ♗d2 ist schlecht wegen 7...♘e4! 8 ♗xb4? ♕h4+.

7...cxd5 8 ♗xf4 *(D)*

Als Verbesserungsversuch für Weiß empfahl Aljechin 8 c5!? mit der Variante 8...g5 9 ♘f3 h6 10 h4 ♘e4 11 hxg5 ♘g3+ 12 ♔f2 ♘xh1+ 13 ♕xh1, was dem Anziehenden etwas positionelle Kompensation für das Material gibt, es scheint jedoch, dass Schwarz mit 8...♘e4!? 9 ♘f3 ♘c6 10 ♗xf4 ♕f6 stärker fortsetzen kann, wonach er einen unbestrittenen Vorteil hat.

S

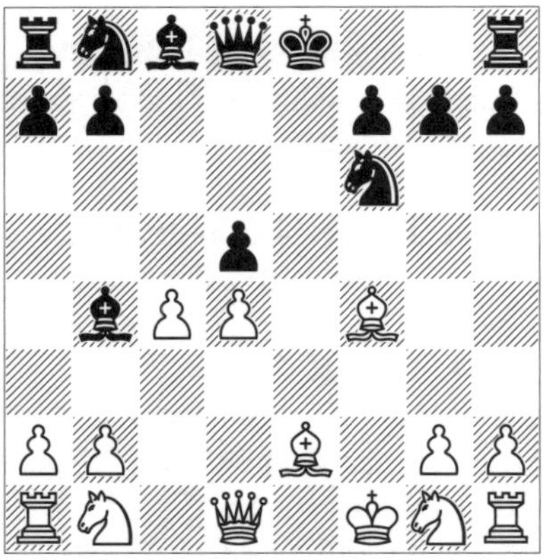

8...dxc4!

Ein weiterer eleganter und starker taktischer Schlag, der Schwarz erlaubt, die Stellung zu öffnen und den weißen d-Bauern zu isolieren.

9 ♗xb8?!

Weiß beschreitet zuversichtlich den Weg, den sein Gegner für ihn vorbereitet hat, aber sogar nach dem stärkeren 9 ♗xc4 0-0 bewahrt Schwarz einen dauerhaften Vorteil.

9...♘d5! 10 ♔f2 *(D)*

Es stellt sich heraus, dass der Läufer nach 10 ♗f4 ♕f6! ohnehin verloren geht. Das ist die Pointe der *petite combinaison* (wie Capablanca solche taktischen Schläge, die im Dienste der Strategie stehen, gerne nannte), die im 8. Zug begann.

S

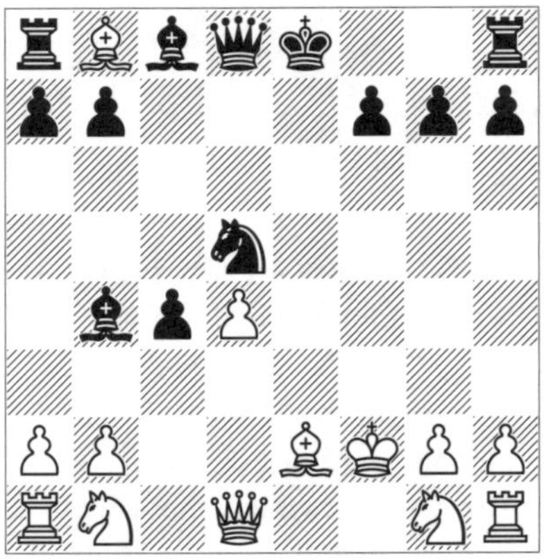

10...♖xb8 11 ♗xc4 0-0 12 ♘f3

Gemäß Aljechin war es besser, die Stellung durch 12 ♗xd5 ♕xd5 13 ♘c3 ♕d6 zu vereinfachen, aber auch dann kann es keinen Zweifel am schwarzen Vorteil geben. Nun behält Capablanca den Springer, der sich als sehr wertvolle Figur zur Ausnutzung der anfälligen dunklen Felder erweist.

12...♘f6! 13 ♘c3 *(D)*

S

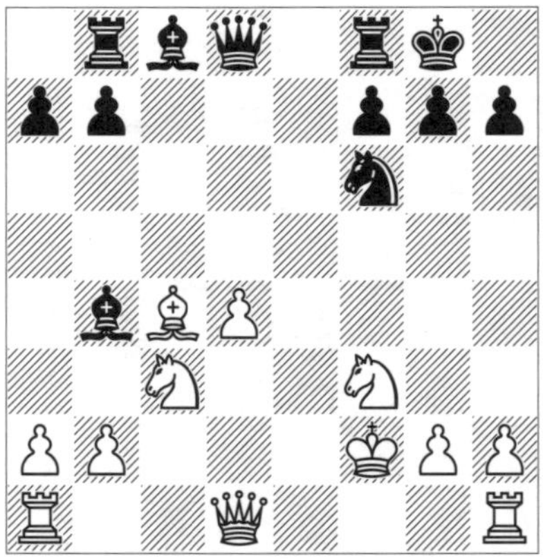

13...b5!

In dieser Stellung hat der Nachziehende mehrere Fortsetzungen. Die Varianten 13...♗xc3!?

14 bxc3 ♘e4+ 15 ♔g1 ♘xc3 16 ♕e1 b5! und 13...♘g4+!? 14 ♔g1 ♘e3 machen beide einen guten Eindruck, aber Capablanca wählt den energischsten Zug.

14 ♗d3

Nach 14 ♘xb5 ♘e4+ 15 ♔g1 a6 16 ♗d3 (Schwarz hat einen entscheidenden Vorteil nach 16 ♘a3 ♗xa3 17 bxa3 ♗g4 18 ♗b3 ♖b6!) 16...♘g5 17 ♘xg5 ♕xg5 18 ♘c3 ♖d8 ist die weiße Stellung kaum zu verteidigen.

14...♘g4+ 15 ♔g1 ♗b7 16 ♗f5

16 ♗e4 ♗xc3 17 ♗xb7 ♗xb2 18 ♖b1 ♖xb7 –+ ist schlecht, während Schwarz nach 16 ♘e4 f5!? 17 ♘eg5 (17 ♕b3+ ♗d5 18 ♘f6+ ♖xf6 –+) 17...♗d5 ebenfalls gewinnt.

16...♗xf3 17 gxf3 *(D)*

S

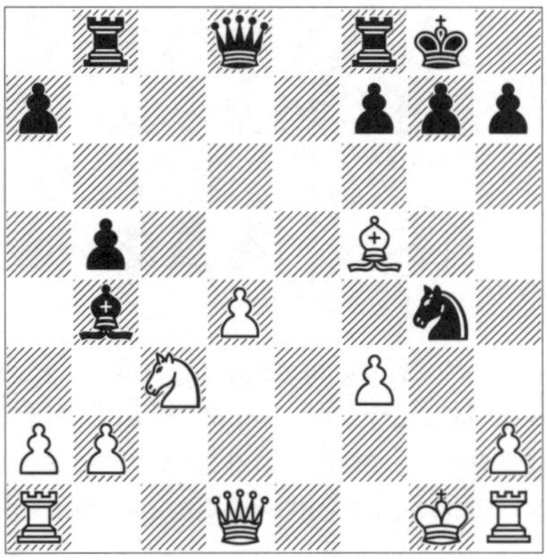

Die letzten Züge waren größtenteils erzwungen, und Weiß hat es gerade so geschafft, die Drohungen abzuwenden. Nun setzt Capablanca mit seinem energischen Angriff fort, der auf genauer Berechnung basiert.

17...♘e3! 18 ♗xh7+ ♔h8 19 ♕d3 ♗xc3!

Es gab hier noch einen anderen Gewinnweg: 19...♘c4! 20 b3 ♘b2!, aber Capablanca spielt konsequent auf Angriff.

20 bxc3 ♘d5 21 ♗e4

Der andere Läuferrückzug verliert auch: 21 ♗f5 ♕g5+ 22 ♔f2 (22 ♗g4 f5 23 h4 ♕f4! –+) 22...♘f4, ebenso wie 21 ♕f5 ♘f6.

21...♘f4 22 ♕d2 ♕h4 *(D)*

Das ist die Stellung, auf die es Capablanca bei seinem 17. Zug abgesehen hatte. Es ist ziemlich hoffnungslos für Weiß, da er seine Streitkräfte nicht koordinieren kann. Die Dame und der

W

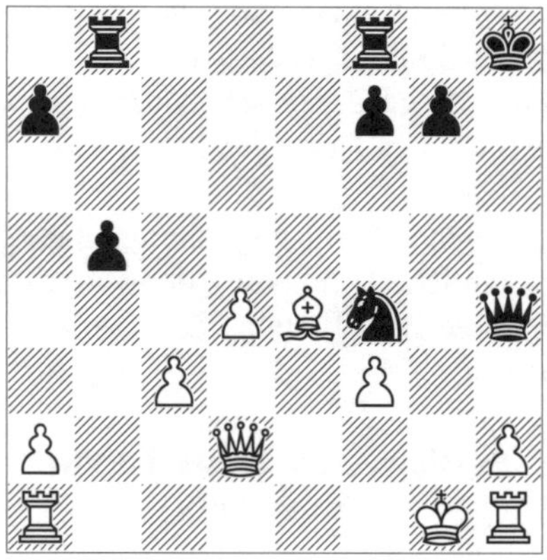

Springer von Schwarz arbeiten ausgezeichnet zusammen, und der Turm kann leicht ins Spiel gebracht werden.

23 ♔f1

Eine für die Stellung typische Variante ist 23 a4 f5 24 ♗c6 ♖f6 25 axb5 ♖g6+! 26 ♔f1 ♖xc6!, und Schwarz gewinnt. Die taktische Nuance 23 ♕e1 ♕g5+ 24 ♕g3 ♘e2+ ist ebenfalls wichtig.

23...f5 24 ♗c6 ♖f6 25 d5 ♖d8! *(D)*

W

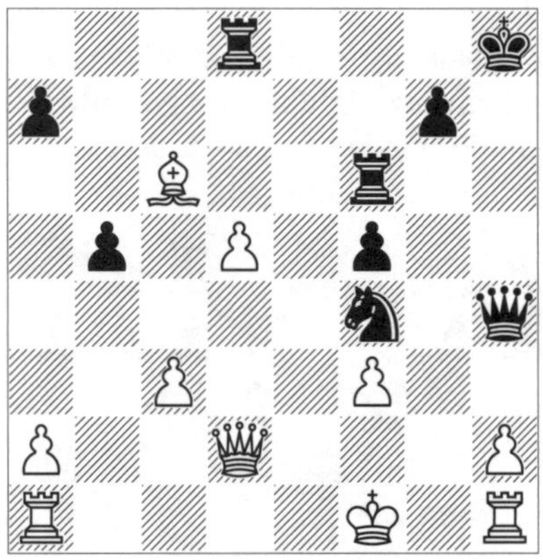

Der entscheidende Schlusspunkt einer brillanten strategischen Partie. Wie es charakteristisch für die gesamte Partie ist, basiert auch dieser auf taktischen Motiven. Weiß kann seinen Läufer nicht retten, auch wenn er scheinbar verteidigt ist! Diese bemerkenswerte Stellung ist der Höhepunkt der Operation, die Schwarz im 17. Zug begann.

26 ♖d1

Nicht 26 ♕e3 ♕h3+ – die letzte Feinheit.

26...♖xc6 27 dxc6 ♖xd2 28 ♖xd2 ♘e6 29 ♖d6 ♕c4+ 30 ♔g2 ♕e2+ 0-1

Diese scheinbar einfache und gleichzeitig sehr tiefgründige Partie gefällt mir sehr.

Die folgende Partie zeigt einmal mehr, dass die erfolgreiche Umsetzung der Schachstrategie ohne die Beherrschung der Taktik oft unmöglich ist.

Topalow – Kassimdschanow

Linares 2005

1 d4 d5 2 c4 e6 3 ♘c3 ♗e7 4 ♘f3 ♘f6 5 ♗f4 0-0 6 e3 c5 7 dxc5 ♗xc5 8 a3 ♘c6 9 ♕c2 ♕a5 10 ♘d2 ♗b4

In dieser Partie kam eine der modernsten Varianten des Damengambits zur Anwendung, ein Abspiel, das scharf, kompliziert und umfassend analysiert worden ist. Ich werde auf die Einzelheiten dieser Eröffnung nicht eingehen, da für unsere Zwecke einzig allein der positionelle Inhalt des Gefechts wichtig ist.

11 cxd5 exd5 12 ♗d3 d4 13 0-0! ♗xc3 14 ♘c4 ♕h5 15 bxc3 ♘d5 16 ♗g3 dxe3 17 ♖ae1! ♗e6 *(D)*

Die Annahme des Bauernopfers ist ungünstig für Schwarz, da eine weitere offene Linie Weiß in die Hände spielen würde.

W

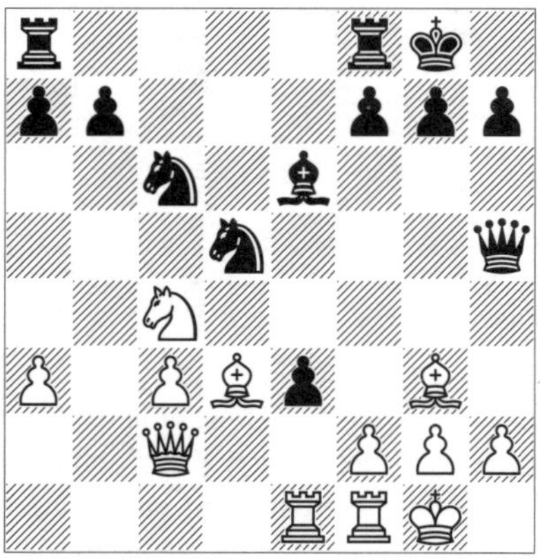

18 fxe3!

Dieses Schlagen, das die jetzt schon wackelige weiße Bauernstruktur weiter schwächt, ist ein entscheidender Teil der weißen Strategie in dieser Variante, die auf dem Ausnutzen der dynamischen Vorteile der weißen Stellung basiert. Nach 18 ♘xe3 ♖ad8 hat Weiß nur einen geringfügigen Vorteil.

18...♘de7

Die Alternative ist 18...♖ad8 19 ♘d6, obwohl Weiß nach 19...♘e5 20 ♗xh7+! ♕xh7 21 ♕xh7+ ♔xh7 22 ♗xe5 in der Partie Topalow-Kramnik am Ende gewann, Monaco (Amber-Turnier, Blindpartie) 2001.

19 ♘d6 b6 20 ♖b1! *(D)*

S

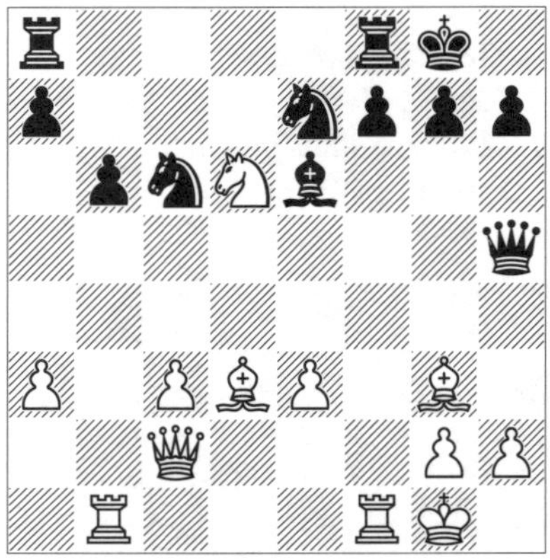

Wie ich bereits angemerkt habe, beruhen sämtliche Hoffnungen von Weiß auf seine aktiveren Figuren. Daher stützt sich seine Strategie auf die permanente Entwicklung seiner Initiative.

20...f6

Der schwarze Plan war offensichtlich vorbereitet. Seine Figurenformation sieht harmonisch aus, beinhaltet jedoch zwei wesentliche Nachteile: die Verspätung, mit der seine Türme ins Spiel gebracht werden und die unsichere Stellung seiner Dame. Das folgende Spiel von Weiß basiert auf diesen Faktoren.

21 ♖b5 ♘e5 *(D)*

22 ♖f4!

Weiß arbeitet ständig mit Drohungen, damit er seinen Entwicklungsvorsprung nutzen und seinen Turm auf die offene d-Linie überführen kann.

22...♘7g6 23 ♖d4 ♗d7?!

Kassimdschanow unterschätzt die Stärke der gut koordinierten Streitkräfte seines Gegners und übersieht einige taktische Stellungsnuancen, die in der Folge eine bedeutsame Rolle

W

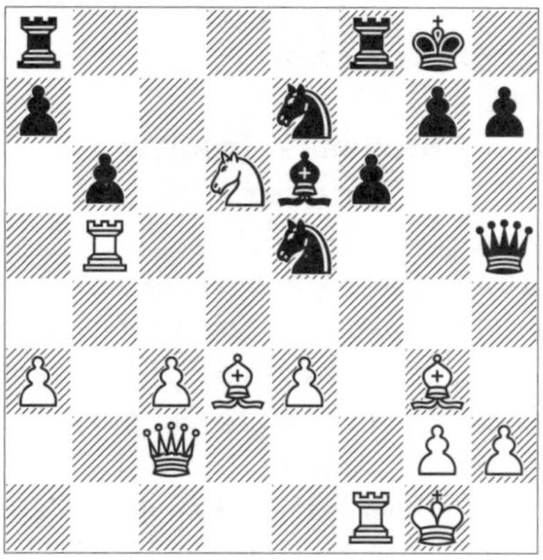

spielen. Nach dem natürlichen Zug 23...♖ad8 weist Scherbakow auf die Ressource 24 a4!? hin, die darauf abzielt, zusätzliche Linien auf dem Damenflügel zu öffnen und die Initiative für Weiß zu bewahren. Eine einfache, aber charakteristische Variante ist 24...♗d7? (Scherbakows Vorschlag 24...♖d7 ist deutlich besser) 25 ♗c4+ ♔h8 26 ♘f7+ ♖xf7 27 ♗xf7 mit einer Gewinnstellung. In Anbetracht dieses Abspiels sowie der folgenden Ereignisse kann der Schluss gezogen werden, dass 23...♔h8!? ein nützlicher Zug für Schwarz wäre.

24 ♖bd5! *(D)*

S

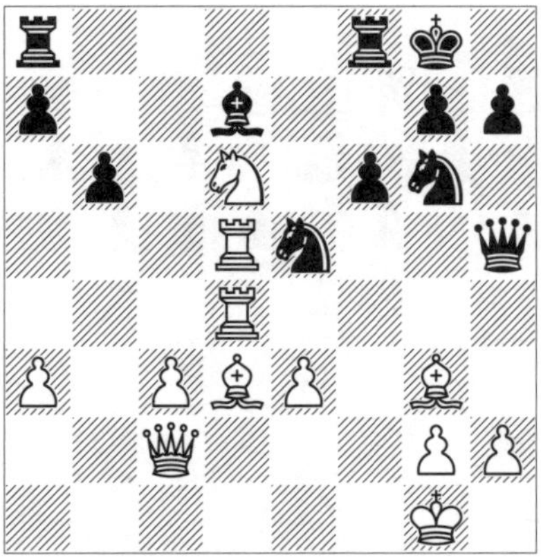

24...♗e6?

Dieser Zug stellt sich als der entscheidende Fehler heraus, wonach Weiß in kombinatorischer Manier gewinnt. Die Variante 24...♗c6? 25 ♗e2! ♕g5 (25...♕h6?? 26 ♘f5 +–) 26 ♗f4 ♘xf4 27 exf4 ♕g6 28 ♕a2 ♔h8 29 fxe5 fxe5 30 ♖d1 ♖f6 31 ♗b5 ♗xd5 32 ♕xd5 ist auch schlecht für Schwarz, daher erscheint der Zug 24...♔h8! nun unerlässlich. Von nun an nimmt die Partie einen zwingenden Charakter an, und ich bin nicht in der Lage, an irgendeiner Stelle eine rettende Ressource für Schwarz vorzuschlagen.

25 ♗e2! ♕h6 26 ♗f4! ♘xf4 27 exf4 g6 *(D)*

Ein wichtiger Bestandteil der weißen Kombination ist die Variante 27...♗xd5 28 ♘f5! mit Damenfang. Der Anziehende gewinnt ebenfalls nach 27...♔h8 28 ♕e4! ♗xd5 29 ♕xd5 ♖ad8 30 fxe5! ♕e3+ 31 ♔h1 ♖b8 32 ♗f1 fxe5 33 ♖d1 ♕f4 34 ♗c4 g6 35 ♘f7+ ♔g7 36 ♖f1 usw.

W

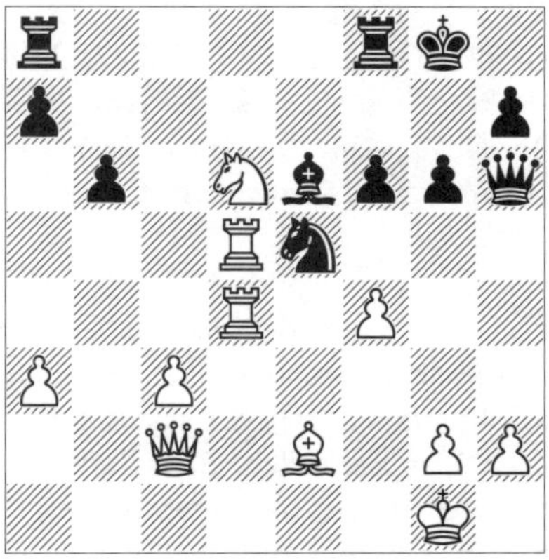

28 ♕e4!

Sehr gut gespielt. Die Konsequenzen dieses Zugs erforderten genaue Berechnung. Die Zeit und die Mühe, die Topalow für diesen Zug aufwendete, erleichterten ihm das Leben in der Folge, da er die verlockende Variante 28 fxe5 ♗xd5 29 ♖xd5 ♕e3+ 30 ♔h1 fxe5 vermied, die alles andere als klar ist. Das Ende der Partie ist nun forciert.

28...♗xd5 29 ♕xd5+ ♔h8 *(D)*

Nach 29...♔g7 30 ♖e4! gewinnt Weiß einen Springer.

30 ♖e4!

Ein prachtvoller letzter Schlag, der das kraftvolle kombinatorische Spiel des Weißen krönt. Nun wird er bald die Früchte seiner harten Arbeit ernten. Nicht gut dagegen ist 30 fxe5? ♕e3+ .

30...♘d7

30...♘g4 verliert nach 31 ♗xg4 f5 32 ♘f7+ ♖xf7 33 ♕xa8+ ♔g7 34 ♖e8 ♕xf4 35 ♗e2.

W

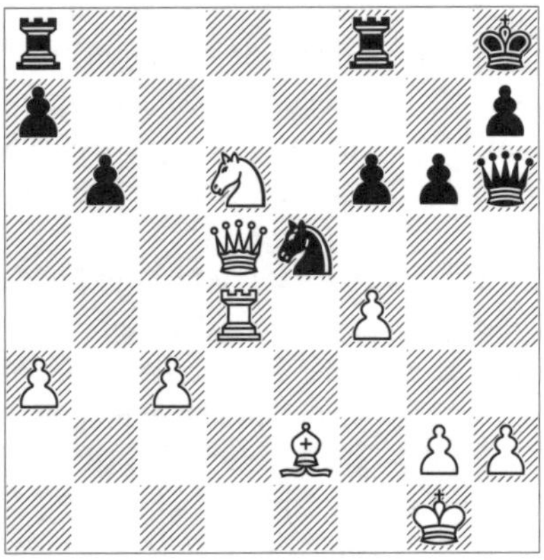

31 ♘f7+ ♖xf7 32 ♕xf7 1-0

Nach 32...♘c5 (32...♘f8 33 ♖e7) 33 ♖e8+ ♖xe8 34 ♕xe8+ ♔g7 35 ♕e7+ ♔h8 36 ♕d8+ ♔g7 37 ♕c7+ ♔h8 38 ♕b8+ ♔g7 39 ♗c4 ♕h4 40 ♕g8+ wird Schwarz matt, und er strich daher die Segel.

Aus all dem, was wir gesehen haben, können wir noch mehr allgemeine und weitreichende Schlussfolgerungen ziehen. Es ist schon vor einiger Zeit klar geworden, dass Tarraschs archaisches Argument, dass eine „korrekt“ gespielte Partie kein Opfer beinhalten sollte, ziemlich irreführend ist. Er ging sogar soweit, zu behaupten, dass Taktik nur dazu da ist, um vorherige Fehler zu bereinigen (ich gebe hier nur sinngemäß wieder, was er sagte). Aber heute können wir die viel vernünftigeren Kommentare von Emanuel Lasker sowohl bestätigen als auch ergänzen. (siehe Zitat zu Beginn von Teil 1). Meiner Meinung nach sollte man die folgende Tatsache hinzufügen: Obwohl positionelles Spiel „der Vorgang ist, mit dem der Spieler versucht, echte Werte zu verstärken und auszunutzen“, findet eine Realisierung dieser Werte nur durch genaue Berechnung der Varianten statt und sind von der Berechnung der Taktik untrennbar.

Zudem beruht Strategie auf einer großen Anzahl von taktischen Nuancen, was besonders häufig in komplizierten und scharfen Stellungen der Fall ist, und es kommt vor, dass das vorrangige strategische Ziel darin besteht, eine Stellung herbeizuführen, die mit einem taktischen Schlag endet. Um dies zu verdeutlichen, schlage ich vor, das folgende überzeugende Beispiel zu untersuchen.

Kramnik – Topalow

Dortmund 1999

Diese Partie wurde von Kramnik selbst in seinem Buch *Kramnik: My Life and Games* (Kramnik & Damsky; Everyman, 2000) kommentiert, und ich habe von diesen Anmerkungen hier Gebrauch gemacht.

1 d4 ♘f6 2 ♘f3 d5 3 c4 c6 4 ♘c3 a6 5 c5 ♗f5 6 ♗f4 ♘bd7 7 e3 e6 8 ♗e2 ♗e7 9 ♘d2!? ♗g6

Die Spieler haben eine Variante der Slawischen Verteidigung gewählt, die zu dieser Zeit in Mode kam. Sogar heute wird der letzte weiße Zug als die prinzipientreueste Methode im Kampf um den Vorteil angesehen. Der schwarze Läuferrückzug basiert auf der Tatsache, dass nach 9...0-0 der Bauernvorstoß 10 g4!? ♗g6 11 h4 für Schwarz sehr unerquicklich ist. Heutzutage wird 9...h6 als genauer eingestuft.

10 b4 ♕c8

Spielt auf den Austausch der schwarzfeldrigen Läufer. Zu dieser Zeit wurde dieser Plan als am präzisesten betrachtet.

11 0-0 ♗d8 *(D)*

W

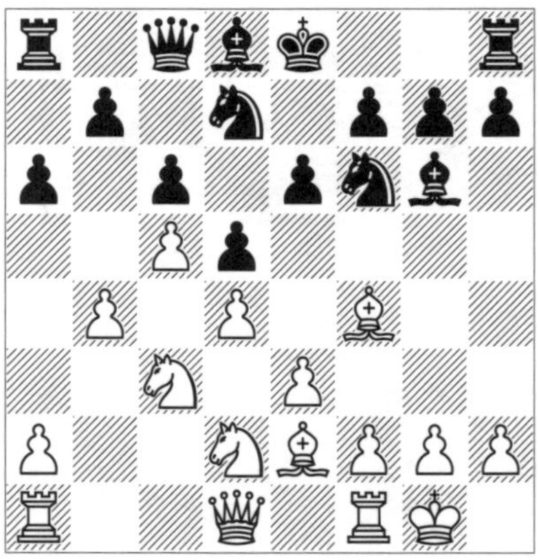

12 ♖c1!?

Ein auf Prophylaxe beruhender Zug. Wie Kramnik erklärt, wird 12 a4 ♗c7 13 ♗xc7 ♕xc7 14 f4 mit 14...b6! und Gegenspiel beantwortet.

12...♗c7 13 ♗xc7 ♕xc7 14 f4 *(D)*

S

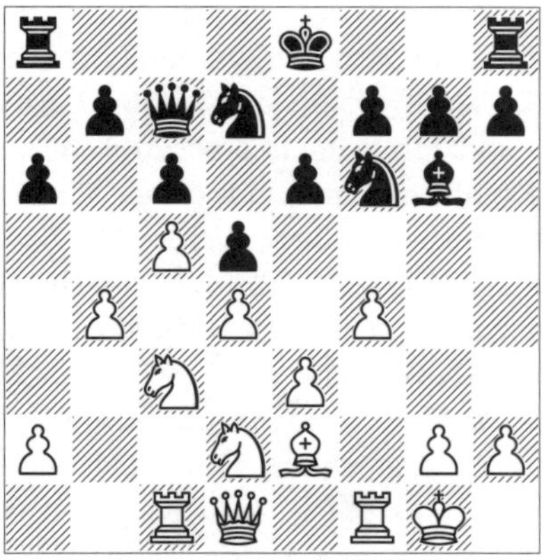

14...e5 muss unbedingt verhindert werden.

14...♘g8!?

Schwarz ergreift Maßnahmen gegen den Angriff, der nach 14...0-0 15 g4 h6 16 h4 möglich war, allerdings führt dieses Manöver zu einem Entwicklungsrückstand und schwächt das Zentrum, was Weiß sofort ausnutzt.

15 e4 ♘e7 *(D)*

W

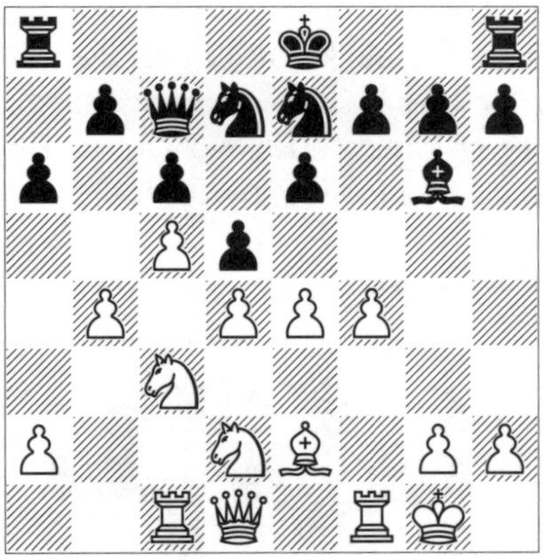

16 f5!?

So bewertet Kramnik diesen Zug: „Ein sehr riskanter Zug, aber ich wollte den Kampf verschärfen. Die langsamere Fortsetzung 16 ♕e1!? war ebenfalls möglich“. Dies ist offensichtlich eine vollkommen objektive Bewertung, aber es ist nützlich sich etwas länger mit diesem Moment zu beschäftigen, da Weiß eine wichtige Entscheidung fällt, die die strategische Richtung der Partie langfristig bestimmt. Was ist die Grundlage dieser Entscheidung? Das erste was einem auffällt, wenn man sich die Stellung anschaut, ist der weiße Raumvorteil am Damenflügel, der auf dem Bauern c5 beruht. Insofern ist es einfach zu sehen, wie gut der weiße Turm auf c1 stehen wird, falls der schwarze Bauer c6 entfernt werden sollte. Dieser Gesichtspunkt ist der erste Vorteil, der dem Weißen erwächst, falls sein Bauernopfer angenommen wird. Der zweite ist, dass der Bauer von Schwarz, der auf f5 erscheint, seinen Läufer auf g6 und seinen Springer auf e7 vorübergehend blockiert, und letzterer blockiert wiederum die e-Linie, was Weiß einen zeitweiligen Vorteil bringt. Alles in allem führen diese zwei Faktoren zu der folgenden Situation: Weiß erhält einen Raumvorteil und einen Mehrbauern am Damenflügel, wonach sein Hauptziel der Bauer b7 sein wird, die Basis der schwarzen Damenflügelkette. Im Gegenzug wird der Nachziehende versuchen, seine Streitkräfte umzugruppieren und seinen Materialvorteil im Zentrum und am Königsflügel auszunutzen. Anders ausgedrückt, infolge des Bauernopfers beginnt ein Rennen, in dem das materielle Element vorerst eine untergeordnete Rolle spielt. In solchen Situationen werden Taktik und Berechnung zu den entscheidenden Faktoren. Auf diesem Gebiet sind beide Spieler erstklassige Spezialisten.

16...exf5 17 exd5 cxd5!

Kramnik weist darauf hin, dass 17...♘xd5 18 ♘c4 0-0 (nach 18...♘xc3 19 ♖xc3 0-0 20 d5 hat Weiß eine starke Initiative) 19 ♘xd5 cxd5 20 ♘d6 schlechter ist, mit einem offensichtlichen Vorteil für Weiß.

18 b5 0-0 19 b6 ♕d8 *(D)*

W

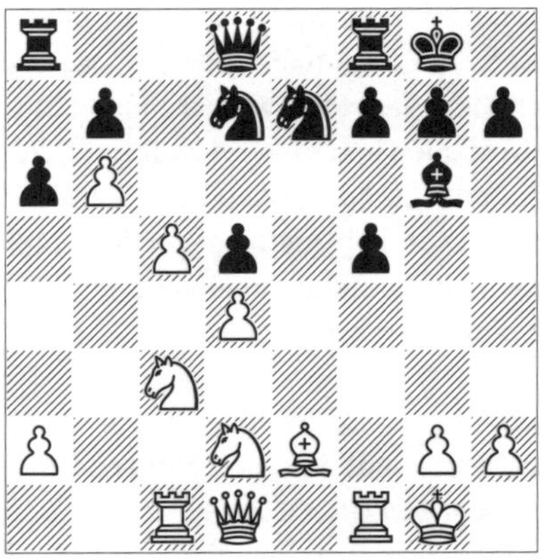

Topalow schlägt 19...♕c8!? 20 ♘b3 ♘f6 21 ♘a5 ♘c6 vor, was eine unklare Stellung mit beidseitigen Chancen ergibt.

20 ♘b3 ♘f6 21 ♘a5 ♖b8 22 a4 ♘e4 *(D)*

W

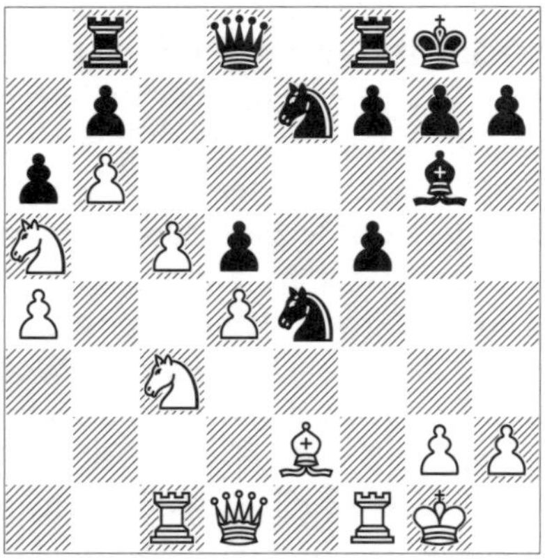

23 ♘a2

Obschon dieser Rückzug den Springerzug zum mächtigen Feld b4 vorbereitet, verliert er im Tempokampf etwas Zeit. Kramnik spielte diesen Zug, weil er glaubte, dass das thematische Springeropfer auf b7, was praktisch ein unerlässlicher Bestandteil der weißen Strategie ist, nach 23 ♘xb7?! ♖xb7 24 a5 ♘c6 25 ♕a4 ♘xc3 26 ♖xc3 ♕f6 zu einer unklaren Stellung mit Gegenchancen für Schwarz führt. Seltsamerweise zieht er jedoch das natürliche Zurückschlagen 24 ♗xa6 (ebenso wie Hübner in seinen akribischen und schlüssigen professoralen Anmerkungen) nicht in Betracht. Es ist richtig, dass es nach 24...♖b8 25 ♗b5 ♖a8 26 ♕e1 f6! schwierig ist, eine Fortsetzung zu finden, die Weiß Vorteil gibt. Nach jedem weißen Springerzug ist die Stellung völlig unklar: 27 ♘e2 ♗e8, 27 ♘xe4 dxe4 oder 27 ♘a2 ♗e8.

Nachdem Weiß sich weigert, sich auf zwingende Varianten einzulassen, verbleibt die Stellung äußerst kompliziert und seinem Gegner gelingt es plötzlich nicht, diese Komplikationen in vollem Umfang zu bewältigen. Schwarz spielte nun den entscheidenden Fehler der Partie:

23...f6?

Sowohl Kramnik als auch Hübner verweisen auf die wichtige Fortsetzung 23...f4!, was unverzüglich Gegenspiel aufzuziehen versucht. Nach 24 ♖xf4 ♘f5 und dem von Fritz vorgeschlagenen Schlag 25 ♗xa6!? (Kramnik gibt die Variante 25 ♕d3 ♕g5 26 ♖cf1 ♖fe8 27 ♗d1 mit einem unklaren Kampf) ergeben sich interessante Komplikationen, von denen ich nur die Hauptvariante vorführen werde: 25...bxa6 26 ♘c6 ♕g5 27 ♕g4 ♕f6! 28 ♘ab4, und nun folgt der einzige, wenn auch nicht leicht zu findende Zug 28...♖fc8! (viel schlechter ist 28...♖bc8? 29 ♖xf5 ♗xf5 30 ♕xf5 ♖xc6 31 ♕xf6 ♖xf6 32 c6, und Weiß gewinnt). Dann führt 29 ♖xf5 ♗xf5 30 ♕xf5 ♕xf5! (30...♖xc6? 31 ♕xf6 ♖xf6 32 ♘xa6! +–) 31 ♘e7+ ♔f8 32 ♘xf5 ♖xb6! (dieser Gegenschlag ist die Pointe) 33 ♘xd5 ♖b2 zu einer Stellung mit ungefähr gleichen Chancen und einem wahrscheinlichen Remis.

Der Fehler von Schwarz in der Partie ist sowohl interessant als auch sehr instruktiv. Er veranschaulicht die Tatsache sehr gut, dass es in einer scharfen Stellung nicht ausreicht, nach allgemeinen Erwägungen zu spielen (und 23...f6 sieht grundsätzlich sehr gut aus – der derzeit untätige Läufer kommt ins Spiel und bereitet sich darauf vor, die Kontrolle über die wichtige Diagonale e8-a4 zu übernehmen). In solchen Situationen kommt man nicht ohne Berechnung aus. In der Partie entwickelte sich bald ein Spiel auf ein Tor:

24 ♘b4 ♗e8 *(D)*

W

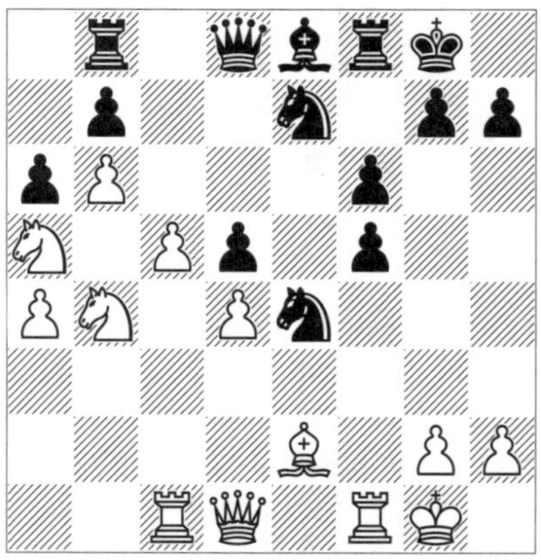

25 ♕c2!

Diese Angriffsfortsetzung ist viel stärker als 25 ♘xb7 ♖xb7 26 ♗xa6 (der weiße Vorteil ist auch nach 26 a5 ♘c6 27 ♗xa6 ♖e7 28 ♘xc6

♗xc6 gering) 26...♖xb6! 27 cxb6 ♕xb6 28 ♗b5 ♗xb5 29 axb5 ♕xb5, und Weiß hat nur einen kleinen Vorteil.

25...g6

Zäher war, Gegenspiel durch 25...g5!? anzustreben, aber auch dann behält Weiß nach 26 ♗d3!? einen unzweifelhaften Vorteil.

26 ♖b1! ♖f7 *(D)*

W

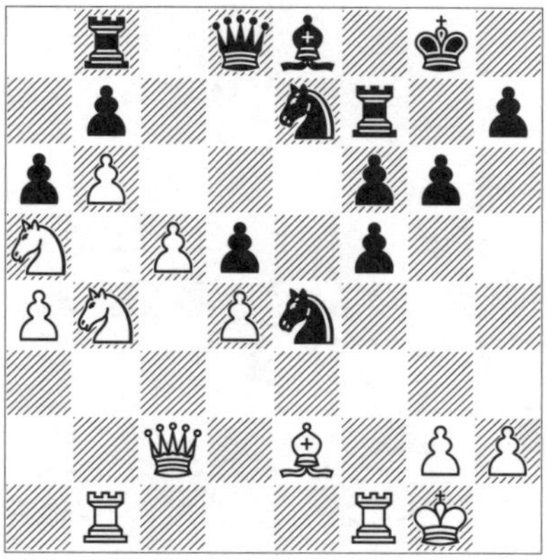

Und nun führt Weiß endlich den taktischen Schlag aus, auf den sich die gesamte Strategie gründete.

27 ♘xb7! ♖xb7 28 a5 ♘c6 29 ♘xc6 ♗xc6 30 ♗xa6 ♖b8 31 ♗b5! ♕c8 32 ♗xc6 ♕xc6 33 a6 ♔g7 *(D)*

W

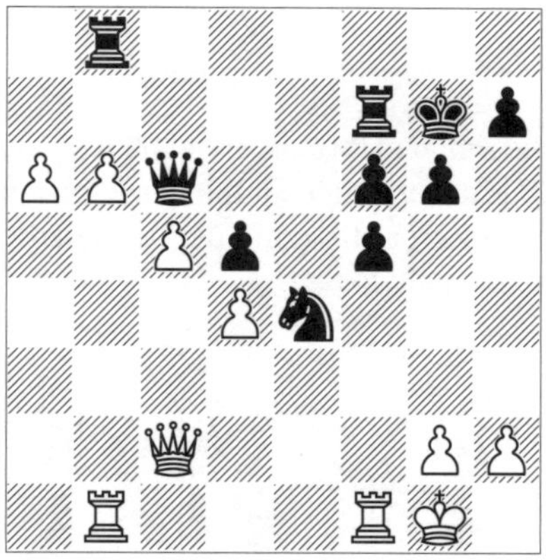

Die schwarze Dame ist die einzige Figur, die die weißen Bauern hemmt. Daher ist der nächste weiße Zug auf Damentausch ausgerichtet.

34 ♖b4! ♘d6 35 ♕a4 ♕xa4 36 ♖xa4 ♘c8

Oder 36...♘c4 37 ♖b1 mit Gewinn.

37 ♖b4 ♘a7 38 bxa7 ♖a8 39 c6! ♖axa7 40 ♖c1 1-0

Übungen zum 1. Teil

Ich habe schon mehrmals erwähnt, wie nützlich das tägliche Training für das taktische Können ist. Ich werde daher einige Stellungen anbieten, die aus der jüngsten Turnierpraxis stammen, und empfehle dem Leser, diese mit der Technik der logischen Analyse zu lösen, die wir zuvor in diesem Buch untersucht haben.

1
W

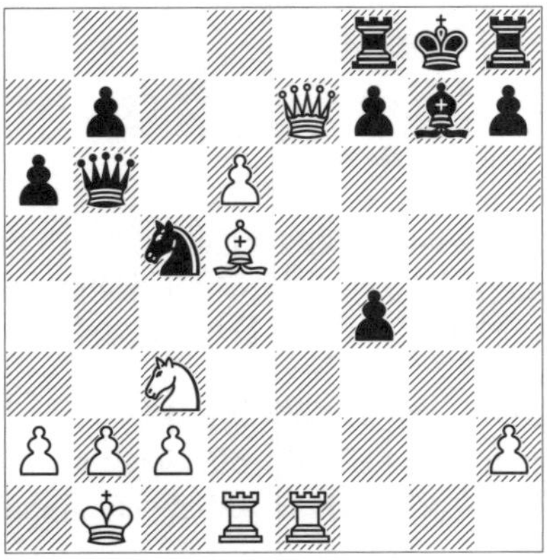

Dieses einfache Beispiel dient als Aufwärmübung. Versuchen Sie, so viele Varianten wie möglich zu finden, die zu einem schnellen Matt für Weiß führen.

2
S

Schwarz am Zug

3
W

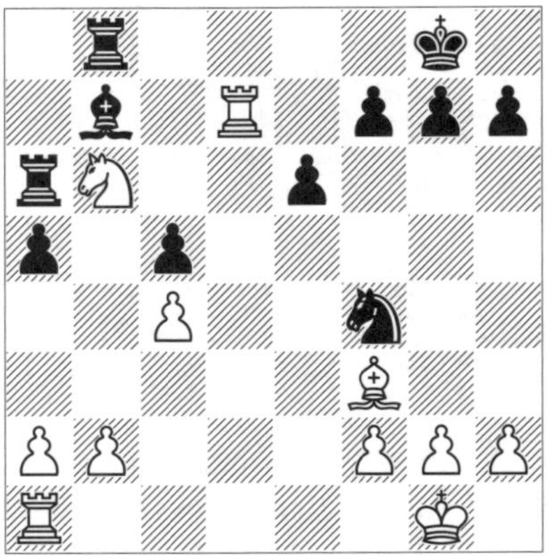

Weiß am Zug

4
W

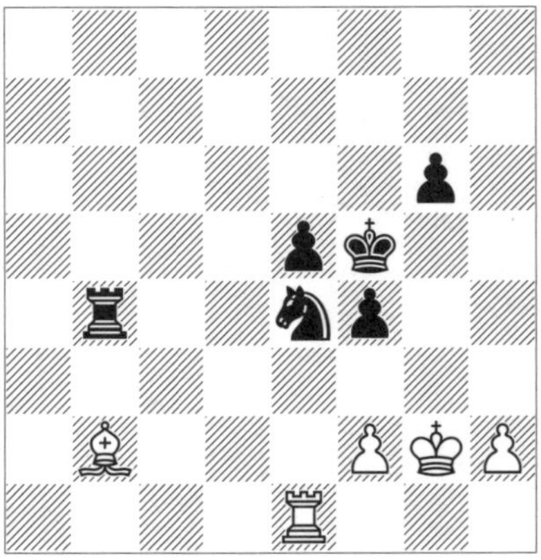

Weiß war mit der unerfreulichen Aussicht einer passiven Verteidigung nach 56 ♖e2 ♖b5 konfrontiert. Kein Wunder, dass er lieber im taktischen Spiel die Zuflucht suchte. Wie sah das aus und funktionierte es?

5
S

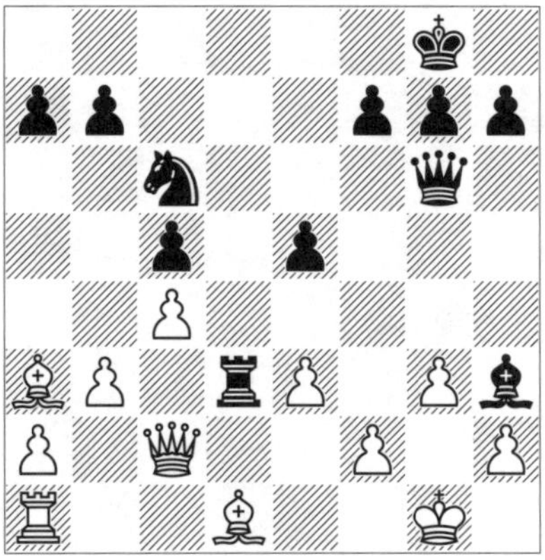

Schwarz am Zug

6
W

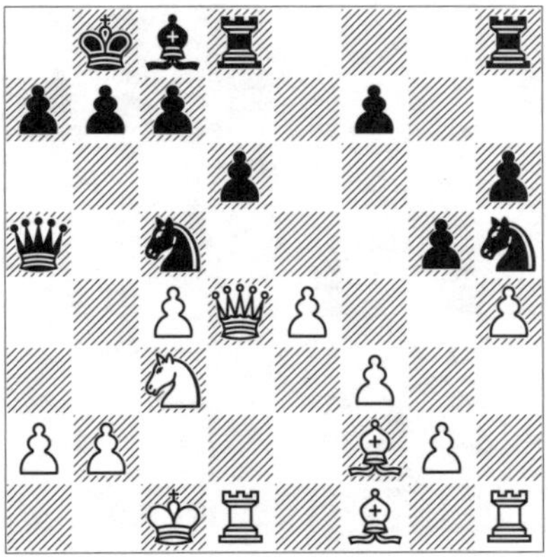

Weiß am Zug

7
W

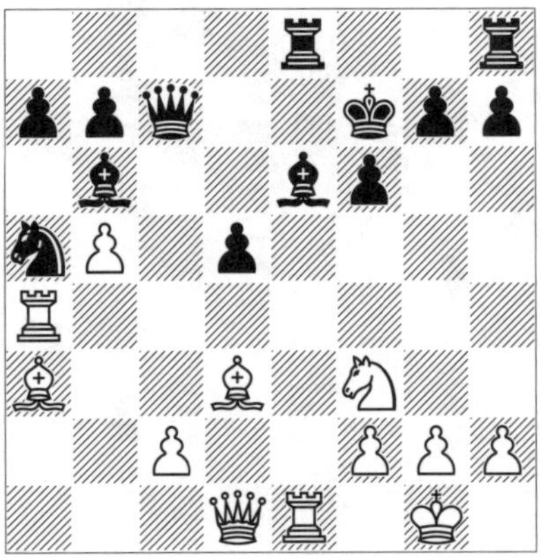

Weiß am Zug

8
W

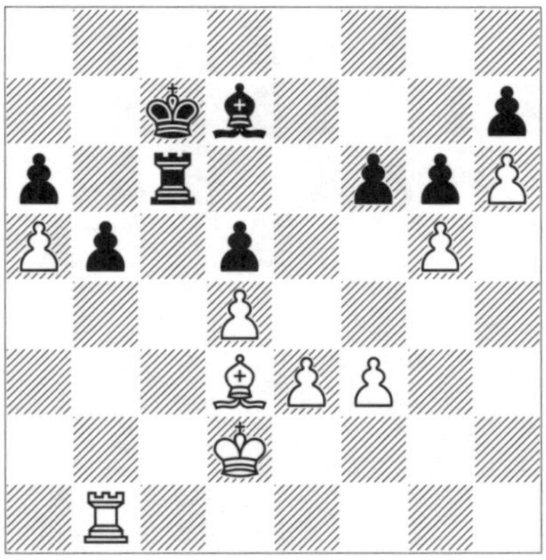

Weiß am Zug

9
W

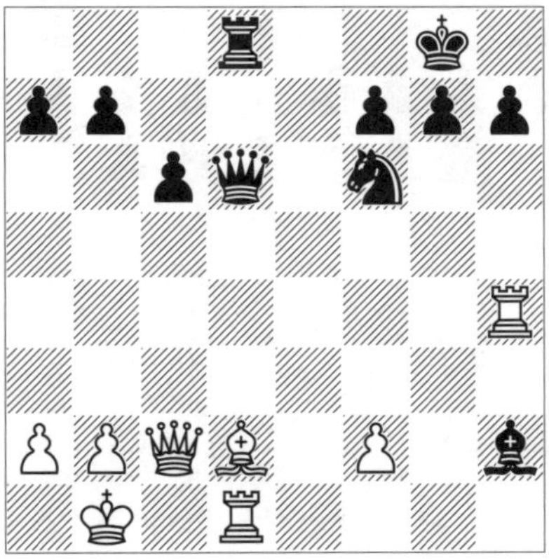

Weiß am Zug

10
S

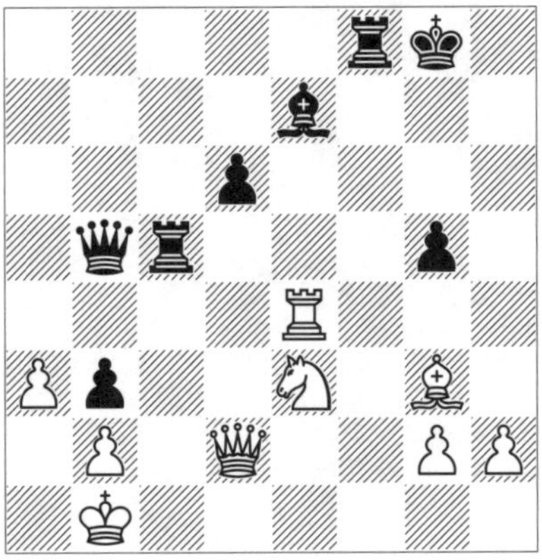

Schwarz am Zug

11
W

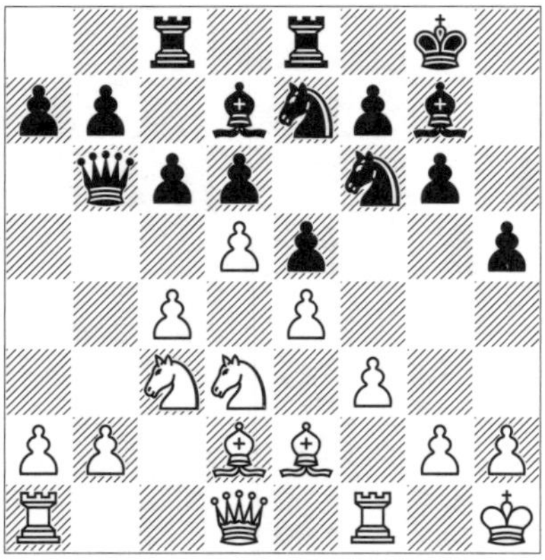

Weiß am Zug

12
W

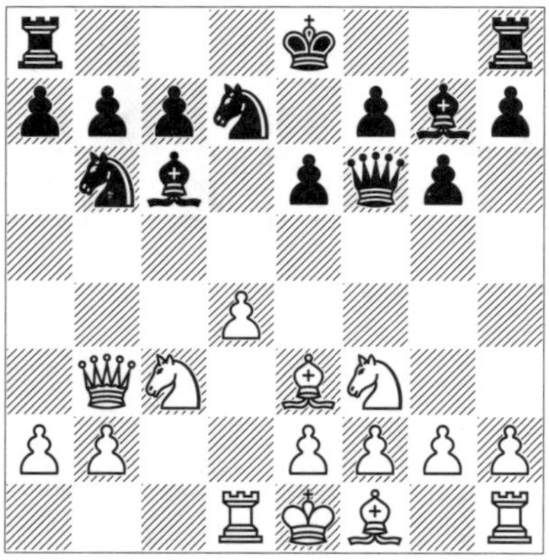

Weiß am Zug

13
W

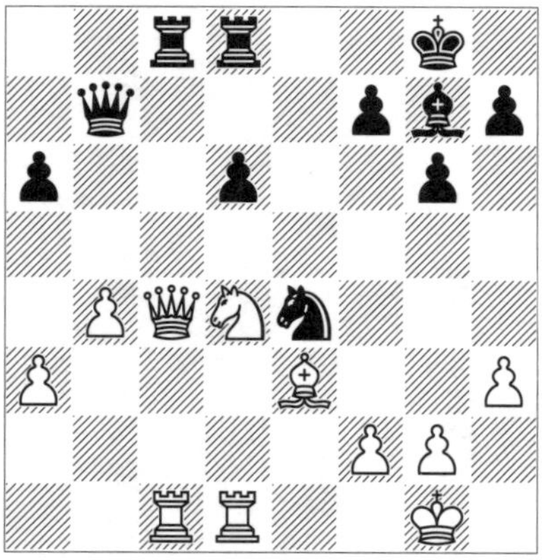

Weiß am Zug

14
W

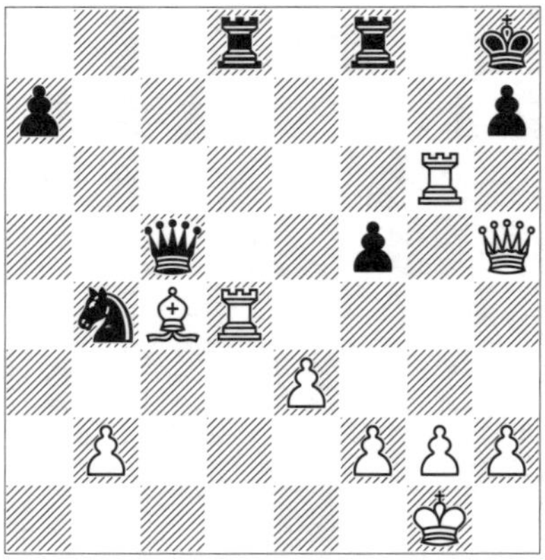

Weiß am Zug

15
S

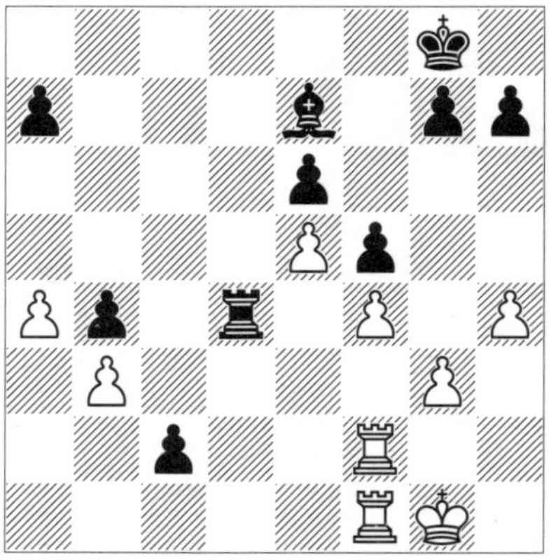

Schwarz am Zug

16
S

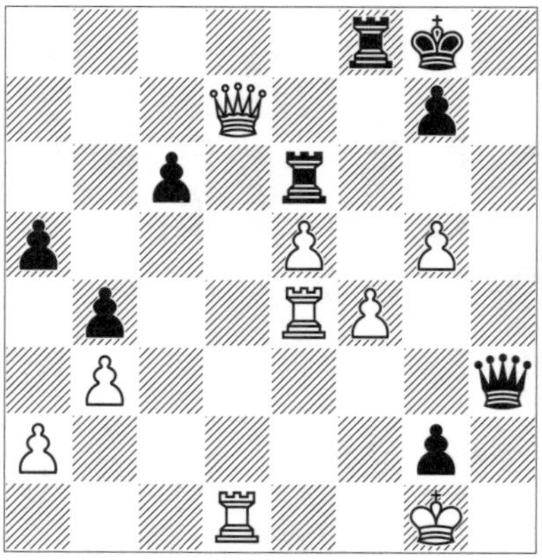

Schwarz am Zug

17
S

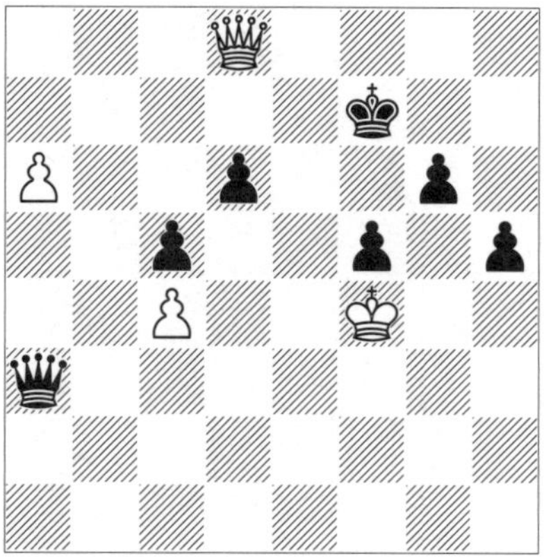

Schwarz am Zug

18
W

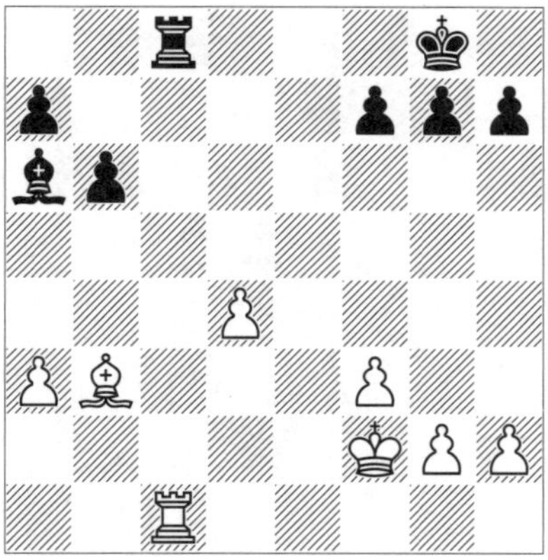

Weiß am Zug

19
S

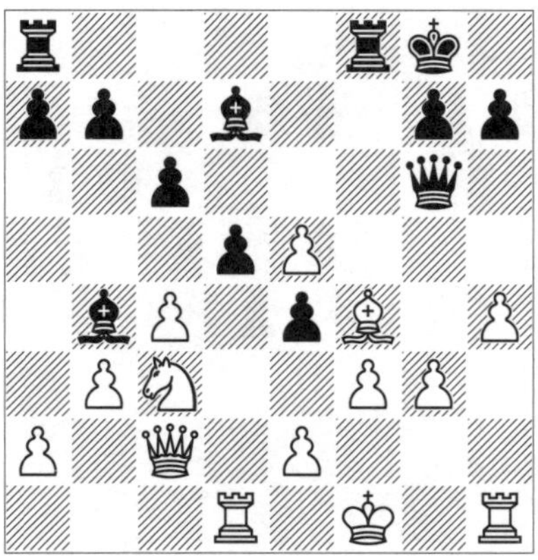

Schwarz am Zug

20
S

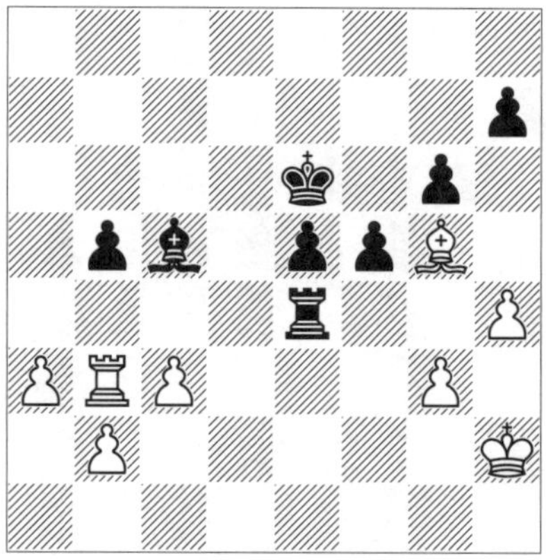

Schwarz am Zug

21
W

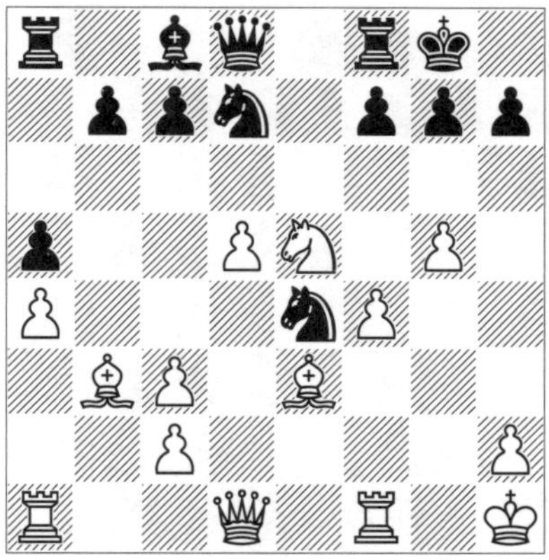

Weiß am Zug

22
S

Schwarz am Zug

23
S

Schwarz am Zug

24
W

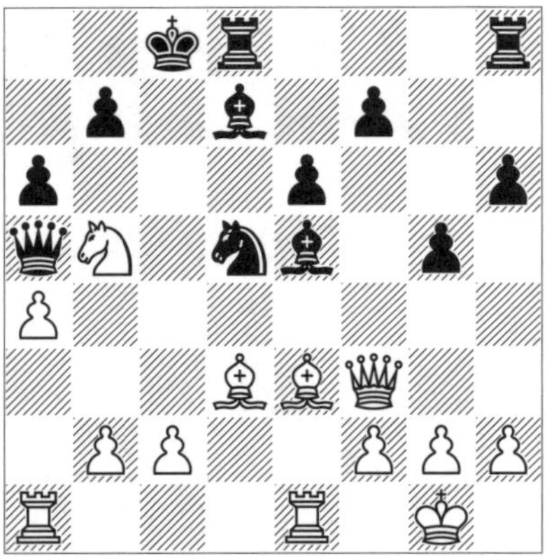

Weiß am Zug

25
W

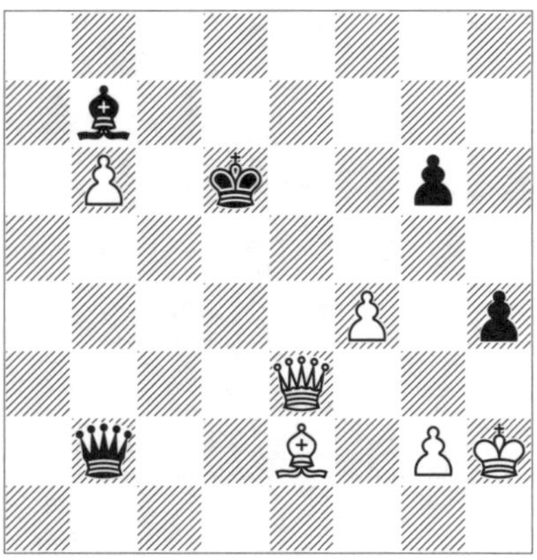

Weiß am Zug

26
W

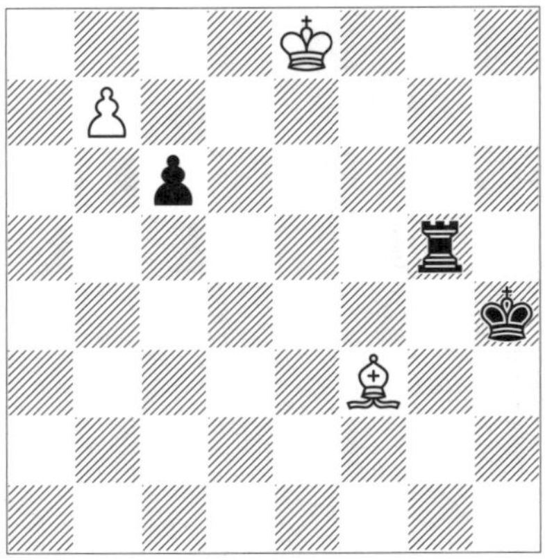

Weiß am Zug

27
W

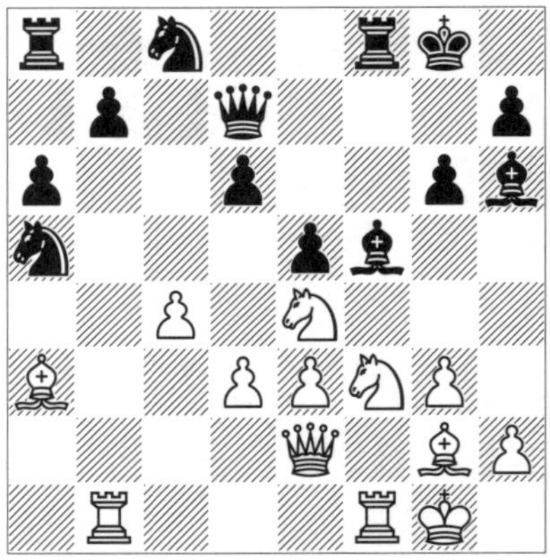

Weiß am Zug

28
W

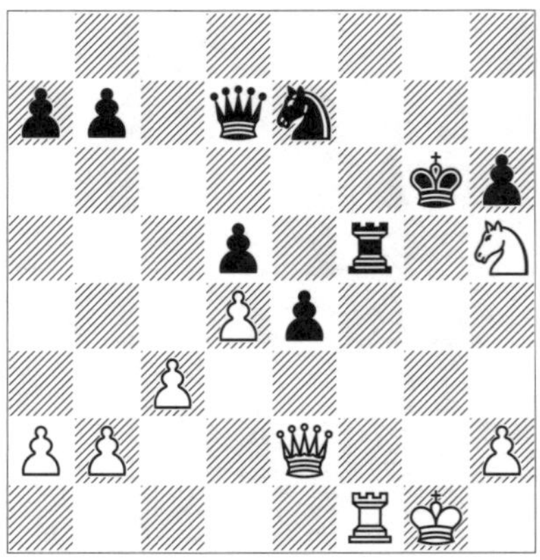

Weiß am Zug

29
W

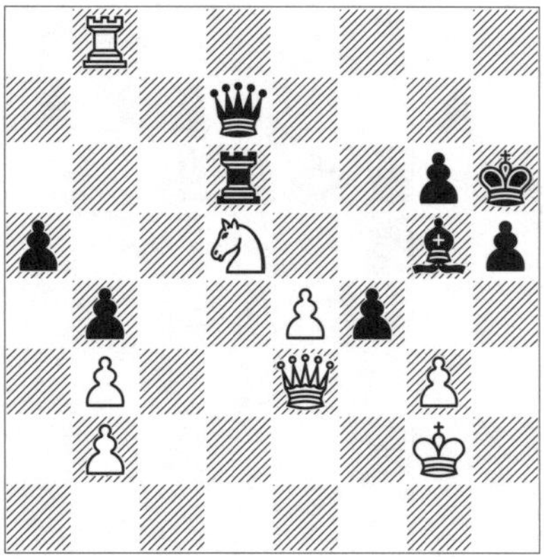

Weiß am Zug

30
S

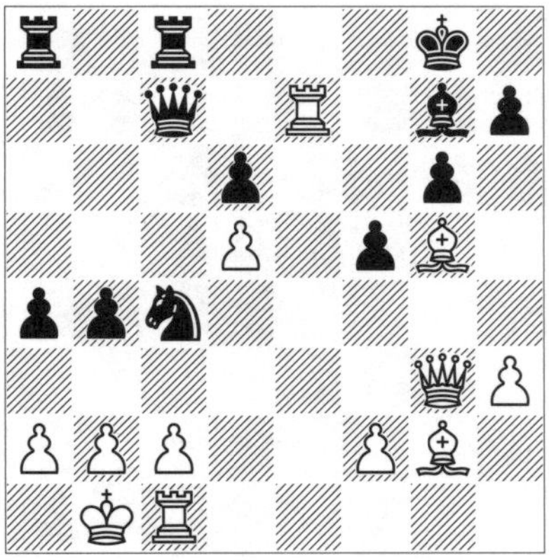

Schwarz am Zug

31
S

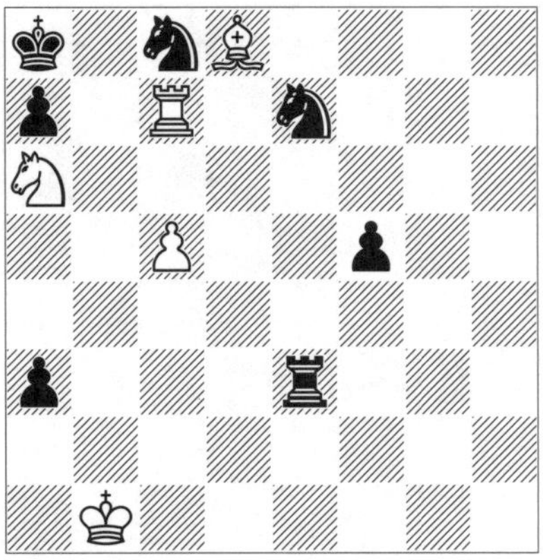

Schwarz am Zug

32
S

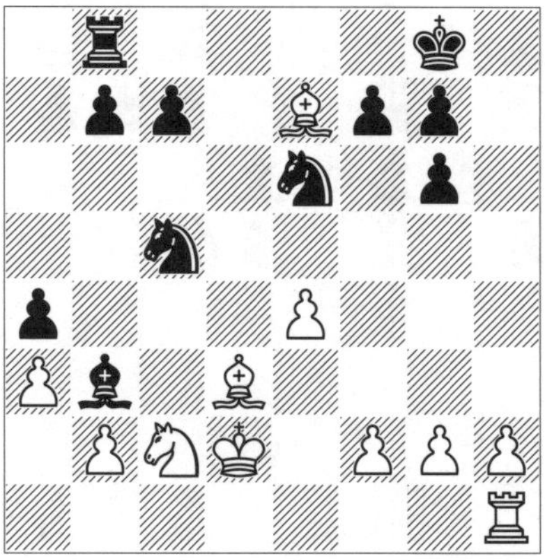

Schwarz am Zug

33
W

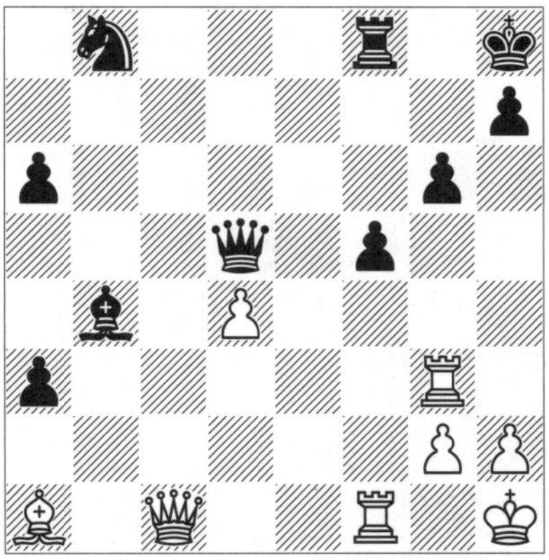

Weiß am Zug

34
W

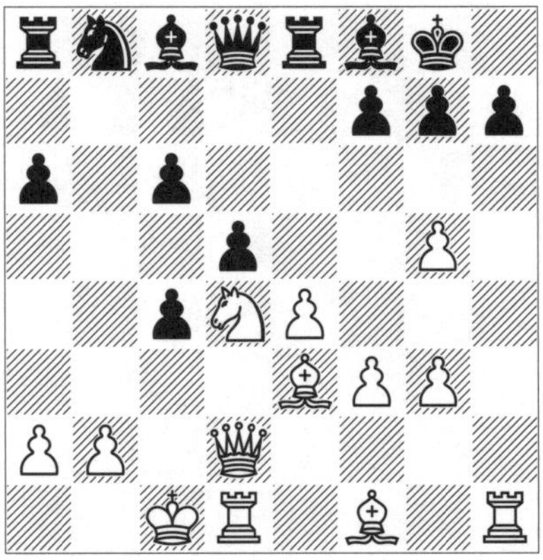

Weiß am Zug

35
W

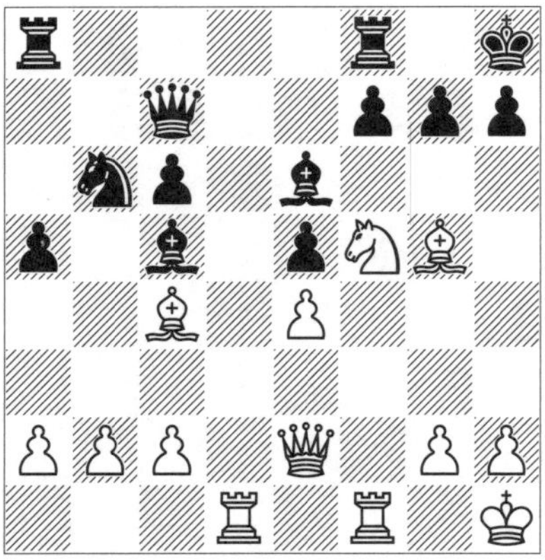

Weiß am Zug

36
S

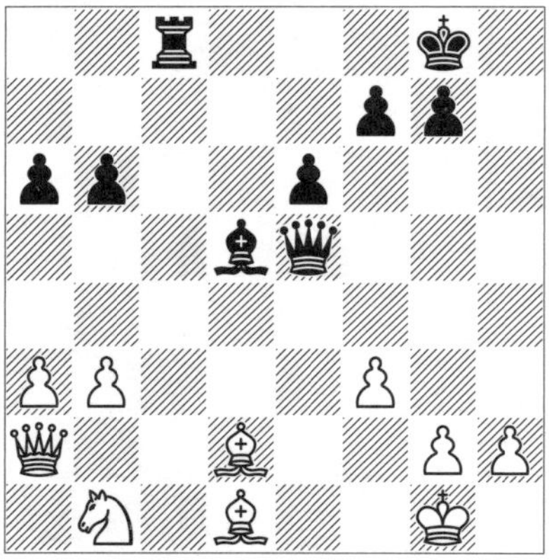

Schwarz am Zug

37
W

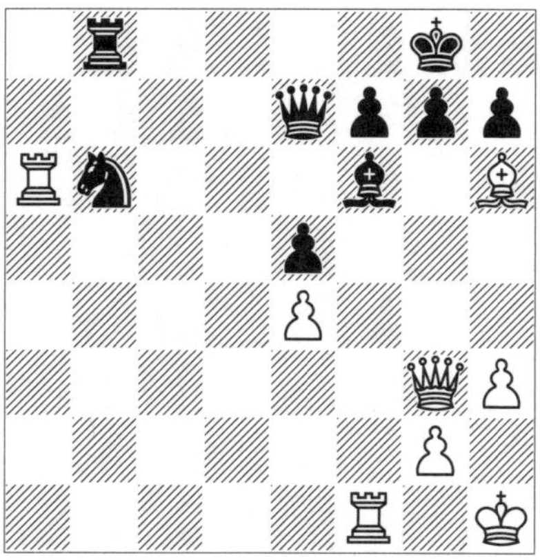

Weiß am Zug

38
W

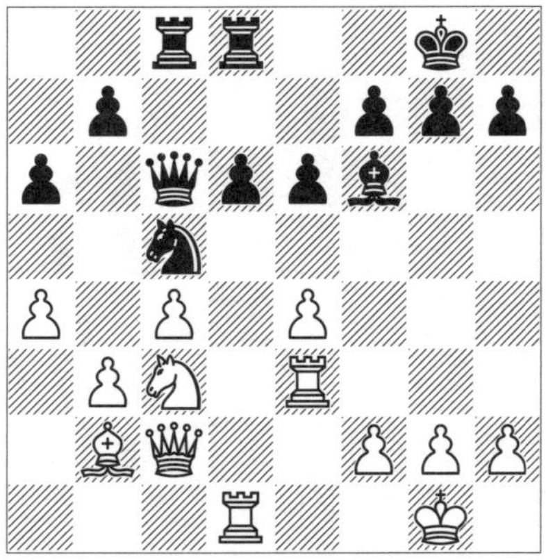

Weiß am Zug

39
W

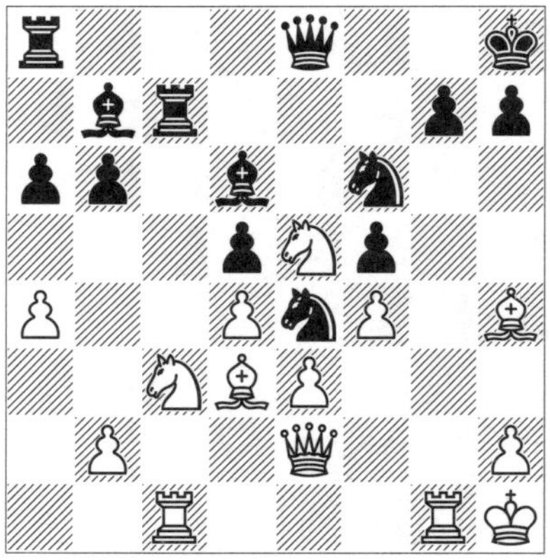

Weiß am Zug

40
S

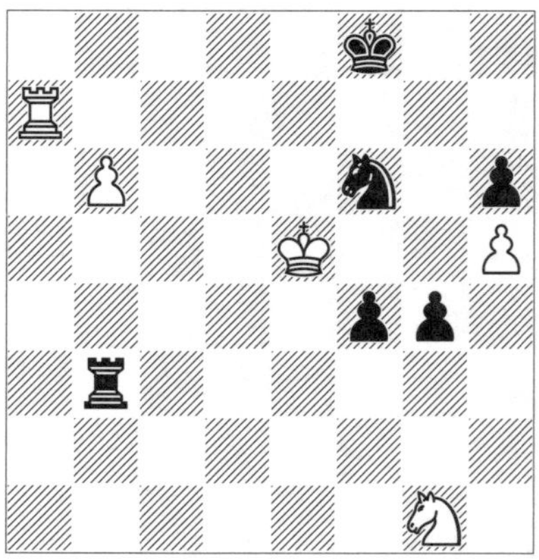

Schwarz am Zug

Teil 2: Die Technik der Variantenberechnung

In diesem Abschnitt befassen wir uns nun mit dem wichtigsten Problem, dem der praktische Spieler gegenübersteht – das Problem der Variantenberechnung. Obwohl dieses Problem in der Schachliteratur viele Male diskutiert worden ist, ist es niemals wirklich gelöst worden. Tatsächlich habe ich sogar noch nie eine Formulierung gesehen, die ich als zufriedenstellend betrachtet habe! Es ist jedoch vielfach versucht worden, dieses wichtige Thema zu beschreiben und Herangehensweisen vorzuschlagen.

Die bekanntesten Quellen zu diesem Thema sind die Werke von Kotow. Das wichtigste Merkmal dieser Werke ist die Einführung des Begriffs „Kandidatenzug" in die Schachliteratur. Es ist allerdings seit Längerem deutlich geworden, dass diese eine Komponente allein zwar wichtig ist, jedoch keine vollständige Theorie der Variantenberechnung darstellt. In Wirklichkeit hat dieses Thema eine Anzahl verschiedener Aspekte, wobei viele von diesen, soweit mir bekannt ist, niemals in der Schachliteratur behandelt worden sind. In diesem Abschnitt werde ich mich bemühen, den Leser mit meinen Ansichten zu den betreffenden Themen vertraut zu machen, und ich werde meine eigenen Methoden des Studiums dieses Problems vorschlagen.

Zunächst muss ich nochmals betonen, dass das Problem eine Anzahl verschiedener Aspekte enthält. Wir werden uns mit jedem der Reihe nach befassen.

Berechnung und Taktik

Im ersten Teil dieses Buches, das der Taktik gewidmet ist, konnte der Leser eine Anzahl von Beispielen sehen, die zeigen, dass ein enger Zusammenhang zwischen Taktik und Variantenberechnung besteht. Wir werden dies nun detaillierter untersuchen. Selbstverständlich bedeutet das Vorhandensein eines taktischen Motivs in einer Stellung nicht, dass es durchgeführt werden kann. Ich werde das anhand zweier Beispiele verdeutlichen.

W

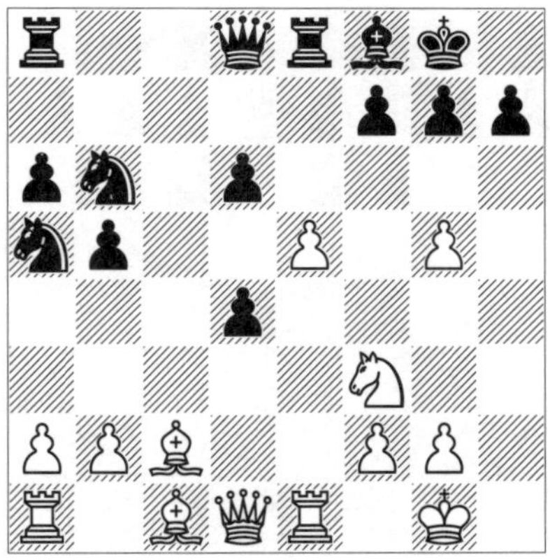

Spasski – Geller
Kandidatenmatch (Partie 6), Riga 1965

Das kombinatorische Motiv, das in dieser Stellung vorliegt, ist jedem Spieler klar, auch demjenigen mit wenig Spielerfahrung. Es ist wahrscheinlich das bekannteste aller taktischen Motive – das Läuferopfer auf h7. Die Berechnung der Varianten ist in diesem Fall auch nicht so schrecklich schwierig. Warum Geller, der selbst ein brillanter Taktiker war, eine solche Möglichkeit überhaupt zugelassen hat, ist eine andere Frage.

20 ♗xh7+! ♔xh7 21 g6+ ♔g8

Nach 21...fxg6 22 ♘g5+ ♔g8 23 ♕f3 erreichen wir die Partiestellung, während Weiß nach 21...♔xg6 22 ♕d3+ f5 zwingend mit 23 exf6+

♔f7 24 ♘g5+ ♔xf6 25 ♕f3+ ♔g6 26 ♕f7+ ♔h6 27 ♖e6+ gewinnt.

22 ♘g5 fxg6 23 ♕f3 ♕xg5

Das Damenopfer ist die einzige Chance, den Kampf noch zu verlängern. 23...♕d7 24 e6 und 23...♗e7 24 ♕f7+ ♔h8 25 ♘e6 verlieren schneller.

24 ♗xg5

Schwarz leistete noch weitere 20 Züge lang Widerstand, konnte das Unausweichliche aber nicht vermeiden (1-0, 44).

Im folgenden Beispiel ist dasselbe kombinatorische Motiv sogar offensichtlicher und scheint eine absolute Standardsituation zu sein. Deshalb konnte Schwarz der Versuchung natürlich nicht widerstehen.

S

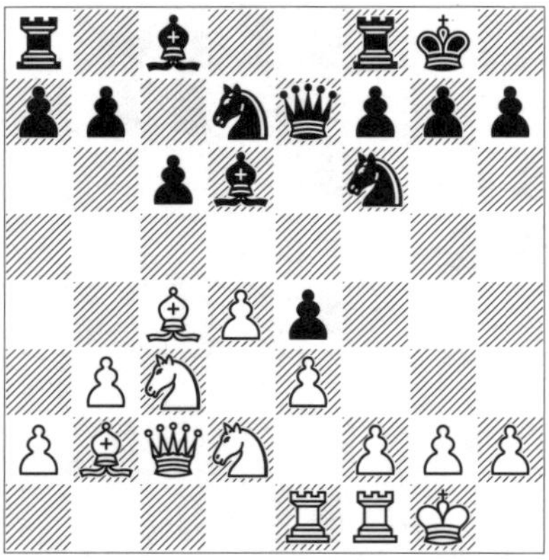

Jussupow – Illescas
Ubeda 1997

12...♗xh2+? 13 ♔xh2 ♘g4+ 14 ♔g3

Weiß gelang es jedoch nun, den Angriff abzuwehren.

14...♕d6+

Andere Versuche, dem weißen König an den Kragen zu gehen, scheitern ebenfalls:

a) 14...♕g5 15 ♘dxe4 ♕g6 16 ♔f3, und nun gibt es verschiedene Möglichkeiten:

a1) 16...♘h2+ 17 ♔e2 ♕xg2 (17...♘xf1 18 ♔xf1 gibt Weiß einen großen Vorteil) 18 ♖g1, und Weiß schlägt den Angriff nieder und behält einen entscheidenden Vorteil.

a2) Weiß gewinnt ebenfalls nach 16...b5 17 ♗d3 f5 18 ♘d2 ♘ge5+ 19 ♔e2.

b) Nach 14...♘df6 15 ♘dxe4 ♘h5+ 16 ♔f3 b5 17 ♗d3 f5 18 ♘c5 ♘h2+ 19 ♔e2 ♘f4+ 20 ♔d1 ist der weiße König geschützt, und er behält sein Mehrmaterial.

15 f4 exf3+

15...♕g6 verliert nach 16 f5.

16 ♔xf3 ♘df6 *(D)*

Die Variante 16...♘h2+ 17 ♔f2 ♘f6 18 ♘ce4 ♘fg4+ 19 ♔e2 ♕h6 20 ♖f4 endet ebenfalls unerquicklich für Schwarz.

W

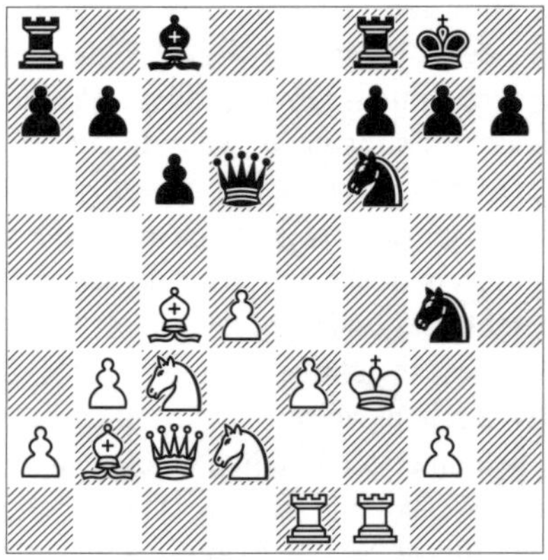

17 ♘de4 ♘xe4 18 ♕xe4 b5 19 ♗d3 f5 20 ♕f4 ♕e7 21 ♔e2 g5 22 ♕f3 f4 23 ♔d1 ♘xe3+ 24 ♔c1 *(D)*

S

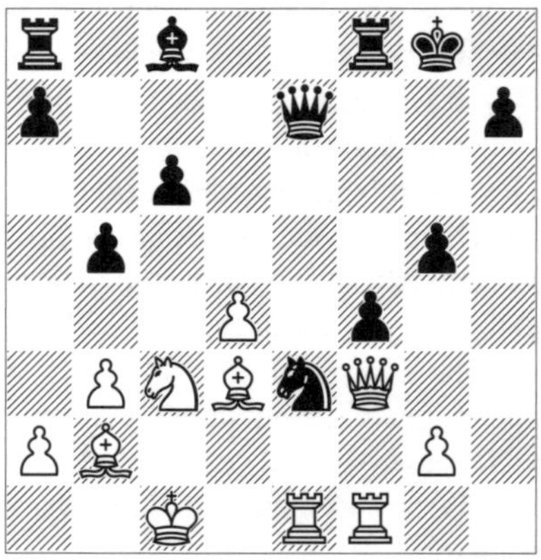

Weiß hat seine Stellung vollkommen konsolidiert und dabei an seinem Mehrmaterial und an einem deutlichen positionellen Vorteil festgehalten (zwei Läufer und die Schwächen in der gegnerischen Stellung). In der Folge konnte er seinen Vorteil überzeugend realisieren.

24...♖f7 25 ♖h1 ♗g4 26 ♕xc6 ♖c8 27 ♕xb5 a6 28 ♕e5 ♕xe5 29 dxe5 ♘xg2 30 ♖eg1 f3 31 ♗c4 ♖xc4 32 bxc4 ♖c7 33 ♘d5 ♖xc4+ 34 ♔d2 ♔f7 35 ♖xh7+ ♔g6 36 ♖h2 ♖e4 37 ♖hxg2 fxg2 38 ♖xg2 ♗f3 39 ♖f2 g4 40 e6 ♖a4 41 ♘c7 ♖xa2 42 ♔c1 1-0

Was haben wir hier gesehen? In beiden Fällen war dasselbe kombinatorische Motiv vorhanden, während es jedoch in einem Fall perfekt funktionierte, brachte es dem Angreifer in dem anderen nur Unannehmlichkeiten ein. Der Unterschied liegt darin, dass im ersten Beispiel *objektive* Merkmale vorlagen, die für den Erfolg des Motivs verantwortlich waren, während im zweiten Beispiel nicht genügend solcher Faktoren enthalten waren. Daraus folgt, dass das bloße Vorhandensein eines taktischen Motivs nicht ausreicht. Die Stellung muss ausreichende objektive Bedingungen erfüllen, damit das Motiv erfolgreich realisiert werden kann. *Und das Vorhandensein oder die Abwesenheit solcher objektiven Bedingungen kann nur durch Variantenberechnung bestimmt werden.* Obwohl es oft recht einfach ist, das Vorhandensein eines taktischen Motivs aufzuspüren, ist die Variantenberechnung häufig eine schwierige Angelegenheit und erfordert beträchtliches Können. Anders ausgedrückt, *Taktik ohne Variantenberechnung ist unmöglich.*

Die Frage, ob Taktik oder Berechnung wichtiger ist, ist sinnlos, da beide Elemente äußerst wichtig sind. Wichtiger ist jedoch, dass obwohl ein bedeutender Unterschied zwischen taktischen Elementen und der einfachen Variantenberechnung besteht (wir haben uns bereits angeschaut, was die Essenz der Taktik ist, und wir werden uns in der Folge damit beschäftigen, worum es bei der Berechnung geht), erscheinen sie in „reiner Form“ im praktischen Spiel sehr selten. In der Mehrzahl der Fälle sind sie grundsätzlich miteinander verbunden. Schauen wir uns ein paar Beispiele an, die uns dabei helfen werden, diesen offensichtlichen, aber wichtigen Punkt in den Griff zu bekommen.

In dieser Stellung führte der Nachziehende eine recht einfache, aber entscheidende Kombination durch:

S

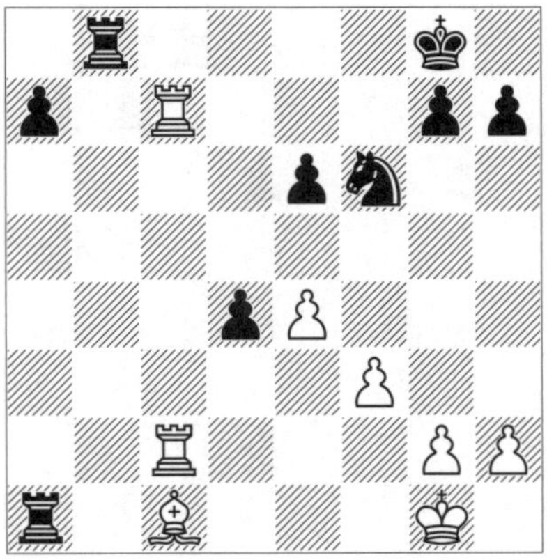

Van Wely – Anand
Amber-Turnier, Schnellpartie, Monte Carlo 1999

22...d3 23 ♖c8+ ♔f7!

Die Pointe! Die „automatische“ Fortsetzung 23...♖xc8 ist viel schwächer: 24 ♖xc8+ ♔f7 25 ♔f2 ♖a2+ 26 ♔e3 ♖xg2 27 ♔xd3, und Schwarz hat nur einen kleinen Vorteil.

24 ♖2c7+

Wie man leicht sehen kann, ist das weiße Spiel erzwungen.

24...♔g6 25 ♔f2

Und nun wird die Pointe des vorigen Zugs offensichtlich:

25...♖xc1! 0-1

Aufgrund der Überlastung seiner Streitkräfte nach 26 ♖xc1 d2 strich Weiß die Segel.

Die Lösung im nächsten Beispiel ist sogar schneller:

Auch hier fand die stärkere Seite einen zwingenden Gewinn:

25 ♖e7! ♖f6 26 ♗xe6+! ♔f8

Das Schlagen des Läufers verliert ebenfalls: 26...♖xe6 27 ♕c4, aber was hatte Weiß nach dem Textzug beabsichtigt?

27 ♕d1!!

Hier ist die Antwort. Ich muss hinzufügen, dass die großartige Idee des Anziehenden präzise Berechnung verlangte. Beispielsweise hat Schwarz nach 27 ♕d3? die folgende Gegenchance: 27...♕a1+ 28 ♔g2 ♖xf2+! 29 ♔xf2 ♕f6+ 30 ♔e2 ♕xe7, wonach Weiß nur einen unbedeutenden Vorteil hat, während Schwarz

W

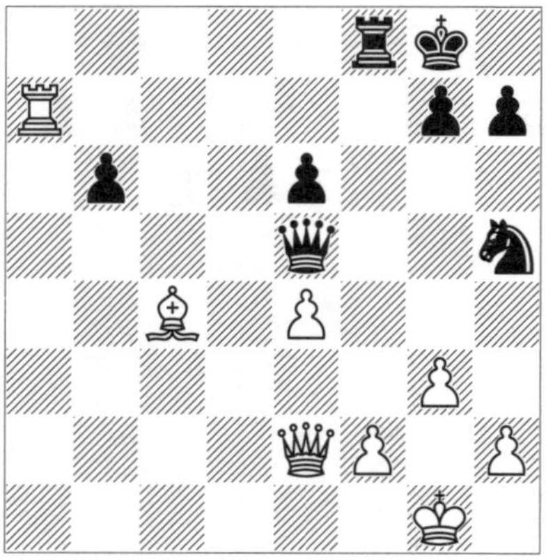

Gulko – Timman
OHRA Turnier, Amsterdam 1987

nach 27 ♕d2? auch zu einem Gegenschlag kommt: 27...♕a1+ 28 ♔g2 ♘f4+! 29 gxf4 ♖g6+, und Weiß muss sich nach 30 ♗g4 ♔xe7 31 ♕d7+ ♔f8 32 ♕d8+ ♔f7 33 ♕d7+ ♔f8 usw. mit Remis abfinden.

1-0

Schwarz gab auf wegen 27...♔xe7 28 ♕d7+ ♔f8 29 ♕d8#.

Was verbindet diese beiden Fragmente? Erstens: In beiden Fällen gibt es eine Kombination mit zwingenden Varianten. Zweitens: In beiden finden wir gewöhnliche Züge (keine Opfer usw.) zusammen mit solchen, die man nur als taktische Schläge beschreiben kann, wie z. B. 23...♔f7! und 25...♖xc1! im ersten Beispiel, und 26 ♗xe6+! und 27 ♕d1!! im zweiten.

Dasselbe Bild ergibt sich in unzähligen anderen Partien. Abgesehen von sehr wenigen Ausnahmen sehen wir fast immer als Teil der Variantenberechnung ein Zusammenspiel von gewöhnlichen Zügen und taktischen Schlägen (die Ausnahme ist, wenn man eine Folge von ausschließlich gewöhnlichen Zügen berechnet, was aber selten vorkommt).

Wir wollen das Gesagte nun auf eine andere Weise zusammenfassen: *Im Schach sind Taktik und die Variantenberechnungen untrennbar miteinander verbunden.*

Genau deshalb werden in der Schachliteratur Taktik und Berechnung sehr häufig miteinander verwechselt, was zu Missverständnissen führen und Spieler vom korrekten Weg abbringen kann.

Trotz ihres engen Zusammenhangs gibt es aber einen Unterschied zwischen Taktik und Variantenberechnung. Wir haben die Elemente, die die Taktik von normalen Zügen unterscheiden, schon detailliert erörtert, und es ist ebenfalls nützlich, sich den Unterschied zwischen Berechnung und Taktik bewusst zu machen. Erstens ist es sinnvoll, sich einige Beispiele anzusehen, die die wichtige Rolle, die die Berechnung im Schach spielt, veranschaulichen. Obwohl das schon klar sein sollte, kann es nicht schaden, solche Dinge noch einmal zu betonen.

W

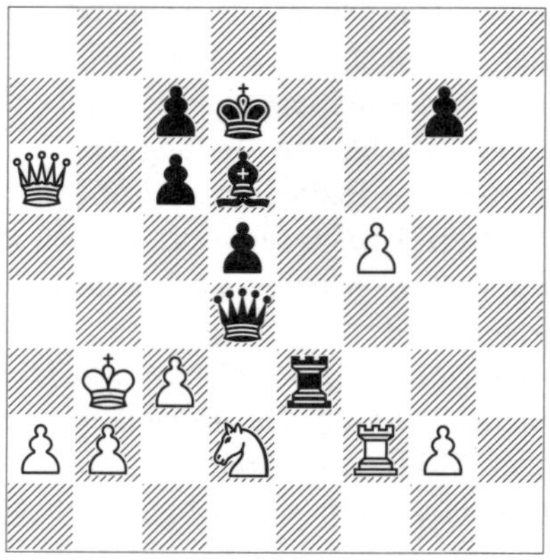

Z. Almasi – Winants
Olympiade, Calvia 2004

In dieser Stellung hat Weiß einen Mehrbauern, muss aber verschiedene Probleme lösen: Er muss auf die direkten Drohungen des Gegners reagieren, seine Figurenaktivität neutralisieren und sich um die Sicherheit seines eigenen Königs kümmern. Mit anderen Worten, diese Stellung erfordert genaue Berechnung sämtlicher Details und die Wahl der korrekten Fortsetzung auf der Basis dieser Berechnung. Sei es aufgrund von Zeitnot oder aufgrund anderer unbekannter Gründe, Weiß gelang es nicht diese Aufgabe zu bewältigen:

31 ♖e2??

Das verlockende 31 ♕a4?! ist angesichts 31...♖xc3+ 32 bxc3 ♕xf2 ebenfalls ein Fehler. Der einzige Zug, der allen Erfordernissen der Stellung genügt, ist 31 ♕f1!. Nach 31...♗b4

(31...♗e5 erlaubt 32 ♔c2! ♕a4+ 33 ♔b1, wonach Weiß alles erreicht hat, wovon wir zu Beginn dieser Analyse gesprochen haben) 32 ♘b1 (einziger Zug) 32...♕b6 33 ♔c2 ♗c5 34 ♖f3 schlägt Weiß die gegnerischen Figuren allmählich zurück und kann hoffen, seinen Mehrbauern zu verwerten. Aber all das ist nun ein Fall von „Hätte ich nur...", da nach dem Textzug ein fürchterlicher Schlag folgte:

31...♕g4!! 0-1

Die Partie endete mit einem jähen Knockout wegen 32 ♘f3 (32 ♖xe3 ♕d1#) 32...♕c4+!.

Im folgenden Beispiel sind die Geschehnisse etwas komplizierter.

S

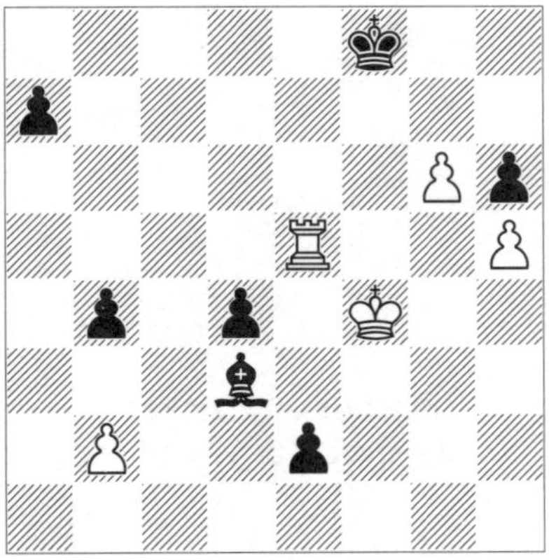

Nakamura – Ibragimow

Meisterschaft der USA, San Diego 2004

Der erfahrene Großmeister Ildar Ibragimow hat seinen jungen Gegner nach einem langen Kampf überspielt, aber sehr oft ist es noch ein weiter Weg vom „Überspielen" und dem eigentlichen „Gewinnen" der Partie, und dieser Weg kann nur durch Berechnung gemeistert werden. Niemand kommt im Schach ohne Berechnung aus, und Berechnungen und Taktik sind genau die Elemente, durch die die meisten Partien entschieden werden. Es ist leicht zu sehen, dass Schwarz in dieser scharfen und undurchsichtigen Stellung verschiedene Optionen hat, und dass alle zu komplizierten Varianten führen, die akkurate und tiefe Berechnung erfordern. Der stärkste Zug war 48...♗b5!!, was e8 kontrolliert und außerdem die Überdeckung des Felds d1 vorbereitet. Die kritische Variante ist 49 ♔f5 (49 ♔f3 verliert wegen 49...d3) 49...d3 50 ♔f6 ♗a4! (das sofortige 50...d2? verliert: 51 g7+ ♔g8 52 ♖xb5) 51 ♖e7 *(D)* (51 b3 d2 52 g7+ ♔g8 53 bxa4 e1♕ und 51 g7+ ♔g8 52 ♖d5 e1♕ 53 ♖d8+ ♗e8 verlieren ebenfalls für Weiß).

S

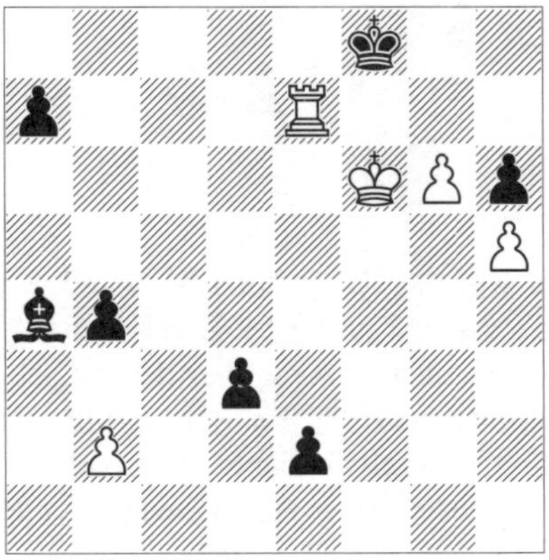

Nun ist 51...e1♕! der einzige Weg (51...d2?? ist ein schlimmer Fehler: 52 g7+ ♔g8 53 ♖f7, und Weiß setzt matt), wonach Schwarz durch 52 ♖xe1 d2 gewinnt. Schwarz fand diese zweifellos komplizierte Variante jedoch nicht und spielte einen anderen Zug:

48...a5?

Jetzt stellt sich heraus, dass Schwarz nicht nur nicht mehr auf Gewinn steht, sondern die Partie sogar nicht mehr retten kann! Ohne meinen guten und alten Freund Ildar gering schätzen zu wollen, nehme ich an, dass sich nach einem langen und schwierigen Kampf Müdigkeit bemerkbar machte und dass der Altersunterschied zwischen ihm und seinem jungen Gegner seinen Teil dazu beitrug. Bei den modernen Zeitbeschränkungen spielt bei den Ergebnissen von individuellen Partien und in der Tat von ganzen Turnieren der Altersfaktor eine immer größer werdende Rolle..

49 ♔f3 a4 50 ♔f2 a3 51 bxa3 b3 52 g7+ ♔xg7 53 ♖e7+ ♔f6 54 ♖b7 ♗c4 55 ♖b4 ♗f7 *(D)*

55...b2 56 ♖xb2 d3 57 ♔e1 ♔g5 58 ♖b4 ♗a6 59 ♖b6 ♗c8 60 ♖d6 ♔xh5 61 ♖xd3 verliert ebenfalls für Schwarz.

56 a4!

W

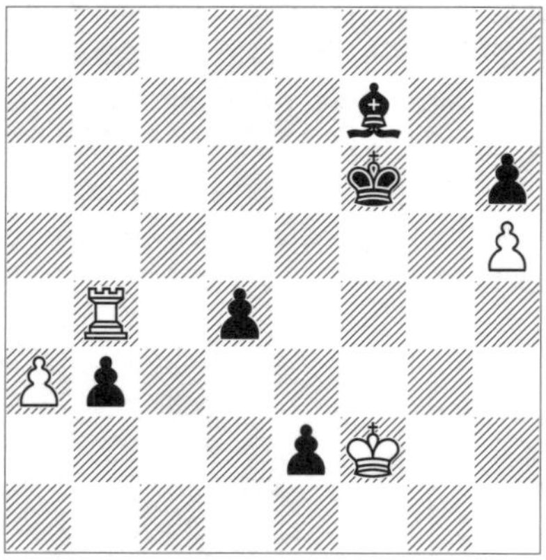

Hier war die Fortsetzung 56 ♔xe2 ♗xh5+ 57 ♔d2 ♗f7 58 a4 h5 59 ♖xd4 ♔e5 60 ♖b4 zum Remis ausreichend, aber der Anziehende hatte immer noch die Energie und die Fähigkeit, eine konkrete Variante zu berechnen, die den schnellsten Weg zum Gewinn der Partie darstellt.

56...d3 57 a5 ♗xh5

Im Fall von 57...♔e5, ist der einfachste Gewinn 58 a6 ♗d5 59 a7 b2 60 ♔e1!.

58 ♔e1 ♔e5 59 a6! *(D)*

S

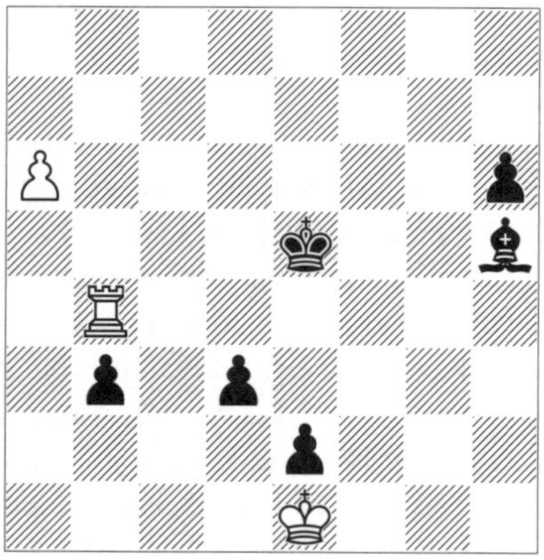

Fährt in gleicher Weise fort – direkt, einfach und sicher.

59...♗f3 60 a7 h5 61 ♖xb3 ♔d4 62 ♖b8! h4 63 ♖d8+

Das sofortige 63 ♔d2 gewinnt ein paar Tempi, aber in dieser Stellung ist der „Zeitverlust" unerheblich.

63...♔c3 64 ♖c8+ ♔d4 65 ♔d2 h3 66 a8♕ 1-0

Eine ausgezeichnete Illustration der Tatsache, dass der Sieger häufig nicht der Spieler ist, dessen Stellung besser ist (oder in diesem Fall der sogar auf Gewinn steht), sondern derjenige, der in der Lage ist, im richtigen Moment besser zu rechnen.

Und nun ein klassisches Beispiel für die Verwertung eines Vorteils mittels makelloser Berechnung:

W

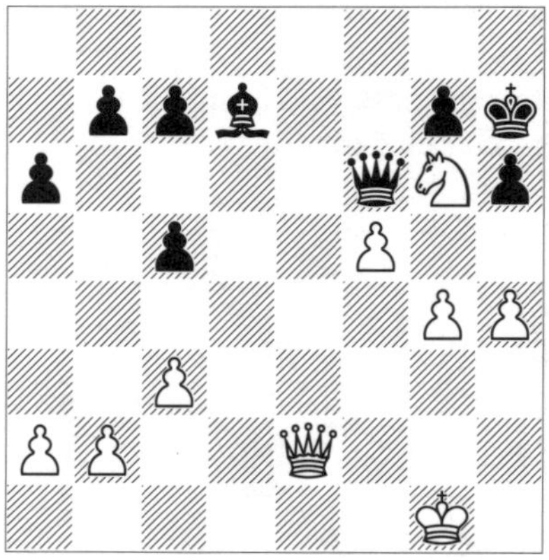

Fischer – Unzicker

Olympiade, Siegen 1970

Fischer beginnt eine tiefe und präzise berechnete Abtauschoperation, mit der er seinen Endspielvorteil, der auf seinem Mehrbauern auf dem Königsflügel und der schlechten gegnerischen Königsstellung basiert, ausnutzen will.

33 ♕e7! ♕xe7

Schwarz kann Damentausch nicht vermeiden, da 33...♗b5 34 ♕xc7 ♗e2? 35 ♕c8 matt setzt.

34 ♘xe7 g5 *(D)*

Sonst rückt Weiß seinen eigenen Bauern auf dieses Feld vor und gewinnt, indem er mit seinem König vormarschiert.

35 hxg5!

Die Pointe. In der Variante 35 fxg6+? ♔g7 36 ♘f5+ ♔xg6 37 ♘e3 ♗e6 behält Weiß nur einen kleinen Vorteil. Ab hier entwickelt sich das Spiel mehr oder weniger zwingend, und Fischer hatte zweifellos alle Schlüsselvarianten im Voraus berechnet.

35...hxg5 36 ♘d5! ♗c6

W

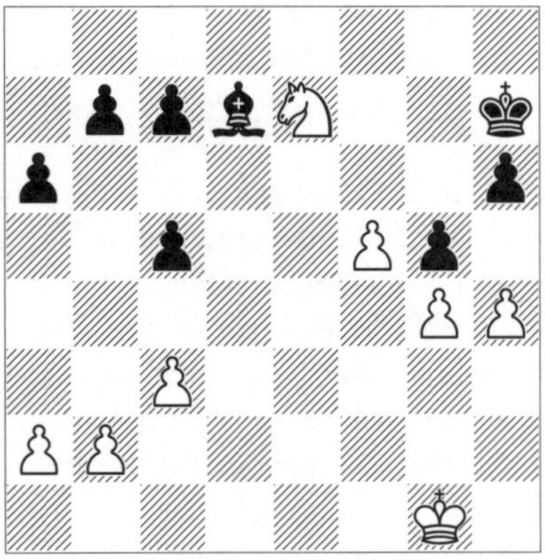

Auch der Versuch, durch die sofortige Aktivierung des Königs mit 36...♔g7 37 ♘xc7 ♔f6 Gegenspiel aufzuziehen, bringt Schwarz keine Rettung wegen 38 ♘d5+! ♔e5 39 ♘b6!. Diese Stellung ist gewonnen für Weiß, wie die Variante 39...♗e8!? (stärker als 39...♗c6 40 ♔f2 ♔f4 41 f6 ♗e8 42 ♘c4) 40 ♔f2 ♗f7 41 b3! ♔f4 42 ♘c4 ♗g8 43 f6 zeigt, und Weiß gewinnt.

37 ♘xc7 ♗f3 *(D)*

W

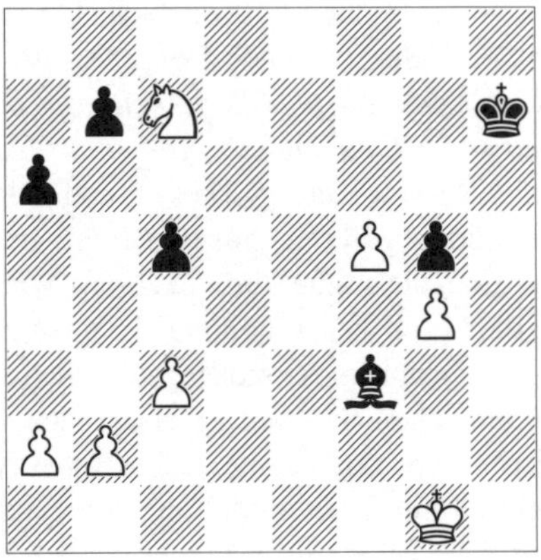

Und nun stellt der Springer sein Talent für die Ausführung von Doppelangriffen unter Beweis.

38 ♘e8! ♔h6

Ähnlich geht es nach 38...♔h8 weiter.

39 ♘f6 ♔g7 40 ♔f2 ♗d1 *(D)*

41 ♘d7!

Dieser Zug und die Varianten, die sich danach ergeben, bilden die Grundlage des gesamten vorangegangenen Spiels von Weiß. Ohne ihn stünde Weiß nicht auf Gewinn!

W

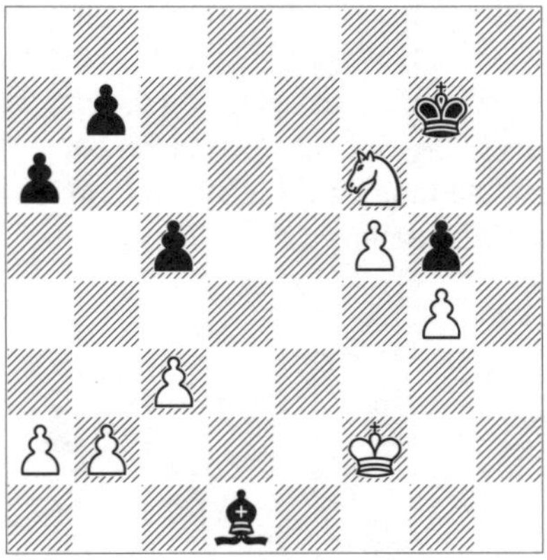

41...c4

Das Nehmen mit 41...♗xg4 verliert eine Figur: 42 f6+ ♔g8 43 f7+ ♔xf7 44 ♘e5+.

42 ♔g3 1-0

In Anbetracht der Hoffnungslosigkeit seiner Stellung warf Schwarz das Handtuch.

Diese letzten Beispiele demonstrieren auf überzeugende Weise, die entscheidende Bedeutung der Berechnung bei der Ermittlung des Partieergebnisses.

Die Technik der Variantenberechnung

Nachdem die notwendige Einführung zu diesem Thema nun abgeschlossen ist, ist es nun an der Zeit, sich dem Hauptthema zuzuwenden. Wie immer müssen wir zunächst die Hauptbegriffe und -konzepte definieren. Wie ich schon gesagt habe, wurde das Fundament für das moderne Verständnis der Technik der Variantenberechnung von Kotow in seinem Buch *Denke wie ein Großmeister* gelegt. Ich selbst habe auch einen Beitrag zu diesem Thema in meinem Buch *Chess Recipes from the Grandmaster's Kitchen* (Gambit, 2002) geleistet. Darin habe ich verschiedene wichtige Punkte zu Kotows Theorie hinzugefügt, obschon diese in gekürzter Form zusammengefasst wurden und nur von einer begrenzten Menge an Material gestützt waren. Ich glaube nun, dass es sowohl möglich als auch nützlich ist, sich über dieses Thema etwas detaillierter auszulassen, und es waren diese Überlegungen, die mich hauptsächlich dazu bewogen haben, das vorliegende Buch zu schreiben, das gänzlich diesem wichtigen Aspekt des Schachs gewidmet ist.

Diese Stellung ist einer Studie der Gebrüder Platow entnommen:

W

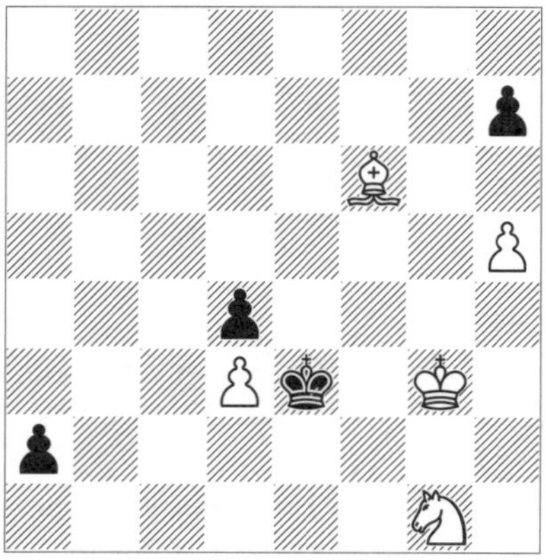

Weiß am Zug und gewinnt
V. und M. Platow
1. Preis, *Rigaer Tageblatt*, 1909

Wie gehen wir bei der Lösungsfindung vor?

Lassen Sie uns zunächst betrachten, was Kotow über seine Theorie der Variantenberechnung sagt:

„1) Am Anfang unserer Berechnungen müssen wir zunächst eine Liste aller in der Stellung möglichen Züge aufstellen – die „Kandidatenzüge" – damit wir sicherstellen, dass wir keine wichtige Möglichkeit übersehen haben.

„2) Nachdem wir das getan haben berechnen wir jede Variante der Reihe nach. Die Reihenfolge, in der wir vorgehen, hängt vom Charakter des Spielers und von den Eigenschaften der Stellung ab. Jeder Spieler macht es auf seine eigene Weise. Manche beginnen mit den schwierigsten Abspielen und nehmen sich dann die einfacheren vor, während andere Spieler es lieber umgekehrt machen.

„3) Sämtliche möglichen Varianten kann man sich als „Analysebaum" vorstellen.

„4) Die Hauptregel bei der Berechnung ist, dass der Spieler während einer Partie an sich arbeiten muss, jede Abzweigung des Analysebaums nur einmal zu untersuchen, und er darf sich nicht davon verleiten lassen, zu Varianten zurückzukehren, die er schon mal betrachtet hat."

Die obige Zusammenfassung repräsentiert alle wesentlichen Punkte, die Kotow über seine Theorie der Variantenberechnung macht, eine Theorie, durch die das betreffende Buch sehr berühmt wurde. Der Rest seiner Aussagen zu diesem Thema würde ich als Ausschmückung betrachten, die von relativ geringem praktischen Wert sind.

Im Folgenden werde ich auf diese Passage ziemlich oft zurückgreifen. Aber lassen Sie uns nun versuchen, die Analyse der Studie gemäß der von Kotow empfohlenen Richtlinien durchzuführen. Das bedeutet, dass wir zunächst die Kandidatenzüge identifizieren müssen. Ein Problem dabei ist jedoch, dass der Begründer dieser Theorie (und mir fällt nichts ein, was Kotows Recht zu diesem Titel in Frage stellen könnte) nirgendwo sagt, was er mit einem „Kandidatenzug" meint oder auf welcher Grundlage man nach diesen Zügen suchen und sie auswählen soll.

Denken wir selbst darüber nach. Ich würde vorschlagen, eine passende Definition ist, dass *Kandidatenzüge all jene Züge sind, die in der gegebenen Stellung logisch oder plausibel erscheinen.* So, mit Kotows Theorie und der obigen Definition gerüstet, lassen Sie uns nun zu unserer Endspielstudie zurückkehren. Was genau ist die Logik dieser Stellung? Es ist sehr einfach: ein gemeinsames Spiel gegen die schwarze Dame, die schon bald auf a1 erscheinen wird, und den schwarzen König. Daher muss Weiß das Feld d4 ein zweites Mal angreifen, und es gibt nur zwei Züge, mit denen er das erreichen kann:

a) 1 ♘f3

b) 1 ♘e2

Diese Züge, und nur diese, sind daher unsere Kandidatenzüge. Sehen wir sie uns der Reihe nach an, und stellen vorerst die von Kotow erwähnte Frage zurück, in welcher Reihenfolge man die Kandidatenzüge analysieren soll. Die Berechnung ergibt, dass die Stellung in Variante „a" zum Remis führt: 1 ♘f3 a1♕ 2 ♗xd4+ ♕xd4 3 ♘xd4 ♔xd4 4 ♔f4 ♔xd3 5 ♔g5 (5 h6

♔d4 6 ♔f5 ♔d5 7 ♔f6 ♔d6 8 ♔g7 ♔e7 9 ♔xh7 ♔f7 =) 5...♔e4 6 ♔h6 ♔f5 7 ♔xh7 ♔f6! 8 h6 ♔f7. Daher schauen wir uns Variante „b" an:

1 ♘e2 a1♕ *(D)*

W

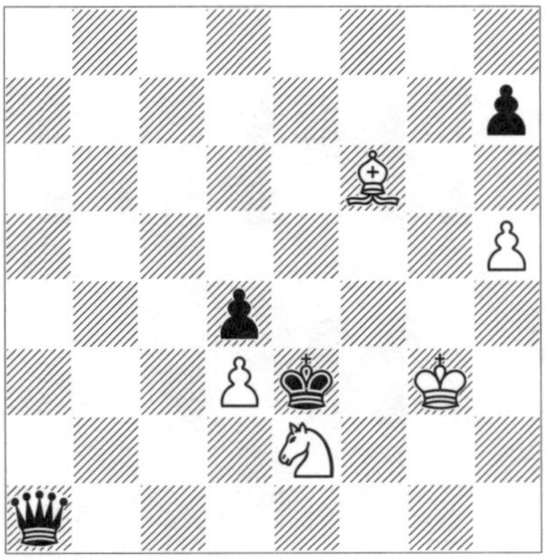

Wir haben jetzt die zweite Phase unserer Berechnung erreicht und müssen uns fragen: Welche Kandidatenzüge gibt es in der neuen Stellung? Einer ist ganz klar, das Nehmen auf d4, aber wir haben diese Option bereits eliminiert. Auf welcher Grundlage sollen wir nach anderen Möglichkeiten suchen? Es gibt im Prinzip nicht viele solcher Grundlagen und eigentlich nur eine: die etwas eingeschränkte Stellung des schwarzen Königs. Er ist derzeit bereit, über d3 und e2 zu entwischen, während zur selben Zeit die Drohung eines Schachs auf e1 in der Luft liegt. Aus dem Gesagten wird deutlich, dass es nur eine Idee gibt, nur einen Kandidatenzug.

2 ♘c1!! ♕a5

Die andere Variante 2...♕xc1 3 ♗g5+ ♔xd3 4 ♗xc1 ♔c2 5 ♗f4 d3 6 ♔g4 d2 7 ♗xd2 ♔xd2 8 ♔g5 ♔e3 9 ♔h6 ♔f4 10 ♔xh7 ♔g5 11 h6 ♔f6 12 ♔g8 führt aufgrund eines Tempos zum Sieg für Weiß. Er gewinnt sogar einfacher nach 2...h6 3 ♗e5 ♔d2 4 ♘b3+. Aber jetzt wird alles durch das „Gabelmotiv" entschieden:

3 ♗xd4+!

Die schwarze Dame ist futsch und das Problem gelöst.

Wenden wir nun die Technik des Kandidatenzugs an einem anderen Beispiel an:

W

Malachow – Areschtschenko
Moskau 2005

Auch hier ist die Logik der Stellung sehr einfach – der schwarze König ist im Zentrum gefangen und befindet sich in einer gefährlichen Lage. Die Achillesferse von Schwarz ist der Springer d7 – wenn dieser einmal verschwunden ist, ist seine Stellung zerstört. In solchen Stellungen spielt der Zeitfaktor eine entscheidende Rolle (siehe mein Buch *Wie man dynamisches Schach spielt*; Gambit, 2006). Weiß muss daher seinen Springer so schnell wie möglich nach e5 bringen, was die schwarze Dame derzeit allerdings verhindert. Die Dame kann auf zwei verschiedene Weisen verjagt werden, entweder durch 16 g4 oder durch das Schlagen des Springers auf d7 mit dem Turm und anschließendem Angriff auf die schwarze Dame. Beim Durchtesten der Varianten stellen wir fest, dass Schwarz nach 16 g4 ♕xh3 17 ♖xd7 (es stellt sich heraus, dass das sofortige 17 ♘xe5?! dem Gegner eine wertvolle Atempause gibt und er durch 17...a6 einen Gegenangriff einleiten und nach 18 ♕a4? ♗c5! 19 ♖xd7 ♕g3+ 20 ♔h1 ♕h4+ sogar gewinnen kann: 21 ♔g2 ♕xf2+ 22 ♔h3 ♕f1+ 23 ♔g3 ♗f2+ 24 ♔f4 {einziger Zug} 24...♗g1+ 25 ♘f3 {einziger Zug} 25...♖xd7; dies ist übrigens völlig logisch: man sollte in solchen Stellungen niemals die Initiative abtreten!) mitredet: 17...♕xg4+ 18 ♔f1 ♕h3+, und Weiß muss durch 19 ♔g1 ♕g4+ die Züge wiederholen, um Schlimmeres zu verhindern. Ein solches Ergebnis wäre aus der Ausgangsstellung, die als gewonnen für

Weiß angesehen werden kann, eine ernsthafte Enttäuschung. Daher müssen wir 16 g4 ad acta legen und die alternative Idee berechnen. Hier ist alles in Butter:

16 ♖xd7! ♖xd7 17 g4 1-0

Schwarz gab angesichts 17...a6 (17...♕xh3 18 ♘xe5) 18 ♕xd7+! auf.

Der Vorteil, den die Vertrautheit mit den grundsätzlichen Prinzipien der Variantenberechnung mit sich bringt, besteht nicht nur darin, dass der Spieler versteckte Möglichkeiten finden kann, sondern auch, dass ihm unerfreuliche Überraschungen seines Gegners erspart bleiben können. Das folgende Beispiel demonstriert die Art von Unannehmlichkeiten, vor denen sogar sehr starke Spieler nicht gefeit sind:

S

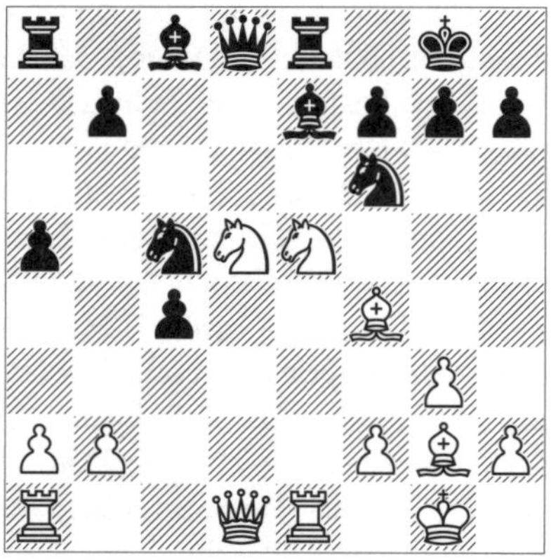

Gelfand – Ki. Georgiew
Olympiade, Calvia 2004

Die schwarze Stellung erscheint solide, und er besitzt sogar einen Mehrbauern, aber die Springer und Läufer von Weiß, die von der Dame und den Türmen unterstützt werden, sind im Zentrum kraftvoll postiert, und ihr Einfluss darf nicht ignoriert werden. Ungeachtet dessen spielte der erfahrene bulgarische GM, dem sein schwarzfeldriger Läufer leid tat, sorglos:

15...♘xd5?!

15...♗e6! ist bedeutend stärker, da dies seine Stellung nicht nur entwickelt, sondern auch verstärkt, wonach Schwarz ausgezeichnetes Spiel hat. Infolge seines taktischen Übersehens (und beachten Sie, dass Schwarz nichts eingestellt hat – im Gegenteil, er hat Weiß die Gelegenheit dazu gegeben!) verschlechtert sich die Stellung des Schwarzen plötzlich drastisch, und er sieht sich neuen und schwierigen Problemen gegenüber.

16 ♘xf7! *(D)*

S

Dieser Schlag war sicherlich eine Überraschung für Schwarz, da darauf sofort ein weiterer Fehler folgte, der sich als entscheidend herausstellte.

16...♔xf7?

Solch ein Szenario ist typisch. Wenn ein Spieler plötzlich mit unerwarteten Problemen konfrontiert wird, verliert er oft gerade dann den Kopf, wenn er eine kritische Entscheidung fällen muss. 16...♕b6? führt auch zum Verlust: 17 ♗xd5 ♗e6 18 ♕h5! ♖f8 19 ♖xe6! ♘xe6 20 ♖e1 ♖xf7 (20...g6 21 ♕h6!) 21 ♖xe6!. Er hat aber einen ausgezeichneten Gegenschlag, wie Maxim Notkin ausgeführt hat: 16...♘e3!. Dann hat Schwarz nach 17 ♕xd8! (17 ♘xd8? ist schlecht: 17...♘xd1 18 ♖axd1 ♘d3! begünstigt Schwarz) 17...♗xd8 18 ♘d6 ♘d3 19 ♖xe3 ♖xe3 20 ♗xe3 ♗e6! Gegenspiel, obgleich die weißen Chancen immer noch besser sind.

17 ♗xd5+ ♔g6 *(D)*

Schwarz verliert sofort nach der Fortsetzung 17...♔f8 18 ♕h5 ♗e6 19 ♖xe6, während er nach 17...♗e6 (17...♘e6 ist gleichwertig) 18 ♕h5+ ♔g8 19 ♖xe6 ♘xe6 20 ♗xe6+ ♔h8 21 ♗f5 schlecht dran ist.

Nun ist der weiße Angriff unaufhaltsam.

18 ♖e5! ♗f5

W

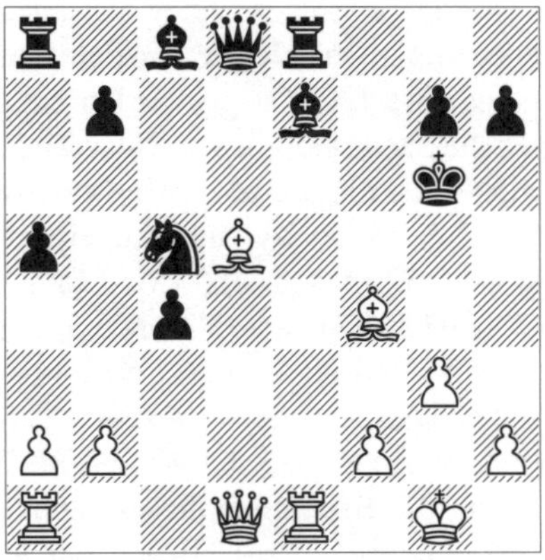

18...h6 verliert zwingend: 19 ♕h5+ ♔h7 20 ♗f7! ♖f8 21 ♕g6+ ♔h8 22 ♗xh6, und Weiß bricht durch.

19 ♖xf5! ♔xf5 20 ♕h5+ ♗g5 *(D)*

Oder: 20...♔f6 21 ♕g5#; 20...g5 21 ♕xh7+ ♔g4 22 f3#. Objektiv gesehen sollte Schwarz aufgeben, er stand aber wahrscheinlich aufgrund der unerwarteten Wendungen immer noch unter Schock.

W

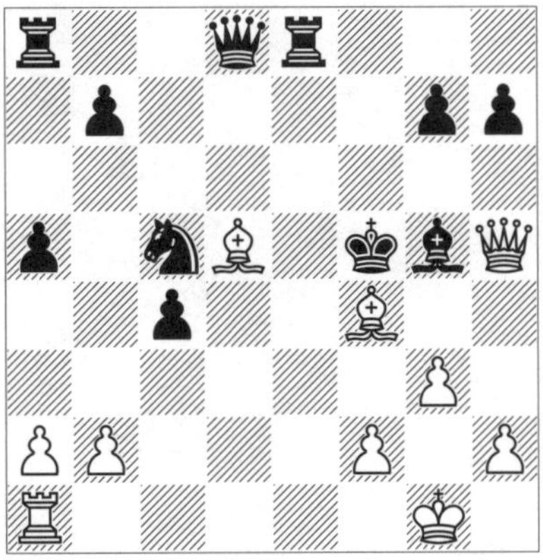

21 ♕xh7+ ♔f6

Oder 21...g6 22 ♕h3+! ♔f6 23 ♗xg5+ ♔xg5 24 ♕h4+ ♔f5 25 ♕f4#.

22 ♗xg5+ ♔xg5 *(D)*

Hier sehen wir eine hübsche Trainingsaufgabe für die Variantenberechnung.

23 ♗f7

Anstatt des Textzuges hatte Weiß Möglichkeiten wie 23 f4+ ♔f6 (23...♔g4 24 ♕g6+ ♔h3 25 ♕f5#) 24 ♕h4+ ♔g6 25 f5+ ♔xf5 26 ♕f4+ ♔g6 27 ♗f7+ ♔h7 28 ♕f5+ mit Matt oder 23

W

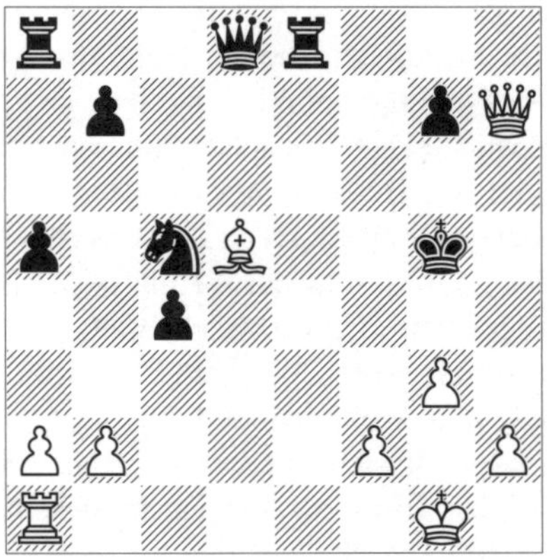

♕xg7+ ♔f5 24 ♕f7+ ♔e5 (24...♕f6 verliert die Dame: 25 g4+ ♔e5 26 ♖e1+) 25 ♖d1 ♘d3 (wiederum verliert 25...♕f6 die Dame: 26 f4+ ♔f5 27 g4+; der Anziehende gewinnt ebenfalls nach 25...♖f8 26 f4+ ♔d6 27 ♗f3+ ♘d3 28 ♕xc4 ♕b6+ 29 ♔h1) 26 ♗xc4 mit einer Gewinnstellung.

23...♕d6

Oder: 23...♕f6 24 ♕h5#; 23...♔f6 24 ♕g6+ ♔e7 25 ♖e1+.

24 ♕xg7+ ♔f5 25 ♗xe8 1-0

Es ist eindeutig, dass die Schwierigkeiten für Schwarz in dieser Partie auf die Wahl der Kandidatenzüge zurückzuführen sind, sowohl seiner eigenen als auch seines Gegners. Diese Schlussfolgerung erscheint durchaus naheliegend, aber sehen wir uns zunächst ein anderes Beispiel an.

S

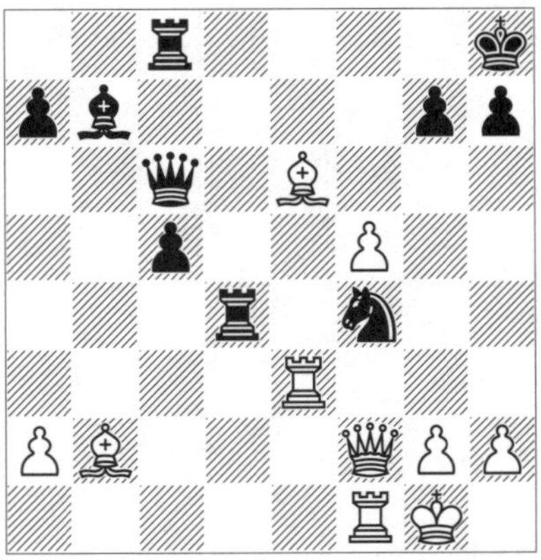

Harikrishna – Shabalov
Olympiade, Calvia 2004

Hier sehen wir eine scharfe Stellung, in der sich die Streitkräfte beider Seiten schon in Kampfaufstellung befinden und jede ihre eigenen Drohungen hat. In solchen Situationen muss das Spiel auf Berechnung gründen. Schwarz hat keine große Wahl. Es ist klar, dass das Nehmen des Läufers schlecht für ihn ist, während das Wegziehen des Turms ebenfalls nicht so toll ist; zum Beispiel 26...♖cd8? 27 ♗xd4 cxd4 28 ♖g3, und Weiß hat einfach die Qualität mehr. Es stellt sich heraus, dass das einzige Feld für den Turm 26...♖f8 ist; in diesem Fall ist die Stellung nach 27 ♕g3 ♘h5 28 ♕g5 ♖d2 29 ♖ef3 ♖xb2 30 ♕xh5 h6 wieder äußerst unklar, aber die schwarzen Chancen sollten sicherlich nicht schlechter sein. Stattdessen entschloss sich Schwarz, keine Zeit zu verlieren und spielte...

26...♘xg2? 27 f6!

Schwarz hatte diese Antwort übersehen. Es ist wichtig, festzuhalten, dass dieser Zug einer von zwei Möglichkeiten (Kandidatenzüge) für Weiß ist. Der andere, 27 ♗xd4, führt nach 27...♘xe3 28 ♗xg7+ ♔xg7 29 ♕g3+ ♔f8 30 ♕g8+ ♔e7 31 ♕g5+ ♔d6 32 ♕g3+ ♔e7 33 ♕g5+ usw. nur zum Remis. Der Textzug sollte forciert zum Sieg führen.

27...g5

27...♘xe3 28 fxg7+ ♔xg7 29 ♕f6#.

28 f7 ♘f4 29 ♗d5 ♕xd5 *(D)*

W

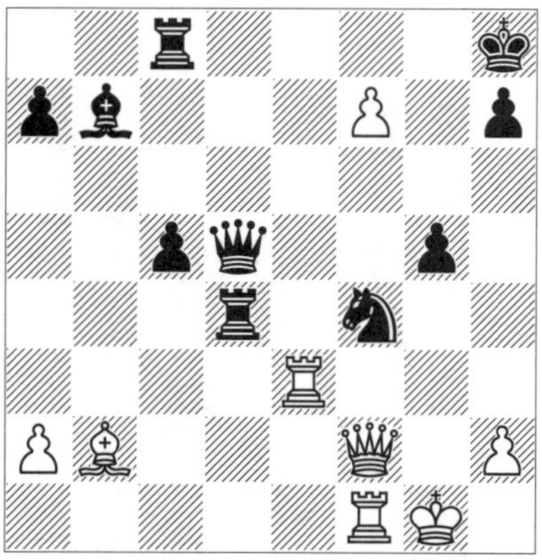

30 ♗xd4+?!

Aber jetzt, gerade als er seine Schäfchen fast ins Trockene gebracht hat, patzt Weiß, höchstwahrscheinlich aufgrund von Zeitnot. Es sieht so aus als hätte er eine wichtige Variante fehlerhaft berechnet, obgleich er trotzdem den Gewinn nicht tatsächlich weggeworfen hat, sondern sich die Sache lediglich erschwert hat. Der eindeutigste und direkteste Gewinnweg war 30 ♖e8+! ♔g7 31 f8♕+ ♔g6 und nun ein wichtiges Element: 32 ♕c2+! ♔h5 (Matt folgt auch nach 32...♖d3 33 ♕g7+ ♔f5 34 ♕xd3+! ♕xd3 35 ♖e5+ ♔g4 36 ♖xg5+ ♔h3 37 ♕h6+ ♘h5 38 ♕xh5#) 33 ♕xh7+ ♔g4 34 ♖xf4+! ♖xf4 35 h3+ ♔g3 36 ♖e3+ ♖f3 37 ♕xf3+ ♕xf3 38 ♗e5#. Nun (die Bedeutung dieses „nun" wird später ersichtlich werden) können wir sehen, dass das einleitende Schlagen auf d4 dem Anziehenden die Möglichkeit eines Schachgebots auf c2 nimmt. Jetzt spielt Schwarz noch mit und hegt Hoffnungen.

30...cxd4 31 ♖e8+ ♔g7 32 f8♕+ ♔g6 33 ♕f3

Der einzige Zug.

33...♕xf3 34 ♕g8+ ♔h6 *(D)*

W

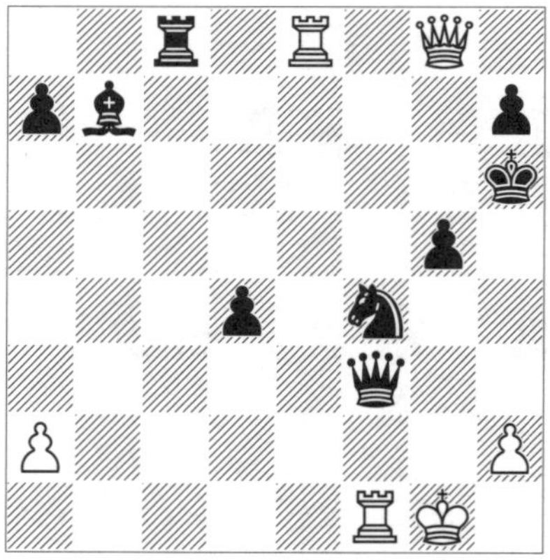

35 ♖e6+??

Und die schwarzen Hoffnungen gehen in Erfüllung! Weiß begeht einen fatalen Fehler. Nach 35 ♖xf3 (einziger Zug) 35...♖xe8 36 ♕xe8 ♗xf3 wäre es nicht so schwierig, den weißen Materialvorteil in einen Sieg umzumünzen. Nun gewinnt das elementare 35...♘g6 für Schwarz! Stattdessen spielte er einen unglaublichen Zug:

35...♔h5??

Daraus wird ersichtlich, wie extrem die beidseitige Zeitnot gewesen sein muss!

36 ♕xh7+ ♔g4 37 ♖xf3 ♗xf3 38 ♕d7! 1-0

Nun können wir einige Schlussfolgerungen ziehen. Sowohl das vorangegangene als auch das letzte Beispiel sind von ernsthaften, einzügigen Patzern gekennzeichnet, die von starken Großmeistern begangen wurden. Auch wenn Zeitnot im letzten Beispiel eine Rolle gespielt hat, ändert sich nichts daran, dass in beiden Stellungen die Fehler auf das Übersehen des gegnerischen Kandidatenzugs zurückzuführen waren. Daran kann man sehen, dass sogar Spieler höchsten Ranges vom Training im Berechnen der Kandidatenzüge profitieren können.

Indem ich etwas vorgreife, möchte ich nun auf das Thema im vierten Punkt in Kotows Programm eingehen. Ich habe vor, mehr darüber gegen Ende des Buches zu sagen, es ist jedoch unmöglich, das nächste wichtige Element der Variantenberechnung zu erörtern, ohne Kotows vierten Punkt anzusprechen. Die Sache ist nämlich so, dass es in der Praxis nicht immer möglich ist, Kotows Regel strikt zu befolgen. Ohne weiter ins Detail zu gehen, lassen Sie uns nun ein ausgezeichnetes Beispiel ansehen:

Schwarz brachte einen offensichtlichen und standardmäßigen Schlag an:

S

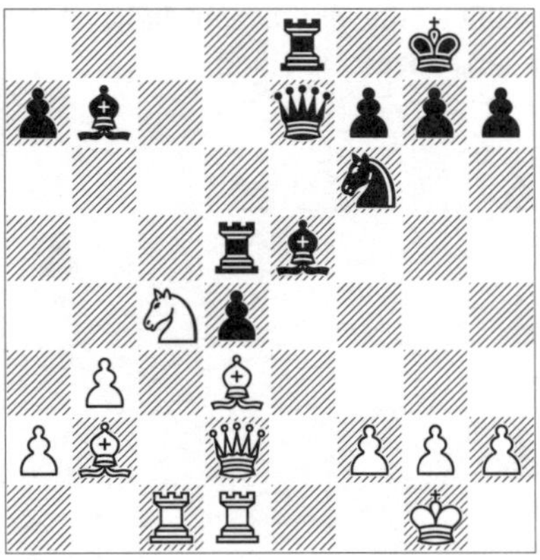

Spasski – Tal
Montreal 1979

20...♗xh2+

Man kann sich nicht vorstellen, dass Tal auf solch einen Zug verzichten würde, daher müssen wir annehmen, dass Spasski ihn bewusst dazu eingeladen hatte. Es scheint so, als ob er irgendwo zu schlau sein wollte, was sich zu seinem Schaden auswirkte.

21 ♔xh2

Dies ist der Moment, der uns besonders interessiert. Schwarz hat zwei Kandidatenzüge: das Springerschach auf g4 oder das Turmschach auf h5. Nehmen wir an, dass Schwarz mit der Untersuchung des Springerschachs beginnt, da dies die gebräuchlichste Fortsetzung nach dem Läuferopfer in solchen Stellungen ist, während sich der Turm sehr selten schon auf der vierten Reihe befindet. Also 21...♘g4+ 22 ♔g3 *(D)*.

S

Dies ist der Zug, der uns interessiert. Wenn der König stattdessen nach g1 geht, erreichen wir nach 22...♖h5 dieselbe Stellung wie in der Partie. Aber nun hat Schwarz zwei Optionen: Entweder er hält sich an Kotows kategorische Empfehlung und berechnet die komplizierten Varianten, die nach 22...♖g5 23 f4 ♘e3+ 24 fxg5 entstehen, oder er nimmt lediglich die Tatsache zur Kenntnis, dass diese Variante kompliziert und unklar ist, verschiebt jede weitere Untersuchung bis auf Weiteres und wechselt stattdessen zum zweiten Kandidatenzug. Vielleicht wird sich dieser als einfacher und überzeugender herausstellen...

21...♖h5+!

Das erweist sich in der Tat als der Fall.

22 ♔g1

Nun wird nach 22 ♔g3 das Problem durch 22...♘e4+ 23 ♗xe4 ♕h4+ 24 ♔f3 ♕xe4+ 25 ♔g3 ♕h4# gelöst.

22...♘g4! 0-1

Weiß gab auf wegen der Variante 23 ♖e1 ♖h1+ 24 ♔xh1 ♕h4+ 25 ♔g1 ♕h2+ 26 ♔f1 ♕xg2#.

Wie wir sehen, erweist sich die schwarze Aufgabe als recht einfach.

Nun wird das mysteriöse „wichtige Element in der Technik der Berechnung“, von dem ich zuvor gesprochen habe, klar, und ich möchte die folgende Empfehlung oder Regel formulieren: *Wenn im Verlauf der Berechnung von Kandidatenzügen einer von ihnen zu komplizierten und unabsehbaren Konsequenzen zu führen scheint, ist es sinnvoller, diese Variante erst einmal beiseite zu legen und andere Kandidatenzüge zu untersuchen.* Wenn man unter ihnen einen findet, der eindeutiger oder stärker ist, so wie es der Fall im obigen Beispiel war, kann man sich auf diese Weise Zeit und Aufwand sparen, was sich später in der Partie als wertvoll erweisen kann. Auf der anderen Seite kann man, wenn man nichts anderes findet, zur ersten Variante zurückkehren und sich voll darauf konzentrieren, ohne sich von anderen Varianten ablenken zu lassen. Dies bietet offensichtlich praktische Vorteile.

Da wir uns aber mit der Theorie der Variantenberechnung beschäftigen, wird es sicherlich nützlich sein, zu der Variante aus der Partie Spasski-Tal, die wir zur Seite gelegt haben, zurückzukehren und sie detaillierter zu untersuchen, um zu sehen, ob sie wirklich so kompliziert ist, und ob sie objektiv zu einem Gewinn für Schwarz führt. Bis hierhin waren wir gekommen:

S

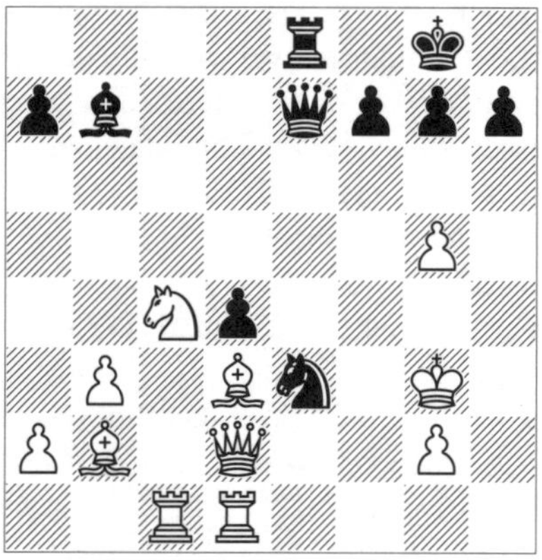

Selbst der erste Zug des Nachziehenden ist nicht klar. Ich werde hier nur die Hauptvariante anführen, ohne Sie mit allen Details zu langweilen: 24...♕c7+! 25 ♘d6 (25 ♔h3 ♗c8+ 26 g4 ♗xg4+ 27 ♔h4 ♕f4 –+) 25...♕xd6+ 26 ♔h3 (26 ♔f2 ♘g4+ 27 ♔f1 ♕h2 –+) 26...♗xg2+ 27 ♕xg2 ♕d7+! 28 ♔h2 ♘xg2 29 ♔xg2 ♖e3! –+. Obwohl dieses Abspiel objektiv zum Sieg für Schwarz führt, ist seine Aufgabe hier um einiges komplizierter, was mit einem erhöhten Risiko einhergeht, einen Fehler zu begehen. Die goldene Regel ist: Es macht sich bezahlt, wenn man sich das Leben einfacher macht – es komplizierter zu machen ist die Aufgabe des Gegners!

Zum Abschluss präsentiere ich nun eine Studie, die mir sehr gut gefällt, und die die Theorie der Kandidatenzüge äußerst klar veranschaulicht. Hinzufügen möchte ich noch, dass Endspielstudien besonders gut zum Studium der Variantenberechnung geeignet sind, worauf die folgende äußerst autoritative Aussage hinweist: „Das Lösen von Problemen und Studien spielt eine besonders große Rolle in der Entwicklung der Rechenfähigkeiten eines Spielers“ (Botwinnik). Dem muss nur noch hinzugefügt werden, dass es für diesen Zweck wichtig ist, Studien auszuwählen, die durch natürliche Partiestellungen gekennzeichnet sind.

W

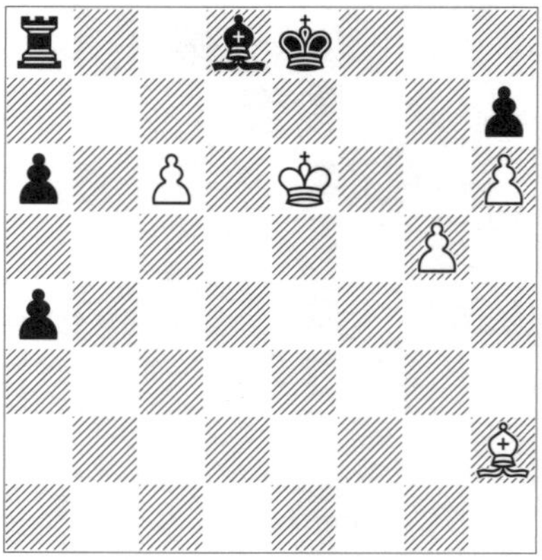

Weiß am Zug gewinnt

W. Smyslow

Bulletin des Zentralen Schachclubs der UdSSR, 1987

Der erste Zug ist klar:

1 g6

Es gibt einfach keine andere Wahl, aber nun beginnt der Hauptteil der Studie. Schwarz hat eine beträchtliche Anzahl an Optionen, und der Versuch, solch eine große Anzahl an Varianten im Kopf zu berechnen, führt häufig zur Verwirrung. Aus diesem Grund ist es äußerst nützlich, ein System zu benutzen, das das Analysieren erleichtert und die unzähligen Varianten, auf die man trifft, einprägsamer macht. Es stellt sich die Frage, in welcher Reihenfolge man die Kandidatenzüge untersuchen soll. Wir erinnern uns, dass Kotows Antwort zu dieser Frage (Punkt 2 in seinem System) sinngemäß so lautete: „In irgendeiner Reihenfolge, wie es Ihnen gefällt oder wie Sie es für angebracht halten!“. Dies kann jedoch schwerlich als hinreichend akzeptiert werden, und wir müssen uns deshalb selbst Gedanken machen. Und hier ist meine zweite Empfehlung, zusätzlich zu Kotows System: *Sollte es eine erhebliche Anzahl von Kandidatenzügen geben, und es ist keine offensichtliche Basis vorhanden, sie zu differenzieren, dann ist es ratsam, die Unterscheidung anhand der Figuren zu vollziehen, die diese Züge machen können.* Folglich sieht die Liste der Kandidatenzüge in der gegenwärtigen Stellung so aus:

Ein Königszug:

a) 1...♔f8. Danach gewinnt 2 gxh7 sofort.

Zwei Turmzüge:

b) 1...♖a7. Nun ist 2 g7? schlecht wegen 2...♖e7+, aber 2 c7! gewinnt, mit den Varianten 2...♗xc7 3 g7 +– und 2...♖xc7 3 ♗xc7!, wonach sich der Bauer umwandelt.

c) Nach 1...♖c8 ist 2 c7! wieder korrekt (z. B. 2...hxg6 3 cxd8♕+! ♔xd8 4 h7 ♖c6+ 5 ♗d6 +–). Die anderen weißen Kandidatenzüge sind alle verkehrt: 2 g7? ♖xc6+ 3 ♗d6 ♖xd6+ 4 ♔xd6 ♔f7 –+; 2 gxh7? ♖xc6+ 3 ♗d6 ♖xd6+ 4 ♔xd6 ♗f6 –+.

Es gibt auch verschiedene Kandidatenzüge mit dem Läufer:

d) Prüfen wir zunächst 1...♗g5 *(D)*.

W

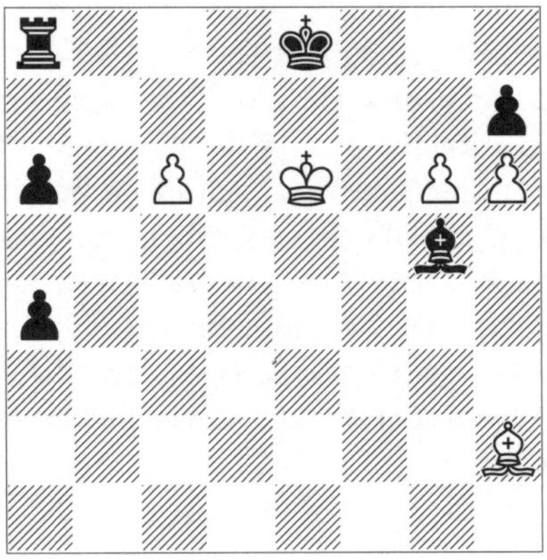

Nun wird es klar (obwohl vielleicht nicht sofort), dass 2 g7? schlecht ist wegen der Ressource 2...0-0-0!. Ebenso wie 2 gxh7? 0-0-0! 3 ♗e5 a3 4 c7 ♖e8+ –+. Der Versuch, die schwarze Rochade durch 2 ♗c7? zu verhindern, scheitert auch wegen 2...♗xh6 –+, genau wie 2 c7? ♗xh6 –+. Nach kurzem Nachdenken entdeckt man den Kernpunkt der Studie, nämlich die wundersame Ressource 2 ♗b8!!. Nun ist der Nachziehende verloren; zum Beispiel 2...♖xb8 (es droht 3 c7) 3 gxh7 ♔d8 4 h8♕+ ♔c7 5 ♕e5+, und Weiß gewinnt.

Andere Läuferzüge führen zu ähnlichen Varianten:

e) 1...♗a5 (1...♗b6 wird auf die gleiche Art beantwortet) 2 ♗b8!! ♔f8 3 gxh7 ♗c3 4 c7.

Und der letzte Kandidatenzug ist ein Bauernzug:

f) 1...hxg6 2 h7! (die richtige Idee funktioniert nicht immer, wenn sie in der falschen Reihenfolge gespielt wird! Dieses Mal ist 2 ♗b8? schlecht wegen 2...♔f8! – eine weitere Veranschaulichung der Bedeutung von Kandidatenzügen) 2...♗f6 *(D)* (und nun wieder einmal...)

W

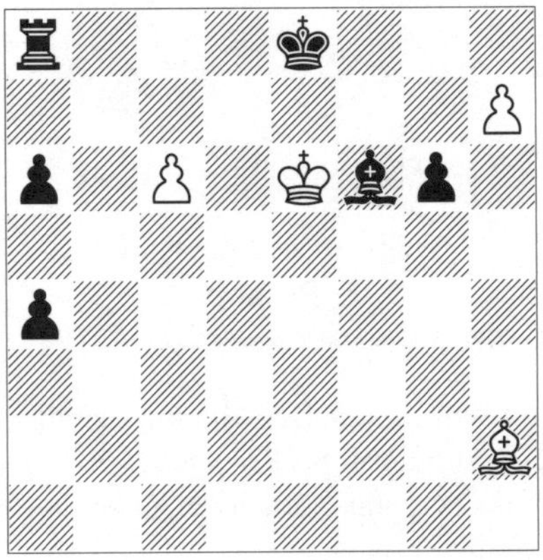

3 ♗b8!! ♖xb8 (3...♗h8 4 c7) 4 ♔xf6.

Wie wir sehen, ist dieses letzte Beispiel nicht nur ein ausgezeichnetes Beispiel für die

Variantenberechnung, sondern es eröffnet auch neue Aspekte zu diesem Thema. Aber das Thema ist durchaus nicht erschöpft, weil wir die Frage der Reihenfolge, in der wir die Kandidatenzüge prüfen und berechnen sollen, noch nicht endgültig geklärt haben. Es gibt immer noch einiges zu erörtern. Aber um die Diskussion am vorteilhaftesten fortzuführen, ist es erforderlich, einen anderen äußerst wichtigen Aspekt des Problems der Variantenberechnung zu betrachten.

Was man tun soll, bevor man anfängt zu rechnen

Im Abschnitt „Taktik", haben wir diese Sache schon angesprochen, und nun ist es an der Zeit, etwas näher darauf einzugehen. Es geht um die Suche nach der Logik, die der Berechnung vorausgeht. Wir beginnen diese Suche anhand der folgenden Studie:

W

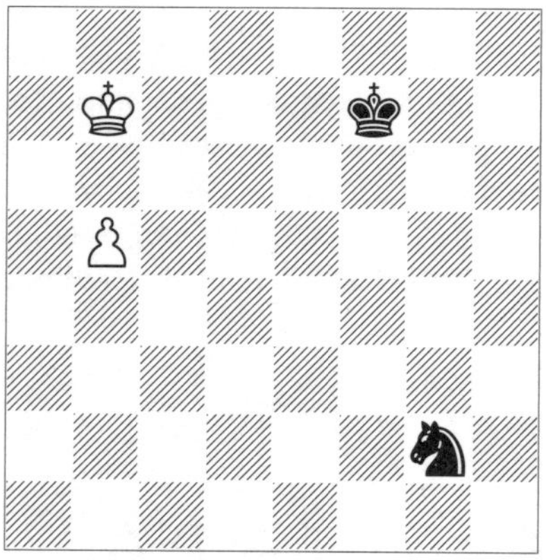

Weiß am Zug gewinnt

F. Prokop

Casopis Československy Šach, 1925

Bevor wir mit der Berechnung beginnen, ist es wichtig und von großer *praktischer Bedeutung*, dass wir uns Gedanken über den Stellungscharakter machen.

Die Logik der Situation sieht einfach genug aus: Weiß muss mit seinem König so manövrieren, dass er eine Springergabel vermeidet. Da Schwarz allerdings mehrere solcher Gabeln in dieser Stellung hat, ist es sinnvoll, zuerst Ausschau nach der Schlüsselidee zu halten, die uns auf die richtige Variante hinweisen wird, anstatt sich jede einzelne aufs Geratewohl vorzunehmen. Diese Idee basiert darauf, dass die Züge des weißen Königs und des schwarzen Springers miteinander verbunden sind, d. h. in jedem Fall hängt der korrekte Springerzug davon ab, wohin der weiße König geht. Daraus folgt, dass es dem Weißen hilft, wenn er seinen Gegner zwingen kann, sich zuerst festzulegen, und erst dann ein Feld für seinen König wählt. Und da Weiß seinen Bauern irgendwann sowieso vorrücken muss, ist der erste Kandidatenzug offensichtlich:

a) 1 b6.

Gibt es andere Ideen? Es gibt noch eine: Ist es möglich, dass der Springer einfach davon abgehalten werden kann, in die Nähe des Freibauern zu gelangen? Dies weist auf den zweiten Kandidatenzug hin:

b) 1 ♔c6 mit der Idee, sich dem Springer zu nähern.

Es gibt noch eine Anzahl anderer Züge, die auch als Kandidatenzüge berücksichtigt werden sollten, wenn man sich strikt an Kotows Formel hält. Da wir aber über eine genaue Formulierung verfügen, die erklärt, was wir unter Kandidatenzüge verstehen, können wir unsere Untersuchung auf zwei Züge begrenzen. Die Vorteile sind offensichtlich: Der Spieler spart Zeit und Energie und kann sich auf das Wesentliche konzentrieren.

Hieraus wird klar, dass das genaue Definieren unserer Konzepte nicht nur theoretische, sondern auch praktische Vorzüge hat. Es ist auch nicht das erste Mal, dass wir Ungenauigkeiten oder Lücken in Kotows Formulierung aufgespürt haben, was wiederum bedeutet, dass wir einige seiner anderen Punkte ebenfalls sorgfältig unter die Lupe nehmen sollten.

Nun werden wir unsere Schlussfolgerungen an diesem praktischen Beispiel überprüfen. Wir beginnen mit der offensichtlicheren und einfachen Variante „b": 1 ♔c6 ♘e3 2 ♔c5 ♔e7, und der Bauer wird aufgehalten. Remis.

Wie zu erwarten ist, erweist sich Variante „a" 1 b6! als komplizierter. Hier müssen wir zwei Kandidatenzüge für den Nachziehenden in Betracht ziehen, nämlich zwei Springerzüge. Nach 1...♘e3 gewinnt nur 2 ♔a6! (der Leser kann die anderen Züge selbst prüfen): 2...♘d5 3 b7. Daher untersuchen wir nun 1...♘f4 *(D)*.

W

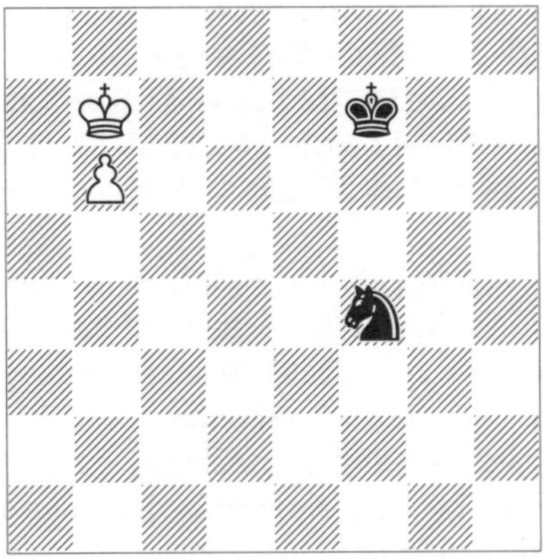

In dieser Stellung ist der einzige korrekte Zug 2 ♔c8! ♘d5 3 b7 ♘b6+ (oder 3...♘e7+ 4 ♔d7, und wieder kann der Bauer nicht gestoppt werden) 4 ♔d8, und der Bauer geht zur Dame.

Nun werden wir durch Analyse die Richtigkeit der oben genannten generellen Schlussfolgerung nachweisen. Es stellt sich heraus, dass Schwarz nach allen anderen möglichen ersten Zügen, die sich nicht auf irgendeine Logik stützen, sondern einfach computermäßig nacheinander ausgewählt werden, eine Verteidigung hat: 1 ♔c7 ♘e3 =; 1 ♔a8 ♘e3! 2 b6 ♘d5 3 b7 ♘b6+ =; 1 ♔c8 ♘e3! 2 b6 ♘c4 =; 1 ♔a7 ♘e3! 2 b6 ♘c4 3 b7 ♘a5 =; 1 ♔a6 ♘f4! 2 b6 ♘e6 =.

Das führt uns zu einer wichtigen Schlussfolgerung: *Es ist falsch eine konkrete Berechnung ohne eine vorausgehende logische Analyse durchzuführen, da es zu Verwirrung führt und sowohl Zeit als auch Energie vergeudet.* Und der praktische Spieler kann sich eine solche „Verschwendung“ nicht erlauben.

Das folgende Beispiel stammt nicht nur aus einer klassischen Partie, sondern ist auch nicht sehr bekannt, obgleich die Anmerkungen zweifellos von hohem Niveau sind. Es ist Botwinniks ausgezeichnetem Buch *Der Rückkampf Aljechin-Euwe* entnommen. Es wurde im Jahr 1939 veröffentlicht, jedoch nur in russischer Sprache und nur in einer begrenzten Auflage von 5000 Exemplaren. Es wurde vor kurzem wieder neu aufgelegt, obwohl wieder nur in einer geringen Anzahl.

W

Aljechin – Euwe

Weltmeisterschaft (Partie 10), Den Haag 1937

Diese Stellung entstand nach einem ernsthaften Fehler von Schwarz im letzten Zug, als er 22...♖d8-e8? spielte. Dieser Zug nimmt seinem Springer sein letztes Rückzugsfeld und schafft dabei das Motiv für eine Kombination. Um dieses Motiv zu realisieren, antwortete Aljechin:

23 g4?

Die meisten Kommentatoren versahen diesen Zug mit einem Ausrufezeichen, und nur Botwinnik identifizierte ihn als Fehler und demonstrierte aus welchem Grund! Er zeigte auch, dass der Versuch, diesen wichtigen Bauernvorstoß mit 23 ♔h2? vorzubereiten, ebenfalls fehlerhaft ist, da danach 23...h6 24 g3 ♕h5 25 g4 ♕h4 folgt, und nun führt der Versuch, durch 26 ♘f3?! ♘xg4+ 27 ♔g2 ♕h5 28 hxg4 ♕xg4+ 29 ♔h1 ♕h5+ 30 ♘h2 ♕xe2 31 ♖xe2 ♘xc4 Material zu gewinnen, zu einer besseren Stellung für Schwarz.

Botwinnik lieferte auch ein klassisches Beispiel für eine Zusammenfassung der positionellen Erwägungen, die der Suche nach Kandidatenzüge immer vorausgehen sollte. Es gibt nichts, was man dieser Zusammenfassung zufügen könnte, und man muss nur lernen, das gleiche Verfahren anzuwenden. Was ich dem noch hinzufügen möchte ist, dass man solche logischen Erwägungen nur dann anstellen kann, wenn man alle Einzelheiten der Stellung bis ins Letzte berücksichtigt hat. Es passiert häufig, dass sich ein scheinbar belangloses Detail als lebenswichtig herausstellt. Es ist unmöglich im Voraus zu wissen, welches Detail das sein könnte, und daher muss die anfängliche Untersuchung der Stellung skrupellos sein, und es darf nichts übersehen werden.

Botwinniks Anmerkung lautete: „Der richtige Zug kann auf der Basis der folgenden Erwägungen gefunden werden. Um die schwarze Dame auf h4 zu fangen, benötigt Weiß seinen Bauern auf g4, seinen Springer auf f3, und sein Bauer h3 muss verteidigt sein. ... Es ist leicht ersichtlich, dass ... Euwe hätte aufgeben können, wenn Weiß 23 ♕f1!! gespielt hätte. Die Pointe dieses Zugs ist, dass Weiß nach 23...h6 (es gibt nichts Besseres) 24 g3 ♕h5 25 g4 ♕h4 26 ♘f3 ... ein Tempo gewinnt und die schwarze Dame gefangen ist.“ Botwinnik führt weiter an, dass unzählige Kommentatoren dieser Partie, unter anderem Aljechin und Euwe (!), den Zug 23 ♕f1!! nicht gesehen haben.

Wir kehren nun zu 23 g4? *(D)* zurück:

S

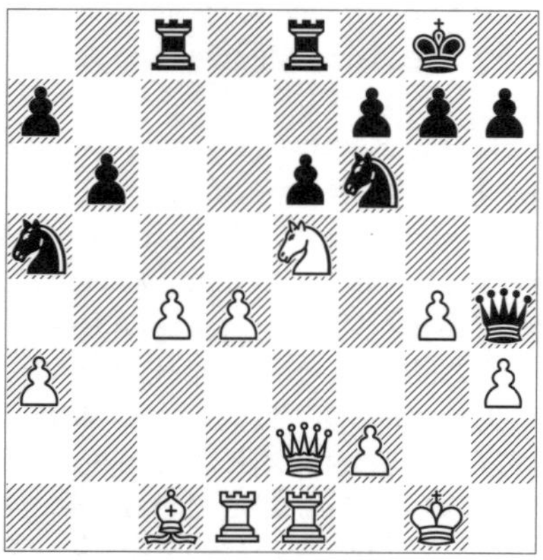

In der Partie gelang es Schwarz nicht, die richtige Antwort zu dem inkorrekten, aber gefährlich aussehenden Vorstoß zu finden, die wie Botwinnik anführte, der Zug 23...h6! war (23...♕xh3? ist schlecht, da Weiß nach 24 ♖d3 ♕h4 25 ♔g2 ♘xg4 26 ♘xg4! ♘xc4 27 ♖h3 ♕d8 28 ♖eh1 ♕d5+ 29 f3 einen entscheidenden Angriff hat). Dann führt 24 ♔g2 ♘h7 25 f4 ♕e7 zu einer unklaren Stellung. Stattdessen beging Schwarz seinen zweiten schweren Fehler in Folge:

23...♘c6?

Weiß gewann nun eine Figur und in der Folge die Partie:

24 ♔g2 ♘xe5 25 dxe5 ♘h5 26 gxh5 ♖xc4 27 ♕f3 ♖f8 28 h6 f5 29 ♕g3 ♕xg3+ 30 fxg3 ♖fc8 31 hxg7 ♖c2+ 32 ♔f3 ♖2c3+ 33 ♗e3 ♖xa3 34 ♖d7 ♖c4 35 ♔f2 ♖c2+ 36 ♖e2 ♖aa2 37 ♖xc2 ♖xc2+ 38 ♔f3 a5 39 ♗h6 ♖c8 40 ♖e7 1-0

Uns ist jetzt klar, wie wichtig es ist, eine einleitende Stellungsanalyse durchzuführen, bevor man mit der eigentlichen Berechnung beginnt. Zu der Tatsache, dass uns eine solche Analyse die Möglichkeit gibt, die wichtigsten Einzelheiten der Stellung und die korrekte *Richtung* unserer Berechnung zu identifizieren, kommt noch, dass sie uns hilft, eine Rangordnung unserer Kandidatenzüge aufzustellen, was für die Verbesserung der Qualität unserer Berechnung sehr nützlich ist. Was will ich damit sagen? Wenn wir uns einmal einen Überblick über die Stellung verschafft haben, können wir Schlussfolgerungen über die Möglichkeiten beider Seiten ziehen, und können dann ihre *Prioritäten* und die *Ziele* identifizieren, auf die jede Seite hinarbeiten muss, um die eigene Stellung zu verbessern (das bedeutet, die Anforderung der Stellung zu erfüllen). Die Kenntnis dieser Ziele versetzt uns nicht nur in die Lage, Kandidatenzüge ohne überflüssige Analysen zu finden, was uns ermöglicht, uns auf die relevanten Punkte zu konzentrieren, sondern hilft uns auch die *praktischste* Reihenfolge festzulegen, in der wir diese Kandidatenzüge betrachten, damit wir sparsam mit der Zeit und der Energie umgehen, was uns später in der Partie zugute kommen wird.

Wir haben schon den ersten Schritt in diese Richtung gemacht als wir die Regel festgelegt haben, dass es nützlich ist, *in Abwesenheit irgendwelcher anderer offensichtlichen Gründe*, auf deren Basis man die Kandidatenzüge trennen kann, die Unterscheidung anhand der Figuren zu vollziehen, die diese Züge ausführen können.

Wir haben die Frage noch nicht behandelt, um was es sich bei diesen „anderen offensichtlichen Gründen“ handeln könnte, aber nun können wir sagen, dass dies Faktoren sind, die sich als Ergebnis der *logischen Analyse* der Stellung ergeben. Diese Analyse erlaubt uns oftmals Kandidatenzüge zu identifizieren, die die Stellung nicht nur verstärken oder die Umsetzung eines Plans vorbereiten, sondern die *unmittelbar auf das erwünschte Ziel losgehen.* Solche Züge qualifizieren für „andere offensichtliche Gründe" und müssen zuerst angesehen werden. Züge, die zu einer sofortigen Kollision der Streitkräfte führen, gehören auch in diese Kategorie. Mit anderen Worten, *Züge, die zu mehr oder weniger forcierten Entwicklungen führen.* Logik legt nahe, dass die Chancen, den richtigen Zug unter solchen Zügen zu finden, größer sind als unter anderen Kandidatenzügen, und *sollten aus diesem Grund immer zuerst untersucht werden.* Wenn wir die Züge in dieser Reihenfolge betrachten, ist es sehr wahrscheinlich, dass wir sofort oder sehr schnell zu einer Entscheidung kommen, die überzeugend genug ist, um sich weitere Berechnungen zu ersparen. Dies ist die praktische Bedeutung, die die richtige Reihenfolge bei der Wahl der Variantenberechnung mit sich bringt – sogar nach der korrekten Entscheidung dürfte die Partie weitergehen, und die Zeit und Energie, die man gespart hat, wird sich später als wertvoll erweisen. Wenn der erste mit dieser Methode gewählte Zug nicht zufriedenstellend ist, dann sollte *der zweite Zug auf derselben Grundlage gewählt werden*, und so weiter. Früher oder später werden Sie fündig werden.

Wenn wir diesen Rat mit dem von Kotow vergleichen, der überhaupt keine richtige Orientierungshilfe anbietet, in welcher Reihenfolge man die Kandidatenzüge berechnen soll, wird es klar, dass dieses System ein bedeutsamer Schritt in die richtige Richtung ist. Jedoch sind Worte einfach nur Worte, wie zutreffend sie auch sein mögen. Probieren geht über studieren:

Es gibt keinen Zweifel daran, dass Weiß einen großen, sogar gewinnbringenden Vorteil hat. Es ist ebenfalls klar, dass seine Suche nach der Gewinnvariante auf den Schwächen in der gegnerischen Stellung und auf den Möglichkeiten der eigenen Figuren basieren soll. Diese Schwächen sind für jeden klar erkennbar: die

W

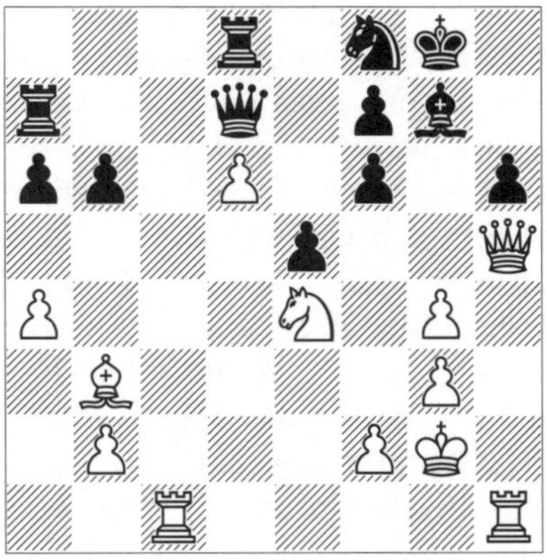

Wischmanawin – Nowikow
Meisterschaft der UdSSR, Leningrad 1990

Felder c7, f5, f6, f7, h6. Das Feld e7 könnte auch als Schwäche angesehen werden, aber im Moment können die weißen Figuren nicht dorthin gelangen. Außerdem sind beide schwarzen Leichtfiguren schlecht postiert. Die weiße Aufgabe scheint klar: Er will mit seinen Streitkräften in die gegnerische Stellung einbrechen. Ich sage „Streitkräfte" und nicht „Figuren", da der Bauer d6 in der weißen Offensive wahrscheinlich eine große Rolle spielen wird. Welche Züge sollten also auf der Grundlage des eben Gesagten als Kandidatenzüge betrachtet werden? Diese umfassen die Versuche sofort auf der h-Linie durchzubrechen: 33 g5; 33 ♕xh6; 33 ♘xf6+; das sofortige 33 ♖c7 ist ebenfalls logisch. Wenn keiner dieser direkten Züge funktioniert, ist es an der Zeit, ruhigere Fortsetzungen zu untersuchen. Da die verlockende Überführung des Springers nach f5 im Moment nicht möglich zu sein scheint, muss der attraktive Zug 33 ♕f5 als ein Kandidat angesehen werden, und nur wenn dieser auch aus irgendeinem Grund scheitert, werden wir uns dem weniger energischen und ziemlich „abstrakten", aber dennoch logischen Zug 33 ♖hd1 zuwenden.

Wir beginnen daher mit der Analyse der direktesten und schärfsten Varianten. Aber mit welchem genau? Mit dem Turmeinfall auf c7, oder mit den Angriffszügen auf dem Königsflügel? (Übrigens wird hieraus eine andere Methode der Aufteilung der Kandidatenzüge ersichtlich, nämlich bezüglich der Brettseite auf der die Figuren operieren.) Hier ist es schwierig eine kategorische Antwort zu geben. Man muss entweder den am aggressivsten aussehenden Zug wählen, seinem Instinkt folgen oder einfach einen aufs Geratewohl wählen. Wir beginnen mit dem Versuch, am Königsflügel durchzubrechen. Wie sich herausstellt, können diese Züge schnell eliminiert werden. Die Fortsetzungen 33 g5 fxg5, 33 ♕xh6 ♗xh6 34 ♘xf6+ ♔g7 und 33 ♘xf6+ ♗xf6 34 ♕xh6 ♕xd6 (oder sogar 34...♗g7) bringen dem Anziehenden außer Materialverlust nichts ein. Wenn wir unserem Schema folgen, wenden wir uns daher nun dem Turmeinfall zu – 33 ♖c7. Im Verlauf unserer Berechnung, stellen wir bald fest, dass uns nach 33...♖xc7 *(D)* die folgende Taktik zu Hilfe kommt:

W

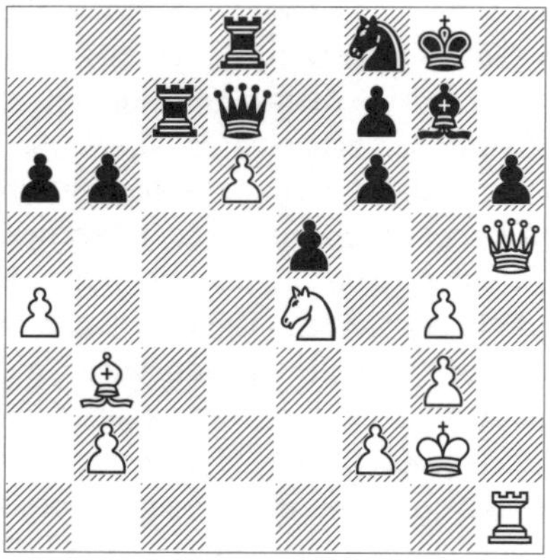

34 ♕xf7+!! ♕xf7 35 dxc7 ♖a8 36 ♗xf7+ ♔xf7 37 ♘d6+. Angesichts der vielen Schwächen in der schwarzen Stellung und der Aktivität der weißen Figuren, ist es nicht überraschend, dass eine solche taktische Möglichkeit existiert. Ich möchte Sie darauf aufmerksam machen, dass Weiß mit 33 ♖c7 eine kurze, aber effektive Kombination beginnt, und wir haben gerade gesehen, dass ihre Idee durch die Variantenberechnung gefunden wurde.

33 ♖c7!! 1-0

Schwarz warf das Handtuch, da gegen die oben angegebene Variante kein Kraut gewachsen ist.

Als Nächstes untersuchen wir ein interessantes Endspiel:

W

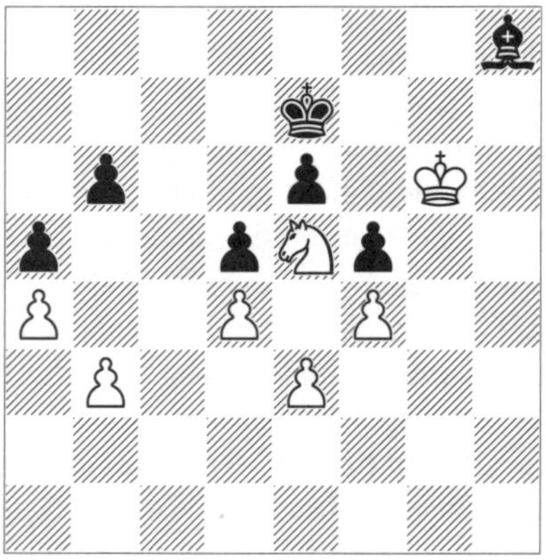

Gelfand – Malachow

Russische Mannschaftsmeisterschaft, Dagomys 2005

In dieser Stellung sind verschiedene Sachen offensichtlich:

1) Weiß hat einen großen, möglicherweise entscheidenden Vorteil.

2) Um zu gewinnen, muss er den schwarzen König vertreiben und mit seinem eigenen König in die schwarze Stellung eindringen.

3) Der Abtausch der Leichtfiguren begünstigt Weiß.

Gelfand löst das Problem in zwingender Manier, indem er geistesgegenwärtig erkennt, dass der schwarze Läufer keine Felder haben wird, wenn sein Springer nach h5 gelangt. Ich würde vermuten, dass die Partievariante aus dieser Feststellung entstanden ist. Da diese Variante diejenige ist, *die sich dort abspielt, von wo der Hauptschlag am wahrscheinlichsten zu erwarten ist*, sollte sie zuerst berechnet werden, wonach sich die übrigen Varianten als überflüssig erweisen. Es folgte:

45 ♘f7!

Der Fairness halber muss gesagt werden, dass dasselbe Ergebnis auch mit 45 ♘f3! ♔f8 46 ♘g5 möglich war, aber vom praktischen Standpunkt ist es besser, sich über solche Dinge bei der Heimanalyse Gedanken zu machen.

45...♗f6 46 ♘g5! ♗h8 *(D)*

Falls 46...♗xg5, dann gewinnt 47 fxg5!.

47 ♘h7! ♔e8

Schwarz ist in Zugzwang, was für solche beengten und stark vereinfachten Stellungen

W

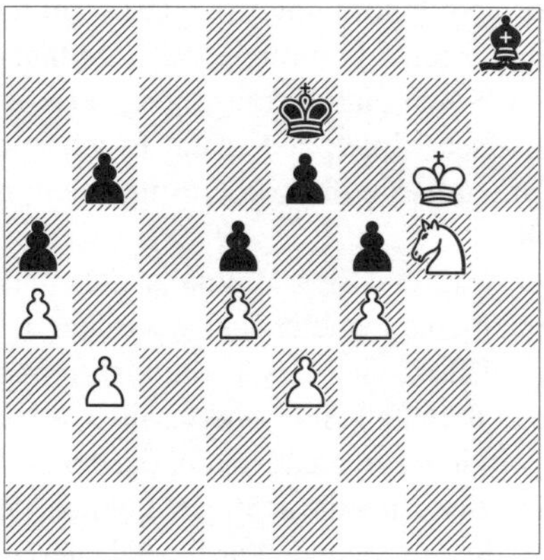

typisch ist. Nach 47...♔d6 ist das entscheidende Gewinnmanöver 48 ♘f6! (Weiß hat es nicht nötig, sich das Leben durch 48 ♔f7 e5 49 fxe5+ ♗xe5 50 dxe5+ ♔xe5 schwer zu machen, wonach die Konsequenzen unklar sind) 48...♔e7 49 ♘h5!.

48 ♘f6+ ♔f8

Wir haben die Stellung nach 48...♔e7 49 ♘h5! bereits zuvor gesehen.

49 ♘h5! ♔g8 50 ♔h6 *(D)*

S

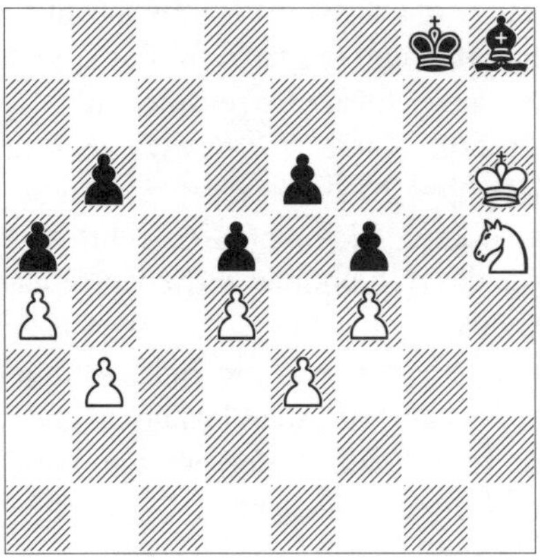

Ein wunderschönes Bild totaler Dominanz. Schwarz kann den Abtausch nicht verhindern, und nach 50...♔f7 51 ♔h7 ♗f6 52 ♘xf6 ♔xf6 53 ♔g8 ist alles vorbei.

1-0

Der Anziehende gewann in der zuverlässigsten Weise – forciert! Und obwohl aus der Analyse andere Gewinnwege ersichtlich werden, muss man in einer Partie nur einen sicheren Weg finden.

Mehr zu diesem Thema sehen wir im nächsten Beispiel.

W

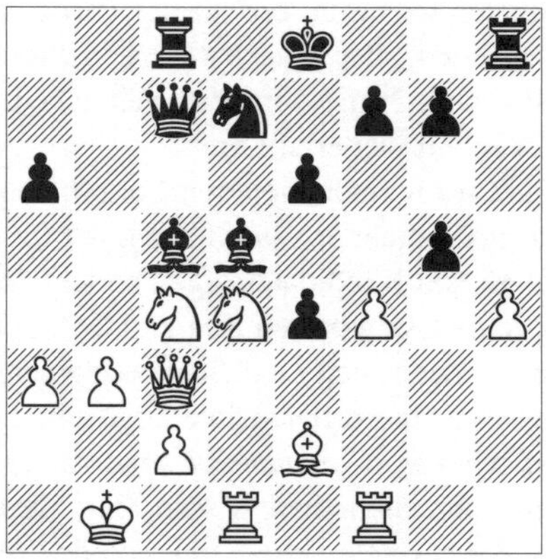

Anand – Kassimdschanow

Leon, Schnellpartie 2005

Dies ist eine komplizierte, typische Sizilianische Stellung, in der sich die Kampffront über das gesamte Brett erstreckt. Trotzdem ist die Logik der weißen Stellung hinreichend klar: Er kann am Damenflügel, wo sein Gegner offensichtlich einen Vorteil hat, und wo er bereit steht, bei erstbester Gelegenheit mit ...♘b6 oder mit einem Schlagen auf a3 zum Angriff überzugehen, nichts erreichen. Infolgedessen muss Weiß sich beeilen, die Vorteile seiner eigenen Stellung auszunutzen, und seine Chancen liegen in erster Linie auf dem Königsflügel, insbesondere in der Nähe der Felder g7 und f7 und auf der d-Linie (die Felder d5 und d6). Demzufolge muss man neben dem offensichtlichen Zurückschlagen auf g5 in zwei Varianten, auch die Entfernung des Springers von d4, um der Dame den Weg nach g7 zu öffnen, als Kandidatenzüge in Betracht ziehen, und möglicherweise ebenfalls den Zug f5, obwohl diese Idee äußerst unklar aussieht. Deshalb werden wir den Bauernzug vorläufig außer Acht lassen und uns auf die natürlicheren Züge konzentrieren. Gemäß meiner vorgeschlagenen Methode sollte der erste zu untersuchende Zug ein Springerzug von d4 sein. Aber wohin? Es ist nicht schwer zu sehen, dass der einzige logische Ort f5 ist, daher ist dies der Kandidatenzug, mit dem wir beginnen sollten, und dies war auch der Zug, der in der Partie gespielt wurde.

26 ♘f5!

Dies stellt sich als vollkommen korrekt heraus und führt schließlich zum Sieg. Wir werden uns den weiteren Verlauf der Partie etwas später ansehen, aber zunächst werden wir unsere Diskussion fortsetzen und versuchen, die Angelegenheit weiterzuführen.

Es gibt noch einen weiteren Vorteil, den wir bis jetzt noch nicht erwähnt haben, der für eine Rangfolge von Kandidatenzügen spricht. Wenn es uns gelingt, den besten Zug zu identifizieren (oder einen der besten Züge, in den seltenen Fällen, dass es mehrere gleich gute Züge gibt), dann können wir sofort, *manchmal sogar ohne Berechnung,* mit Sicherheit wissen, dass dies der Zug ist, der gespielt werden muss, und wir können auf die Betrachtung anderer Züge verzichten, und somit wieder einmal Zeit und Energie sparen. Und diese Einsparung, die später in der Partie so wichtig sein kann, ist eines der Ziele der verschiedenen Denktechniken, die entwickelt worden sind, darunter viele meiner Ratschläge hier, und die Theorie der Kandidatenzüge selbst. Der obige 26. Zug von Weiß ist dafür ein Beispiel, obwohl es hier nicht möglich ist, ohne die Berechnung der Konsequenzen auszukommen.

Aber auch dies ist nicht das Ende der instruktiven Punkte, die ich in diesem Zusammenhang anbringen muss! Sagen wir okay, wir sind damit einverstanden, dass 26 ♘f5! sicherlich sehr stark ist und dem Weißen große Vorteile bringen wird. Da die Zeit und die Energie eines Spielers während der Partie begrenzt sind, bedeutet das, dass er, wenn er einmal solch einen Zug gefunden hat, sich das Anschauen anderer Züge sparen kann, weil er weiß, dass er schon einen Zug gefunden hat, der seine Stellung verbessert. Dies gilt sicherlich für **das Spielen** am Brett. Nach der Partie ist jedoch die **Heimanalyse** Pflicht. Sie ist ein unumgänglicher Teil des Verbesserungsprozesses eines jeden Spielers, ganz gleich welcher Spielstärke. Und *es gibt einen bedeutenden Unterschied zwischen der Berechnung von Varianten während einer Partie und der Heimanalyse.* Während einer Partie müssen wir Zeit und Energie sparen und nur die Varianten berechnen, die wichtig sind, und wir müssen oft ganz bewusst die Abspiele ignorieren, die interessant aussehen, aber höchst kompliziert und zeitaufwendig sind. Solch eine Herangehensweise ist für das praktische Spiel, in dem das Ergebnis einer bestimmten Partie im Vordergrund steht, unerlässlich.

Aber während der Heimanalyse sind die Prioritäten eines Spielers anders gelagert. Hier steht die Effektivität des Trainings im Vordergrund. In dem Fall ist es unerlässlich, all diejenigen Varianten zu analysieren, die den Verlauf der Ereignisse beeinträchtigen können. Wenn wir also die vorliegende Partie analysieren, haben wir nicht das Recht, uns einfach auf den effektiven Zug 26 ♘f5! zu beschränken, sondern wir sind dazu verpflichtet, die Folgen, der in dieser Stellung existierenden weiteren Kandidatenzüge, zu überprüfen. Wie wir schon gesagt haben, sind dies die Schlagmöglichkeiten des schwarzen Bauern auf g5. Die relevanten Varianten lauten (ich habe nur die wesentlichen Abspiele und ihre Bewertung gegeben; ich würde dem Leser empfehlen, die Varianten selbst zu überprüfen):

a) 26 hxg5 ♗xa3 27 ♘f5! ♗xc4 28 ♘xg7+ ♔f8! 29 ♗xc4 ♖g8! 30 ♘h5 ♘b6 mit einer komplizierten und unklaren Stellung, in der es klar ist, dass Schwarz Gegenspiel hat.

b) 26 fxg5 ♖xh4 27 ♘f5 exf5 28 ♖xd5 g6 29 ♖fd1 ♘b6! 30 ♕e5+ ♕xe5 31 ♖xe5+ ♔f8 32 ♖xc5 ♖xc5 33 ♘xb6 ♖c6 führt zu einer Stellung, die vollkommen zufriedenstellend für Schwarz ist.

Daraus können wir die Schlussfolgerung ziehen, dass die von Anand während der Partie gefällte Entscheidung der einzige Weg war, sich den Vorteil zu sichern.

26...♗xc4?

Schwarz gelingt es nicht, dem Druck standzuhalten und begeht den entscheidenden Fehler. Auch dies unterstreicht die Richtigkeit der von Weiß im vorherigen Zug gefällten Entscheidung. Er stellte seinen Gegner vor schwierige Probleme, und Kassimdschanow war nicht in der Lage, sie zu lösen. 26...exf5?! ist ebenfalls schlecht wegen 27 ♖xd5 f6 (27...gxf4 verliert nach 28 ♕xg7 ♖f8 29 ♗h5) 28 hxg5, und Weiß besitzt einen unzweifelhaften Vorteil. Die stärkste Fortsetzung ist 26...gxf4!. Dann kann folgen: 27 ♘xg7+! ♔f8! (das ist stärker als 27...♔e7, wonach 28 ♘f5+! exf5 29 ♖xd5 ♖xh4 {29...♔e6 30 ♖fd1 +–; 29...f3 30 ♗xf3 +–} 30 ♕g7! Weiß einen sehr starken Angriff gibt) 28 ♘xe6+ ♗xe6 29 ♕xh8+ ♔e7 30 ♕c3! f3 (das verlockende 30...♗xa3? scheitert an 31 ♕d2! ♗c5 32 ♕xf4) 31 ♗xf3 exf3 32 ♖xf3. Diese komplizierte Stellung muss als günstig für Weiß angesehen werden, da der schwarze König unsicher steht und Weiß einen potentiell gefährlichen Freibauern hat. Der Vergleich dieser Varianten mit denen, die entstanden wären, wenn Weiß im vorherigen Zug auf g5 geschlagen hätte, unterstreicht die Korrektheit des 26. Zugs von Weiß. Durch das von Weiß gesparte Tempo wird sein Angriff viel gefährlicher.

27 ♘xg7+ ♔e7 28 ♗xc4 ♖hg8 *(D)*

W

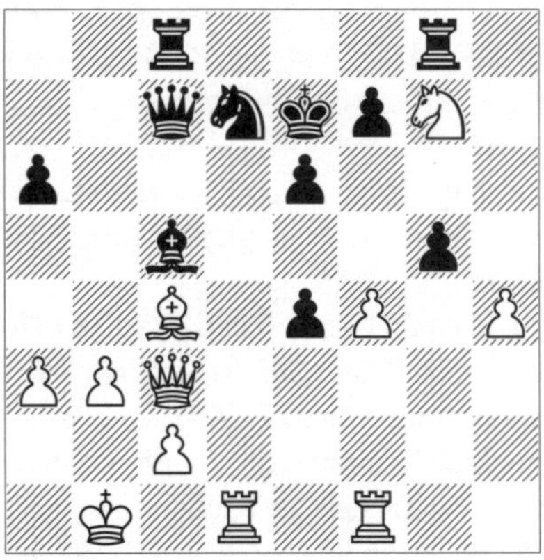

29 hxg5!?

Obwohl dies gut genug ist, ist es nicht die energischste Wahl. 29 f5! ist klarer: 29...♘e5 (nach 29...e5 30 f6+ ♔f8 gewinnt Weiß durch 31 ♗xf7! ♔xf7 32 ♕c4+ ♔g6 33 ♕xe4+ ♔f7 34 ♕c4+ ♔g6 35 ♕g4) 30 f6+ ♔f8 31 ♗xe6. Eine andere starke Möglichkeit ist 29 fxg5! ♘e5 30 ♖xf7+! ♔xf7 31 ♘xe6, wonach der Nachziehende die Uhr abstellen kann. Diese Situation veranschaulicht, was wir weiter oben gesagt haben. Es ist ziemlich wahrscheinlich dass Anand, nachdem er einen ausreichend überzeugenden Gewinnweg gesehen hatte, dem Prinzip folgte, dass man nur einen Gewinnweg benötigt und daher keine Zeit an anderen Varianten verschwendete.

29...e3

Die Aufgabe des Anziehenden wäre komplizierter nach 29...♗d6!?, was das Feld e5 mit dem Läufer kontrolliert und den Vorstoß f5 erschwert.

30 f5 ♘e5 31 fxe6!?

31 f6+ ♔f8 32 ♗xe6 e2 33 ♗xc8 exf1♕ 34 ♖xf1 gewinnt ebenfalls.

31...♖xg7

Nach 31...e2 32 ♕xe5! exf1♕ 33 ♗xf1 gewinnt Weiß sehr hübsch. Nun folgt ein effektives Finale:

32 ♖d7+! ♘xd7 33 ♕xg7 1-0

Es muss jedoch gesagt werden, dass es sich bei dem Thema, das wir diskutiert haben, um kein einfaches handelt und ziemlich „schlüpfrig“ sein kann. Wenn die Zwangslage entsteht, ob man andere Kandidatenzüge analysieren soll oder sich auf den guten Zug festlegen soll, den man bereits gefunden hat, gibt es immer eine Kehrseite: Auf der einen Seite spart man Zeit und Energie, wenn man den Zug spielt, den man bereits gefunden hat, aber man läuft auch Gefahr, etwas noch Besseres zu übersehen und dadurch die Aufgabe zu verkomplizieren. Das Lösen dieses Dilemmas ist eine Sache der Erfahrung und Intuition. Es gibt aber natürlich auch Situationen, in denen nur ein wirklich guter Zug existiert, und wenn wir diesen einmal gefunden haben, wissen wir, dass wir das Problem gelöst haben. Das passiert im nächsten Beispiel:

S

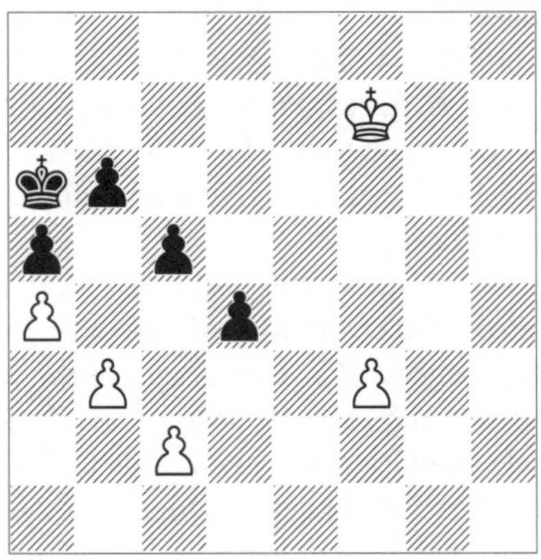

Subariew – Grigorjew

Meisterschaft der UdSSR, Leningrad 1925

Schwarz hat eine aktive Bauernmajorität am Damenflügel, aber wenngleich der König des Weißen weit entfernt ist, hat er sein eigenes Gegenspiel in Gestalt des f-Bauern. Es läuft also auf ein Rennen hinaus, in dem jedes Tempo Gold wert ist. Die nächsten Züge sind daher leicht zu verstehen:

55...b5 56 axb5+

Schwarz gewinnt nach 56 f4 bxa4 57 bxa4 c4 58 f5 d3.

56...♔b6!?

Der Hauptpunkt ist, dass man davon Abstand nehmen kann und soll, den Bauern ohne Berechnung zu schlagen. Man braucht nur zu sehen, dass Weiß nicht zuerst umwandeln kann, und das wird schon auf den ersten Blick, den man auf die Stellung wirft, klar. Die Logik hinter der Wahl des Zugs ist einfach: Schwarz kommt nicht ohne ...c4 oder ...a4 aus, und er will nicht, dass Weiß mit Schach schlägt, was Schwarz ein Tempo im Bauernrennen kosten würde. Auch wenn die Analyse nach der Partie zeigen sollte, dass der Nachziehende sogar gewinnt nachdem er auf b5 nimmt (er tut es nicht – nach 56...♔xb5? 57 ♔e6 c4 58 bxc4+ ♔xc4 59 f4 a4 60 f5 a3 61 f6 a2 62 f7 a1♕ 63 f8♕ ergibt sich ein Remis), ist es absolut klar, dass der Besitz der Linie mit einem extra Tempo nicht schlechter sein kann. Schwarz kann sich jedoch einige Schwierigkeiten ersparen, indem er das sogar noch genauere 56...♔b7! spielt, da Weiß dann nicht die Ressource 61 a5+ in der nächsten Anmerkung hat.

57 ♔e6

Nach 57 f4 c4 58 bxc4 a4 59 f5 a3 60 f6 a2 61 ♔e8 a1♕ 62 f7 ♕e1+ gewinnt Schwarz. Mehr Probleme bereitet 57 ♔e7! a4! 58 bxa4 c4 59 f4 d3 60 cxd3 cxd3, und nun gibt es den Schlag 61 a5+! *(D)*.

61...♔xa5! (die Pointe liegt in 61...♔xb5? 62 a6 ♔xa6 63 f5 d2 64 f6 d1♕ 65 f7 ♕e2+ 66 ♔f8 =; zugegebenermaßen war es nicht sehr wahrscheinlich, einen so großen Meister der Bauernendspiele wie Grigorjew in eine solche Falle zu locken, aber wir können trotzdem den Nutzen erkennen, den Schwarz daraus zieht, Zeit und Energie im vorigen Zug gespart zu haben) 62 b6 (62 f5!? d2 63 f6 d1♕ 64 f7 erfordert ebenso eine genaue Spielweise von Schwarz) 62...♔xb6

S

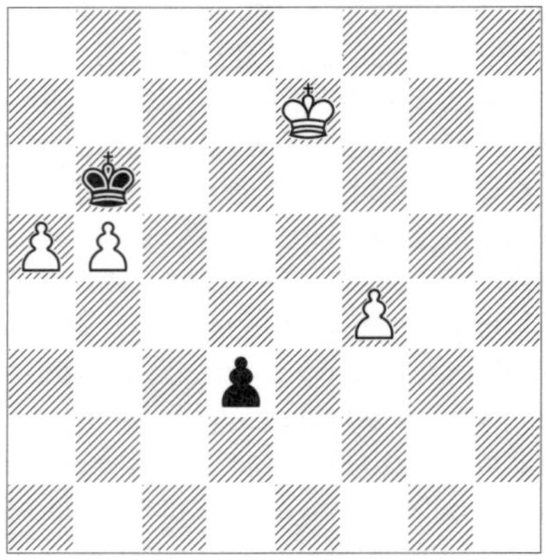

63 f5 d2 64 f6 d1♕ 65 f7. Um die Partie zu gewinnen, ist nun etwas Wissen über die Theorie dieses Endspiels vonnöten. Dies kann auf diese Weise erreicht werden: 65...♕e2+ 66 ♔d7 (66 ♔f8 ♕g4! usw.) 66...♕f3 67 ♔e7 ♕e4+ 68 ♔d7 ♕f5+ 69 ♔e7 ♕e5+ 70 ♔f8 ♕h8+! 71 ♔e7 ♕g7 72 ♔e8 ♔c7! usw.

57...a4!

Der einzige Weg. 57...c4? ist schlecht wegen der Fortsetzung 58 bxc4 a4 59 ♔d6! a3 60 c5+ mit Remis.

58 bxa4 c4 59 f4 d3 60 cxd3 cxd3 61 f5 *(D)*

Mit seinem König auf e6 statt auf e7 (siehe die Anmerkung zum 57. Zug von Weiß) hat Weiß noch nicht einmal die zuvor erwähnte Gelegenheit, im Trüben zu fischen. Nach 61 a5+ ♔xb5 62 a6 ♔xa6 63 f5 d2 64 f6 d1♕ 65 f7 hat Schwarz 65...♕d8.

S

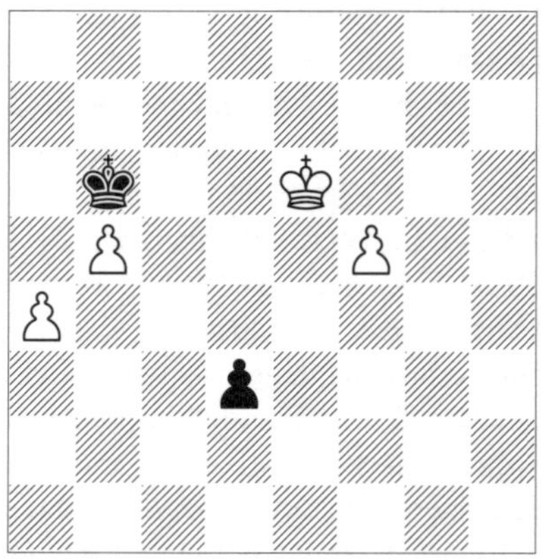

61...d2 62 f6 d1♕ 63 f7 ♕d8 64 ♔f5 ♕d6 0-1

So, wir können sagen, dass wir Kotows ersten beiden Punkte mit unserer eigenen Formel ersetzt haben. Oder, genauer gesagt, seine Punkte funktionieren häufig nicht sehr zufriedenstellend, und in vielen Fällen überhaupt nicht, da sie so viele wichtige Aspekte auslassen. Aber zwei weitere Punkte verbleiben in Kotows Liste. Wie sieht die Situation hinsichtlich dieser Punkte aus?

Auf den 4. Punkt – wie oft man jeden Kandidatenzug analysieren soll – werden wir später zurückkommen. Was den 3. Punkt betrifft, der besagt, dass man sich die verschiedenen Abspiele als Variantenbaum vorstellen kann, was genau bedeutet das? Bedeutet es, dass sich der Spieler während der Berechnung die Varianten als einen Baum vorstellen soll, oder dass er mit einem Blatt Papier bewaffnet ans Brett kommen soll, auf dem er sein Bild zeichnen kann? Und falls das so ist, was soll er hinterher mit dem Bild machen? Nein, das hat natürlich mit der Aufgabe der Variantenberechnung am Brett nichts zu tun. Wir können den dritten Punkt einfach völlig vergessen, da er gänzlich überflüssig ist.

Unklare und komplizierte Situationen

Wir werden daher unsere eigene Methode weiterverfolgen, wobei es an der Zeit ist, den nächsten Schritt zu machen. Das betrifft das Folgende. In vielen komplizierten Stellungen, in denen strategische Dinge nicht vollkommen klar sind, ist es oft sehr schwierig, eine einzige klare Richtung oder eine dominante Logik der Partie zu bestimmen. Unter diesen Umständen gibt es häufig eine Auswahl verschiedener Pläne, und konsequenterweise Kandidatenzüge. Dies klingt wahrscheinlich alles etwas verwirrend, aber das nächste Beispiel sollte Klarheit schaffen.

Auf den ersten Blick erscheint diese Stellung nur aufgrund der Anzahl der Kandidatenzüge, die Weiß zur Verfügung stehen, kompliziert, wobei strategisch gesehen, das Wesen der Stellung klar erscheint: Weiß hat einen Mehrbauern und sollte ohne übermäßige Probleme und auf verschiedene Weisen einen weiteren gewinnen.

W

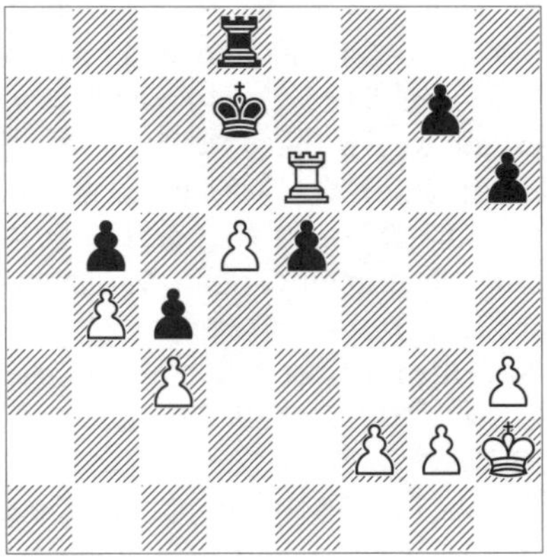

Geller – Smyslow
Interzonenturnier, Palma de Mallorca 1970

Die Frage ist nur, welche dieser Methoden die beste ist, und die Antwort sollte aus der Berechnung der verschiedenen Kandidatenzüge hervorgehen. Das ist aber in der Tat nicht die einzige Betrachtungsweise dieser Stellung. Tatsächlich muss man zwei Faktoren berücksichtigen:

1) Wenn der weiße Turm die Reihe verlässt, kann der schwarze König vorrücken, und da sein Turm sowieso in der Lage ist, in die weiße Stellung einzudringen, würden die schwarzen Figuren ein gewisses Maß an Koordination erlangen.

2) Im Gegensatz dazu ist eine solche Koordination unter den weißen Figuren nicht ersichtlich. Sein Turm ist hinter den feindlichen Figuren tätig, während sein König auf h2 hockt.

In meinem Buch *Wie man dynamisches Schach spielt* (Gambit, 2006) habe ich ziemlich viel über die Bedeutung der Koordination geschrieben, und ich möchte Sie auf dieses Buch verweisen, wenn Sie mehr über dieses Thema herausfinden wollen. Damit wir durch das Herumspringen von einem Punkt zum anderen nicht abgelenkt werden, lassen Sie uns sofort der bereits beschriebenen Methode der Heimanalyse folgen, und die Folgen der verschiedenen Kandidatenzüge analysieren, die der Spielrichtung entsprechen, die oben skizziert wurde.

a) 46 ♖xe5 ♖a8 47 ♔g3 ♔d6 48 ♖e3 ♖a2!. Hier hat Schwarz ernsthaftes Gegenspiel, was sehr wahrscheinlich ausreicht, um die Partie zu retten.

b) 46 ♖g6 ♖a8 47 ♖xg7+ ♔d6 48 ♖g6+ ♔xd5 49 ♖xh6 ♖a3 50 ♖b6 ♖xc3 51 ♖xb5+ ♔d4 52 h4 ♖b3 53 h5 c3 54 h6 c2 55 ♖c5 (55 h7? verliert wegen 55...c1♕ 56 h8♕ ♕f4+) 55...♖c3 56 ♖xc3 ♔xc3 57 h7 c1♕ 58 h8♕ ♕f4+ 59 ♔h3 ♕f5+ 60 ♔g3 ♕f4+ mit Remis durch Zugwiederholung. Beide Varianten wurden von Geller selbst aufgezeigt.

c) Außerdem ist der weiße Vorteil nach 46 ♖b6 ♖a8 47 ♖xb5 ♖a3 48 ♖c5 ♖xc3 49 ♖c6 ♖b3 50 ♖xc4 ♔d6 51 ♖c6+ ♔xd5 52 ♖g6 ♖xb4 53 ♖xg7 h5 54 ♖g5 h4 minimal, und ein Remis ist das wahrscheinlichste Ergebnis.

Man kann leicht erkennen, dass sich der Nachziehende in all diesen Beispielen durch die aktive Koordination seiner Streitkräfte retten konnte. Diesen Faktor haben wir bereits zuvor registriert als wir versucht haben, den wahrscheinlichen Spielverlauf vorauszusagen. Gibt es aber noch eine andere mögliche Logik in dieser Stellung? Offensichtlich die folgende: Wenn unsere Probleme in der Vorgehensweise aus der Figurenkoordination unseres Gegners und unserem Mangel an dieser Koordination herrühren, dann legt die Logik nahe, dass wir nach einem Weg Ausschau halten, mit dem wir selbst eine solche Koordination erreichen, während wir sie dem Gegner entziehen. Geller begann in diese Richtung Überlegungen anzustellen, und dies war das Ergebnis:

46 ♔g3! ♖a8 47 ♔f3 ♖a3 48 ♔e4 ♖xc3 49 ♖g6 ♖c2 50 ♖xg7+ ♔d6 51 ♖g6+ *(D)*

S

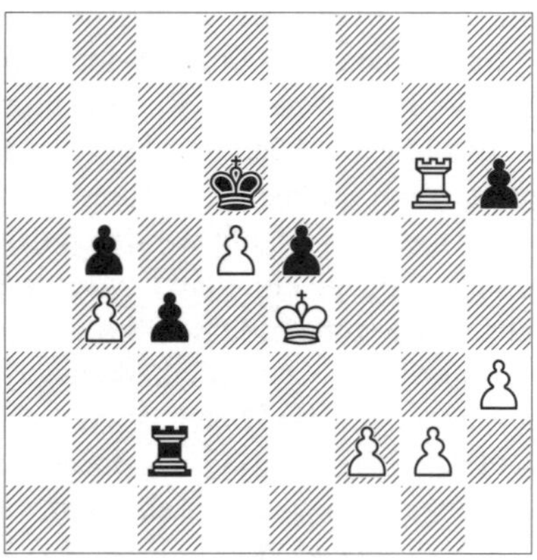

Das ist der Unterschied. Nun hat die Koordination der weißen Streitkräfte den König und Turm des Schwarzen von der Zusammenarbeit abgehalten. Diese Stellung, die forciert entstanden ist, muss als gewonnen für Weiß bewertet werden, obwohl er immer noch einige technische Schwierigkeiten lösen muss. Geller bewältigt diese Aufgabe in ausgezeichneter Manier und auf sehr instruktive Weise.

51...♔d7 52 ♖g7+ ♔d6 53 ♖g6+ ♔d7 54 ♔xe5 ♖e2+ 55 ♔d4 ♖xf2 56 ♖g7+ ♔d6 57 ♖g6+ ♔d7 58 g4! ♖d2+ 59 ♔e5 ♖e2+

Im Fall von 59...c3 60 ♖d6+!, entwickeln sich die Geschehnisse ähnlich wie in der Partie.

60 ♔d4 ♖d2+ 61 ♔c5 c3

Weiß hat alles erreicht, was er wollte, indem er die gegnerischen Streitkräfte völlig zerstreute und seine eigene Koordination maximiert hat. Seine einzige noch verbleibende Aufgabe besteht darin, den feindlichen Freibauern zu neutralisieren. Das wird durch das folgende standardmäßige, aber dennoch effektive Manöver erreicht.

62 ♖d6+!

Jeder Rückzug verschlechtert nun die Stellung des schwarzen Königs.

62...♔e7 63 ♖e6+ ♔d7 64 ♖e3! c2 65 ♖c3 ♖h2 66 h4!

Die letzte schwierige Entscheidung in dieser Partie. Der Rest ist nun einfach.

66...♖xh4 67 ♖xc2 ♖xg4 *(D)*

W

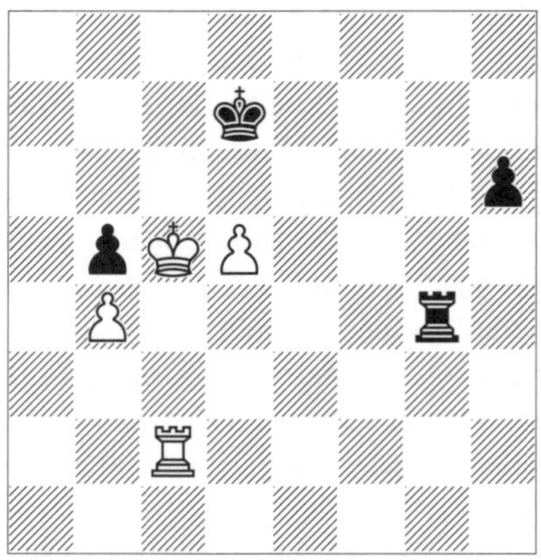

Die Stellung ist materiell ausgeglichen, aber die schwarze Stellung ist hoffnungslos. Der entscheidende Faktor ist der Unterschied in der Koordination und Aktivität der Streitkräfte beider Seiten. Dies ist ein typisches Beispiel für

Gellers genaue und kraftvolle Methoden, seine Pläne in die Tat umzusetzen.

68 ♖h2!

Bindet den schwarzen Turm.

68...♖g6 69 ♔xb5 ♔d6 70 ♖h5 ♔c7 *(D)*

Die Varianten 70...♖g5 71 ♖xh6+ ♔xd5 72 ♔b6 und 70...♖f6 71 ♔b6 ♖g6 72 b5 retten die Partie auch nicht.

W

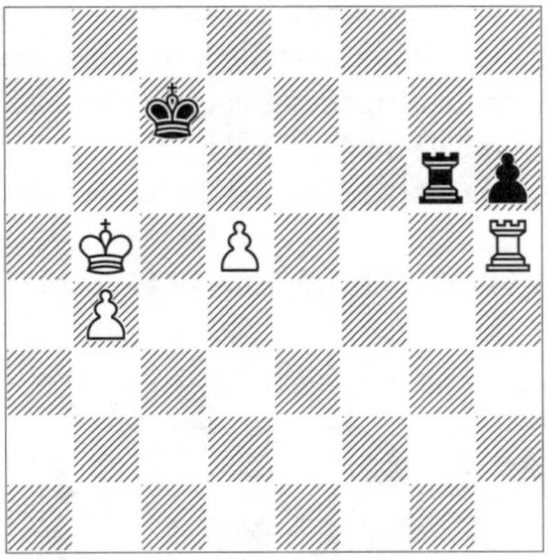

71 ♔c5 ♖f6 72 ♖h1 ♔b7 73 b5 ♖g6 74 ♖h5 ♔c7 75 ♖f5 ♖g1 76 b6+ ♔b7 77 ♖f7+ ♔b8 78 d6 ♖c1+ 79 ♔d5 1-0

Der weiße König erreicht f8 und sein Bauer geht zur Dame.

Nun sollten wir es wagen, einen Schritt weiter zu gehen, und unterstellen, dass genau wie die Stellungsbewertung und die daraus zu ziehenden Schlussfolgerungen einen Einfluss auf die Variantenwahl haben, die berechnet werden soll, so beeinflusst die Berechnung wiederum die Bewertung der Stellung. Es gibt viele Stellungen, in denen es unmöglich ist, eine *korrekte* Beurteilung ausschließlich auf der Grundlage des äußeren Erscheinungsbilds zu erreichen. Dies beruht darauf, dass solche Stellungen von der kombinierten Einwirkung zu vieler verschiedener Faktoren und Einzelheiten abhängen, ganz gleich wie bedeutend oder unbedeutend sie sein mögen. All dies zu erkennen und korrekt abzuschätzen ist nur nach detaillierten Variantenberechnungen möglich, die oft sehr kompliziert und vielfältig sind. Dies wirft die folgende Frage auf: Wie sollen wir mit der Variantenberechnung verfahren, wenn uns die korrekte Stellungsbehandlung nicht klar ist? Die Antwort lautet: Sogar in Situationen, in denen sich die Streitkräfte beider Seiten in einem offenen Schlagabtausch befinden, ist die Richtung, in die die Berechnung weist, normalerweise relativ klar. Die Folgen der Berechnung selbst mögen unklar sein, aber die Wahrheitsfindung ist genau das, worum wir uns hier bemühen.

Wir können über dieses Thema noch eine ganze Weile sprechen, aber ein konkretes Beispiel wird die Sache besser veranschaulichen.

Polugajewski – Neschmetdinow

Meisterschaft der russischen Föderation, Sotschi 1958

Als diese Partie gespielt wurde war Lew Polugajewski ein noch nicht sehr bekannter junger Meister (24 Jahre alt), während der heute fast vergessene Raschid Neschmetdinow auf der Höhe seines Ruhms als ein brillanter Taktiker galt und ein großer Meister des Angriffs war. Diese Partie wurde vielerorts kommentiert, unter anderem von Neschmetdinow selbst, und viele Jahre später von Mark Dworetski. Ich werde hier auf beide dieser Kommentare zurückgreifen.

1 d4 ♘f6 2 c4 d6 3 ♘c3 e5 4 e4 exd4 5 ♕xd4 ♘c6 6 ♕d2 g6 7 b3 ♗g7 8 ♗b2 0-0 9 ♗d3 ♘g4 10 ♘ge2!?

Auch in jenen Tagen war es schon gut bekannt, dass Schwarz nach 10 ♘f3 ♘ge5 11 ♗e2 ♘xf3+ 12 ♗xf3 ♘d4 13 ♗d1 f5 eine gefährliche Initiative entwickelt. Polugajewskis Plan ist ein Versuch, die Variante zu verstärken.

10...♕h4 11 ♘g3 ♘ge5 12 0-0 f5 *(D)*

13 f3

Nach diesem Zug wird die Partie äußerst kompliziert. Es erscheint mir unmöglich, diese Komplikationen und damit die Richtigkeit von Polugajewskis ganzem Plan, ohne eine detaillierte Analyse einzuschätzen. Die Alternative war 13 exf5 gxf5 14 ♘ge2 (schlecht ist 14 ♘d5? f4 15 ♘xc7 ♖b8 16 ♘e4 f3 17 ♕g5 fxg2 –+). Die Stellung, die nach den weiteren Zügen 14...f4 15 f3 ♘xd3 16 ♕xd3 erreicht wird, ist viel einfacher zu bewerten, und sollte als ungefähr ausgeglichen betrachtet werden. Die Meinungen unserer Kopiloten lauten in dieser

W

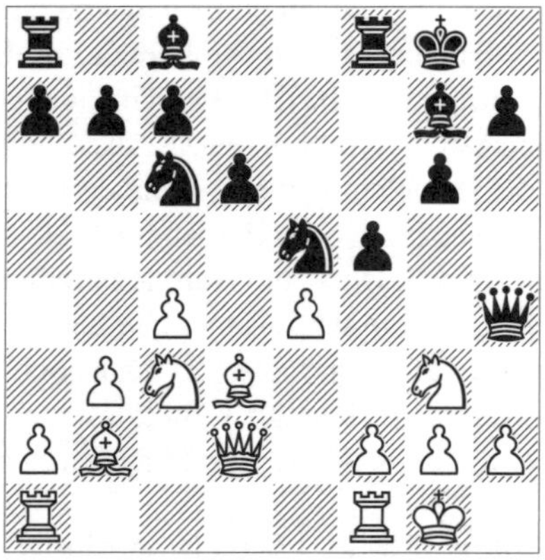

Diskussion jedoch folgendermaßen: „13 f3!! Der Beginn eines tiefen Verteidigungsplans.“ (Neschmetdinow). „Die Öffnung der g-Linie nach 13 exf5 gxf5 würde Schwarz in die Hände spielen“ (Dworetski).

13...♗h6 14 ♕d1 *(D)*

S

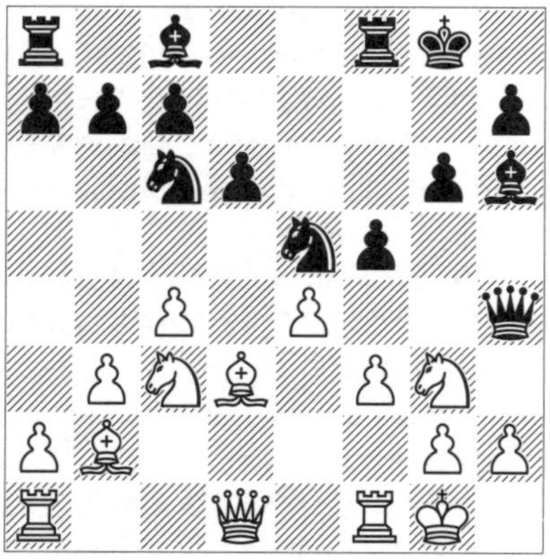

14...f4

Ein weiterer wichtiger Moment. Hier verpasste Neschmetdinow die Chance, sich Vorteil zu verschaffen, indem er dem natürlichsten Weg folgte: Zunächst wird der Läufer mittels 14...♗e3+! 15 ♔h1 aus dem Weg geräumt, und erst jetzt 15...f4; dann hat Schwarz nach 16 ♘ge2 g5 17 ♘d5 g4 18 g3 (schlecht ist 18 ♘xe3 g3 –+; oder 18 fxg4 ♘xg4 19 h3 f3 –+) 18...fxg3 19 ♘xg3 ♗d4!? 20 ♗xd4 ♘xd4 einen dauerhaften Vorteil. Falls diese Varianten korrekt sind, und es besteht kein Grund ihnen zu misstrauen, dann muss man den vorherigen Zug von Weiß als Fehler ansehen und 13 exf5 den Vorzug geben. Ich möchte noch einmal darauf hinweisen, dass es unrealistisch ist, eine solch komplizierte Stellung auf der Grundlage des äußeren Erscheinungsbilds zu beurteilen, ohne Varianten zu berechnen. Was den 14. Zug von Schwarz angeht, so werden wir ihn im weiteren Verlauf der Partie untersuchen, aber sogar hier kann man sagen, dass er irgendwie unlogisch aussieht – Schwarz zieht erst seinen Königsindischen Läufer von seiner normalen Diagonale, nur um anschließend seine neue Linie mit seinem eigenen Bauern zu schließen.

15 ♘ge2 g5 16 ♘d5 g4!?

Schwarz entwickelt die Initiative mit viel Schwung.

17 g3 fxg3 18 hxg3 ♕h3 19 f4 ♗e6! *(D)*

W

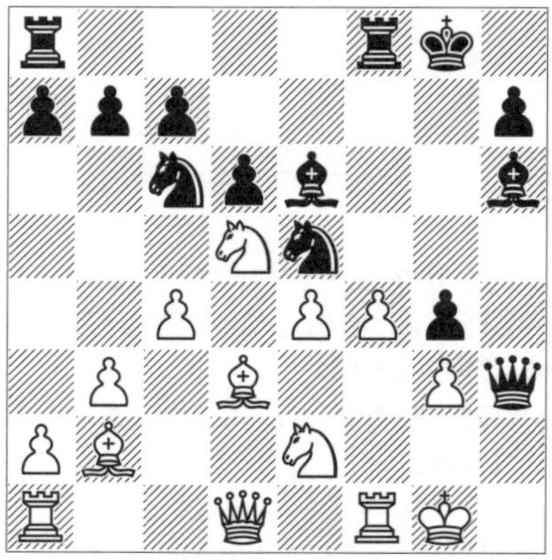

Die Spannung steigt. In solchen Situationen ist jeder einzelne Zug von großem Wert.

20 ♗c2

Dies wird sowohl von Neschmetdinow als auch von Dworetski als entscheidender Fehler bezeichnet. Beide stützen ihre Meinung auf die Ergebnisse ihrer konkreten Analyse. Aber auch wir müssen in diesem kritischen Moment der Partie unsere eigene Meinung bilden. Zunächst können wir ein paar offensichtliche Punkte festhalten. 20 fxe5? ist schlecht für Weiß wegen 20...♗xd5 21 ♗c1 ♘xe5!. Das Gleiche gilt für 20 ♘xc7 ♖xf4! 21 gxf4 (21 ♘xe6? verliert auf der Stelle wegen 21...♖xf1+ 22 ♕xf1 ♗e3+, und 21 ♘xf4 ♕xg3+ 22 ♔h1 ♗xf4 23 ♖xf4 ♕xf4 24 ♘xe6 ♕h6+ 25 ♔g2 ♕h3+ 26 ♔g1 ♘xd3 27 ♕d2 ♕g3+ rettet Weiß auch nicht) 21...g3 22 ♘xg3 ♕xg3+ 23 ♔h1 ♕h4+! 24

♔g1 ♗h3 25 ♕e2 ♖f8! 26 ♖f2 ♖xf4 27 ♖xf4 ♗xf4, und Schwarz gewinnt leicht.

Neschmetdinow schlägt als Stärkstes 20 ♗b1 vor, wonach Dworetski (viele Jahre später!) auf die überzeugende Widerlegung 20...♗xd5! 21 cxd5 ♖xf4! 22 gxf4 g3 23 ♘xg3 ♕xg3+ 24 ♔h1 ♕h3+ 25 ♔g1 ♔h8! hinweist, mit Gewinn.

Dann war Dworetski an der Reihe, etwas für Weiß vorzuschlagen, und das war 20 ♗c1!?. Neschmetdinow hatte diesen Zug in Betracht gezogen, und die Widerlegung 20...♘d4 (!! Neschmetdinow) gegeben. Nach weiteren Schachgeboten wird jedoch klar, dass Weiß nach 21 ♘xd4 ♕xg3+ 22 ♔h1 ♕h3+ 23 ♔g1 g3 24 ♕e2 ♗xd5 25 exd5! ♘xd3 (25...♗g7 26 ♗f5!) 26 ♕e6+ ♕xe6 27 ♘xe6 ♖f5 28 ♖f3 einen kleinen Vorteil hat. Es scheint, dass 20...♗xd5! eine überzeugendere Fortsetzung ist, und nach 21 fxe5 (falls 21 cxd5, dann gewinnt 21...♘d4! 22 ♘xd4 ♕xg3+ 23 ♔h1 ♘xd3, und auch 21 exd5 ♘f3+ 22 ♔f2 ♕h2+ 23 ♔e3 ♖ae8+ endet zugunsten von Schwarz) folgt 21...♘xe5 22 ♗xh6 ♘f3+ 23 ♔f2 ♕h2+.

Aus den vorstehenden Ausführungen können wir die Schlussfolgerung ziehen, dass die weiße Stellung entweder schon schlecht ist, oder dass sein 20. Zug durchaus in Ordnung ist und er wegen eines späteren Fehlers verlor. Schauen wir uns an, was passierte.

20...♖f7

Der aufmerksame Leser wird sich zweifellos fragen, warum 20...♗xd5 jetzt nicht funktioniert, wenn es doch so stark ist, wenn der Läufer auf b1 anstatt auf c2 steht. Es sieht auf den ersten Blick sicherlich gut aus. Weiß muss mit der Dame nehmen: 21 ♕xd5+ (nach 21 cxd5 ♖xf4! verliert der Anziehende auf ähnliche Weise wie in der angegebenen Variante nach 20 ♗b1) 21...♖f7, aber jetzt ist er in der Lage mittels 22 ♕e6! ♔f8 23 ♖f2! ♖e8 24 ♕xf7+ (einziger Zug) 24...♘xf7 25 ♖h2 ♗xf4 26 ♖xh3 ♗e3+ 27 ♔h2 gxh3 28 ♖f1 am Rande des Abgrunds zu balancieren, mit realen Chancen, die Partie zu retten. Aber mit dem Läufer auf b1 anstatt auf c2 kann Schwarz im 24. Zug mit dem König wiedernehmen, anstatt mit dem Springer, wonach er auf Gewinn steht! Dies sind die Art von Geheimnissen, die in der Heimanalyse aufgedeckt werden können, obgleich es sogar mit nahezu unbegrenzter Zeit sehr oft schwierig ist, die Wahrheit herauszufinden.

21 ♔f2!

Dunkle Gewitterwolken brauen sich über den weißen König zusammen, und er entschließt sich, die Beine in die Hand zu nehmen!

21...♕h2+ 22 ♔e3 *(D)*

S

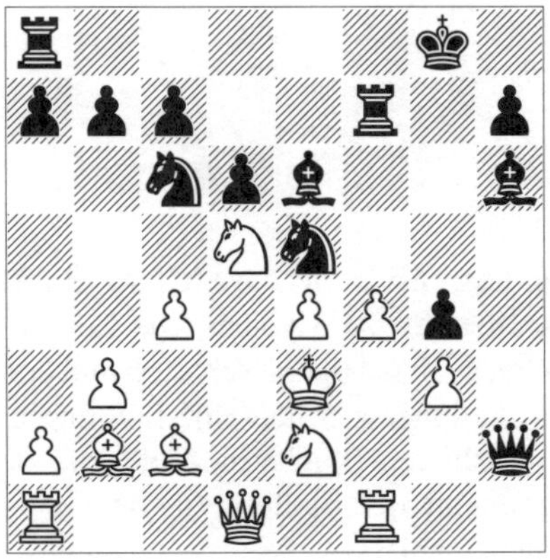

22...♗xd5!

Die Ausrufezeichen, mit denen die folgenden schwarzen Züge überschüttet werden, sollten diesem Austausch gegeben werden, da dieser die gewinnbringende Aktion in Gang setzt, und auch weil es nach diesem Zug keinen Weg zurück mehr gibt.

23 cxd5

Der beste Zug. Weiß verliert nach 23 exd5? ♖e8, während Schwarz nach 23 ♕xd5 ♘b4 24 ♕d1 (bewahrt, falls nötig, das Feld d2 für den König; 24 ♕d2? verliert wegen 24...♗xf4+! 25 gxf4 ♕h3+ 26 ♔f2 g3+ 27 ♔e1 g2) 24...♖e8 bedeutenden Druck hat.

23...♘b4 *(D)*

24 ♖h1

Beide Kommentatoren haben diesen Moment vorüberziehen lassen, als ob es sich um eine Selbstverständlichkeit handelt, aber man sollte sich an eine alte Regel besinnen, die von Kortschnoj ganz klar und in seiner ihm eigenen unverblümten Weise formuliert wurde: „Alle offensichtlichen Züge sehen zweifelhaft aus, wenn sie nach der Partie analysiert werden“. Diese Regel legt nahe, dass wir den Textzug nicht zu schnell akzeptieren sollten und nach anderen Ideen für die Verliererseite Ausschau halten

W

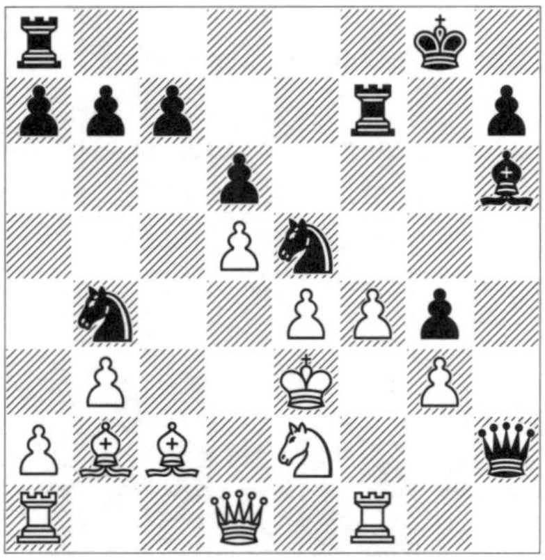

sollten. Lassen Sie uns die Stellung eingehend untersuchen, etwas was man von Zeit zu Zeit tun sollte, auch in äußerst scharfen und komplizierten Stellungen. Solch eine Stellungsuntersuchung gibt dem Spieler die Gelegenheit, sich entspannt mit der Stellung zu befassen, und führt manchmal dazu, dass er neue, interessante und oft unerwartete Ideen in der Stellung sieht. Wenn wir also sozusagen von der Seite schauen, finden wir bald 24 a3!? mit den folgenden Varianten:

a) 24...♕h3?! *(D)*, und nun hat Weiß zwei Möglichkeiten, Vorteil zu erlangen:

W

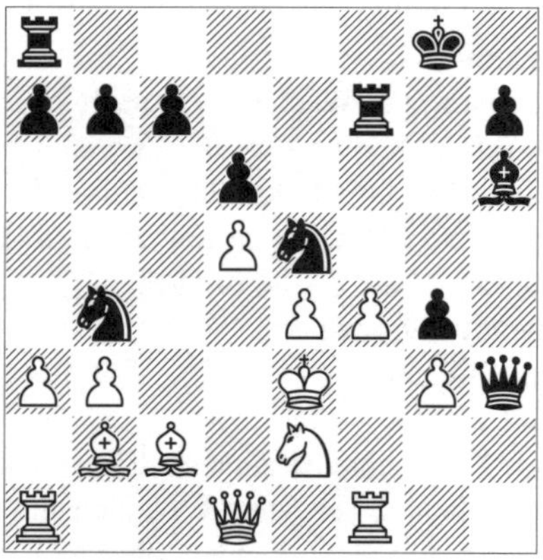

a1) 25 axb4 ♗xf4+ 26 ♘xf4! (nun wird der Nachziehende mit ...♕f3+ keine Zeit gewinnen; nach 26 ♖xf4? ♖xf4 27 ♕h1 {27 ♘xf4 ♕xg3+ 28 ♔e2 ♕f3+ 29 ♔e1 ♕g3+ 30 ♔d2 ♕xf4+ ist günstig für Schwarz} 27...♖f3+ 28 ♔d2 ♖f2 steht Schwarz bestimmt nicht schlechter) 26...♖xf4 (26...♕xg3+ 27 ♔d2!?) 27 ♖xf4 ♕xg3+ 28 ♔e2 ♕xf4 ist ein wenig besser für Weiß.

a2) Weiß kann auch 25 ♔d2!? spielen, mit der Folge 25...♘f3+ 26 ♔c1 ♘xc2 27 ♔xc2 ♕g2 28 ♖h1 ♗g7 29 ♗xg7 ♔xg7 30 ♕f1 ♘d4+ 31 ♔d3 ♕xf1 32 ♖axf1 ♘xb3 33 ♖h4, und dieses Endspiel stellt sich als vorteilhaft für Weiß heraus.

b) Aber Schwarz hat eine andere Option, nämlich 24...♘xc2+ 25 ♕xc2 ♕h3 *(D)*, und hier:

W

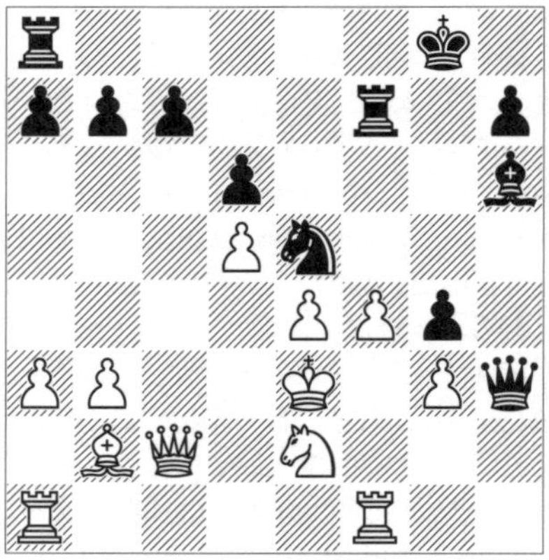

b1) 26 ♗xe5?! dxe5 27 ♖h1, und dann:

b11) 27...exf4+?! 28 ♔d3 ♕g2 29 ♖xh6 f3 30 ♘f4 ♕xg3 31 ♘h5 ♕e5 32 ♕c3 ♕xc3+ 33 ♔xc3 f2 34 ♖f1! ♖f3+ 35 ♔d4 ♖af8 36 ♖e6! ist gut für Weiß.

b12) 27...♗xf4+ 28 ♔d3 ♕g2 29 gxf4 ♕f3+ 30 ♔c4 c6 31 fxe5 b5+! 32 ♔c5 ♕e3+ 33 ♘d4 cxd5 mit wahrscheinlichem Remis.

b13) 27...♖xf4! (Nunn) 28 ♔d3 ♖f3+ 29 ♔c4 ♕g2 30 ♖xh6 ♖e3 könnte Schwarz etwas Vorteil geben.

b2) 26 ♔d2! ♘f3+ (26...♕g2 27 ♖ad1 ±) 27 ♔d3 ♕g2 28 ♖h1 ♗g7 (28...♖e8 29 ♖xh6 ♖xe4 30 ♕d1! ♖fe7 31 ♖e6) 29 ♗xg7 ♔xg7 30 ♔c3 ±.

Mit dem König auf e3 ist übrigens 24 ♗b1!? ebenfalls interessant.

Es stellt sich also heraus, dass der 24. Zug von Weiß der entscheidende Fehler war. In Anbetracht der Tatsache, dass die oben untersuchte Alternative zu zumindest akzeptablem Spiel führt, folgt daraus zunächst, dass die Kritik am 20. weißen Zug unberechtigt ist, und zweitens, dass die Entscheidung von Schwarz im 14. Zug fehlerhaft war und die Chance vergab, einen zwingenden Vorteil zu erlangen. Er hätte außerdem im 20. Zug ein günstiges Endspiel erzwingen können. Es ist ebenfalls klar, dass man in einer solch komplizierten Stellung, wie sie in dieser Partie entstanden ist, zu keinem genauen Urteil kommen kann, wenn man keine detaillierten Varianten berechnet und sich gänzlich auf allgemeine positionelle Erwägungen verlässt.

24...♖xf4!

Der Nachziehende hat keine Wahl, daher bekommt dieser brillante Zug nur ein Ausrufezeichen.

25 ♖xh2 ♖f3++ 26 ♔d4 ♗g7! *(D)*

W

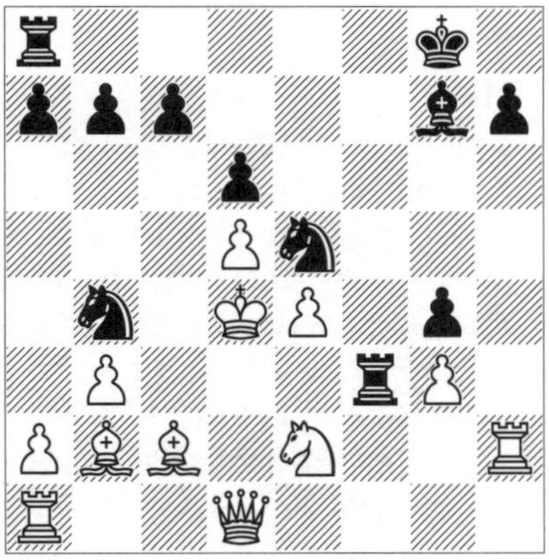

Am Ende eines spannungsgeladenen Kampfes und eines effizienten kombinatorischen Durchbruchs haben wir eine bemerkenswerte Stellung erreicht. Weiß hat eine Dame für gerade einen Bauern mehr, befindet sich aber in einer verzweifelten Situation. Die Analyse einer solchen Stellung umfasst eine Menge Varianten, ist aber dennoch nicht so schwierig, weil *die Richtung der Analyse offensichtlich ist.* Zum gegenwärtigen Zeitpunkt habe ich weder eine nennenswerte Unstimmigkeit mit den anderen Kommentatoren, noch einen Einwand zu der Schlussfolgerung, zu der wir alle gelangt sind – die weiße Stellung ist unhaltbar.

27 a4

Die Pointe dieses Zugs wird durch die Variante 27 ♘f4 b5! 28 ♕xf3 (einziger Zug) 28...♘xf3++ 29 ♔e3 ♗xb2 30 ♖ah1 ♗d4+ 31 ♔e2 ♘xh2 32 ♖xh2 ♘xc2 33 ♔d3 ♘e1+ 34 ♔xd4 ♘f3+ erklärt.

27 ♘g1 ist komplizierter. Dann stellt sich heraus, dass das sofortige 27...♘ed3+? nach 28 ♔c4? ♘xb2+ 29 ♔xb4 ♗c3+ 30 ♔a3 b5 31 ♕d4 (einziger Zug) 31...♗xd4 32 ♘xf3 ♗c3! 33 b4 a5 34 ♔b3 axb4 35 a3 ♘c4 ∓ funktioniert, aber an 28 e5! ♗xe5+ 29 ♔c4 ♘xb2+ 30 ♔xb4 a5+ 31 ♔b5 ♘xd1 32 ♖xd1 scheitert, wonach es der Anziehende ist, der den Vorteil hat. Daher sollte Schwarz stattdessen 27...♖xg3! den Vorzug geben und nach 28 ♘e2 ♖f3 29 ♘g1 ♘ed3+ 30 ♔c4 (nun führt 30 e5 ♗xe5+ 31 ♔c4 ♘xb2+ 32 ♔xb4 ♘xd1 –+ zu nichts) 30...♘xb2+ 31 ♔xb4 ♗c3+! 32 ♔a3 b5 33 b4 a5 gewinnt Schwarz.

27 ♘c3!? ist eine zähere Verteidigung, aber auch dann kann der Nachziehende einen entscheidenden Vorteil erreichen, und er hat sogar die Auswahl: 27...♘ed3+!? 28 e5! ♗xe5+ 29 ♔c4 ♘xb2+ 30 ♔xb4 ♗xc3+ 31 ♔a3 ♘xd1 32 ♖xd1 ♖xg3 33 ♖f1!? a5!? (sogar stärker als 33...♖h3 34 ♖xh3 gxh3 35 ♖h1 ∓) 34 ♗xh7+ ♔g7 35 ♗f5 a4, und Schwarz gewinnt; oder 27...a5!? 28 ♕xf3 (28 ♖b1 verliert ebenfalls: 28...♘d7+! 29 e5 ♗xe5+ 30 ♔c4 c6! 31 ♗xh7+ ♔g7 32 dxc6 ♘b6+ 33 ♔b5 bxc6+ 34 ♔xb6 ♖a6+ 35 ♔b7 ♖f7+ 36 ♔b8 d5+ 37 ♔c8 ♖a8#) 28...♘xf3++ 29 ♔c4 ♘xh2 mit Gewinn.

In der Partie ging alles forciert zu Ende:

27...c5+ 28 dxc6 bxc6 29 ♗d3 ♘exd3+ 30 ♔c4 d5+ 31 exd5 cxd5+ 32 ♔b5 ♖b8+ 33 ♔a5 ♘c6+ 0-1

Die Rolle der Bewertung

Nach all dem was wir in den letzten paar Beispielen gesehen haben können wir mit Sicherheit sagen, dass die Variantenberechnung und die Stellungsbewertung untrennbar miteinander verbunden sind, und zwar so sehr, dass man häufig nicht sagen kann, was zuerst kommt. Aber jetzt sollten wir das Thema weiterführen und über die Tatsache nachdenken, dass die Variantenberechnung nur gelegentlich zu einer Situation führt, in der es einfach ist, die Stellung zu bewerten. Weiter können wir sagen, dass die

Berechnung die wichtigste und *vielseitigste* Sache im Schach ist. Wir sind schon mit den Funktionen der Berechnung vertraut, aber jetzt ist es an der Zeit, eine der wichtigsten zu erwähnen: Die Variantenberechnung *zielt darauf ab, die Stellung zu entschlüsseln*; anders ausgedrückt, mithilfe der Variantenberechnung *hofft der Spieler, am Ende eine hinreichend verständliche (und, wenn möglich, günstige oder zumindest zufriedenstellende) Situation zu erreichen.* Selbstverständlich enthalten alle diese Formulierungen ein Element der Beurteilungsfunktion. Und deshalb betrachten wir nun die Frage der Stellungsbewertung *am Ende* unserer Berechnung. Dieses scheinbar unkomplizierte Thema hat mehrere Aspekte, die wir der Reihe nach untersuchen müssen.

W

Petrosjan – Taimanow
Meisterschaft der UdSSR, Moskau 1955

Wir beginnen mit zwei glänzenden Beispielen von Tigran Petrosjan.

Weiß hat einen unbestreitbaren Vorteil bezüglich Entwicklung und Aktivität. Es ist ebenfalls klar, dass seine Aktivität auf das Zentrum und auf den Königsflügel gerichtet ist. Vorläufig hat der Nachziehende alles im Griff, und ein direkter Angriff auf den wichtigsten schwachen Punkt g7 durch 17 ♖g4 trifft auf die Antwort 17...♘f6 (genau wie die Alternative 17 ♖h4). Petrosjan fand ein Manöver, was sich gegen diese wertvolle defensive Ressource richtet:

17 ♖f4! ♕e7

Falls 17...♖f8, dann 18 ♖d1! ♕c7 (nicht 18...♕e7? 19 ♖e4 ♕d8 20 ♖g4 +–) 19 ♖h4 f6 20 ♖h5! +–.

18 ♖e4! *(D)*

S

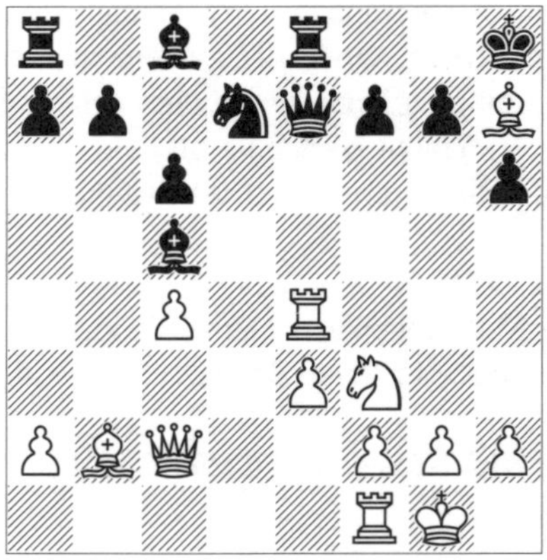

18...♕f8?

Die schwarze Verteidigung lässt die nötige Zähigkeit vermissen. Er musste das Schlüsselfeld f6 mit 18...♕d8! im Auge behalten. Dann wäre es immer noch nicht einfach für Weiß gewesen, über die gegnerische Festung herzufallen. Weiß kann Varianten wie 19 ♗f5!? ♘f8! (19...♘f6? ist schlecht wegen 20 ♗xf6 gxf6 21 ♖d1; Schwarz hat ebenfalls Probleme nach 19...♘b6?! 20 ♘e5! ♖e7 21 ♖g4!) 20 ♖g4 f6 versuchen, wonach er eine Schwäche erzwungen hat, aber verglichen mit der Partiefortsetzung sind seine Figuren weniger günstig platziert als die von Schwarz. Nun jedoch nimmt die Partie einen zwingenden Charakter an, und Weiß spielt sehr überzeugend.

19 ♖h4! f6

Nicht 19...♘f6 20 ♖xh6!.

20 ♗g6 ♖e7 *(D)*

21 ♖h5! ♗d6

Der Versuch, mit der Entwicklung fortzusetzen, hilft nicht: 21...b6 22 ♖d1!? ♗b7 23 ♘h4 ♘e5 24 ♗xe5 ♖xe5 25 ♗f5! ♕e8 26 ♘g6+ ♔g8 27 ♘xe5 +–.

22 ♖d1! ♗e5 23 ♗a3!

Ausgezeichnet! Weiß forciert weitere Schwächen und gewinnt ein wertvolles Tempo, da Schwarz das Feld e5 für seinen Springer benötigt.

23...c5 24 ♘h4!

W

Nun ist die Stellung völlig klar. Schwarz kann ernsthaften Materialverlust nicht vermeiden: 24...♕d8 25 ♗e4 ♔g8 26 ♗d5+; 24...♕g8 25 ♗h7! ♕xh7 26 ♘g6+. Daher...

1-0

Im nächsten Beispiel gibt es keine Manövrierphase:

S

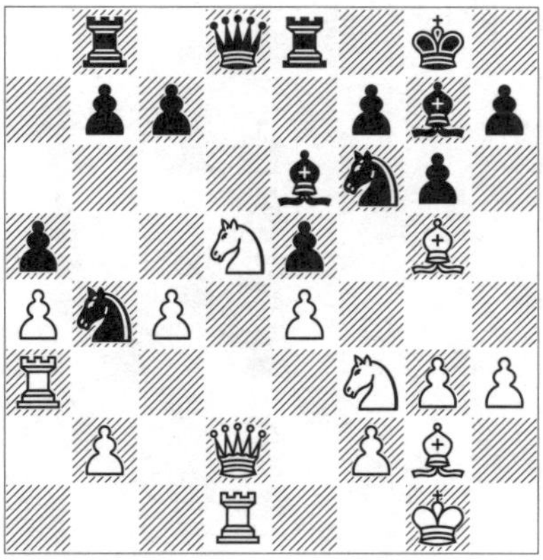

Polugajewski – Petrosjan

Tiflis 1956

Schwarz landet einen offensichtlichen und sehr typischen taktischen Schlag. Es stellt sich die Frage, zu welchem Ergebnis er in dieser speziellen Stellung führt. Mit anderen Worten, Schwarz muss gründlich rechnen und die Ergebnisse auswerten.

17...♘xe4! 18 ♗xd8 ♘xd2 19 ♗xc7

Weiß hat nichts Besseres. Nach 19 ♖xd2 ♖exd8 20 ♘xc7 ♗xc4 oder 19 ♘xd2 ♖exd8 20 ♘xc7 ♗xc4 hat er eine hoffnungslose Stellung.

19...♘xc4!

Der einzige Zug – alles andere führt zu einem Vorteil für Weiß. Das musste Schwarz natürlich gesehen haben als er die taktische Operation startete.

20 ♗xb8 *(D)*

Ebenfalls erzwungen. Er verliert schnell nach 20 ♘xb4 axb4 21 ♖b3 ♖bc8.

S

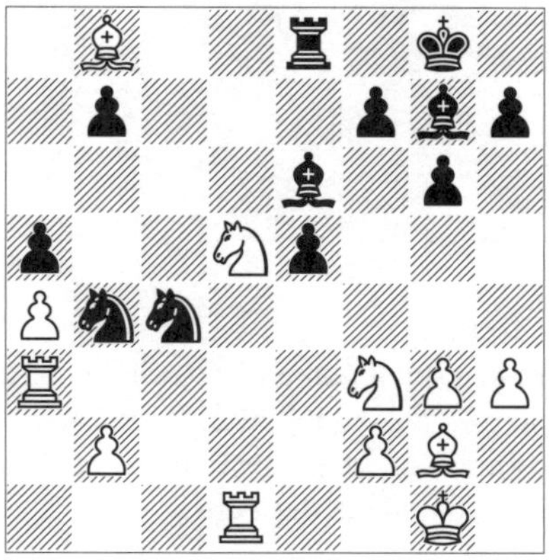

Aber hier ist es schwieriger zu entscheiden, wie es weitergehen soll. Nach 20...♘xa3?! 21 bxa3 ♘xd5 22 ♗xe5 hat Schwarz nur einen unbedeutenden Vorteil. Am Ende des Abspiels 20...♘xd5?! 21 ♗xe5! f6 22 ♖ad3! fxe5 23 ♖xd5 ♗xd5 24 ♖xd5 e4 25 ♘d2 hat er ebenfalls nichts Greifbares. Und nach 20...♖xb8?! 21 ♘xb4 ♘xa3 22 bxa3 axb4 23 axb4 hat Schwarz auch nicht sehr viel.

20...♗xd5!

Daher ist dies der einzige Zug, mit dem er um Vorteil kämpfen kann.

21 ♗a7

Nach 21 ♗c7 e4 22 ♘d2 ♘xb2 23 ♖c1 ♗h6! steht Weiß auf verlorenem Posten.

21...e4!

Aus mehreren Optionen entscheidet sich Petrosjan einmal mehr für diejenige, die zu den eindeutigsten und günstigsten Konsequenzen führt.

22 ♘g5

Weiß versucht im Trüben zu fischen. Das Ergebnis nach 22 ♘d2 ♘xb2!? 23 ♖c1 ♘2d3 24 ♖b1 ♗b2 25 ♖b3 ♗xb3 26 ♘xb3 f5 oder 22

♘d4 ♘xa3 23 bxa3 ♘c6 24 ♘b5 ♗b3 ist zu unerfreulich.

22...h6 23 ♖b3 *(D)*

S

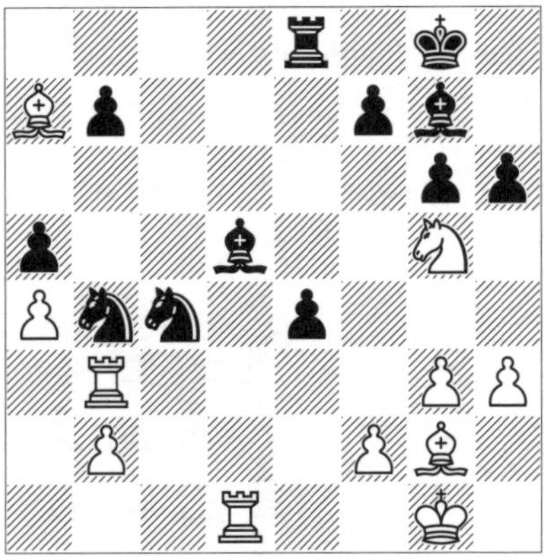

23...♗c6!

Petrosjan spielt makellos. Nach 23...hxg5 24 ♖xb4 axb4 25 ♖xd5 ♘xb2 26 a5! wird eine Stellung erreicht, in der die Folgen deutlich weniger klar sind als in der Partie.

24 ♘xe4

Nach 24 ♖c1 ♘d2 25 ♖xb4 axb4 26 ♗e3 ♘b3 gewinnt Schwarz.

24...♗xa4!

Wieder die beste Entscheidung! 24...♗xe4 25 ♗xe4 ♖xe4 26 ♖d8+ ♔h7 27 ♖d7 gibt Weiß Gegenspiel. Nun sind alle seine Hoffnungen zerstört, und der Rest der Partie ist einfach eine elementare technische Aufgabe für Schwarz.

25 ♖xb4 axb4 26 b3 ♗xb3 27 ♖b1 ♘b2 28 ♘d6 ♖e7 29 ♗c5 ♗c2 *(D)*

W

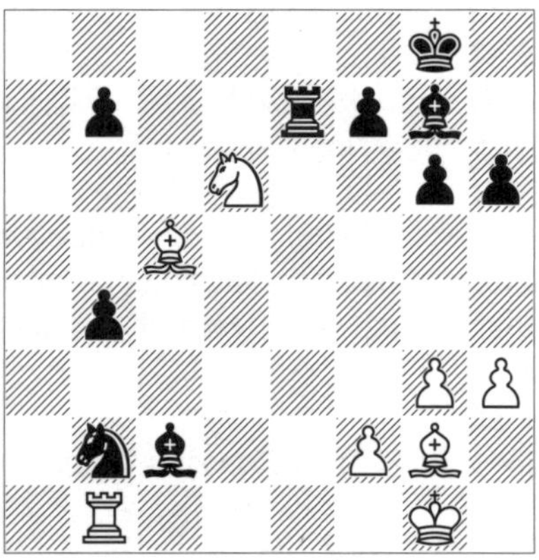

Die Stellung ist vollkommen klar. Der b-Bauer entscheidet die Partie.

30 ♖a1

30 ♖c1 b3 31 ♘xb7 ♖d7 ist ebenfalls hoffnungslos für Weiß.

30...♘a4 31 ♖xa4 ♗xa4 32 ♗xb4 ♗c6 33 ♗f1 ♖d7 34 ♘c4 ♗b5 35 ♘b6 ♖d1 0-1

In diesem Beispiel haben wir tadellose Berechnung von Schwarz gesehen. Es gibt eine weitere Besonderheit in diesem Endspiel, die man sich merken sollte. Schwarz brauchte keine langen erzwungenen Varianten zu berechnen. Fast alle seine Entscheidungen basierten auf dem Vergleich der Stellungsbewertungen, die aus ziemlich kurzen und einfachen Varianten nach jedem Kandidatenzug entstanden.

Die Berechnung führt allerdings nicht immer zu einer klaren Stellung. Sehr oft ist es einfacher, die Varianten zu berechnen (oftmals erzwungene) als die entstehenden Stellungen zu bewerten, und das letztere ist daher häufig das Wichtigste in vielen Partien. Das ist im folgenden Beispiel der Fall.

W

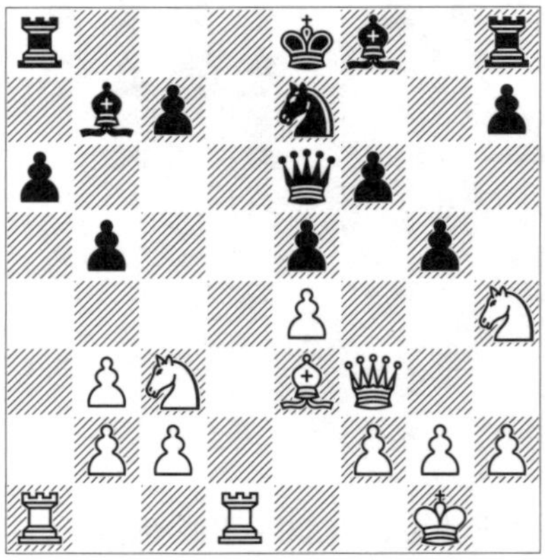

Spasski – Taimanow

Meisterschaft der UdSSR, Moskau 1955

Schwarz hat die Eröffnungsphase der Partie sehr aggressiv gespielt, und befindet sich vor allem nach seinem letzten Zug 14...g7-g5, einem Bauernvorstoß auf dem Flügel, mit der Entwicklung ernsthaft im Hintertreffen. Dies führt zu einer spürbaren Verschärfung der Partie, da die Varianten 15 ♘d5?! ♘xd5 16 exd5 gxh4! 17 dxe6 ♗xf3 18 gxf3 ♔e7! und 15 ♘f5?! ♕xf5! 16 ♕xf5 ♘xf5 17 exf5 ♖d8! günstig für Schwarz sind. Weiß ist daher fast verpflichtet, die folgende erzwungene Variante zu spielen.

15 ♘xb5! axb5 16 ♕h5+ ♕f7 *(D)*

16...♘g6 17 ♖xa8+ ♗xa8 18 ♘xg6 ♕f7 19 ♕h3 ist sehr schlecht für Schwarz.

W

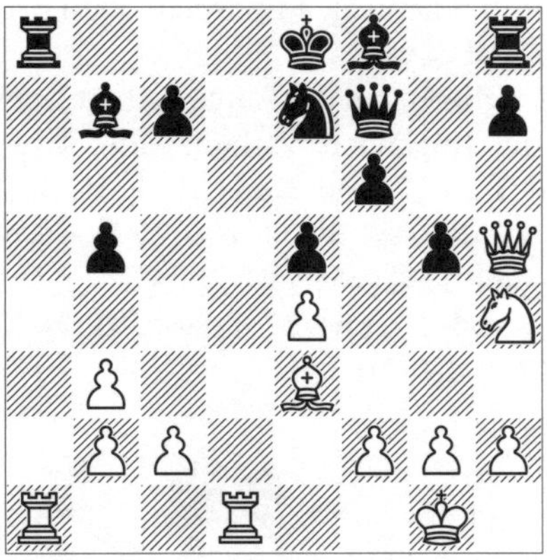

17 ♖xa8+ ♗xa8 18 ♖d8+ ♔xd8 19 ♕xf7 gxh4 20 ♕xf6 ♖g8 *(D)*

W

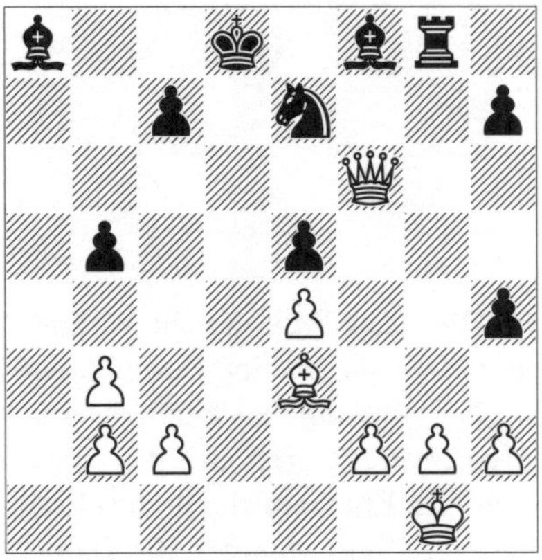

So, die zwingende Phase ist vorüber; zu welchem Ergebnis hat sie geführt? Weiß hat Dame und zwei Bauern gegen Turm, Springer und Läufer seines Gegners. Materiell gesehen ist das ungefähr gleich, aber die Schwächen in der schwarzen Stellung sind unbestreitbar: Seine Bauernstruktur besteht aus verschiedenen zerstreut liegenden Inseln, seine Figuren sind unkoordiniert, und sein König ist exponiert, wodurch Weiß wertvolle Tempi mit seiner Dame gewinnen kann. Unterdessen besitzt Weiß eine solide Struktur und gut postierte Figuren. Die Schlussfolgerung ist, dass die weiße Stellung gewonnen ist.

Sein nächster Zug ist offensichtlich. Es ist nicht sinnvoll, Schwarz den Bauern e4 zu schenken, besonders da dieser Bauer seinen Läufer für lange Zeit aus dem Spiel ausschließt. Außerdem möchte Weiß die gegnerischen Bauern nicht abtauschen; er will sie gewinnen!

21 f3! h3 22 g3 ♔e8 23 ♕xe5 ♖g6 24 ♕xb5+ ♗c6 25 ♕b8+ ♔f7 26 ♕xc7 ♖f6 27 ♗g5! *(D)*

S

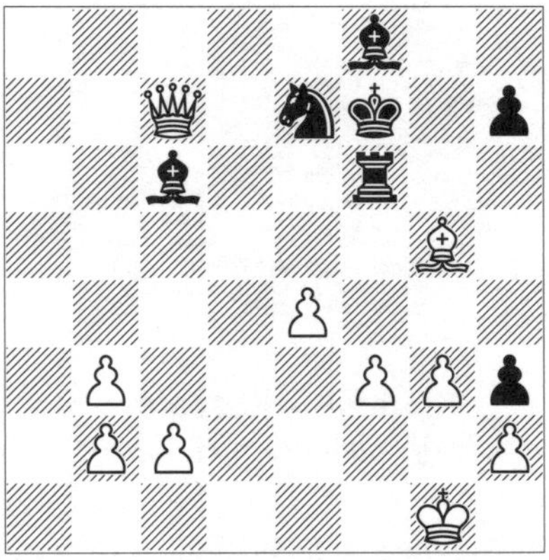

Es ist alles vorbei. Weiß hat einen entscheidenden Vorteil, und es ist überraschend, dass Schwarz sich nicht schon früher in das Unvermeidliche fügt.

27...♖e6 28 b4 ♔g8 29 ♕b8 ♘g6 30 ♔f2 ♘e5 31 b5 ♗e8 32 ♗e3 ♗d6 33 ♕c8 ♔f7 *(D)*

W

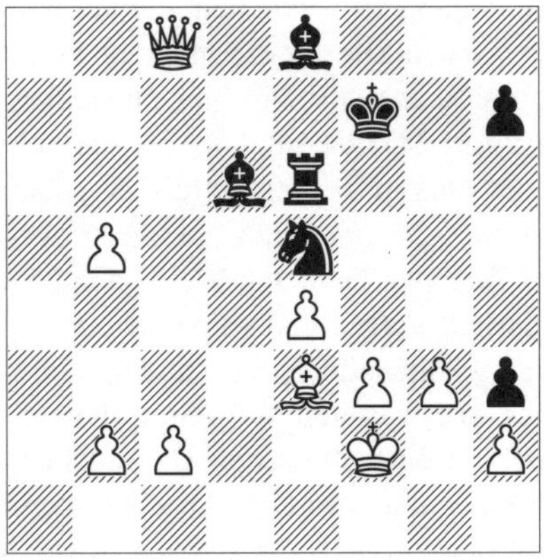

34 b6 ♖f6 35 ♗f4 ♗d7 36 b7 ♗e6 37 ♗xe5 ♗xe5 38 b8♕ ♗xc8 39 ♕xe5 1-0

Wenngleich es sich nicht um eine standardmäßige Stellung handelte, war ihre Bewertung nicht so schwierig, auch wenn sie instruktiv war.

Die folgende Partie ist sogar noch interessanter und origineller.

W

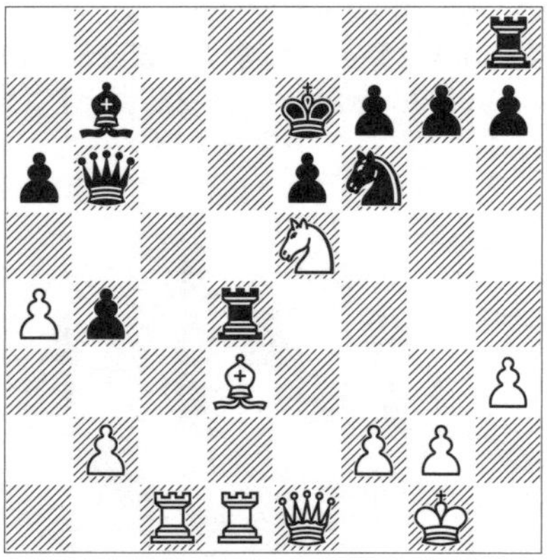

Kramnik – Kasparow

Kortschnoj Schnellturnier, Zürich 2001

Diese Stellung ist nicht einfach zu bewerten. Neben einem Mehrbauern besitzt Schwarz einen kleinen Raumvorteil und kontrolliert die meisten Zentrumsfelder, aber diese Faktoren können durch seine mangelhafte Entwicklung zunichte gemacht werden. Aber wie kann Weiß diesen Faktor ausnutzen? Die übliche Herangehensweise ist, den Gegner ständig zu belästigen, ihm nicht zu gestatten, in der Entwicklung aufzuholen und zu versuchen, die zusätzlichen aktiven weißen Streitkräfte in Szene zu setzen. Wenn man dieses Prinzip hier anwendet, fällt einem sofort 24 ♘c4 ein. Dies zwingt Schwarz zu einem Qualitätsopfer mittels 24...♖xc4 (er verliert nach 24...♕c5? 25 ♘e3 ♕g5 26 ♖c7+ ♖d7 27 ♕xb4+). Dann hat Weiß nach 25 ♖xc4 a5 sicherlich Vorteil und gute Gewinnchancen. Kramnik wählte jedoch einen anderen und vollkommen unerwarteten Weg. Statt der sicheren und risikolosen technischen Herangehensweise, wählte er eine Variante, die äußerst effektiv, aber auf den ersten Blick schwer zu verstehen ist, da sie keinen Materialgewinn nach sich zieht, sondern ein Opfer, und eines ohne zwingende Konsequenzen:

24 ♗xa6! ♖xd1

Er verliert sofort nach 24...♗xa6 25 ♖xd4 ♕xd4 26 ♘c6+, während Weiß im Fall von 24...♖e4 25 ♕d2 ♖xe5 (25...♗xa6 26 ♘c6+ +–; 25...♕xa6 26 ♖c7+ +–) 26 ♗xb7 ♖d8 27 ♕xd8+ ♕xd8 28 ♖xd8 ♔xd8 29 b3! ♔d7 30 ♖c4 einen erheblichen Endspielvorteil hat.

25 ♖xd1 ♗xa6

Das Nehmen mit der Dame verliert laut Lutz nach der folgenden Variante: 25...♕xa6 26 ♕xb4+ ♔e8 27 ♖d6 ♕a7 (27...♘d5 28 ♖xa6 ♘xb4 29 ♖b6) 28 ♕b5+ ♔e7 29 ♖b6 ♖b8 30 ♕c5+ ♔e8 31 ♖xe6+.

26 ♕xb4+! ♕xb4 27 ♘c6+ ♔f8 28 ♖d8+ ♘e8 29 ♘xb4 *(D)*

S

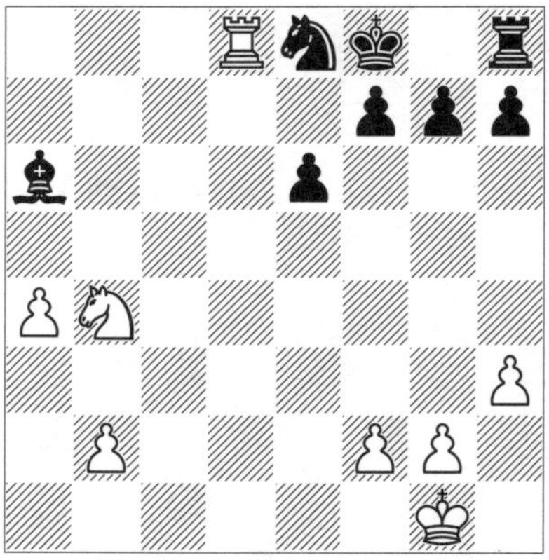

Es ist klar, dass Weiß einige Varianten berechnen musste als er seine Kombination startete. Was hat Weiß nun, nachdem der zwingende Teil vorüber ist, erreicht? Auf den ersten Blick sieht das Ergebnis ziemlich seltsam aus: Weiß hat eine Figur weniger, die Damen sind vom Brett verschwunden, und der Angriff auf den schwarzen König sieht nicht sehr verheißungsvoll aus. Als Kompensation für seine Figur hat Weiß allerdings einen Bauern, zwei verbundene Freibauern auf dem Damenflügel, und sein Gegner hat einige Probleme mit der Koordination seiner Figuren. Was ist wichtiger, der materielle Vorteil von Schwarz oder der positionelle Vorteil von Weiß? Diese Frage ist nicht einfach zu beantworten, und so haben wir genau die Situation erreicht, die wir in diesem Abschnitt des Buches erörtert haben. Es ist offensichtlich, dass sich Kramnik, als er sich auf die Stellung einließ, nicht nur mit der Berechnung der Varianten selbst befassen, sondern die entstehende Stellung äußerst gründlich abschätzen musste. Es stellt sich heraus, dass die schwarze Stellung sehr schwierig ist.

29...♗e2

Er verliert ebenfalls nach 29...♔e7 30 ♘c6+ ♔f6 31 b4 oder 29...♗c4 30 ♖c8 ♗d5 31 ♘xd5 exd5 32 a5. Auch diese Varianten stammen von Lutz.

30 f3!

Großartig! Nun wird alles endlich klar. Die einzige effektive Figur von Schwarz, sein Läufer, hat keine Möglichkeit mit seinen restlichen Figuren zusammenzuarbeiten, und daher verliert Schwarz.

30...h5

Nach 30...♔e7 31 ♘c6+ ♔f6 32 b4 ♗c4 33 b5 ♗d5 34 a5 gehen die Bauern zur Dame.

31 b3!

Macht die Kiste zu!

31...♖h6 32 ♔f2 *(D)*

S

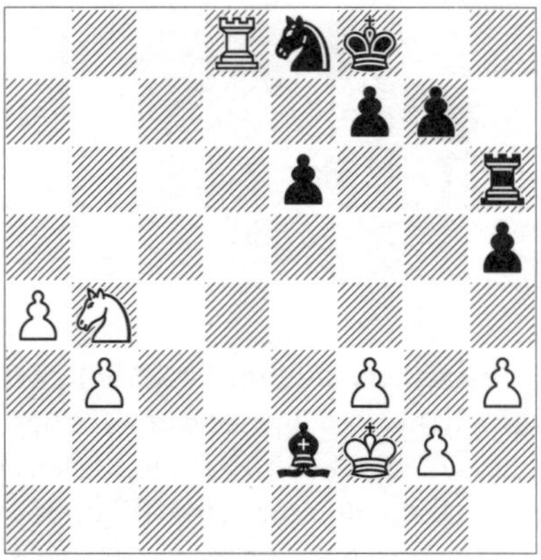

Nun sehen wir die vollen Auswirkungen der weißen Kombination. Alles ist jetzt klar.

32...♖g6 33 ♔xe2 ♖xg2+ 34 ♔d3 ♖g3 35 a5 ♖xf3+ 36 ♔c4 1-0

Die Partie ist an sich schon ausgezeichnet, aber Kramniks Ablehnung der routinemäßigen Fortsetzung im 24. Zug und seine tiefe und genaue Abschätzung macht sie besonders erwähnenswert. Noch beeindruckender wird es, wenn man bedenkt, dass es sich um eine Schnellpartie handelte.

Und nun ein ganz anderes Beispiel:

W

Zhao Jianchao – Malichewa
Russland gegen China 2004

Im vorherigen Zug wurde Schwarz dazu verleitet, das Schach 20...♘g5-h3+ zu geben. Nun sehen ihre Chancen nach 21 ♗xh3 ♕xh3 sehr verheißungsvoll aus, und wenn Weiß versucht, den wichtigen weißfarbigen Läufer zu behalten und den Bauern f2 zu verteidigen, dann gewinnt Schwarz nach 21 ♔f1? ♗b5+ 22 ♔e1 b6 23 ♘b3 ♗b4+ 24 ♗c3 ♗xc3+ 25 bxc3 ♘xf2.

Allerdings folgte stattdessen...

21 ♔h2!

Es stellt sich heraus, dass Schwarz im letzten Zug in eine Falle getappt ist. Ihre nächsten beiden Züge waren erzwungen:

21...♘xf2 22 ♖xf2! ♕xf2 *(D)*

23 e4

Die Nachziehende hatte den springenden Punkt der Stellung, die aus dieser kurzen, zwingenden Variante entstanden ist, nicht erfasst. Ihre Dame ist gefangen, und um sie zu befreien, ist Schwarz gezwungen, das zusätzliche Material mit Zinsen zurückzugeben.

23...♗xc5 24 ♖xc5! ♗a4 25 ♕xa4 ♕d2 26 ♗c3 ♕e3 27 ♖xd5 ♖ad8 28 ♕d1 ♕b6 29 ♕g4 f6 30 e5 fxe5 31 ♗xe5 g6 32 ♕c4 ♖xd5 33 ♗xd5+ ♔h7 34 ♗g8+!

und Weiß gewann.

W

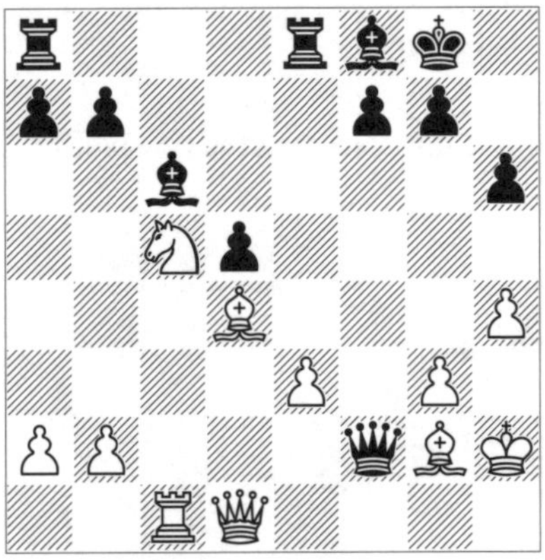

Im vorherigen Beispiel nahm eine unerfahrene Spielerin in einer recht typischen Situation die Gefahr nicht wahr. Der nächste Fall ist in dieser Hinsicht etwas interessanter und instruktiver, da er zeigt, wie ein erfahrener und sehr starker Spieler das Ergebnis von Verwicklungen inkorrekt beurteilt.

W

Schirow – Onischuk
Olympiade, Calvia 2004

Diese Stellung ist nach einer Eröffnungsneuerung von Seiten des Anziehenden entstanden. Das weitere Spiel führt zu originären und interessanten Varianten. Das folgende Qualitätsopfer ist offensichtlich und fast erzwungen:

17 ♖xe4!?

Das Schlagen mit dem Läufer ist schlechter, da die Kontrolle über die weißen Felder in dieser Stellung äußerst wichtig ist. Das gilt für beide Seiten. Daher hat der Nachziehende nach 17 ♗xe4?! ♗xe4 18 ♖xe4 ♕d5 ausgezeichnete Kompensation für den Bauern aufgrund seiner Kontrolle über die weißen Felder im Zentrum und auf dem Damenflügel.

Nach dem Textzug sollte Schwarz auch vermeiden, seinen weißfeldrigen Läufer herzugeben, sogar für einen Turm. Nach 17...♗xe4? 18 ♗xe4 muss Schwarz die Qualität zurückgeben, da er diese typische Kombination nicht zulassen darf: 18...♖a7 19 ♗xh7+ ♔xh7 20 ♘g5+ ♔g8 (20...♔g6 21 ♕d3+ f5 22 ♕h3 ♕xg5 23 ♗xg5 ♔xg5 24 f4+ +–) 21 ♕h5 ♗d6 22 ♕h7+ ♔f8 23 ♕h8+ ♔e7 24 ♕xg7 ♔d7 25 ♘xf7! ♕e7 26 ♗g5! ♕f8 27 ♕g6 ♗c7 28 ♕f5+ ♔c6 29 d5+.

Schwarz steht stattdessen jedoch ein prächtiger Schlag zur Verfügung:

17...♘b3! *(D)*

W

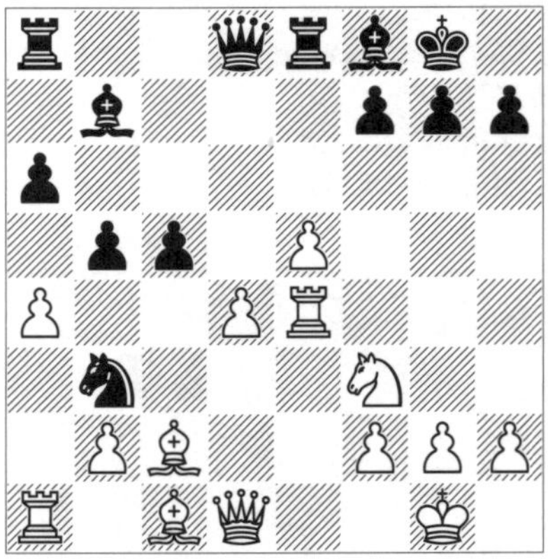

Die entstandene Stellung ist kompliziert und voller Möglichkeiten und schwer zu beurteilen. Infolgedessen setzt Schirow seine Karten etwas überoptimistisch auf einen Angriff am Königsflügel und unterschätzt dabei die gegnerischen Verteidigungsressourcen. Mit anderen Worten, er schätzt die Konsequenzen seiner Spielabsichten falsch ein. Dies führte zur folgenden Entscheidung:

18 ♗g5?

Weiß lehnt das Remis durch Dauerschach, das nach 18 ♖h4! ♗xf3 19 ♗xh7+ ♔h8 20 ♖h3! ♗xd1 21 ♗g6+ entstehen kann, ab. Ein Spieler wie Schirow findet eine solche Variante in ein paar Sekunden, daher kann man seinen

Fehler nicht mit Problemen in der Variantenberechnung erklären. Das Problem besteht darin, dass er die Folgen der verschiedenen Fortsetzungen falsch einschätzte.

18...♗e7 19 ♗xe7 ♕xe7! 20 ♖b1 *(D)*

Nach 20 ♖a3 gewinnt der Nachziehende mittels 20...♘xd4 21 ♘xd4 ♗xe4 22 ♗xe4 ♕xe5!. Aber auch jetzt hat Weiß Probleme:

S

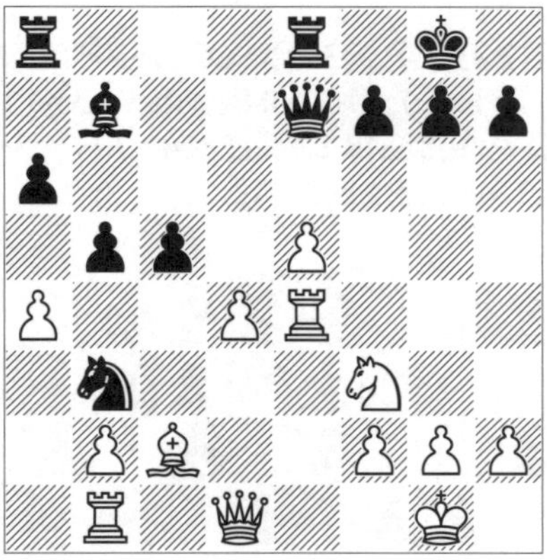

20...♘xd4 21 ♘xd4 ♗xe4 22 ♗xe4 ♖ad8 23 ♗xh7+ *(D)*

S

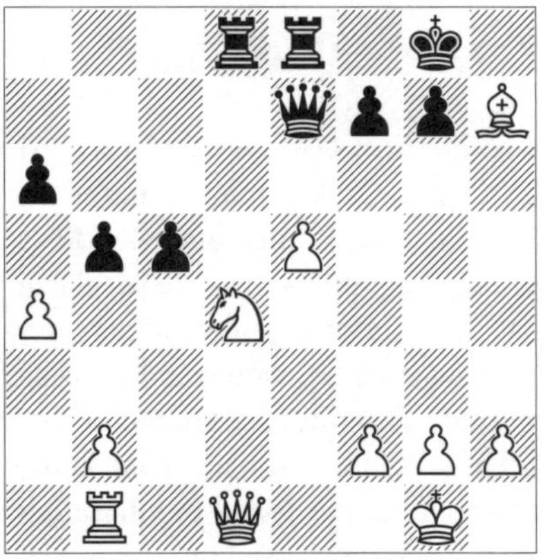

23...♔f8!

Es könnte genau dieser Moment sein, der die Ursache des weißen Fehlers aufdeckt. Als Weiß auf diese Stellung zusteuerte, ist es möglich, dass er nur 23...♔xh7? in Betracht gezogen hatte. Dann hätte er nach 24 ♕c2+! g6 25 ♘c6 einen großen Vorteil.

24 ♕f3 ♖xd4 25 ♖e1 ♕g5 26 h4 ♕d2 27 ♖f1 ♖xh4 0-1

Es ist interessant, dass die zwingenden Varianten beginnend mit 18 ♗g5? nahezu ausschließlich von Weiß eingeleitet wurden, sich aber letztendlich als ungünstig für ihn herausstellten.

Zur problematischen Diskussion der Stellungsbeurteilung am Ende der Berechnungen, möchte ich zusammenfassend diesen wohlbekannten Aphorismus als Empfehlung geben: „erst wägen, dann wagen!“ .

Schauen wir uns abschließend ein weiteres interessantes Fragment an:

W

Stein – Lepeschkin

Meisterschaft der UdSSR, Tallinn 1965

22 ♘f5!

Obwohl dies der natürlichste Zug in der Stellung ist, muss Weiß sehr genau rechnen. Sein Gegner berechnet dieselben Varianten, daher dreht sich alles darum, wer weiter rechnet!

22...d6?

Dies ist ebenfalls ein natürlicher Zug, aber er erweist sich als der entscheidende Fehler. Wenn man sich nahe am Abgrund befindet, stellt es sich häufig heraus, dass es nur einen korrekten Weg gibt. Er muss die Versperrung der dritten Reihe vermeiden, auch wenn das bedeutet, den Rückzug anzutreten: 22...♔h8 23 ♗d4 ♗f8 (23...d6? 24 ♘xg7! +–), obgleich Weiß sogar hier nach 24 g4! die Initiative behält, was besonders in den Händen eines Leonid Steins gefährlich war. Nun folgte:

23 ♘h6+! gxh6 24 ♖xf6 ♕e7

Oder: 24...♖xe3 25 ♖g6+; 24...♗xe3+ 25 ♔h1 ♕e7 26 ♖f7; 24...♕g7 25 ♖f7.

25 ♕xd5+ ♗e6 26 ♕e4 *(D)*

S

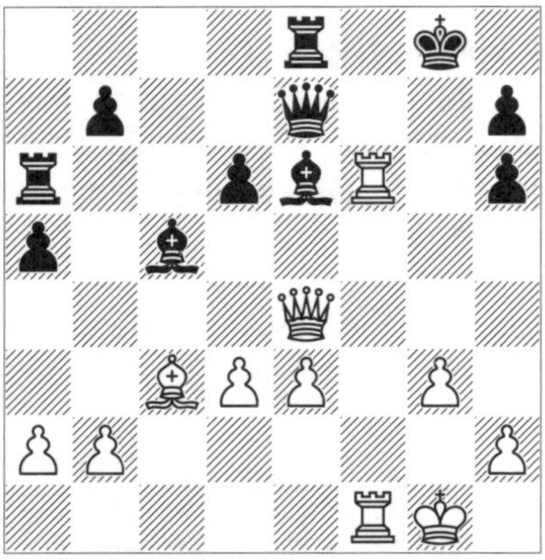

Die Schlüsselstellung, die Weiß vorhergesehen und richtig beurteilt hat. Gegen das Schach auf g6 ist kein Kraut gewachsen.

26...♗xe3+

Erzwungen. Nicht 26...♗f7 27 ♕g4+ ♔f8 28 ♖xf7+ ♕xf7 29 ♕g7+.

27 ♕xe3 1-0

Der weiße Angriff auf den schwarzen Feldern ist unaufhaltsam.

Man kann sagen, dass die Verliererseite in diesen letzten Beispielen an mangelhafter Variantenberechnung laboriert hat. Einerseits trifft das zu, aber solche Fehler sind häufig das Ergebnis von Fehleinschätzungen. Diese Verkettung von Berechnung und die Bewertung ihrer Folgen verbindet das vorherige Thema mit dem nächsten.

Wann man mit der Berechnung aufhören soll

Zu Beginn der Diskussion über Variantenberechnung haben wir uns die Frage gestellt, wann und wie man mit der Berechnung beginnen sollte. Nun ist es an der Zeit sich Gedanken darüber zu machen, wann und aufgrund welcher Faktoren man mit der Berechnung aufhören soll.

Wenn wir uns zu lange mit der Berechnung aufhalten, verschwenden wir Zeit und Energie, und wenn wir die Berechnung zu früh abbrechen, können die Konsequenzen sogar schlimmer sein, weil wir eigene günstige Gelegenheiten auslassen oder in eine gemeine Überraschung unseres Gegners stolpern können. Die folgende Partie ist ein Beispiel:

Parma – Geller

Capablanca Memorial, Havanna 1965

1 e4 e5 2 ♘f3 ♘c6 3 ♗b5 a6 4 ♗a4 ♘f6 5 0-0 ♗e7 6 ♖e1 b5 7 ♗b3 0-0 8 c3 d6 9 h3 h6 10 d4 ♖e8 11 ♘bd2 ♗f8 12 ♘f1 ♗d7 13 ♘g3 ♘a5 14 ♗c2 ♘c4 15 a4 c5 *(D)*

W

Das ist die Smyslow-Variante im Geschlossenen Spanier. Geller spielte dieses Abspiel ebenfalls mit dem Läufer auf b7. Die gegenwärtige Stellung entstand in dieser Partie zum ersten Mal. Geller war aufgrund seiner Vorbereitung damit vertraut, wogegen Parma sich gezwungen sah, sich mit unbekannten Problemen am Brett auseinanderzusetzen. Man kann daher die Gründe für seine folgende, ziemlich optimistische, Reaktion verstehen.

16 axb5?!

In einer späteren Partie spielte Weiß 16 b3 ♘a5! 17 axb5 axb5 18 d5 ♕c7 19 ♗e3 g6 20 ♘d2 ♗g7 21 ♖a2 ♖ec8! 22 ♕a1 ♕d8! 23 ♖c1 ♘b7 und erreichte eine sehr komplizierte Stellung mit ungefähr gleichen Chancen, Jansa-Geller, Lugano, Olympiade 1968.

16...axb5 17 ♖xa8 ♕xa8 18 dxc5 dxc5 *(D)*

Hier konnte sich Weiß nicht zurückhalten und setzte mit seiner ursprünglichen Idee fort:

W

19 ♘h5?

Es war immer noch nicht zu spät, auf die typische Spanisch-Idee 19 ♘h4!? ♖d8 20 ♕f3 zurückzugreifen, obgleich Schwarz in diesem Fall schon ein gewisses zusätzliches Plus verglichen mit den gewöhnlichen Situationen besitzt, und seine Stellung vorzuziehen ist.

19...♘xh5 20 ♕xd7 *(D)*

S

Das ist die Stellung, auf die es Weiß abgesehen hatte als er seinen 16. Zug spielte. Es ist nicht sofort klar, was schlecht daran ist: Er hat den Vorteil des Läuferpaars und der Bauer b5 hängt. Das scheint nicht viel zu sein, aber es ist etwas. Jedoch...

20...♘d6!

Plötzlich wird es klar, dass Weiß nicht tief genug in die Stellung eingedrungen ist, und gerade einen Zug über seinen eigenen „Tellerrand" hinaus, muss er seine Bewertung beträchtlich ändern. Seine Dame verkehrt in Schwierigkeiten (eine charakteristische Variante ist 21 ♖d1? ♘f6 22 ♕c7 ♖c8 23 ♕b6 ♘d7) und hat wenige Felder.

21 ♕g4 ♘f6 22 ♕h4 *(D)*

S

22...♖e6!

Dieses exzellente Manöver zerschlägt alle Hoffnungen des Anziehenden auf Gegenspiel, und nun zeigt sich, dass seine Dame völlig abseits steht. Geller äußert einen interessanten und sehr charakteristischen Kommentar: „Ein sehr starker Zug in solchen Stellungen, typisch für die Art von Zügen, die Spasski häufig gemacht hat." Geller hatte ein enormes Schachwissen!

23 ♘d2 c4 24 ♘f1?

Weiß verliert ein Tempo, was eine schwierige Stellung in eine praktisch verlorene verwandelt. Er hätte sofort die Stellung seiner Dame durch 24 ♕g3!? verbessern sollen. Nun bricht Schwarz mit Macht auf dem Damenflügel durch, und Weiß hat keine Verteidigung.

24...b4! 25 cxb4 ♘b5 26 ♗d2 ♕a2 27 ♕g3

Nach 27 ♘e3 ♕xb2 hat Schwarz ebenfalls einen großen Vorteil.

27...♕xb2 28 ♗a4 ♘d4!?

28...♗xb4 29 ♗xb5 ♗xd2 ist ebenso stark.

29 ♕c3 *(D)*

29...♕a2!

Das ist die Pointe des 28. Zugs von Schwarz. Weiß ist verloren.

30 ♕a1

Es ist wichtig, dass er nicht 30 ♖a1? ♘e2+ 31 ♔h1 ♘xc3 spielen kann.

30...♕xa1 31 ♖xa1 ♖a6 32 b5

S

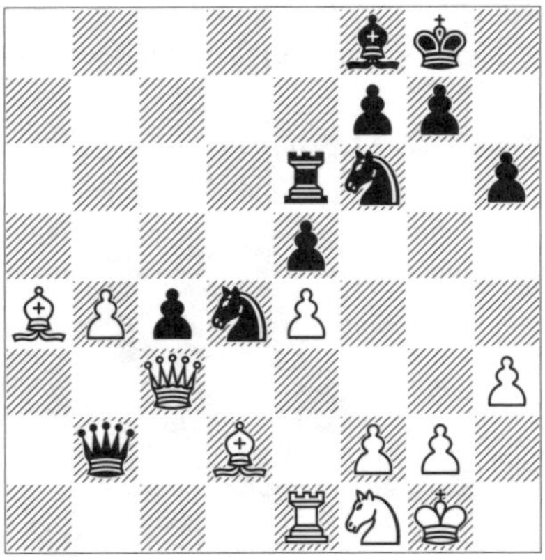

Ein aus der Verzweiflung geborenes Bauernopfer. Er verliert sofort nach 32 ♘g3 ♘b3 oder 32 f3 c3.

32...♘xb5 33 ♘g3 c3 34 ♗c1 *(D)*

S

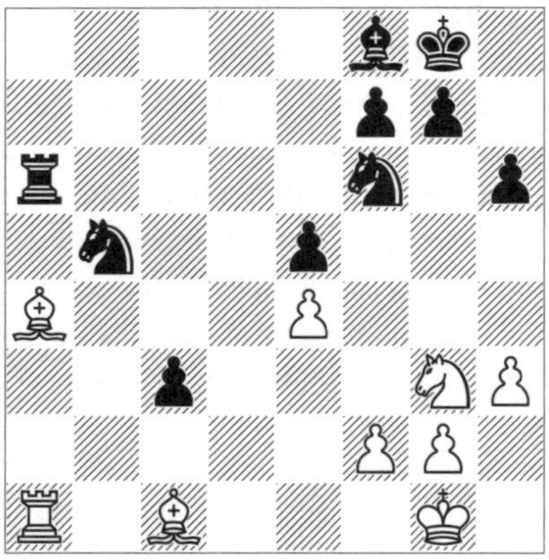

34...c2!?

Ebenfalls gut war 34...♘d4!? 35 ♖a2 ♘d7 36 ♗b3 ♘xb3 37 ♖xa6 ♘xc1.

35 ♗b2 ♘d4 36 ♗xc2

Nach 36 ♔f1 gewinnt der Nachziehende mit 36...♘b3!, und nach 36 ♖a2 durch 36...♘d7! 37 ♗b3 ♖b6.

36...♖xa1+ 37 ♗xa1 ♘xc2 38 ♗xe5 ♘d7 0-1

Das Finale der nächsten Partie dauert nur vier Züge, aber die enthaltene kleine Kalkulation ist von großer Schönheit.

Auffallend ist zunächst die positionelle Überlegenheit von Schwarz. Sein schwarzfeldriger Läufer ist ausgezeichnet und sein Druck auf der

W

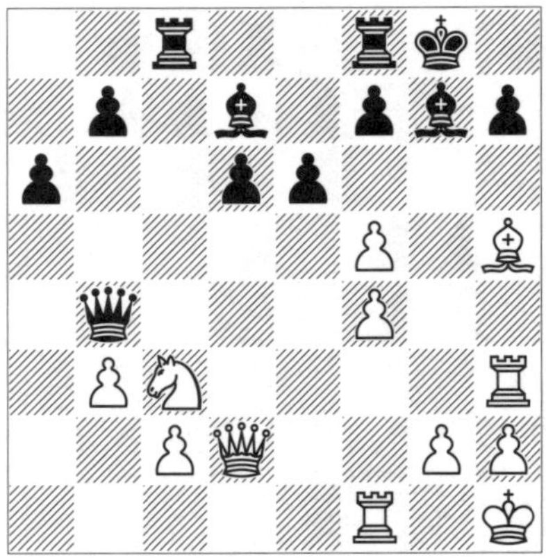

Tal – Platonow
Dubna 1973

c-Linie sieht schon fast entscheidend aus. Was kann Weiß tun? Seine einzigen Chancen befinden sich am Königsflügel, aber wie sind sie einzuschätzen? Was gibt es für Schwächen in der schwarzen Stellung, auf die der Anziehende seine Hoffnungen setzen kann? Ehrlich gesagt, nicht viele, aber der Versuch, dem Druck von Schwarz auf dem anderen Flügel mit 20 ♖g3 ♔h8 21 ♖ff3 standzuhalten, bietet beispielsweise nach 21...d5 wenig Aussichten. Aber Tal wäre nicht Tal gewesen, wenn er nicht in einer solchen fürchterlichen Stellung irgendwelche verblüffenden Ressourcen ausgegraben hätte:

20 f6!

Völlig unverzichtbar, wenn Weiß alle seine Hoffnungen auf einen Angriff am Königsflügel setzen will. Er muss für seine Dame und seinen Turm Linien öffnen.

20...♗xf6 21 f5! *(D)*

Ohne diese Fortsetzung macht der vorherige Zug keinen Sinn.

Nun, da die weißen Figuren etwas zum Leben erwacht sind und die Chance besteht, dass sie sich zusammen auf dem Königsflügel vereinen, muss Schwarz etwas Zeit in die Variantenberechnung investieren. Ich möchte betonen, dass die Stellung trotz des heroischen weißen Bauern nur noch schärfer geworden ist und ihre grundlegende Bewertung sich nicht geändert hat. Schwarz hatte und hat nach wie vor Vorteil. Alles was sich geändert hat, ist der Schwierigkeitsgrad der Aufgabe, den Vorteil

S

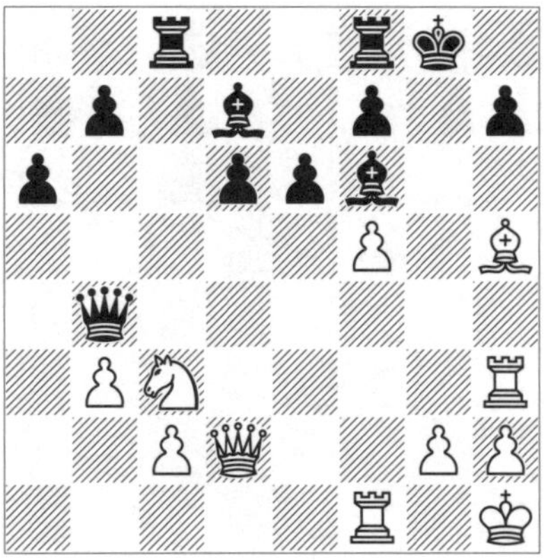

zu realisieren. Weiß hat sein bestes getan, um die Aufgabe des Gegners kompliziert zu gestalten, aber dennoch sollte Schwarz bei korrektem Spiel seine Überlegenheit in einen Sieg ummünzen. Das Schlagen mit 21...♗xc3? ist jetzt ein gravierender Fehler, da Weiß nach 22 ♕g5+ ♔h8 23 ♗g6! fxg6 24 ♕xg6 gewinnt. 21...♕d4!? sieht sehr gut aus, da die Dame auf die wichtigste Diagonale auf dem Brett umgruppiert wird. Nach 22 ♖d3 ♕e5 23 ♖xd6 ♗c6 24 ♖d3 ♖cd8 hat Schwarz sämtliche Versuche seines Gegners auf aktives Spiel abgewehrt und behält Vorteil. Aber warum sollte man sich nur mit einem Vorteil zufriedengeben? Warum nicht eine Figur schlagen, insbesondere da es keinen Grund zu geben scheint, es nicht zu tun? Es folgte:

21...♖xc3? 22 ♖g3+ *(D)*

S

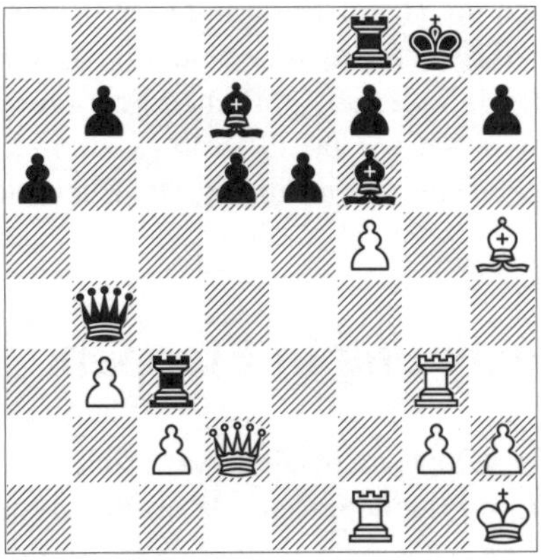

Nun ist die Stellung nach 22...♗g7 23 ♖xg7+ (schlechter ist 23 f6 wegen der verblüffenden Antwort 23...♖f3!! mit der Variante 24 ♖xg7+ ♔h8 25 ♕d1 ♖xf1+ 26 ♕xf1 ♖g8 27 ♖xf7 ♗c6, und Schwarz steht besser) 23...♔xg7 24 ♕g5+ ♔h8 25 ♕f6+ (oder 25 ♖f4 ♕xf4 26 ♕xf4 ♖xc2 27 ♕g5 ♖g8 28 ♕f6+ ♖g7 29 ♕d8+ ♖g8 30 ♕f6+ ♖g7 31 ♕d8+ =) Remis. Aber Schwarz war damit nicht zufrieden und spielte stattdessen, was er zuvor geplant hatte:

22...♔h8? 23 ♕h6

Nach dieser Antwort wurde es Schwarz zu seinem Schrecken klar, dass Weiß nach seinem beabsichtigten 23...♖xg3 nicht den Turm auf f8 nimmt, sondern stattdessen den völlig überraschenden und verblüffenden Zug 24 ♗g6!! spielt, mit sofortigem Gewinn! Infolgedessen strich der Nachziehende die Segel.

1-0

Diese Partie veranschaulicht auf überzeugende Weise den Hauptpunkt, den viele große Meister gemacht haben, dass *letzten Endes im Schach alles durch Taktik entschieden wird* (es sollte hinzugefügt werden, dass der Begriff „Taktik“ im Laufe der Jahre mit Berechnung gleichgesetzt worden ist, wenngleich wir die Tatsache bereits erörtert haben, dass diese beiden Begriffe nicht verwechselt werden sollten).

Abschließend ein Beispiel für einen großartigen Einblick in das Herz der Stellung:

W

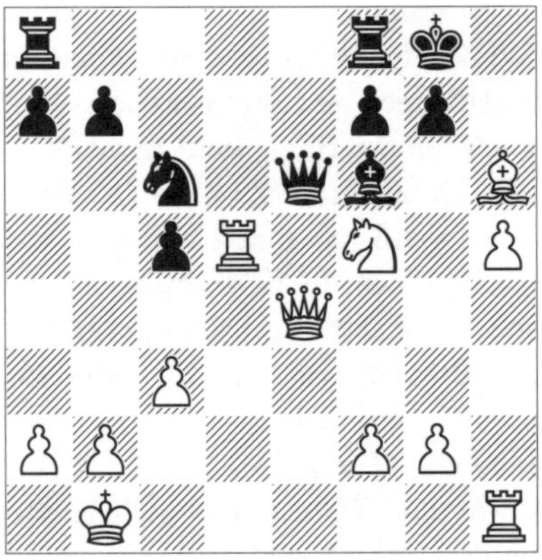

Milman – Fang
Connecticut 2005

Der Anziehende führte eine grandiose Kombination durch.

25 ♕g4!! ♕xd5

Die Vermeidung der Hauptvariante bringt Schwarz nichts: 25...♘e5 26 ♖xe5 ♕xe5 27 ♗xg7 ♗xg7 28 h6 oder 25...♔h7 26 ♗xg7 ♖g8 27 ♖d6 ♖xg7 28 ♖xe6 ♖xg4 29 ♖xf6.

26 ♗xg7 ♕d3+ 27 ♔a1 ♘e5 *(D)*

W

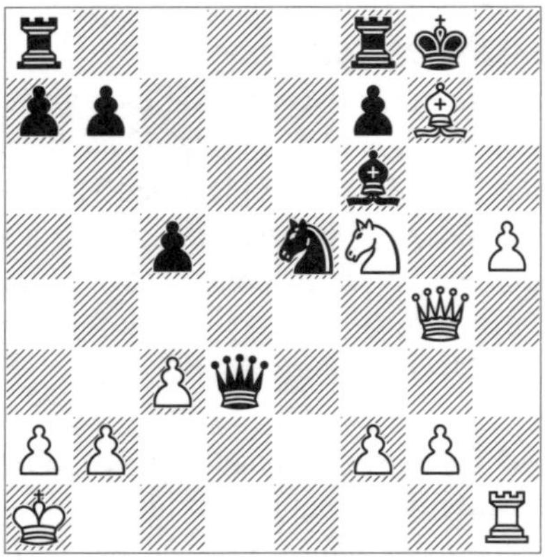

Als Weiß die Folgen seines 25. Zugs berechnete hatte er bei dieser Stellung wahrscheinlich erst mal Halt gemacht. Bis hierhin war die Berechnung, die einer einzigen Variante folgte, einfach, aber jetzt wird es komplizierter. Weiß muss verschiedene Fragen in Betracht ziehen:

a) Welche Möglichkeiten gibt es, den Angriff aufrechtzuerhalten? Es ist klar, dass alles erzwungen sein muss.

b) Wie sollten die Aussichten von jeder dieser Fortsetzungen bewertet werden?

Auf den ersten Blick sieht es nicht zu gut aus. Falls 28 h6 (droht 29 h7#) 28...♔h7, und dann was? Weiß hat weder Schachs, noch irgendwelche Ideen für weitere Drohungen, daher können wir dieses Abspiel vergessen. Ein ähnliches Bild entsteht nach 28 ♘h6+ ♔h7. Es verbleibt nur ein Versuch:

28 ♘e7+ ♔h7 *(D)*

Und was nun? Wenn es hier nichts gibt, müssen wir die verlockende Variante, beginnend mit 25 ♕g4, komplett ad acta legen. Es gibt aber letzen Endes doch etwas!

29 ♕g6+!! fxg6 30 hxg6++ ♔xg7 31 ♖h7# (1-0)

Ein ausgezeichneter kreativer Triumph! Das wirklich wichtige für unsere Zwecke an diesem

W

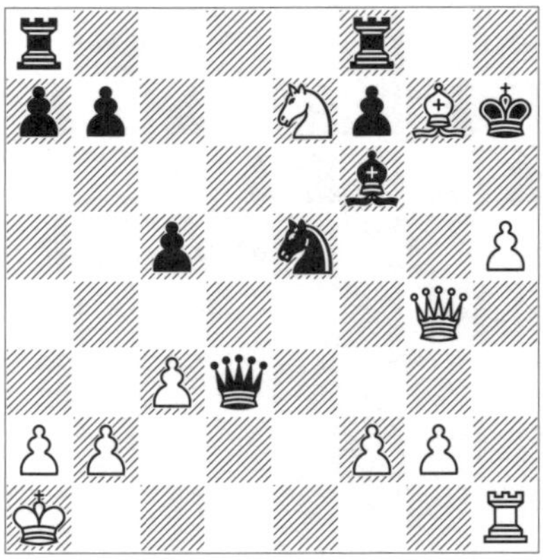

Beispiel ist jedoch, dass der Anziehende, als er die Stellung nach 28 ♘e7+ ♔h7 in seinen Berechnungen erreichte, das Damenopfer auf g6 wahrscheinlich nicht sofort gesehen hat. Wenn dem so war, hätte er aufgrund der Situation in einer Turnierpartie, mit begrenzter Bedenkzeit, seine Berechnungen an diesem Punkt auch abbrechen können, und die Partie wäre stattdessen nach der Folge 25 ♕f3 ♘e5 26 ♕e4 ♘c6 usw. mit Remis durch Zugwiederholung zu Ende gegangen. Dies ist eines von vielen Problemen, die im Verlauf der Berechnungen entstehen können. Es ist nicht einfach zu sagen, wie man die Fähigkeit entwickeln kann, den kritischen Moment in einer Partie zu erahnen, wann man mit der Suche nach zusätzlichen Ressourcen in einer Variante fortfahren soll, auch wenn auf den ersten Blick keine zu sehen sind. In solchen Situationen sind Erfahrung und Intuition die Hauptfaktoren. Diese beiden Elemente, insbesondere das zweite, sind sehr interessant. Mit einer ausführlichen Erörterung darüber würden wir uns allerdings zu weit von unserem Hauptthema in diesem Buch entfernen.

Berechnung in Etappen

Das ist jedoch nicht alles, was sich über das vorherige Fragment sagen lässt. Wenn man es analysiert, kann man zwei Etappen im Berechnungsprozess unterscheiden. Die erste findet, wie wir schon gesagt haben, vom 25. Zug von Weiß bis zum 29. Zug von Schwarz statt, und die zweite vom 29. bis zum 31. Zug von Weiß. Diese Etappen sind kurz, aber klar definiert.

W

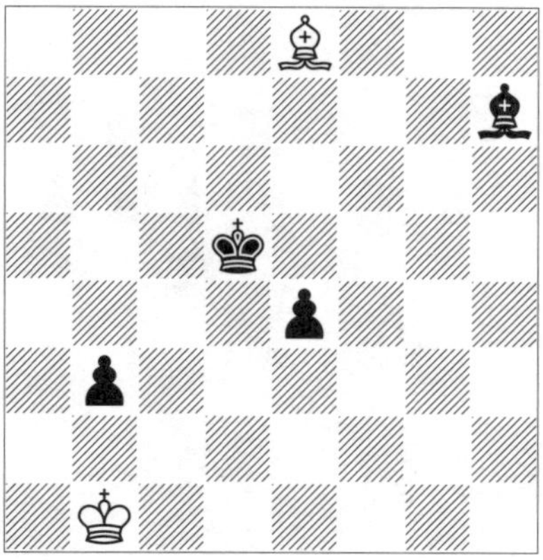

Weiß am Zug und Remis

A. Jaroslawzew

Shakhmaty v SSSR, 1947

Wir werden uns nun ansehen, wie die Berechnung in Etappen im folgenden Beispiel funktioniert:

Zunächst müssen wir uns zwischen den beiden offensichtlich einzigen Kandidatenzüge entscheiden: 1 ♔b2 und das Läuferschach. Da die Folgen der Variante 1 ♔b2? e3 2 ♗b5 (oder 2 ♗h5 ♔c4) 2...♔c5 gefolgt von 3...♔b4 ganz klar ungünstig für Weiß sind, müssen wir das Läuferschach spielen, *ohne auch nur zu versuchen, die Konsequenzen zu berechnen – wir haben einfach keine andere Wahl*:

1 ♗f7+ ♔d4 2 ♗xb3 ♔c3 *(D)*

Nach 2...e3+ 3 ♔c1 ist es Remis.

W

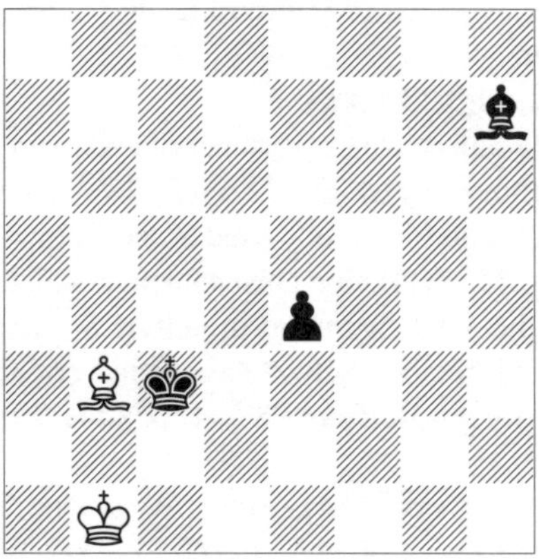

Wir sind nun am Ende der ersten Etappe unserer Berechnung angelangt, die für beide Seiten erzwungen ist.

Zu Beginn der zweiten Etappe ist es auch nicht notwendig, weitreichende Berechnungen anzustellen. Wir müssen nur das Hauptproblem identifizieren: die Drohung 3...e3+ und 4...e2 (wir dürfen auch den Läufer nicht vergessen!) und uns darauf konzentrieren. Es gibt nun zwei Varianten. Die erste ist 3 ♗d1 ♔d2 4 ♗h5 e3+ 5 ♔b2 ♗c2, was eindeutig zu einer verlorenen Stellung führt. Daher können wir, wie in der ersten Etappe, den nächsten Zug ohne weitere Berechnung ausführen:

3 ♗c2! e3 *(D)*

W

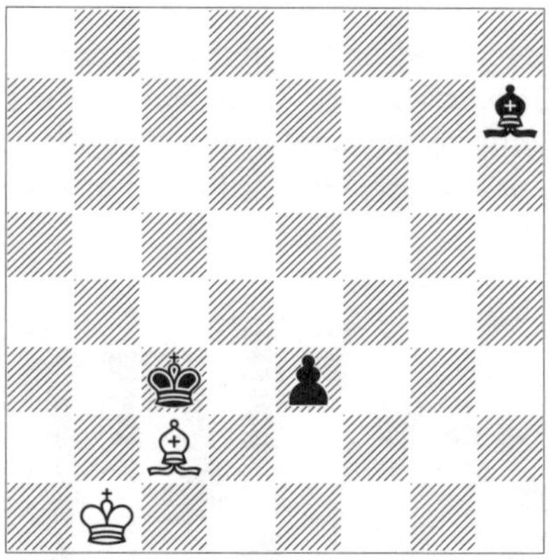

Nun beginnt die dritte Etappe, wo es auch wieder keine Wahl gibt:

4 ♔c1! e2

Nun wieder dasselbe:

5 ♗d1!

Und Weiß macht Remis. Wir müssen überprüfen, dass Schwarz nicht gewinnen kann, indem er in ein Endspiel mit 2♗ gegen ♗ abwickelt:

5...e1♗!? 6 ♗a4 ♗f5 7 ♔d1 ♗d2 8 ♔e2

In diesem Beispiel haben wir etwas Neues und sehr Interessantes gesehen. Es stellt sich heraus, dass es keineswegs notwendig ist, immer lange Varianten zu berechnen. Im letzten Beispiel mussten wir nur jeweils ein kurzes Abspiel berechnen, dann eine Pause einlegen, einen Blick auf die Stellung werfen und dann mit der Berechnung der nächsten Etappe fortfahren. Der Grund und der Vorteil hiervon liegt darin, dass *mit zunehmender Anzahl der zu berechnenden Züge, jeder einzelne zusätzliche Zug es schwieriger für den Spieler macht, die Einzelheiten der Stellung deutlich zu sehen.* Wann immer es der Stellungscharakter zulässt, ist demzufolge die Technik der Berechnung in Etappen sehr nützlich. Wir haben auch gesehen, dass es sogar Situationen gibt, in denen man einen bestimmten Zug machen kann, ohne die Folgen zu berechnen. Solche Entscheidungen basieren auf der Grundlage der Erkenntnis, dass alle anderen Züge ungünstig sind. Diese Situationen entstehen natürlich nicht sehr oft, und wenn es geschieht, dann üblicherweise in Stellungen mit relativ wenig Material auf dem Brett.

Wenn sich mehr Material auf dem Brett befindet, ist die Methode der Berechnung in Etappen häufig nicht zweckmäßig, und für solche Stellungen müssen andere Regeln angewendet werden.

S

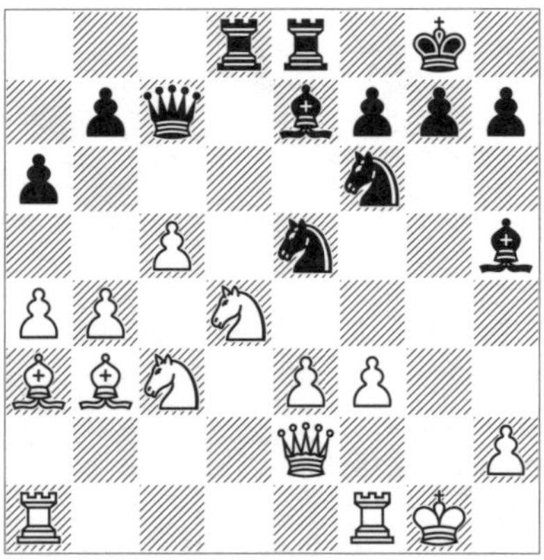

Rjasanzew – Rublewski
Europameisterschaft, Warschau 2005

Hier ist die Situation verglichen mit dem vorigen Beispiel völlig anders: eine Stellung mit vielen Figuren und keinen Bauernketten, wo sich die Dinge in jedem Bereich des Bretts entwickeln können.

19...♗xc5!!

Schwarz beginnt eine mehrstufige Aktion, für die von Anfang an eine genaue und weitreichende Berechnung erforderlich ist und danach eine korrekte Bewertung der entstandenen Stellung.

20 bxc5 ♖xd4 21 exd4 ♘xf3+ 22 ♕xf3 ♗xf3 23 ♖xf3 *(D)*

S

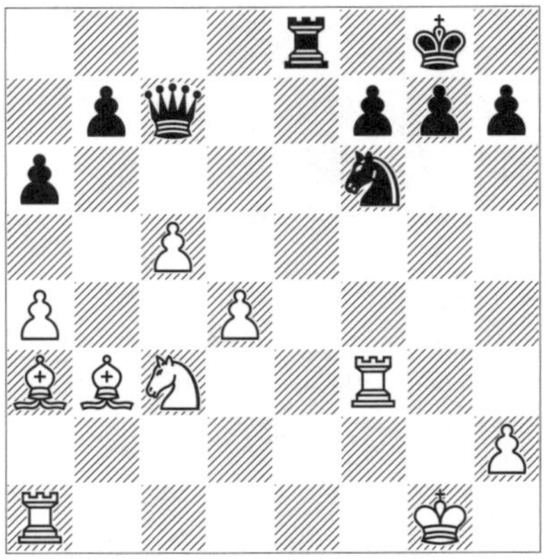

Auf den ersten Blick scheint es, als ob sich Schwarz in Schwierigkeiten befindet. Weiß muss nur sein Läuferpaar in Szene setzen, und es wird alles vorbei sein. Jedoch...

23...♘g4!

Ohne diesen Zug würde die ganze Aktion von Schwarz keinen Sinn ergeben. Die erste Etappe ist vorbei, und Schwarz musste nicht nur diese Stellung bewerten; er musste ebenfalls diesen brillanten Schlag vorhersehen und seine Folgen einschätzen.

24 ♗xf7+

Nach 24 ♖g3? gewinnt die Antwort 24...♕f4 25 ♔h1 (25 ♖f1 ♖e1!) 25...♖e3!. Auf diese Varianten wies Maxim Notkin hin. Sie zeigen, dass Schwarz erkannt hatte, dass die weißen Figuren vorübergehend gebunden sind und auch, wie seine eigenen Streitkräfte dies ausnutzen können.

24...♔h8 25 ♗xe8

Eine sehr wichtige Variante (wieder von Notkin aufgezeigt) ist 25 ♖f2 ♘xf2 26 ♗xe8 ♘g4 27 ♖a2, und hier spielt wieder der thematische Schlag 27...♕f4! eine entscheidende Rolle, wonach die weißen unkoordinierten Streitkräfte seine zahlreichen Schwächen nicht verteidigen können; zum Beispiel 28 ♘d1 ♕xd4+ 29 ♘f2 h6! *(D)*.

Es stellt sich heraus, dass Weiß eine Figur verlieren muss: 30 ♗h5 ♘xf2 31 ♖xf2 ♕a1+;

W

W

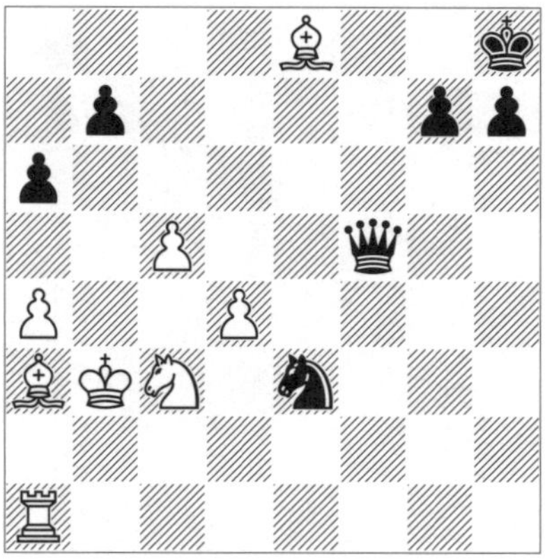

30 ♗c1 ♘xf2 31 ♖xf2 ♕g4+ 32 ♔f1 ♕d1+ oder 30 ♗g6 ♘xf2 31 ♖xf2 ♕d1+ 32 ♔g2 ♕g4+. Dies ist ein sehr gutes Beispiel für die Bedeutung der Figurenkoordination. Es ist auch ein Beispiel für einen glänzenden und tiefen Einblick in die Geheimnisse der Stellung. Ich möchte wiederholen, dass Berechnung allein nicht genug ist, und dass die Bewertung der verschiedenen dazwischenliegenden Stellungen eine große Rolle spielt. Es ist nicht immer einfach, solch eine korrekte Einschätzung durchzuführen, da es ein sehr gut entwickeltes positionelles Gefühl erfordert. Nun beginnt eine neue Phase, die forciert zu einer klareren Situation führt:

25...♕xh2+ 26 ♔f1 ♕h1+ 27 ♔e2 ♕g2+! 28 ♔d3 ♕xf3+ 29 ♔c4 ♘e3+ 30 ♔b3 ♕f5! *(D)*

Hier endet die dritte Phase. Die weißen Streitkräfte verbleiben unkoordiniert, während der Nachziehende eine Dame und einen Springer hat, die perfekt zusammenarbeiten. Seine Chancen sind daher besser, obwohl es nicht leicht zu sagen ist, wieviel besser.

Wenn man sich die Stellung näher anschaut, wird es klar, dass es nicht einfach für Weiß ist, den höchst unerfreulichen Schachdrohungen auf c2 und e6 Herr zu werden. Die Probleme werden durch die Variante 31 a5, was versucht das Feld a4 für den Läufer frei zu machen, gut veranschaulicht. Nach 31...♕c2+! 32 ♔b4 ♕d3 33 ♔b3 ♕c4+! 34 ♔b2 ♕xd4 entsteht eine andere ungewöhnliche und sehr interessante Stellung, deren Berechnung ergibt, dass auch hier die ausgezeichnet koordinierten schwarzen Figuren ihre weniger gut koordinierten Gegenspieler überwältigen:

a) 35 ♖c1 ♘c4+ 36 ♔a2 ♘xa3 37 ♔xa3 ♕d2 38 ♘a2 ♕e3+.

b) 35 ♗h5 ♕d2+ 36 ♔b3 ♕c2+ 37 ♔b4 ♘d5+! 38 ♘xd5 ♕e4+ 39 ♔c3 ♕e5+ 40 ♔c4 ♕xa1 41 ♗b4 ♕f1+ 42 ♔d4 ♕f2+ 43 ♔e4 ♕h4+ 44 ♘f4 g5.

c) 35 ♔b3 ♕c4+ 36 ♔b2 ♕d3 37 ♗a4 ♕d2+ 38 ♔b3 ♕c2+ 39 ♔b4 ♘d5+! 40 ♘xd5 ♕e4+ 41 ♔c3 ♕e5+ 42 ♔b4 ♕d4+ 43 ♔b3 ♕xd5+!.

31 ♖a2?

Dieser Zug verliert schnell. Die einzige realistische Chance noch Widerstand zu leisten, lag in der Variante, die der Partiefortsetzung ähnelt, aber in der sich der weiße Turm auf einem besseren Feld befindet: 31 ♖c1!. Dann führt 31...♕e6+ 32 d5 ♘xd5 (32...♕xe8? wäre ein schwerer Fehler, da Weiß nach 33 ♖e1 einen großen Vorteil hat) 33 ♘xd5 ♕xd5+ 34 ♖c4 (das Vorhandensein dieses wichtigen Zugs macht den Unterschied zur Partiefortsetzung aus) 34...♕e6 35 ♗b5 axb5 36 axb5 *(D)* zu einer schwierigen Stellung:

Die Bewertung dieser Position ist nicht einfach. Ich bin ganz und gar nicht davon überzeugt, dass Schwarz gewinnen sollte. Weitere Analyse würde den Rahmen unserer Diskussion sprengen. Aber auch wenn Weiß die Partie retten kann, verdient das energische Spiel von Schwarz höchstes Lob. Bis hierhin hat Weiß sich so gut wie möglich verteidigt und hat uns mit höchst instruktivem Material versorgt. Nun entscheidet der Nachziehende die Partie ohne größere Probleme:

31...♕e6+ 32 d5 ♘xd5! 33 ♖e2

S

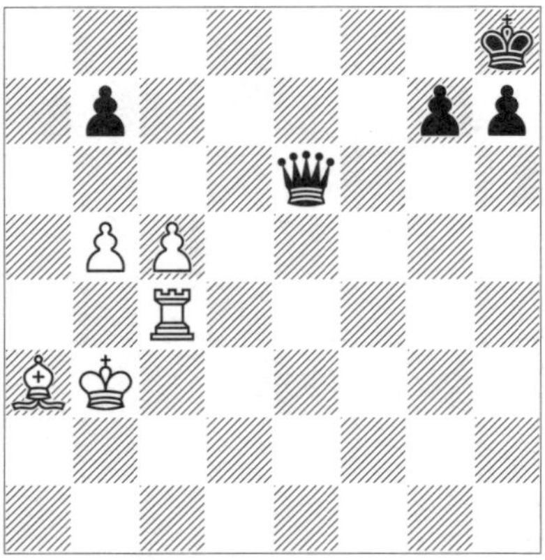

W

Falls 33 ♗d7 ♕f7 34 ♗e8 ♕g8, dann gewinnt Schwarz mühelos.

33...♘e3+ 34 ♔b2 ♕xe8 35 c6 ♕xc6! 0-1

Weiß warf angesichts 36 ♖xe3 ♕b6+ das Handtuch. Dies war eine Spitzenleistung von Sergej Rublewski.

Die Schlussfolgerungen, die hieraus gezogen werden können, werden für ein besseres Verständnis des Problems der „Berechnung in Etappen" von Nutzen sein. Erstens: Es ist einfach unmöglich, alle Varianten, die ständig in jeder Phase der Partie auftauchen, zu berechnen. Zweitens bedeutet das, dass eine solche Methode der Berechnung in Etappen sich weitgehend auf die Stellungsbewertung am Ende einer jeden Phase stützt. Drittens: Sogar die Bewertung solcher Stellungen ist oft nicht einfach, und der Spieler muss sich häufig auf Intuition verlassen. Viertens: Es ist schwierig ohne Intuition, die auf Erfahrung und Wissen basiert, auszukommen, und ein Spieler muss daher ständig daran arbeiten, sein Wissen der unterschiedlichsten Stellungen zu vergrößern, nicht nur der Eröffnungen. Und schließlich: *Die Methode der Berechnung in Etappen ermöglicht dem Spieler, die Stellung unter Bedingungen von größtmöglicher Übersichtlichkeit zu bewerten und zu berechnen.* Mit dieser Übersichtlichkeit kann der Spieler die Berechnung der nächsten Phase beginnen, fast als ob sich die neue Stellung vor ihm auf dem Brett befinden würde, was die Arbeit viel einfacher macht.

Das nächste Beispiel offenbart einen anderen äußerst wichtigen Aspekt dieses Themas:

Karpow – Spasski

Moskau Mannschaftsturnier 1973

Mit seinem letzten Zug, 24...c6-c5, ging der Nachziehende auf die gegnerische Stellung los. Im Kampf um die Initiative traf Karpow nun eine bemerkenswerte Entscheidung, die ausgezeichnete Kalkulation erforderte und, was nicht weniger wichtig ist, akkurate Beurteilung der Stellungen, die aus den verschiedenen Varianten entstehen.

25 a4!

Wie wir bald sehen werden, bereitet Weiß mit diesem Zug Materialopfer vor.

25...c4

Diese Fortsetzung ist die prinzipiellste, was aber nicht bedeutet, dass sie die beste ist. Im Fall von 25...cxb4, gibt Karpow 26 a5 ♖ac8 27 ♕a2 ♘a8 28 ♗xb4! ♘c5 29 ♖c1 mit entscheidendem Vorteil. Doch bald wird deutlich, dass der von Schwarz gewählte Weg ebenfalls ungünstig ist. Angezeigt war 25...♖ac8! und nach 26 a5 ♘a8 wären die schwarzen Figuren viel harmonischer postiert als in der Partie, und Weiß hätte nur einen kleinen Vorteil.

26 ♗a2 ♗c6 27 a5!

Diesen Zug hatte Weiß geplant als er seinen 25. Zug spielte. Er ist tatsächlich erzwungen, da Schwarz nach 27 ♗xc4 ♘xc4 28 ♕xc4 ♗xa4 aufgrund seiner beiden Läufer besser steht.

27...♗a4 28 ♕c1 *(D)*

Nach dem 25. Zug von Schwarz ist diese Stellung forciert. Sie ist übersichtlicher als die Ausgangsstellung. Schwarz muss nun eine wichtige

S

S

Wahl treffen. Man kann dies einen Fall von Berechnung in Etappen nennen, wobei die erste Phase nun vorüber ist.

28...♘c8

Dies ist stärker als 28...♗xd1 29 ♖xd1 ♘a4? (korrekt ist 29...♘c8 30 ♗xh6 mit Überleitung zur Partie), wonach die folgenden Möglichkeiten entstehen:

a) 30 ♗xh6 ♗xh6 31 ♕xh6, und nun wies Karpow auf das Abspiel 31...♘f8 32 ♖c1 mit Angriff hin. Aber wenn Schwarz 31...♖ec8! spielt, ist die Stellung vollkommen unklar.

b) 30 ♕c2! ist deutlich stärker: 30...c3 31 ♗e1 ♘b2 32 ♖d5!, und Schwarz verkehrt sowohl nach 32...♘f6 33 ♗xc3! ♘xd5 34 ♗xd5 als auch nach 32...♖ec8 33 ♗xc3 ♘c4 34 ♕d3 in Schwierigkeiten. Übrigens (und das ist für unser Thema wichtig) weist Karpows analytischer Fehler darauf hin, dass er, als er seinen 25. Zug spielte, nicht alle möglichen Varianten berechnet hatte, sondern sich teilweise auf seine Intuition verließ, dass die Stellung, die nach dem 28. Zug entstand, gut für ihn war. Dies war eine ausgesprochene praktische Maßnahme. Es besteht kaum Zweifel daran, dass Karpow 30 ♕c2! nicht entgangen wäre, hätte Spasski diese Variante gewählt! Diese Überlegungen bestätigen die Auffassung, dass diese Partie ein Beispiel für die Technik der Berechnung in Etappen ist.

29 ♗xh6 ♗xd1 30 ♖xd1 *(D)*

Hier sehen wir das Ende einer kurzen, aber klaren Etappe, die sich vom 28.-30. Zug von Schwarz erstreckte und die nach seiner Entscheidung zu Beginn der Etappe erzwungen war.

Versuchen wir nun, die Stellung zu bewerten. Weiß hat für die Qualität schon einen Bauern und ist gerade dabei noch einen weiteren auf c4 einzusammeln. Wenn ihm das gelingt, wird sein weißfeldriger Läufer sehr mächtig werden, da er nicht nur ein Auge auf die geschwächte Königsstellung wirft, sondern auch auf den Bauern a6. Wenn dieser fällt, wird Weiß zwei verbundene Freibauern besitzen. Eine wichtige Rolle spielen seine verstreuten, auseinandergerissenen Streitkräfte. Diese letzten beiden Faktoren sind aber mit der Frage verbunden, ob Schwarz 30...♘d6 spielen kann. Es gibt keinen Zweifel daran, dass beiden Spielern die Bedeutung dieses Faktors klar war. Und da nach dem 35. Zug von Schwarz keine Seite sehr viel Auswahl hatte, führt die Hauptvariante praktisch forciert zu dieser Stellung und zum Problem des 30. Zugs von Schwarz. Die kritische Stellung, die für den Erfolg oder Misserfolg ausschlaggebend ist, entsteht also nach 30...♘d6. Kann man diese Stellung auf den ersten Blick beurteilen? Zweifellos nicht. Es hängt alles davon ab, ob Schwarz Materialverlust auf der d-Linie vermeiden kann, und dies kann nicht ohne weitere Berechnung bestimmt werden. Daher haben wir ein weiteres Beispiel für die Tatsache, dass eine zuverlässige Bewertung in komplizierten Stellungen ohne Variantenberechnung unmöglich ist. Außerdem mussten beide Spieler, als sie sich im 25. Zug auf diese zwingenden Varianten einließen, diese Stellung vorhersehen und entscheiden, was da genau vor sich geht. Wie die Partie demonstriert, ist dies nur dem Weißen gelungen.

30...♘d6?

Schwarz dagegen begeht einen entscheidenden Fehler. Die Analyse ergibt jedoch, dass diese Stellung sowieso schlecht war. Beispielsweise scheint nach 30...♖a7 die Antwort 31 ♗xc4! sehr schlagkräftig zu sein (Karpow gibt 31 ♗xg7 ♔xg7 32 ♕xc4, was wegen 32...♘b8! unzureichend erscheint, und Schwarz befreit seine Figuren; hier sehen wir wieder, dass sich Karpow ebenso sehr auf Intuition verlässt wie auf konkrete Berechnung, was sich später von großer Wichtigkeit erweisen wird!), und nach 31...♘d6 ist der Vorschlag von Fritz 32 ♗g5! ♗f6 33 ♗e3 sehr stark, mit einem klaren Vorteil für Weiß. Nach 30...♘f8 folgt 31 ♗xg7 ♔xg7 32 ♕xc4 ♖a7 33 ♖d5!?, und Schwarz steht unter starkem Druck, während Weiß nach 30...♘f6 31 ♗xg7 ♔xg7 32 ♕g5! ebenfalls eine starke Initiative hat. Zu prüfen bleibt nur noch der einleitende Läufertausch: 30...♗xh6 31 ♕xh6, und nun 31...♘d6, aber dann steht Schwarz nach 32 ♘g5 schlecht: 32...♘f8 33 ♘h5! gxh5 (33...f6 34 ♖xd6! +–) 34 ♖xd6 ♖ec8 35 ♖f6 oder 32...♘f6 33 ♖xd6! ♕xd6 34 ♗xc4 ♖a7 35 ♕xg6+ ♔f8 36 ♕h6+; Weiß gewinnt in beiden Fällen.

31 ♗xg7 ♔xg7 *(D)*

W

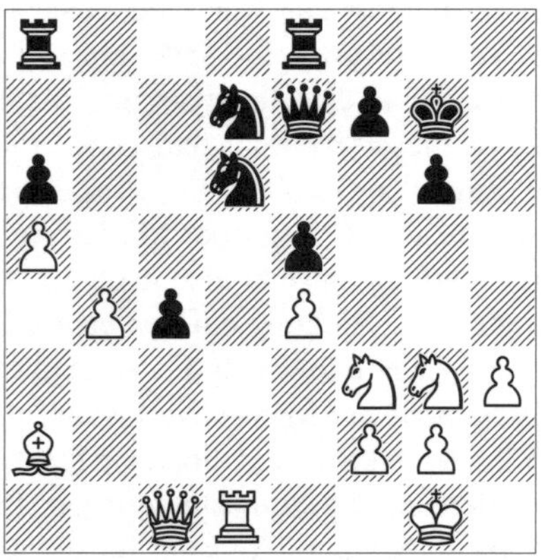

Hier folgt nun ein effektiver und unerwarteter Schlag:

32 ♕g5!!

Es ist klar, dass Spasski nur 32 ♕d2? erwartete. Dann gewinnt Schwarz nach 32...♘f6 33 ♕xd6? ♖ad8. Jetzt endet alles schnell und unaufhaltsam:

32...f6

Zäher war der Versuch, den Bauern c4 durch 32...♖ac8 zu verteidigen, aber auch dann gewinnt Weiß nach 33 ♖xd6! ♕xg5 34 ♘xg5 ♘f6 35 ♘e2 (oder 35 ♖xa6).

33 ♕g4! ♔h7

Oder: 33...♖ac8 34 ♖xd6 +–; 33...f5 34 exf5 +–.

34 ♘h4 1-0

Nach 34...♖g8 gewinnt Weiß sofort mit 35 ♖xd6! ♕xd6 36 ♘hf5!, obwohl 35 ♗xc4 auch gut genug ist.

Obgleich wir während der Besprechung der Partie schon auf viele verschiedene Gesichtspunkte hingewiesen haben, gibt es in diesem Zusammenhang noch einen weiteren diskussionswürdigen Aspekt. Wir haben schon gesehen, dass die Variantenberechnung zwischen dem 25. und 32. Zug von Weiß, mitsamt ihren Folgen, in Etappen ausgeführt werden kann. Wir können die Etappen identifizieren, und es gibt auch indirekte Hinweise darauf, dass Karpow auf diese Weise an die Stellung herangegangen war (siehe die taktischen Fehler, auf die er in seinen Anmerkungen hinweist). Aber gleichzeitig wurde die Hauptvariante der Partie von Karpow sehr genau gespielt, und es ist unvorstellbar, dass er den 25. Zug gespielt hat, ohne seinen 32. Zug und dessen Konsequenzen gesehen zu haben! Wie bringen wir also die Theorie der Berechnung in Etappen mit der Genauigkeit der Berechnung der Hauptvariante in Einklang? Können wir es als einen Hybridansatz betrachten, bei dem eine klar definierte Hauptvariante im Detail ausgearbeitet werden muss, während die zugehörigen Nebenvarianten mit der Etappenmethode berechnet wurden? Das hört sich wie eine etwas unwahrscheinliche Theorie an, aber bis jetzt habe ich noch nicht behauptet, dass dies die definitive Wahrheit ist. Ich würde eher vorschlagen, dass sich jeder Leser auf seine eigene Erfahrung verlässt. Passieren ähnliche Dinge nicht sehr oft auch in Ihren eigenen Partien? Ist es nicht außerdem der Fall, dass wir die Partieanalyse der besten Spieler ständig ändern und verfeinern, während es sich herausstellt, dass die Hauptvariante dieser Partien vollkommen korrekt ist?

Daran kann man sehen, dass ein Spieler nicht nur nicht in der Lage ist, alles genau zu berechnen, sondern auch, dass dies nicht notwendig ist. Der menschliche Spieler konzentriert sich während des Verlaufs der Ereignisse in erster Linie auf die Hauptvariante. Wie gut ihm das gelingt, und wie klar und präzise die Variante sein wird, hängt von der Stellung ab. Das Übrige muss er seinem Urteilsvermögen und seiner Intuition überlassen. Für einen menschlichen Spieler ist das unerlässlich, da seine Rechenfähigkeiten begrenzt sind und es keine andere Vorgehensweise im Rahmen seiner Möglichkeiten gibt.

Das soll nicht heißen, dass wir hier etwas Sensationelles entwickelt haben. Wir haben einfach versucht, eines der Gesetze der menschlichen Denkweise bei der Variantenberechnung zu beschreiben: Die Hauptvariante wird so detailliert wie möglich herausgearbeitet, und die Nebenvarianten werden dem eigenen Urteilsvermögen und der Intuition überlassen und mithilfe des Etappenansatzes abgehandelt. Dies ist genau der Teil meines Vorschlags, der so bahnbrechend und von größter praktischer Bedeutung ist.

Abschließend möchte ich sagen, dass das Thema der Berechnung in Etappen von besonderem praktischen Wert ist, da es die Arbeit am Brett erleichtert, und daher zu einer verbesserten Qualität führt.

Konkrete Aktion zur Verwertung eines Vorteils

Dieses Thema ist für Spieler jeder Spielstärke relevant, weil es keinen Schachspieler gibt, der niemals einen Gewinn in einer überlegenen Stellung ausgelassen hat, sei es aufgrund fehlerhafter Berechnung oder mangels rechtzeitigem Erkennen des Augenblicks, wenn Umschalten auf *konkrete Maßnahmen zur Verwertung seines Vorteils,* angesagt war. Und solche konkrete Maßnahmen erfordern notwendigerweise Berechnung. Darüber hinaus gibt es viele Schachspieler, die sehr gut darin sind, Gewinnstellungen aufzubauen, aber sehr oft daran scheitern, das beste aus ihren Chancen zu machen, und dann jedem hinterher auf die Nerven gehen, indem sie sich darüber beschweren, *wie viel Pech sie haben.* Aber die wirkliche Antwort ist in dem Buch *Kramnik: My Life and Games* von Kramnik und Damsky, äußerst prägnant zusammengefasst, in dem Kramnik auf Seite 145 seine großartige Partie gegen Anand von Las Palmas 1996 kommentiert und schreibt: „Es war an der Zeit, einige Varianten zu berechnen.“ Dieser Abschnitt beschäftigt sich daher mit dem Problem der Variantenberechnung als Teil einer Vorteilsverwertung.

Zunächst werden wir uns ein Beispiel für die herben Enttäuschungen ansehen, die einen Spieler erwarten, der mit dieser Aufgabe nicht sehr gut zurechtkommt:

W

Ulibin – Schaposchnikow
Russischer Pokal, St. Petersburg 2003

Weiß landet einen einfachen, typischen aber nichtsdestotrotz effektiven Schlag:

16 ♘d7! ♗xd7

Nach 16...♕xb2 17 ♘xe4 dxe4 18 ♕xe4 g6 19 ♗xe7 ♘xe7 20 ♘xf8 ♔xf8 21 ♗d3 steht Schwarz sogar schlechter.

17 ♘xd5 ♕xb2

Dies ist der erste kritische Moment nachdem Weiß die erste Etappe der taktischen Operation erfolgreich gehandhabt hat. Er muss sich zwischen verschiedenen Fortsetzungen entscheiden.

18 ♗xe7

Nichts verspricht 18 ♘xe7+ ♘xe7 19 ♗xe7 ♖xc2, aber 18 ♖ab1! ist stärker als die Partiefortsetzung: 18...♕xb1 (18...♕a2? ist schlecht: 19 ♕xe4 f5 20 ♘xe7+ ♘xe7 21 ♕xe7, und

Weiß gewinnt) 19 ♗xb1 ♗xg5 (Schwarz hat auch nach 19...♘xg5 20 h4 ♗e6 21 hxg5 g6 22 ♘xe7+ eine schwierige Stellung) 20 ♕xe4 g6 21 ♘e3, und der weiße Vorteil ist unbestreitbar, obwohl er immer noch eine schwierige technische Aufgabe vor sich hat.

18...♘xd4! *(D)*

W

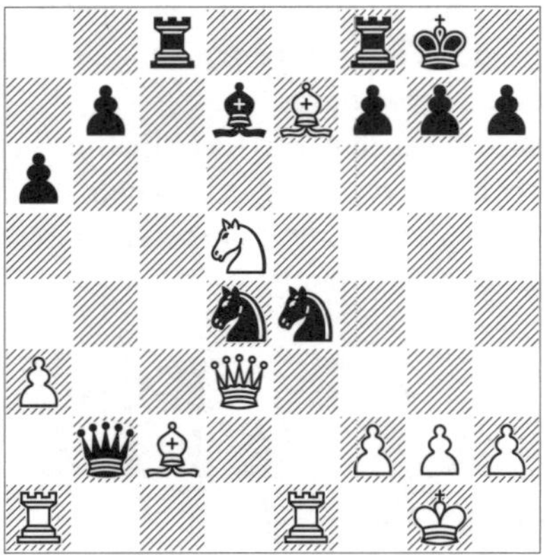

19 ♗xf8?

Während Weiß im vorherigen Zug die Chance auf einen klaren und dauernden Vorteil verpasst hat, hatte er bis jetzt noch nichts ernsthaft verdorben, aber dieser Zug ist ein viel schwerwiegenderer Patzer. Diese Dinge passieren im Schach immer wieder. Man sieht das typische Muster: Zunächst eine kleine Ungenauigkeit, dann ein ernsthafterer Fehler, und dann ein grober Patzer, eine Art Schneeballeffekt. Hier hatte Weiß immer noch die höchst erfreuliche Variante 19 ♕xe4! ♘xc2 20 ♖ab1 ♘xe1 21 ♖xb2 ♖c1 22 g4 (einziger Zug) 22...♗c6 23 ♖b1! (nach 23 h3 ♘f3++ 24 ♔g2 ♖d1 hat Schwarz Gegenspiel) 23...♗xd5 24 ♖xc1 ♗xe4 25 ♖xe1 ♗c6 26 ♗xf8, und Weiß hat im Endspiel gute Gewinnchancen.

Im vorherigen Zug hatte Weiß den Gewinn noch nicht weggeschmissen. Vergleichen Sie aber die Schwierigkeiten, denen er sich in der obigen Variante ausgesetzt sieht, mit denen, die gerade einen Zug zuvor hätten entstehen können. Man kann leicht sehen, dass der Unterschied gewaltig ist. Die einzige Kritik am 18. Zug von Weiß ist aus praktischer Sicht begründet, da sein Sieg dadurch deutlich schwieriger gemacht wurde, auch wenn er theoretisch nichts verdarb. Wir haben dies schon beiläufig besprochen, aber hier möchte ich diesen Punkt noch mal wiederholen, da er für diesen Abschnitt sehr wichtig ist: Um einen Vorteil zu verwerten, sollte man nach dem effektivsten und verlässlichsten Weg suchen und unnötige Schwierigkeiten vermeiden. Es ist nicht unsere Aufgabe, sondern die Aufgabe unseres Gegners, uns vor Probleme zu stellen. Von diesem Moment in der Partie ist es der Anziehende, der Probleme hat!

19...♘xc2 20 ♖eb1!

Weiß findet einen Weg, die Aufgabe des Gegners komplizierter zu machen. Nach 20 ♕xe4 ♘xe1 21 ♖xe1 ♖xf8 hat Schwarz einen bedeutenden Vorteil.

20...♘xa1

Der einzige Zug.

21 ♖xb2 ♖c1+ 22 ♕f1 ♖xf1+ 23 ♔xf1 *(D)*

S

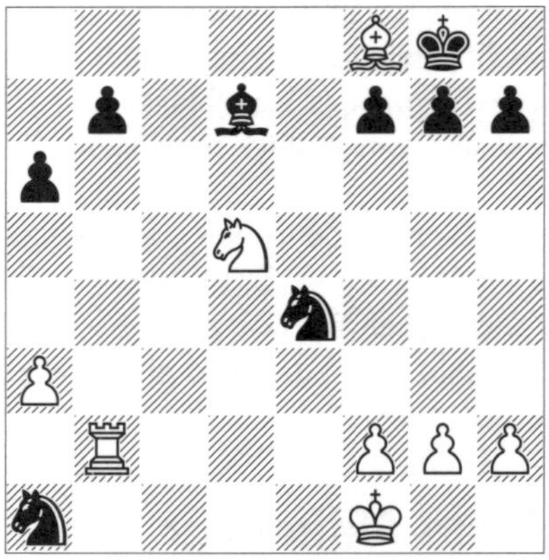

23...♔xf8

Es ist möglich, dass Zeitnot eine Rolle spielte, denn Schwarz verpasst hier seine beste Chance. Geboten ist 23...♗e6!? 24 ♖xb7 ♗xd5 25 ♖b8 f6 26 f3 ♘g5, wonach Weiß eine schwierige Verteidigung vor sich hat. Der Unterschied besteht darin, dass der weiße Läufer den Bauern auf a6 nicht angreifen kann, während der Springer dazu in der Lage ist. Nun endet die Partie friedlich.

24 ♖xb7 ♗b5+ 25 ♔g1 g6 26 ♖b8+ ♔g7 27 ♘c7 ♘c2 28 ♘xb5 axb5 29 ♖xb5 ♘xa3 30 ♖b4 ♘d6 31 g3 ♘ac4 32 f4 h5 33 ♔f2 ♔f6 34 ♖b8 ♔f5 35 ♔f3 ♘d2+ 36 ♔g2 ♔e4 37 ♖d8 ½-½

Die nächste Partie ist von Anfang an interessant.

A. Kusnezow – Spasski

Kislowodsk 1960

1 e4 e5 2 ♘f3 ♘c6 3 ♗b5 ♘f6 4 0-0 ♗c5 5 ♘xe5 ♘xe4 6 ♘xf7?!

Weiß wählt eine zweifelhafte Variante. Vorzuziehen ist hier 6 ♕e2 ♘xe5 7 ♕xe4 ♕e7 8 ♘c3 ♘g6 mit einer etwa ausgeglichenen Stellung, wie in den Partien L.Dominguez-Mitkow, Jerewan, Mannschaftsweltmeisterschaft 2001 und Wedberg-Piket, Leon, Europäische Mannschaftsmeisterschaft 2001.

6...♔xf7 7 ♕h5+ g6 8 ♕d5+ ♔g7 9 ♗xc6? *(D)*

Und dies ist einfach schlecht. Er musste 9 ♕xe4 spielen, und dann erreichen wir nach der Fortsetzung 9...d5 10 ♕a4 ♘d4 11 c3 ♘xb5 12 ♕xb5 ♗d6 eine Situation, die an eine für den Nachziehenden günstige Variante des Marshall-Angriffs erinnert.

S

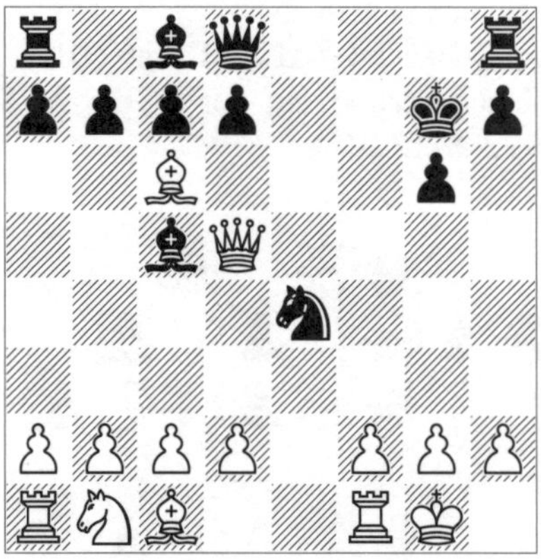

Spasski sichert sich mit ein paar einfachen Zügen einen klaren Vorteil.

9...♖e8! 10 ♗a4 c6 11 ♕d3 ♕h4 *(D)*

Aber nachdem er das getan hat, entspannt er sich unverzüglich und versäumt eine Gelegenheit, seine Überlegenheit durch 11...♗xf2+! 12 ♖xf2 (falls 12 ♔h1, dann 12...♕g5! und nach dem forcierten 13 g3 folgt 13...d5 mit einer ausgezeichneten Stellung) 12...♕b6 13 ♕e3 ♘xf2 entscheidend zum Gewinn auszubauen.

12 g3 ♕h3?!

W

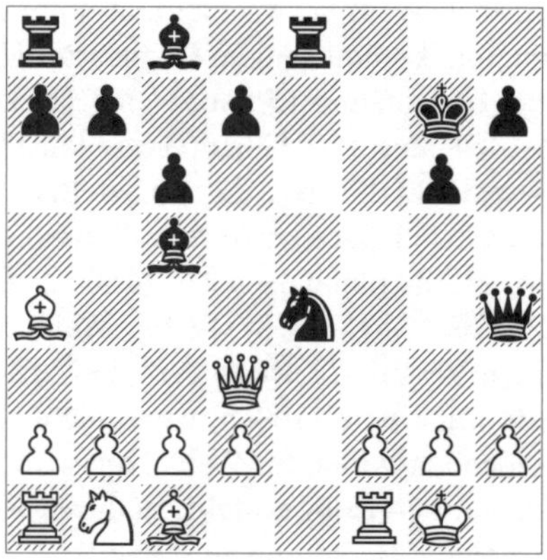

Nach der ersten Ungenauigkeit folgt die zweite Stufe unserer Formel, nämlich ein ernsthafterer Fehler. Dies muss das Ergebnis von unzureichender Konzentration sein. 12...♕f6! 13 ♔g2 d5 ist korrekt, mit einem großen, möglicherweise entscheidenden Vorteil. Nun erhält Weiß die Gelegenheit, die Partie komplizierter zu gestalten.

13 b4 *(D)*

S

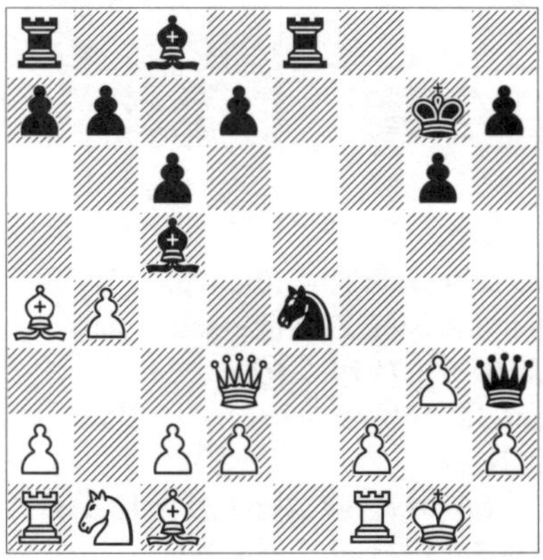

13...♘xf2?

Dies ist nun ein großer Fehler – genau wie es unser „Schema" vorhergesagt hat! Schwarz gelingt es nicht, die Varianten in dieser scharfen Stellung richtig zu berechnen. Sein großer Entwicklungsvorsprung sollte immer noch eine entscheidende Rolle spielen, und deshalb hätte die einfache Fortsetzung 13...♗b6 14 ♗b2+ ♔g8 15 ♗d4 d5 einen eindeutigen Vorteil festgehalten.

14 ♕c3+ ♔g8 15 ♕xc5?

Aber auch Weiß hat Probleme mit der Kalkulation, und kommt seinem Gegner zur Hilfe. Nach der Fortsetzung 15 bxc5! ♘g4 16 ♗b3+ d5 17 cxd6+ ♗e6 18 ♖f2 ♗d5 (was sonst?) 19 ♗xd5+ cxd5 20 d3 ♘xf2 21 ♗b2 stellt es sich heraus, dass Schwarz keine gute Verteidigung hat; z. B. 21...d4 (auch nach 21...♕h6 22 ♕h8+ ♔f7 23 ♕f6+ ♔g8 24 ♕xf2 hat Weiß einen deutlichen Vorteil) 22 ♕c4+ ♔f8 23 ♘d2 ♖e2 24 ♕xd4 mit einem großen, wenn nicht sogar entscheidenden Vorteil für Weiß. Nun wird wieder alles auf den Kopf gestellt. In dieser Partie ändern sich die Bewertungen schnell!

15...♘g4 16 ♗b3+ d5 17 ♗xd5+ *(D)*

S

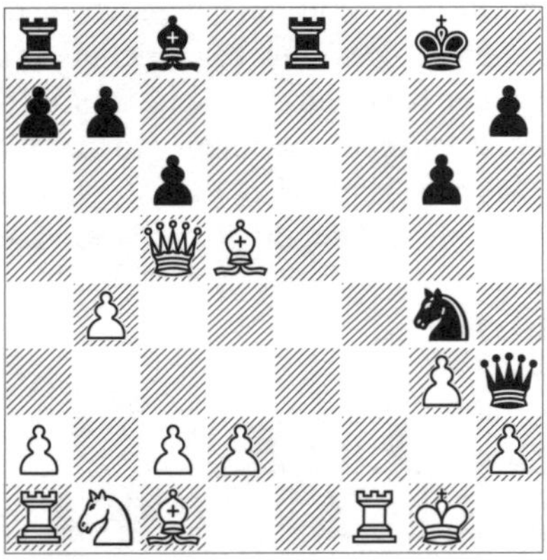

17...♗e6!

Es ist sehr wahrscheinlich, dass Weiß diesen oder den nächsten Zug übersehen hat.

18 ♖f8+ ♔g7! 19 ♗b2+

Ebenfalls hoffnungslos ist 19 ♖xe8 ♕xh2+ 20 ♔f1 ♖xe8.

19...♔h6 20 ♖xe8 ♖xe8 21 ♗f3 ♕xh2+ 22 ♔f1 ♕xg3 23 ♗xg4 ♗c4+ 0-1

Im Gegensatz dazu demonstriert das folgende Beispiel fehlerlose Berechnung in der Verwertung des Vorteils.

Tal spielte in dieser Partie sowie im gesamten Turnier sehr stark. In seinen Kommentaren zu dieser Stellung schreibt er etwas, was mir sehr gut gefällt, und was sich genau mit unserem gegenwärtigen Thema in Einklang befindet: „19...a6 war hier beileibe nicht schlecht, aber Schwarz berechnete stattdessen eine glasklare Variante." Der Rest der Partie besteht aus

S

Polugajewski – Tal
Interzonenturnier, Riga 1979

zwingenden Varianten. *Zwingendes Spiel ist für die Seite, die einen deutlichen Vorteil verwerten will, ideal*, da die schwächere Seite keine Wahlmöglichkeit bekommt, und der stärkeren Seite somit größtmögliche Effektivität und Reliabilität bei der Verwertung seines Vorteils garantiert wird. Es hängt nur von der Qualität seiner Berechnungen ab.

19...g4! 20 ♘h4 ♘xf2! 21 ♘g6 *(D)*

Schlagen verliert auf der Stelle: 21 ♖xf2 ♖xf2+ 22 ♔xf2 ♖f8+.

S

Nun folgt ein thematisches Manöver:

21...♖d3! 22 ♘a3

Nach 22 ♕e1 plante Schwarz 22...♖df3! 23 ♘xf8 ♘d3 24 ♕d1 ♖xf1 (24...♕xe4 ist ebenfalls sehr stark) 25 ♕xf1 ♕xe4+ 26 ♔g1 ♗d4+ 27 ♘xd4 ♘xd4 mit Gewinn.

22...♕a4! 23 ♕e1 *(D)*

S

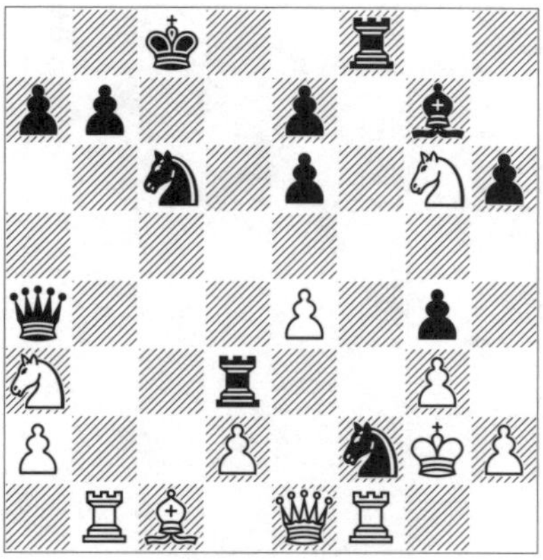

Das Finale zeigt ein vertrautes Szenario:
23...♖df3! 24 ♘xf8 ♘d3 25 ♕d1 ♕xe4 26 ♖xf3 gxf3+ 27 ♔f1 ♕f5 28 ♔g1 ♗d4+ 0-1

Auch die folgende Partie demonstriert glänzende Berechnung:

W

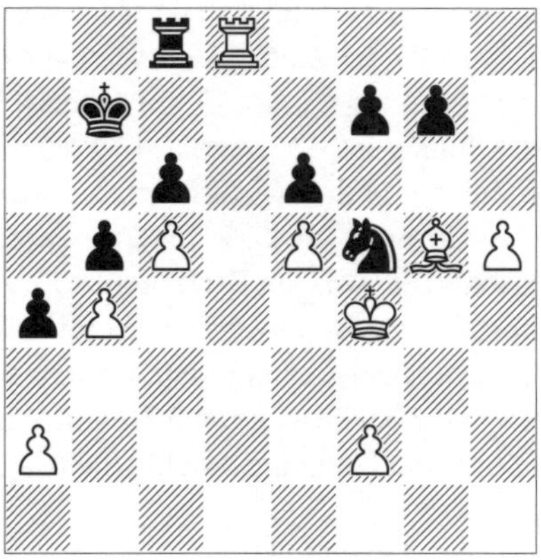

Kramnik – Barejew
Wijk aan Zee 2003

Weiß besitzt zweifellos einen klaren Vorteil, es ist allerdings nicht so einfach, den Widerstand seines Gegners zu brechen. Kramnik demonstriert eine ausgezeichnete zwingende Lösung des Problems.

43 ♖d7+!

43 ♖d3 ♔c7! zeigt, warum das einleitende Schach notwendig ist.

43...♖c7 44 ♖d3!

Schwarz ist in Zugzwang!

44...♔c8

Falls 44...♖c8, dann kann Weiß seine Stellung entscheidend mit 45 ♗d8! verstärken.

45 ♖d8+ ♔b7 *(D)*

W

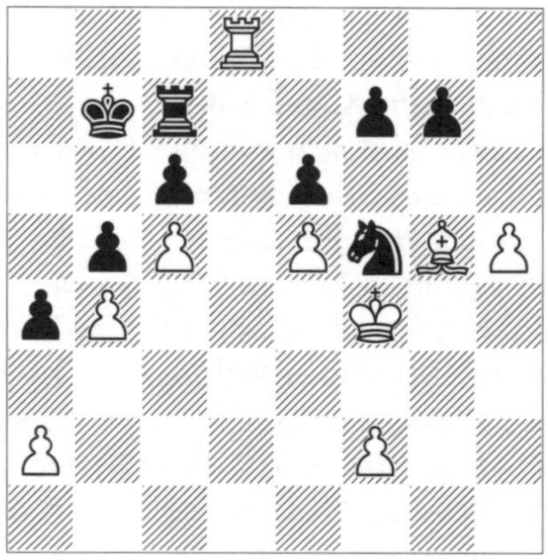

Nun sind alle Vorbereitungen für den entscheidenden Schlag getroffen:

46 ♗f6!! g6

46...♖c8 verliert sofort: 47 ♖xc8 ♔xc8 48 ♗xg7!. Die Hauptvariante beginnt nach den Zügen 46...gxf6 47 exf6 ♖c8 (Weiß gewinnt leicht nach 47...♘h4 48 ♔g4! ♘f5 49 ♔g5, und dann h6) 48 ♖xc8 ♔xc8 49 ♔g5 *(D)*, wonach es zwei Kandidatenzüge gibt:

S

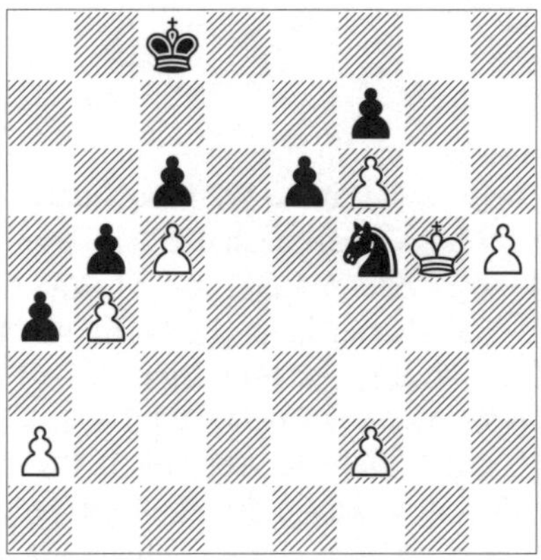

a) 49...♘d4 50 h6 ♘f3+ 51 ♔h5 ♘e5 52 h7 ♘g6 53 ♔h6 ♔d7 54 ♔g7 e5 (54...♔e8 55 f4 a3 56 h8♕+ ♘xh8 57 ♔xh8 +–) 55 h8♕! (aber nicht 55 ♔xf7? ♘h8+ 56 ♔g7 ♔e6 57 f3 {57 a3 e4} 57...a3 58 ♔xh8 ♔f7 59 f4 e4 60 f5 ♔f8

61 f7 e3 62 f6 e2 Patt) 55...♘xh8 56 ♔xh8 ♔e6 57 ♔g7, und Schwarz ist in Zugzwang und verliert: 57...e4 (57...a3 58 f3 – Zugzwang) 58 a3 (Zugzwang).

b) Nach 49...♔d7 50 h6 ♘xh6 51 ♔xh6 e5 folgt 52 ♔h7!, und der Rest ergibt ein vertrautes Bild: 52...e4 (52...♔e6 53 ♔g7 a3 54 f3 – Zugzwang) 53 ♔g7 ♔e6 54 a3 (Zugzwang).

47 hxg6 fxg6 48 ♔g5 1-0

Der Leser wird sich nun zweifellos fragen, ob Weiß all diese Varianten berechnen musste. Hätte er nicht viel einfacher mit 43 ♖xc8 ♔xc8 44 ♗f6 gewinnen können? Die Antwort trägt nur dazu bei, unseren Respekt für die Rechenkünste des ehemaligen Weltmeisters zu erhöhen. Es stellt sich heraus, dass der Nachziehende nach 44...gxf6 45 exf6 ♔d7 46 ♔g5 *(D)* eine vertraute Ressource hat, aber eine, die dennoch schwer vorherzusehen ist:

S

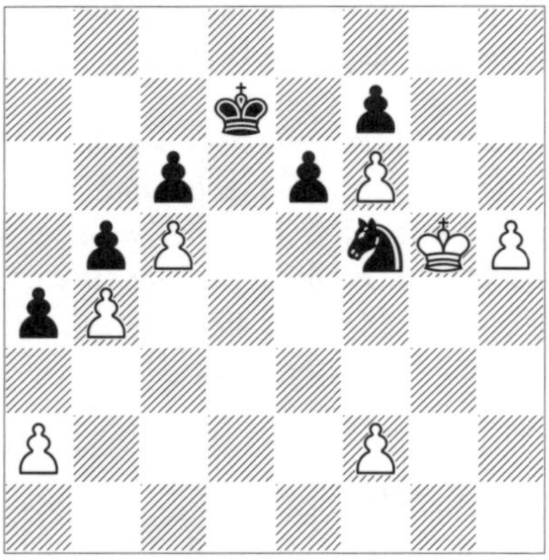

Nach 46...♘d4! muss Weiß Vorsicht walten lassen. 47 f4? verliert nach 47...♘f3+ 48 ♔h6 ♔e8 49 ♔g7 ♘h4 50 a3 ♘f5+ 51 ♔g8 ♘g3! 52 h6 ♘h5, aber er kann die Partie durch 47 ♔g4 ♘f5 48 ♔g5 ♘d4 49 ♔g4 ♘f5 50 ♔g5 ♘d4! oder 47 h6 ♘f3+ 48 ♔h5 ♘e5 49 h7 ♘g6 50 ♔g5! (nicht 50 ♔h6? e5 51 ♔g7 ♔e6 52 f3 a3 – Zugzwang) 50...♔e8 (50...e5? 51 ♔h6 ♔e6 52 ♔g7 – nun ist Schwarz in Zugzwang) 51 ♔h6 ♔f8 retten; zum Beispiel 52 a3 e5 53 f3 ♘h8 54 ♔g5 ♔e8 55 ♔h6 ♔f8, usw.

Das folgende Partiefragment ist ein weiteres Paradebeispiel für die Vorteilsverwertung:

S

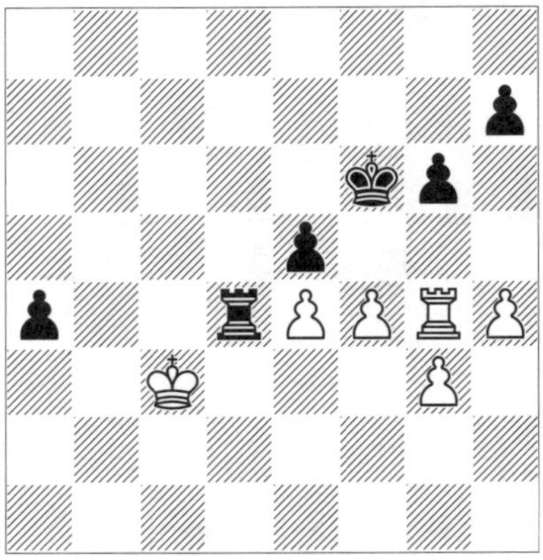

Flohr – Geller

Meisterschaft der UdSSR, Moskau 1949

Nach einem langen Kampf hat Schwarz ein günstiges Endspiel erreicht. Es sieht ganz danach aus als wäre es für ihn gewonnen, wenn man aber beginnt, sich nach einem klaren Gewinn umzuschauen, ist es nicht so einfach: 42...a3 43 fxe5+ ♔e6 (43...♔xe5?? 44 ♖g5+ ♔xe4 45 ♖g4+) 44 ♔b3 ♖a4 45 ♔a2 ♔xe5 46 ♖g5+! ♔d4 47 h5 ♖a6 48 e5 ♔e4 49 hxg6 hxg6 50 e6! ♖xe6 51 ♔xa3 mit Remis. Eine bessere Chance ist 42...♔e6!? 43 fxe5 ♖d7!, aber in diesem Fall muss Schwarz die Konsequenzen von 44 ♔b4 ♖a7 45 ♔a3 ♔xe5 46 ♖f4 einschätzen, was am Brett nicht so einfach ist. Angesichts des schwarzen Vorteils, kann er berechtigterweise annehmen, dass es einen klareren und überzeugenderen Gewinn geben sollte. Solch ein Gedanke brachte die folgende Variante hervor:

42...♖xe4! 43 ♔d3 *(D)*

Das Endspiel ist nach der Folge 43 fxe5+ ♔xe5 44 ♖g5+ ♔f6 45 ♔d3 h6! für Schwarz gewonnen.

Aber nun sehen wir die Pointe der schwarzen Idee:

43...♔g7!!

Andere Versuche sind schwächer; z. B. führt 43...a3? 44 fxe5+ ♖xe5 45 ♖a4 ♖f5 46 ♔e3 zum Remis. 43...♖d4+?! 44 ♔c3 ♔e6 45 h5 gibt Weiß Gegenchancen, und selbst wenn sich diese als unzureichend erweisen, sollte Schwarz besser die Finger davon lassen.

44 h5

S

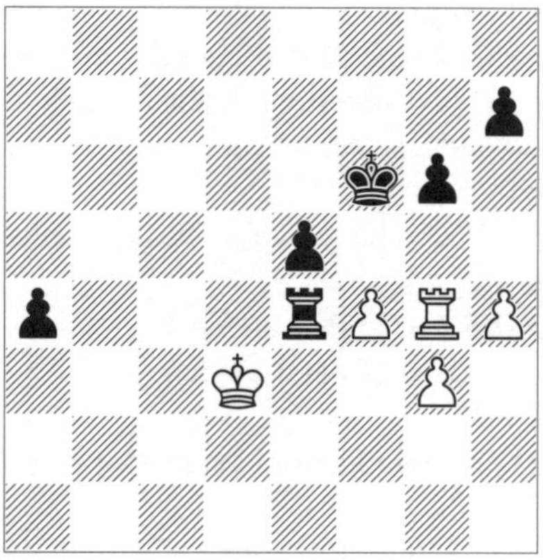

44 ♔xe4 a3 ist Zugumstellung, während Schwarz nach 44 ♖g5 a3 45 ♔c2 exf4 ohne Schwierigkeiten gewinnt.

44...a3 45 ♔xe4 a2 46 hxg6 hxg6 47 ♖g5 a1♕ 48 ♖xe5 ♕c3 49 ♖g5 *(D)*

S

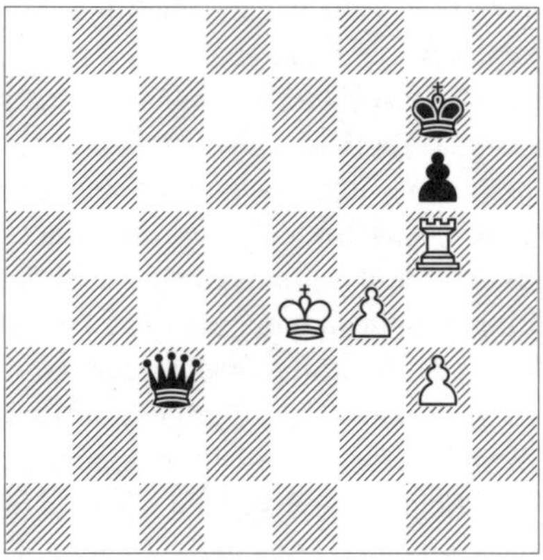

Sogar diese Stellung ist nicht einfach gewonnen. Die normale Methode ist die Anwendung von Zugzwang, die Geller überzeugend demonstriert.

49...♔f6 50 ♔d5 ♕d3+ 51 ♔c5 ♔f7

Zugzwang.

52 ♔c6 ♕d4 53 ♔b5 ♕c3 54 ♔b6 ♕c4 55 ♔b7 ♕e6 56 ♔c7 ♔f6 57 ♔b7 ♕d6 58 ♔c8 ♕c6+ 59 ♔d8 ♕b7 *(D)*

Das Ziel ist erreicht – der König ist verdrängt worden und hat wenig Bewegungsfreiheit. Der Turm muss ziehen, wonach der Bauer auf g3 ungeschützt ist und sofort verloren geht.

60 ♖e5 ♕b6+! 61 ♔c8

W

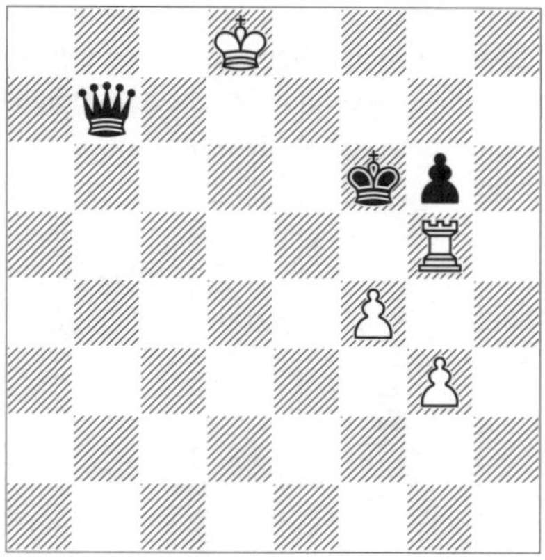

Nach 61 ♔d7 ♕d4+ 62 ♔c6 ♕c3+ verliert Weiß einen Bauern.

61...♔f7 0-1

Weiß ist in Zugzwang. Nach 62 ♖g5 ♔e7 wird der weiße König zum Brettrand abgedrängt und matt gesetzt.

Es ist klar, dass der Sinn hinter dem äußerst effektiven 43. Zug von Schwarz war, zu verhindern, dass der Bauer e5 mit Schach geschlagen werden konnte. Schwarz erkannte die Nachteile, die daraus entstehen würden, während er einen der Kandidatenzüge berechnete. Wir werden solche Sachen im nächsten Abschnitt des Buches detaillierter erörtern. Die gerade untersuchte Partie schlägt also eine Brücke zwischen dem vorigen Thema und dem nächsten...

Resultierende Züge

Wir haben schon auf die interessante Tatsache hingewiesen, dass im vorigen Beispiel der Zug 43...♔g7!! aus einer Reaktion auf einen oder auf beide zuvor berechneten Kandidatenzüge resultierte. Das bedeutet, dass diese zu dem Zug führende Logik nicht, wie wir es gewohnt sind, von dem allgemeinen Stellungsbild und den resultierenden Schlussfolgerungen der Hauptmerkmale herrührt, sondern *als Konsequenz der Berechnung konkreter Varianten hervorgegangen ist.* Dieser Unterschied ist sehr interessant und verdient eine genauere Untersuchung.

In der Partie Flohr-Geller haben wir schon gesehen, dass die Aufmerksamkeit eines Spielers manchmal erst dann auf einen bestimmten

Zug gelenkt wird, nachdem er einen oder mehrere Kandidatenzüge berechnet und daraus seine Schlüsse gezogen hat. Wir schauen uns dazu am besten ein paar konkrete Beispiele an.

W

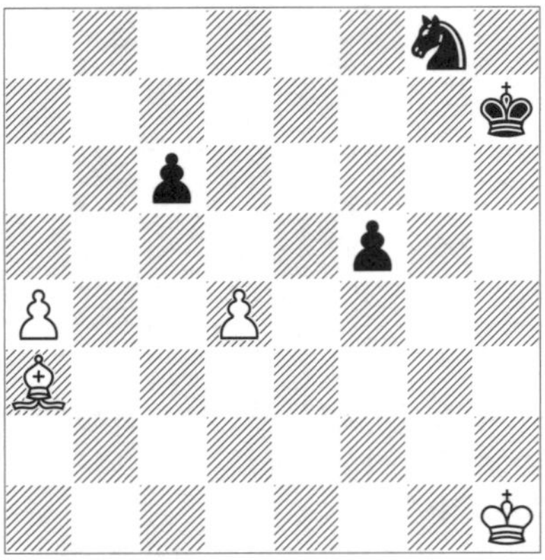

Weiß am Zug gewinnt
A. Troitsky
Izvestia, 1924

Von einem Gesichtspunkt aus betrachtet ist das Lösen von Studien schwierig, weil es nur eine Lösung gibt und daher höchste Präzision bei der Berechnung erfordert. Auf der anderen Seite ist ihr strategischer und positioneller Inhalt normalerweise ziemlich einfach und leicht zu verstehen. Im gegenwärtigen Fall ist dies klar: Das Ziel des Anziehenden besteht darin, seinen a-Bauern umzuwandeln. Schwarz kann nur mit seinem Springer dagegen angehen. Beachten Sie, dass die Stellung von einem logischen Standpunkt aus so einfach ist, dass es nur einen Kandidatenzug gibt: 1 a5. Andere Züge, wie das Ziehen des weißen Königs, scheinen wenig Sinn zu ergeben. Es ist ebenfalls nicht klar, wo der Läufer sich nützlich machen könnte. Seine Züge werden davon abhängen, wohin der schwarze Springer geht. Nach 1 a5 werden sich die Ereignisse wie folgt entwickeln: 1...♘f6 2 a6 ♘d5 3 a7 (3 ♗d6 ♘b6; 3 ♗c5 ♘c7) 3...♘c7 4 ♗d6 ♘a8 5 ♔g2 ♔g6 6 ♔f3 ♔f6 7 ♔f4 ♔e6 8 ♗b4 ♘c7 mit einem problemlosen Remis. Wenn man sich die Varianten jedoch etwas näher ansieht, stellt man fest, dass der schwarze Springer die Felder b6 und c7 kontrolliert, wenn er erst mal auf d5 angelangt ist und nicht vom Erreichen des Felds a8 abgehalten werden kann. Sobald man das erkannt hat, ist die Schlussfolgerung offensichtlich – man sollte folgendes versuchen...

1 d5!

Es stellt sich heraus, dass für Weiß alles zusammenpasst.

1...cxd5 2 a5 ♘f6 3 a6 ♘e8

Nach 3...♘d7 folgt 4 ♗c5.

4 ♗d6!

und der Bauer kann nicht gestoppt werden.

Welche Schlussfolgerungen können wir bereits ziehen? Ohne zu weit vorgreifen zu wollen, ist es klar, dass die Schlussfolgerungen, die uns zu 1 d5 in der Studie geführt haben, genau wie im Beispiel Flohr-Geller nicht von einer logischen Stellungsabschätzung stammten, sondern von der Berechnung konkreter Varianten, die sich aus den Kandidatenzügen ergaben.

Es gibt hier jedoch eine wichtige Nuance. Der Skeptiker mag einwenden, „Okay, so weit es die Partie Flohr-Geller angeht, können wir die Theorie akzeptieren, aber im Fall der Studie kann man den Schlüsselzug doch sicherlich durch pure Logik finden? Also, Schwarz muss den a-Bauern mit seinem Springer aufhalten; der Springer kann sich nur über das Feld f6 nähern; wenn er f6 einmal erreicht hat, ist es natürlich, dass er über das zentrale, multifunktionale Feld d5 fortsetzt; deshalb nehmen wir ihm diese Möglichkeit und spielen 1 d5." Dies ist ohne Zweifel eine gute und wichtige Frage. Meine Antwort darauf lautet: Ist es nicht so, dass die Diskussion der Logik hinter dem Manöver ...♘f6-d5 einfach eine verbale Beschreibung der Varianten ist, die nach 1 a5 entstehen? Die Tatsache, dass diese Variante ziemlich einfach ist bedeutet, dass wir ihre Ergebnisse leichtverständlich in Worte fassen können, was aber nichts am wesentlichen Punkt ändert. Wenn Sie wollen können wir unsere Regel etwas anders ausdrücken: „In einigen sehr einfachen Stellungen kann der Schlüsselzug entweder durch Logik gefunden werden oder als das Ergebnis der Analyse anderer Kandidatenzüge."

Wir werden uns nun einen anderen Aspekt dieses Phänomens ansehen.

W

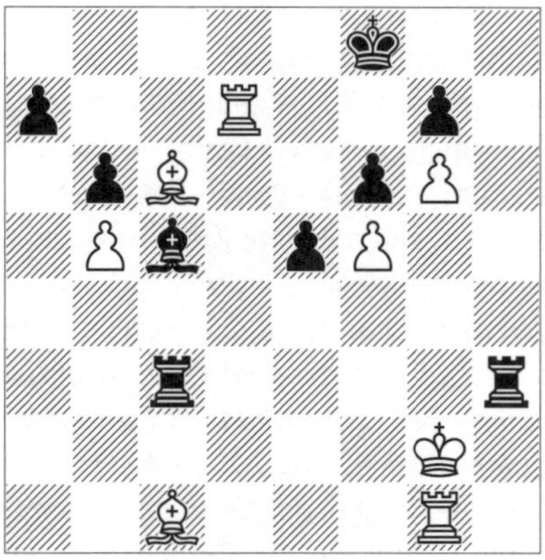

Gufeld – Klovans

Mannschaftsmeisterschaft der UdSSR, Moskau 1966

Diese Stellung entwickelte sich zwangsläufig nach einer Hängepartie. Es versteht sich von selbst, dass beide Spieler sich mit der Analyse der Abbruchstellung ausführlich befasst hatten. Bei der Betrachtung der verschiedenen Kandidatenzüge kommt man zum folgenden Ergebnis:

a) 43 ♖f7+? ♔g8 44 ♖d1? ♖cg3+ 45 ♔f1 ♖g1+ 46 ♔e2 ♖h2+, und Schwarz gewinnt.

b) 43 ♖gd1? ♖cg3+ 44 ♔f1 ♖g1+ 45 ♔e2 ♖h2+ 46 ♔f3 ♖h3+ 47 ♔e4 ♖h4+ 48 ♔f3 ♖h3+ 49 ♔e2 ♖h2+ mit Remis.

c) Die beste Variante scheint 43 ♖d8+ ♔e7 44 ♖e8+ ♔d6 45 ♖d1+ ♗d4 46 ♔f1 ♖h5 zu sein, in der sich der Materialvorteil von Weiß schließlich als entscheidend erweisen sollte, obwohl noch einige Schwierigkeiten überwunden werden müssen.

Die Partiefortsetzung wurde jedoch entscheidend von der Tatsache beeinflusst, dass die Partie in einer Mannschaftsmeisterschaft gespielt wurde, und Gufeld konnte sich glücklich schätzen, dass Geller in derselben Mannschaft spielte. Letzterer fand schon bald eine effektivere Methode, sich mit dem lästigen schwarzen Turmpaar auseinanderzusetzen.

43 ♗f4!!

Man kann sich unschwer vorstellen, welchen Effekt dieser Zug auf Schwarz gehabt haben muss, dem diese Möglichkeit in der gesamten Analyse der Abbruchstellung entgangen war.

43...♖hd3

Die Varianten 43...exf4 44 ♖d8+ ♔e7 45 ♖e8+ ♔d6 46 ♖d1+ ♖hd3 47 ♖xd3+ ♖xd3 48 ♖d8+ und 43...♗xg1 44 ♖f7+ ♔g8 45 ♖e7 ♗c5 46 ♖e8+ ♗f8 47 ♗d5+ offenbaren die Stärke des letzten Zugs von Weiß und erklären den Dreh- und Angelpunkt dieser Idee.

44 ♖xd3 ♖xd3 45 ♖h1 *(D)*

S

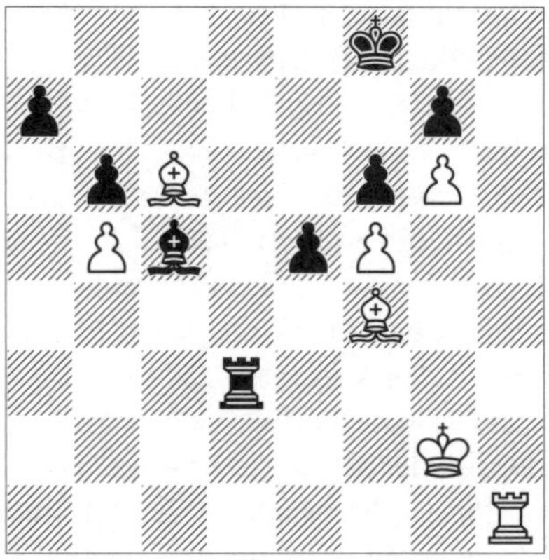

45...♔e7

Sei es in der Gestalt von Schock oder Zeitnot, der Effekt, den der weiße Superzug hat, ist klar. 45...♗d4 verliert ebenfalls schnell nach 46 ♖h8+ ♔e7 47 ♗h6!, aber Schwarz konnte nach 45...♔g8 46 ♗c1 mehr Widerstand leisten, obschon Weiß sogar dann die Diagonale a2-g8 allmählich mit seinem Läufer ergreifen und den schwarzen König abdrängen kann.

46 ♖h8! 1-0

46...exf4 47 ♖e8+ ♔d6 48 ♖d8+.

Dieses kleine Juwel wird nicht durch die Tatsache entwertet, dass Weiß wahrscheinlich auch nach 43 ♖d8+ auf Gewinn gestanden hätte. Erstens hätte Schwarz in dieser Variante beide Türme behalten und wäre imstande gewesen, bedeutenden Widerstand zu leisten, wogegen nach dem Textzug ein Turmpaar abgetauscht wird und Schwarz zu sofortiger Passivität verdammt ist. Zweitens gibt es natürlich ein ästhetisches Element! Man sollte auch den psychologischen Effekt der weißen Entscheidung nicht vergessen.

Nachdem wir nun das Phänomen aus unterschiedlichen Blickwinkeln betrachtet haben, möchte ich seine Arbeitsweise beschreiben und versuchen, ihm einen Namen zu geben. Es geht um die Situation, in der ein Zug nicht als logischer Kandidatenzug, sondern als das Ergebnis des Kandidatenzugs selbst in Erscheinung tritt. Oftmals ist die dem Zug zugrundeliegende Logik in der ursprünglichen Stellung nicht offensichtlich, aber dann wird auf wundersame Weise plötzlich alles klar, und er stellt sich als die beste Option heraus. Wir haben bereits verschiedene solcher Beispiele gesehen und werden später noch mehr zu sehen bekommen. Wir wissen bereits, dass *solche Züge das Ergebnis des Berechnungsprozesses anderer Züge sind.* Es sei auch daran erinnert, dass 43 ♗f4!! im vorigen Beispiel nicht nur das Problem des mächtigen schwarzen Turmpaars gelöst hat, das die Probleme in den Varianten „a“ und „b“ verursachte, sondern auch effektiv die schwarze Verteidigung auf der d-Linie gebrochen hat, die die Ursache für die Probleme in der Variante „c“ war. Mit anderen Worten, und dies erscheint mir besonders wichtig zu sein, der Wunderzug brachte dem Anziehenden eine entscheidende Stärkung seiner Stellung in *verschiedenen Abspielen.*

Als ich das Buch *Chess Recipes from the Grandmaster's Kitchen* schrieb, in dem ich die Idee der resultierenden Züge erstmals vorgestellt hatte, habe ich viel Zeit damit verbracht, einen geeigneten Begriff dafür zu finden, bevor ich mich schließlich auf einen Begriff festlegte, der mich an Mathematik- und Physikunterricht erinnerte. Der Begriff, den ich dort verwendete, war V*ektoren*, d. h. Linien, die die Einwirkungen irgendeiner Art von Kraft auf irgendeine Art von Objekt darstellen.

Lassen Sie uns nun ein Gedankenexperiment durchführen. Nehmen wir an, dass das Objekt ein Ballon ist. Ein Kind schlägt ihn mit seiner Hand und der Ballon bewegt sich vorwärts. Plötzlich kommt ein kleiner Windhauch auf. Der Ballon ändert seine Richtung und fliegt nicht nur geradeaus, sondern auch nach oben. Der Ballon unterliegt zwei verschiedenen Kräften, oder Vektoren, die beide versuchen, seine Richtung zu bestimmen. Das hat zur Folge, dass der Ballon die Richtung einschlägt, die sich aus der Kombination beider Kräfte ergibt, und dies kann man ebenfalls Vektor nennen. In der Mathematik ist das als der „resultierende Vektor“ bekannt. Ich schlage daher vor, dass das Phänomen, das sich ergibt, wenn ein Zug das Ergebnis verschiedener Faktoren ist, die zutage treten, wenn andere Züge berechnet werden, sinnvollerweise „*resultierende Züge*“ genannt werden kann. Infolgedessen ist *ein resultierender Zug das Produkt eines Kandidatenzugs, kann aber selbst nicht als Kandidatenzug betrachtet werden.* Die Möglichkeit, dass ein resultierender Zug in der Stellung verborgen ist hat keinen Effekt auf die Reihenfolge der Berechnung der Kandidatenzüge, die uns bereits sehr vertraut ist. *Das Vorhandensein eines resultierenden Zugs kann nur als Ergebnis der Berechnung der Kandidatenzüge zutage treten,* und folglich nur dann, wenn diese Prozedur abgeschlossen ist.

Um die resultierenden Züge etwas weiter zu erörtern, beispielsweise wie man die Gewohnheit entwickelt, sie zu finden oder wie man bisher unbekannte Seiten dieses Phänomens aufdeckt, lassen Sie uns nun weitere Beispiele betrachten.

S

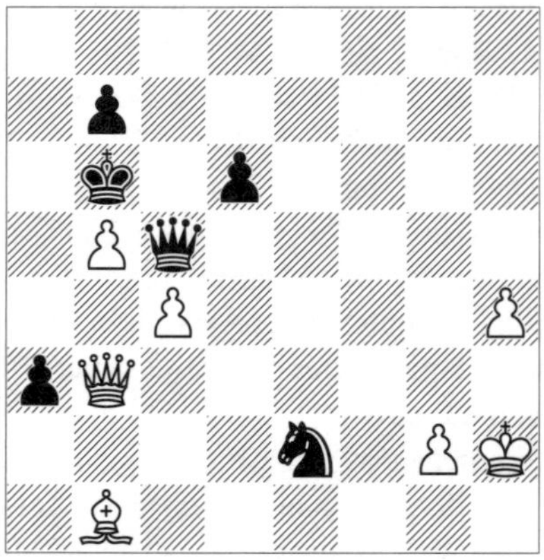

Gadjily – Nisipeanu
Dubai 2002

Schwarz hat sich einen großen Vorteil erarbeitet, und muss jetzt nur noch die Früchte seiner Arbeit ernten. Es ist auch klar, dass die einzigen Kandidatenzüge hier die Schachs auf g1 und e5 sind. Ersteres wurde in der Partie versucht:

43...♕g1+?! 44 ♔h3 ♕h1+ 45 ♔g4 ♕xg2+ 46 ♔h5 ♘f4+ 47 ♔h6 ♕f2 48 ♕xa3 ♕xh4+ 49 ♔g7 ♕e7+

Nun schoss der Anziehende einen schweren Bock:

50 ♔g8??

Nach 50 ♔h6 ist kein Matt zu sehen, z. B. 50...♕f6+ 51 ♔h7 ♕f7+ 52 ♔h6 ♕h5+ 53 ♔g7, und ich sehe auch keinen anderen Gewinnplan.

50...♘h5 0-1

Die Fragen fangen jedoch hier erst an. Erstens: War der andere Kandidatenzug stärker? Die Antwort ist ja, er erscheint viel überzeugender nach 43...♕e5+!? 44 g3 ♕c3!. Weiß kann jedoch seine letzte Chance mit 45 c5+!? ergreifen, und Schwarz muss sich mit drei Schlagmöglichkeiten auseinandersetzen. 45...dxc5? ist offensichtlich schlecht angesichts 46 ♕e6+. Nach 45...♔xc5 46 ♕g8 scheint es, als ob die weiße Dame Unruhe stiften kann (tatsächlich ist 46...♕b2! dann ein ziemlich einfacher Gewinn, wie aus der weiteren Analyse ersichtlich wird), und daher sollten wir diese Variante ad acta legen. 45...♕xc5 scheint eine gute Wahl zu sein, wonach 46 ♔h3 ♘c3 ein für Schwarz gewonnenes Damenendspiel ergibt. Es besteht durchaus die Möglichkeit, sich dafür zu entscheiden und 43...♕e5+ als hinreichend zu bezeichnen, ohne nach etwas anderem Ausschau zu halten. Ein erfahrener Spieler weiß jedoch, dass es sich lohnt, noch etwas mehr Zeit und Energie in eine Stellung zu investieren, wenn die Erfahrung und Intuition uns sagt, dass etwas Überzeugenderes in der Stellung drin sein muss. Wie wir schon gesagt haben, hat Schwarz in der gegenwärtigen Stellung einen großen Vorteil, und dies lässt darauf schließen, dass es möglich sein kann, eine zusätzliche Ressource zu finden. Die Frage ist, welche Überlegungen wir anstellen sollen. Wo und wie sollen wir suchen, um die besten Erfolgsaussichten zu haben? Die Antwort lautet, sich unter den Varianten umzusehen, die aus den Kandidatenzügen entstehen. Wenn wir uns diese genau ansehen, bemerken wir in beiden Fällen, dass es dem Anziehenden nur um Haaresbreite gelingt, der direkten Drohungen gegen seinen König Herr zu werden. Wenn wir den Druck auch nur um einen Bruchteil verstärken können, wird das der Tropfen sein, der das Fass zum Überlaufen bringt. Wie können wir das erreichen? Sobald man sich diese Frage stellt, wird die Antwort klar: 43...a2! *(D)*.

W

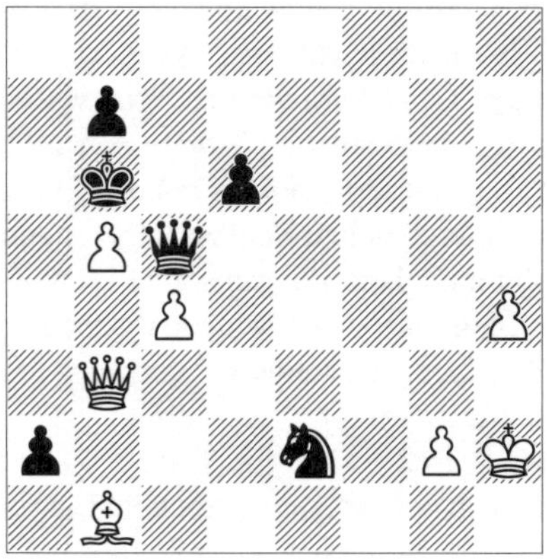

Nun ist alles schnell und problemlos aus und vorbei: 44 ♗xa2 ♕g1+ 45 ♔h3 ♕h1+ 46 ♔g4 ♕xg2+ 47 ♔h5 ♘f4+ 48 ♔h6 ♕g6#; 44 ♕xa2 ♕e5+ 45 ♔h1 ♕e3.

Es ist klar, dass der Zeitaufwand für das Aufspüren von 43...a2 (vorausgesetzt, dass Schwarz genug Zeit übrig hat!) deutlich geringer ist als die Zeit, die benötigt wird, den Vorteil nach der Ausführung des stärksten der ursprünglichen Kandidatenzüge zu realisieren.

W

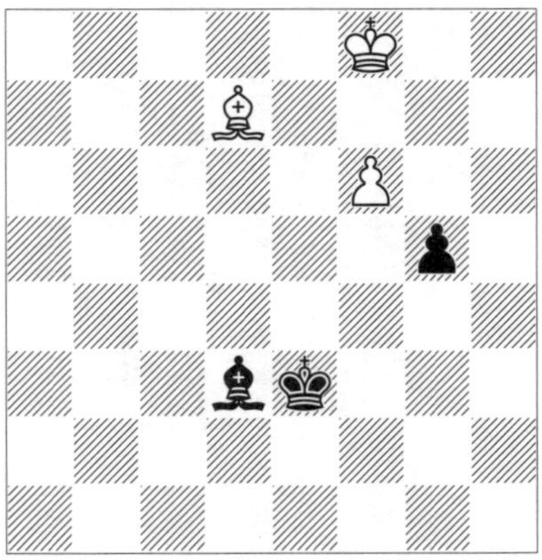

Weiß am Zug und gewinnt

W. Issler

3. Preis, *New Statesman*, 1970

Die folgenden wichtigen Elemente dieser Stellung sind offensichtlich: Der weiße König muss den Weg für den Bauern freimachen, aber nach 1 ♔g7 folgt 1...♗c4 2 ♔h6 ♔f4 mit Remis, und 1 ♔e7 wird mit 1...♗g6 2 ♗e8 g4 3 ♗xg6 g3 4 f7 g2 5 f8♕ g1♕ beantwortet, wonach der Vorteil gegen genaue Verteidigung ebenfalls unzureichend ist. Weiterhin führt 1 ♗e6 nach 1...g4 zum Remis. Wir wissen bereits, wie wir in solchen Situationen nach der Lösung suchen: Wir analysieren, was wir gesehen haben und ziehen Schlussfolgerungen, die wie folgt aussehen: Der schwarze Läufer stellt das Problem dar, da er beide kritischen Felder erreichen kann. Der einzige Versuch, der das verhindert, ist:

1 ♔f7!! ♗e2

Der Nachziehende muss mit dem Läufer ziehen, weil ein Königszug dem Weißen ein Tempo zur Umorganisierung seiner Stellung gibt: 1...♔f4 2 ♗e6! ♔e5 3 ♔g7!. Nach der Fortsetzung 1...g4 2 ♗xg4 ♔f4 3 ♗e6 ♔g5 gewinnt Weiß zwingend durch 4 ♔e7! ♗g6 5 ♗f7 ♗d3 6 ♗e8! ♗c4 7 ♗d7. Nach 1...♔d4 2 ♗e6 g4 3 ♗xg4 ♔e5 4 ♗e6 ♗e2 5 ♔g7 ♗h5 6 ♗f7 ♗f3 7 ♗b3 ♗h5 8 ♗c2 gewinnt er auf ähnliche Weise. Nun sehen wir aber den Unterschied zu einer der Varianten, die wir zuvor betrachtet haben:

2 ♔e7! ♗h5 3 ♗e8 g4 4 ♗xh5 g3 *(D)*

W

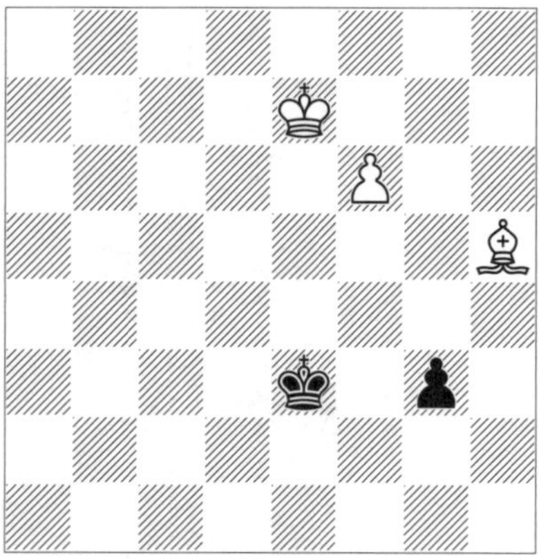

5 ♗f3! ♔xf3 6 f7 g2 7 f8♕+

Hier ist ein weiteres Partiefragment, in dem ein resultierender Zug vorkommt:

W

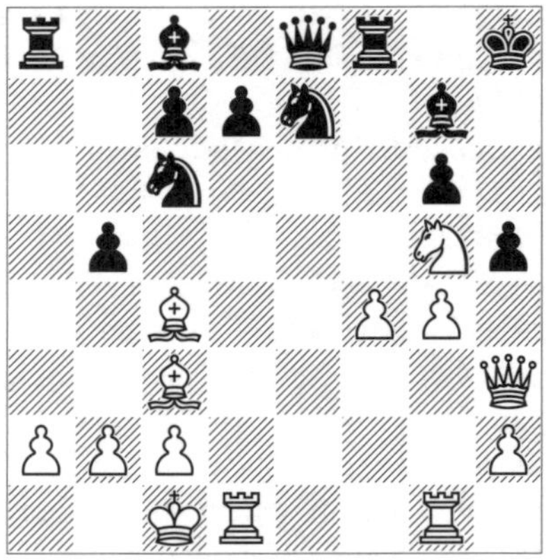

Krejcik – Krobot
Wien 1908

Diese Stellung, die aus einer Partie stammt, die vor langer Zeit in dem alten und heute nicht mehr existierenden Schachcafe in Wien gespielt wurde, ist eindeutig vorteilhaft für Weiß. Es gibt drei Kandidatenzüge. Die ersten beiden von diesen lauten 18 f5 d5! 19 gxh5 ♗xf5 20 ♗xg7+ ♔xg7 21 h6+ ♔h8 22 ♕c3+ d4 23 ♖xd4 b4 mit Vorteil für Schwarz, und 18 gxh5 d5! 19 ♗xg7+ (19 ♕h4? ♘f5) 19...♔xg7 20 h6+ ♔h8! 21 ♕c3+ d4 22 ♖xd4 b4 mit einer komplizierten Stellung und ungefähr gleichen Chancen. Beide Varianten heben die Stärke von ...d5 hervor. Aus dieser Schlussfolgerung ergibt sich der resultierende Zug:

18 ♖d6!!

Das Übrige entwickelt sich zwingend und überzeugend.

18...cxd6

Falls 18...bxc4, dann folgt 19 gxh5 gxh5 20 ♖h6+ ♔g8 21 ♖xh5 mit einem schnellen Matt.

19 gxh5 gxh5

Matt folgt nach 19...♗xc3 20 hxg6+ ♔g7 21 ♕h7+ ♔f6 22 ♘e4+ ♔f5 23 ♘g3+.

20 ♗xg7+ ♔xg7 21 ♘f7+! ♘g6 22 ♖xg6+ ♔xg6 23 f5+

23 ♕g3+ setzt zwei Züge schneller matt, aber der Textzug ist ebenfalls ausreichend.

23...♔f6 24 ♕h4+ ♔xf5 25 ♕g5+ ♔e4 26 ♘xd6+ ♔d4 27 c3# (1-0)

Die Tatsache, dass der dritte Kandidatenzug 18 ♗xg7+ ebenfalls zum Gewinn führt, beeinträchtigt die ausgezeichnete Leistung von Weiß in dieser Partie nicht. Nach 18...♔xg7 19 ♕c3+ ♔h6 20 ♘f7+ ♖xf7 (20...♔h7 21 gxh5 bxc4 22 hxg6+ ♘xg6 23 ♕h3+ +–) 21 ♗xf7 ♕f8 22 f5! hat Weiß einen entscheidenden Angriff, wenn auch nicht so schnell wie in der Partie. Das überrascht nicht. In Stellungen mit einem so riesigen Vorteil, wie Weiß ihn in dieser Partie hatte, gibt es häufig verschiedene überzeugende Gewinnwege. Am Brett muss man nur einen davon finden.

Ich bin mir nicht ganz sicher, welchen Begriff ich für den entscheidenden Zug im nächsten Partiefragment verwenden soll.

W

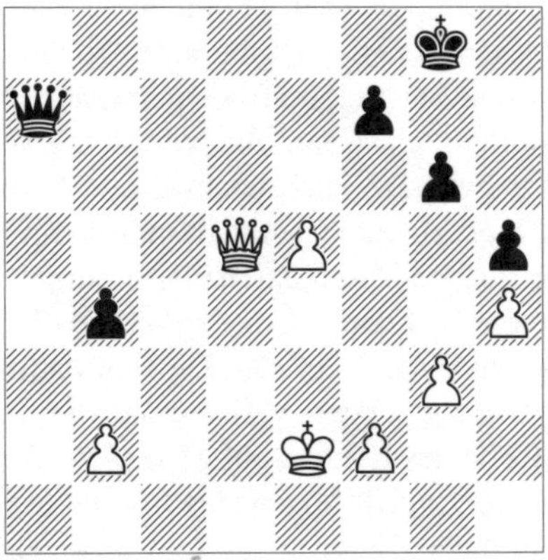

Smyslow – Lilienthal

Meisterschaft der UdSSR, Leningrad 1947

Weiß hat sehr gute Gewinnchancen, aber es ist nicht einfach, die Partie tatsächlich zu gewinnen. Nach 45 ♕e4 folgt z. B. 45...♕b6. In solchen Stellungen ist es immer nützlich, eine zweite Schwäche zu schaffen, und dies führt zu dem Gedanken:

45 e6!

Um dies zu spielen, musste Weiß die Varianten 45...♕e7 46 ♕d7 und 45...♕a6+ 46 ♔d2 fxe6 47 ♕d3 berechnen, von denen beide zum Gewinn führen.

45...fxe6

Nun folgt der wichtigste und interessanteste Moment.

46 ♕e4!!

Nach diesem überwältigenden Zug verliert der Nachziehende einen seiner Bauern, wobei jeder von ihnen viel wichtiger ist als derjenige auf e6.

46...♕a6+

Weiß gewinnt ebenfalls problemlos nach 46...♔f7 47 ♕xb4.

47 ♕d3! ♕b6

Nun wäre das Bauernendspiel ohne Frage hoffnungslos.

48 ♕xg6+ *(D)*

S

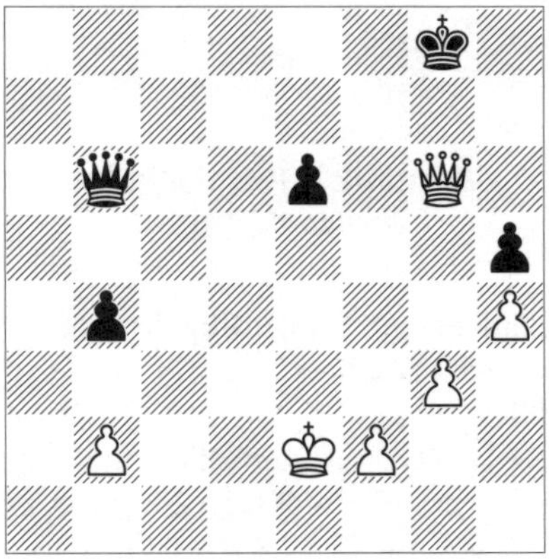

Schwarz hat keine Chance. Es war schon an der Zeit, das Handtuch zu werfen.

48...♔f8 49 ♕xh5 ♕d4 50 ♕f3+ ♔g7 51 b3 ♕b2+ 52 ♔f1 ♕c1+ 53 ♔g2 ♕c3 54 ♕e3 e5 55 h5 ♕c6+ 56 ♔g1 ♕c3 57 ♕g5+ ♔f7 58 ♕g6+ ♔e7 59 h6 ♕xb3 60 h7 ♕d1+ 61 ♔g2 ♕d5+ 62 f3 ♕d2+ 63 ♔h3 ♕d7+ 64 ♕g4 ♕d1 65 ♕g7+ 1-0

Wie sollte man den 46. Zug von Weiß einordnen? Ist es ein Kandidatenzug oder ein resultierender Zug? Ich tendiere zum Letzteren, mit der Begründung, dass er zweifellos auf die kurzen, aber wichtigen Varianten basiert, die auf den anderen möglichen 45. Zügen von Schwarz folgen können.

Im folgenden Partiefragment wurden alle Varianten vom Sieger aufgezeigt:

Der offensichtliche Kandidatenzug ist 25 b5, aber nach 25...♗xb5 26 ♕xa7+ ♔c7 entsteht eine unklare Stellung, in der die schwarzen Chancen vollkommen ausreichend erscheinen. Wenn man sich die Stellung etwas näher anschaut, ist es leicht zu erkennen, dass es Weiß an offenen Linien für seine Türme mangelt,

W

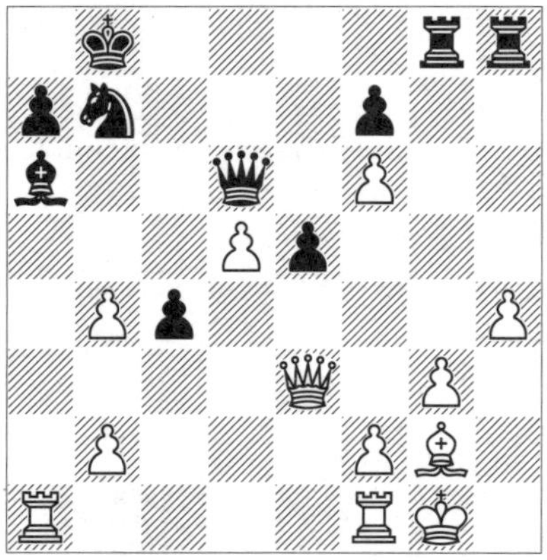

Kramnik – Iwantschuk
Nowgorod 1996

insbesondere am Damenflügel. Aus diesem Grund spielte Kramnik...

25 b3!

Dies ist ein typischer resultierender Zug. Die Varianten 25...c3 26 ♖fc1, 25...cxb3 26 b5 ♗xb5 27 ♕xa7+ ♔c7 28 ♖fc1+ und 25...♖g4 26 b5 ♗xb5 27 ♕xa7+ ♔c7 28 ♖fc1 (28...♕c5 29 d6+) sind so schlecht für Schwarz, dass er sofort die Segel strich.

1-0

Im nächsten Beispiel ergibt sich der resultierende Zug aus der Notwendigkeit, einen unwahrscheinlich aussehenden gegnerischen Verteidigungszug zu verhindern:

S

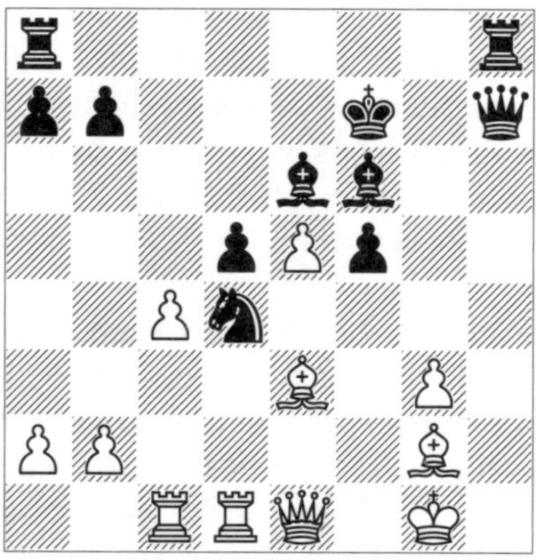

Miezis – Smirin
New York Open 1998

Zweifellos gilt die schwarze Aufmerksamkeit in erster Linie dem weißen König, wobei alle anderen Faktoren zweitrangig sind. Aus diesem Grund müssen nur Züge, die direkt gegen den König gerichtet sind, untersucht werden. Diese Züge sind:

a) 24...♗xe5 führt nach 25 ♗xd4 ♕h2+ 26 ♔f1 ♗xg3 27 ♕b4! zu einer Stellung, in der die Initiative auf Weiß übergeht.

b) Es sieht so aus, als wäre 24...♕h2+ eine wichtigere Fortsetzung, wonach sich die Ereignisse wie folgt entwickeln (ich zeige nur die Hauptvariante, die allein schon verwirrend ist und viele Verzweigungen hat): 25 ♔f1 f4 26 ♗g1 ♕h5! 27 exf6 f3 28 ♖xd4!? fxg2+ 29 ♔f2, und die Stellung ist bei Weitem nicht klar, aber die Chancen sehen ungefähr ausgeglichen aus. Aber sehen Sie sich nun noch einmal die Anfangsstellung an: Kann man wirklich glauben, dass sie Schwarz nur gleichwertige Chancen bietet? Sicherlich nicht, und deshalb kehren wir wieder zu den Kandidatenzügen zurück und suchen etwas anderes. Ohne zu weit in die Stellung vorzudringen, möchte ich Ihre Aufmerksamkeit in der letzten Variante auf die bedeutende Rolle des Läufers auf g1 lenken, der den schwarzen Angriff abgewehrt hat. Er hat einfach sämtliche Chancen des Schwarzen auf der h-Linie zunichte gemacht, und dies bedeutet, dass wir nach einem Weg suchen müssen, seine Überführung nach g1 zu verhindern. Die Antwort stellt sich als einfach heraus: Zugumstellung. Dies ist, was in der Partie geschah.

24...f4!!

Weiß hat sofort Probleme.

25 ♗xd4 *(D)*

Auch nach anderen Zügen gibt es keine angemessene Verteidigung; z. B.:

a) 25 ♗xf4 ♘f3+ 26 ♗xf3 ♕h2+ 27 ♔f1 ♗h3+.

b) 25 exf6 ♘f3+ 26 ♗xf3 ♕h2+ 27 ♔f1 ♗h3+.

c) 25 gxf4 ♕h2+ 26 ♔f1 ♖ag8.

d) 25 ♖xd4 ♕h2+ 26 ♔f2 (26 ♔f1 f3 –+) 26...♗h3 27 ♕g1 fxe3+.

e) 25 ♔f1 fxe3 26 ♖xd4 ♗xe5.

25...f3!

Dies gewinnt zwingend, aber 25...♕h2+ 26 ♔f2 fxg3+ gewinnt ebenfalls.

S

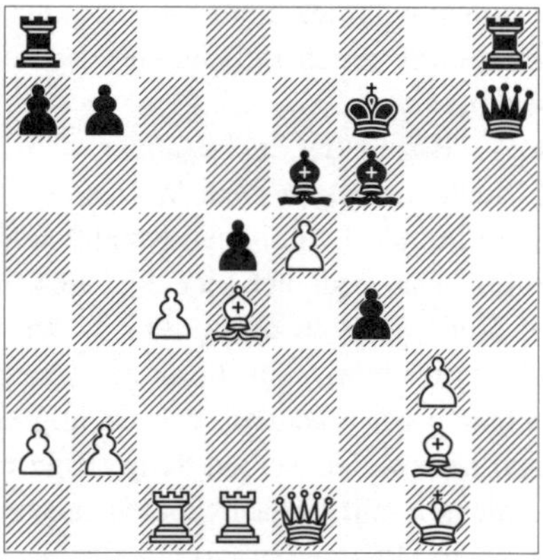

26 exf6 fxg2

26...♕h2+ 27 ♔f2 ♕xg2+ 28 ♔e3 ♖ae8 29 ♗e5 ♖h5 ist auch gut.

27 ♔xg2 ♖ae8! *(D)*

W

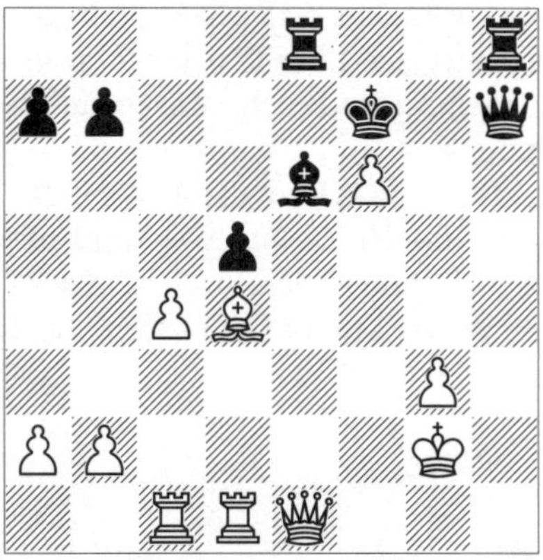

Der entscheidende Zug. Die letzte Figur schließt sich dem Angriff an, und die Verteidigung ist überfordert.

28 ♗e5

Die Dame kann nicht wegziehen: 28 ♕a5 ♕e4+ oder 28 ♕f2 ♕h3+ 29 ♔f3 ♗g4+ mit Matt in beiden Fällen.

28...♗g4! 29 ♕e3 ♕h2+ 30 ♔f1 ♕h1+ 0-1

Beginnend mit dem nächsten Beispiel, sehen wir einige andere Merkmale und Aspekte von resultierenden Zügen.

Ungeachtet seines bedeutenden materiellen Rückstands hat Weiß einen unbestreitbaren Vorteil, aber um diesen erfolgreich umzusetzen, ist das Schlagen des Bauern auf h6 zweckdienlich.

W

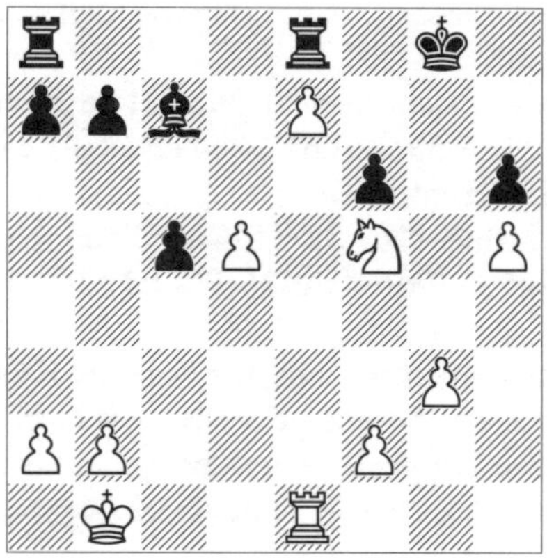

Karpow – Hübner

Tilburg 1982

Als Ergebnis dieser Überlegungen und der Berechnung der resultierenden Varianten entdeckte Karpow einen wunderschönen resultierenden Zug.

30 ♔c2!

Dies ergibt sich aus der Variante 30 ♘xh6+ ♔h7 31 ♘f5 ♖ad8!, und Schwarz ergreift die Initiative. Nun ist diese taktische Ressource beseitigt, und Weiß kann die Partie ohne Probleme zum Sieg führen. Es ist klar, dass der Königszug aus der Variante beginnend mit 30 ♘xh6+ resultiert und sollte als ein resultierender Zug angesehen werden. Was jedoch noch interessanter ist, ist die Tatsache, dass dieser Zug auch als prophylaktisch erachtet werden kann. Ich würde noch weiter gehen. In Wahrheit sind *prophylaktische Züge häufig auch resultierende Züge*! Das kommt daher, dass ein Spieler vor der Ausführung eines prophylaktischen Zugs, die Stellung gründlich untersuchen und häufig Varianten berechnen muss, um zu verstehen, was sein Gegner im Schilde führt. Mit anderen Worten, er macht all das, was er vor der Wahl eines resultierenden Zugs tun würde. 1 d5!, was wir in der Troitsky-Studie zuvor untersucht haben, könnte auch sehr gut als ein prophylaktischer Zug beschrieben werden, genau wie 18 ♖d6!! in Krejcik-Krobot. Das bedeutet jedoch nicht, dass resultierende Züge immer prophylaktische Züge sind. Es gibt verschiedene Arten von resultierenden Zügen, wie wir in Kürze sehen werden.

Die vorliegende Partie ging wie folgt weiter:

30...b5

Schwarz steht nach 30...♔h7 31 d6 ♗xd6 32 ♘xd6 ♖ab8 33 ♔c3 b5 34 b4 ebenfalls vor einem Scherbenhaufen.

31 ♘xh6+ ♔h7 32 ♘f5 ♖g8 33 d6 ♗a5 34 ♖e6 ♖g5 35 ♖xf6 ♖xh5 36 d7 ♖h2 37 ♘e3 1-0

Nun werden wir uns ein weiteres Beispiel ansehen, was Lesern meines Buches *Lektionen zur Schachstrategie* bestens bekannt sein dürfte. Hier geht es um die Technik des Zugzwangs:

S

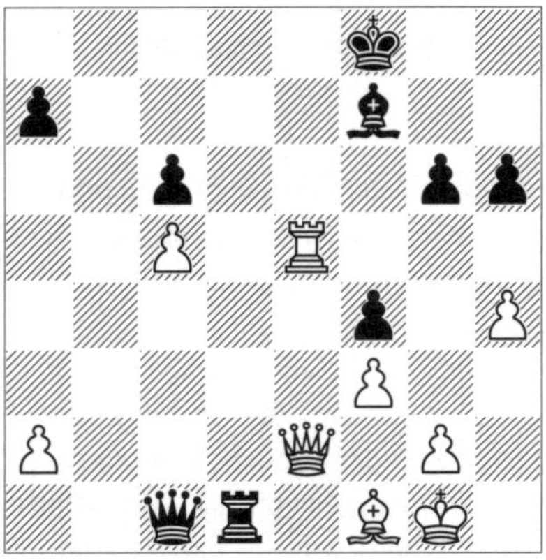

Löwenthal – Morphy
Match (Partie 3), London 1858

Es ist schwierig, einen Zug für Weiß zu finden. In solchen Stellungen liegt immer Zugzwang in der Luft, und die Aufgabe des Spielers besteht darin, den genauen Weg zu finden, ihn zustandezubringen. Ich bin nicht der Erste, der mit seinen Lesern die Technik zur Zugzwangfindung erörtert. Diesem Thema wurden schon ganze Bücher und Artikel gewidmet, aber normalerweise wurde es in diesen entweder dem Talent eines Spielers oder einer glücklichen Eingebung zugeschrieben. An dieser Stelle möchte ich jedoch eine Methodik zum Auffinden des Zugzwangs vorschlagen und ihren Mechanismus erklären. Auf diese Weise hoffe ich, dass das „Geheimnis der großen Spieler“ in eine Waffe umgemünzt werden kann, die für jeden passablen Spieler zugänglich ist. Denjenigen, die mein Buch *Lektionen zur Schachstrategie* gelesen haben, werden die folgenden Diskussionen wohlbekannt sein, aber hier werden Sie sie mit neuen Beispielen veranschaulicht sehen.

Also: Zu Beginn der Suche (außer, wenn man mit der Suche nach typischen Motiven beginnt) sollte man immer die üblichen Kandidatenzüge überprüfen. Das bedeutet hier 34...♗c4?, was nach 35 ♖e8+ ♔g7 36 ♕e5+ ♔f7 37 ♕e7# zu einem Desaster führt. Aus dieser einfachen Variante können wir erkennen, wie wichtig es ist, die Koordination der weißen Schwerfiguren zu stören, die nur mit Schachgeboten ausgenutzt werden kann. Mit anderen Worten, der Nachziehende muss seinen König aus der gegnerischen Schusslinie entfernen. Das ist genau das, was Morphy tat:

34...♔g7! 35 ♖e4

Der Vormarsch des weißen Bauern wird auf dieselbe Weise beantwortet. Nach 35 h5 gewinnt Schwarz durch 35...♔f6! 36 hxg6 ♗c4. Das bedeutet, dass Weiß sich schon in Zugzwang befindet und sich von einem Bauern trennen muss.

35...♕xc5+ 36 ♔h2 ♕c1! 37 ♔g1 *(D)*

Leider wird der Versuch von Weiß, aktiv zu spielen, nicht zum Dauerschach führen: 37 ♖e7 ♖xf1 38 ♕e5+ ♔f8 39 ♖xf7+ ♔xf7 40 ♕c7+ ♔e6.

S

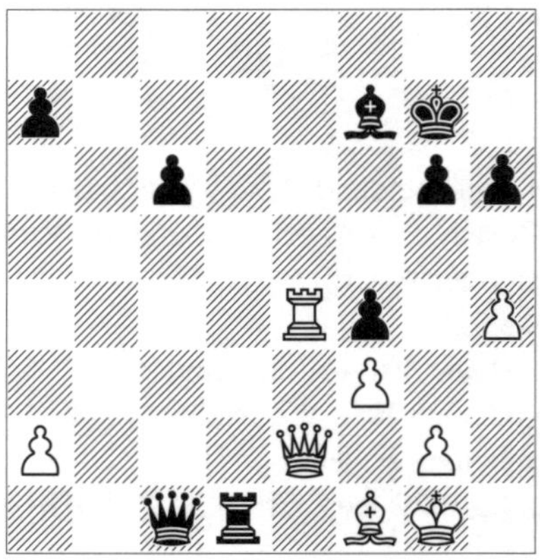

37...♖d2 38 ♕a6 ♖xa2 39 ♕d3 ♖d2 40 ♕a6 ♖d1 41 g3

Weiß kämpft heroisch, muss aber einen zu hohen Preis für die Befreiung seiner Figuren bezahlen. Morphy nahm den Bauern:

41...fxg3

Er gewann in der Folge, was aber nicht ohne einige Ungenauigkeiten ablief.

Um die nächste Studie zu lösen, sind andere Methoden der Berechnung erforderlich.

W

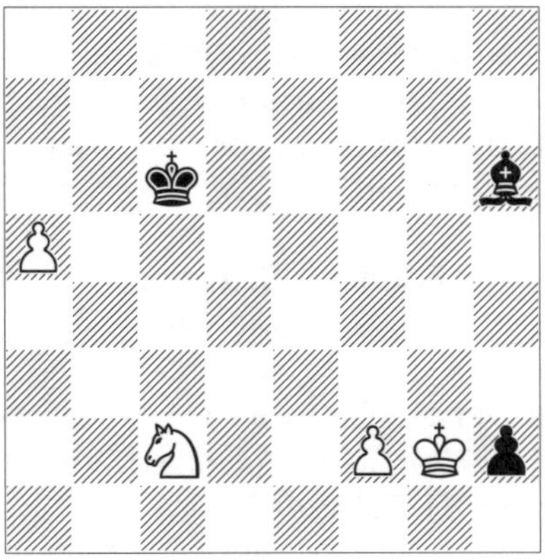

Weiß am Zug gewinnt
R. Réti
Hastings and St. Leonards Post, 1922

Es ist klar, dass Weiß mit einem Springerschach beginnen muss. Nur auf diese Weise kann er seinen eigenen Bauern verteidigen und den schwarzen schlagen. Die korrekte Wahl ist:

1 ♘d4+!

1 ♘b4+? führt nach 1...♔b5 2 a6 ♔b6 3 ♔xh2 ♗d2 nur zum Remis.

Um seinen Bauern nicht sofort zu verlieren, muss Schwarz nun den Springer angreifen, und 1...♔d5 verliert nach 2 a6 sofort.

1...♔c5

Die erste Phase ist abgeschlossen. Aber was nun? Zunächst können wir diese nützliche Information erkennen: Wenn Schwarz am Zug wäre, könnte er den Springer nicht nehmen, da dann der a-Bauer zur Dame geht. Abwartezüge mit dem Bauern führen nur zum Remis: 2 f3 ♗e3 und 2 f4 ♗xf4 3 ♘e6+ ♔b5, während 2 ♘f5 ♗f4 ebenfalls Remis ist. Eine kompliziertere und wichtige Variante ist 2 ♘b3+ ♔b5 3 ♔xh2, aber nach 3...♗f4+ 4 ♔h3 ♗b8! 5 ♔g4 ♔b4 6 a6 ♔xb3 7 f4 ♔c4 8 f5 ♔b5 9 f6 ♔xa6 gelingt es Schwarz, sich aufgrund eines Tempos zu retten. Wo sollen wir also nach der Erfolg versprechenden Idee suchen? Nur in den Varianten, die wir gerade untersucht haben (das ist die Essenz, die sich aus der Methode des resultierenden Zugs ergibt). Wenn wir uns diese Varianten nochmals anschauen, stellen wir fest, dass Züge des weißen Bauern dem schwarzen Läufer sein *einziges* freies Feld geben! Denn alle anderen Felder erlauben eine Gabel mit dem Springer von d4. Das wiederum bedeutet, dass der Springer ebenfalls nicht ziehen sollte. Das Schlagen des Bauern auf h2 gibt Schwarz ein wichtiges Tempo, um seinen Läufer nach b8 zu überführen, und so bleibt nur ein Zug übrig, der keine dieser Nachteile mit sich bringt:

2 ♔h1!!

Und das ist es: Schwarz ist in Zugzwang und verliert seinen Läufer, während der weiße f-Bauer überlebt. Eine sehr instruktive Studie.

Die letzten beiden Beispiele zeigen, dass die Suche nach Zugzwang in einer originalen Stellung hervorragend mit der Methode harmonisiert, resultierende Züge aufzuspüren. Und diese beiden Beispiele werden ausreichen, da es auch noch eine andere wichtige Tatsache gibt, die wir in Verbindung mit diesem Thema in Betracht ziehen müssen. Um nicht nur die positiv geneigten Leser zu überzeugen, sondern auch die skeptischeren, und um beide Gruppen zu erfreuen, präsentiere ich eine Auswahl von Beispielen von den „Großen" im Schach. Die erste Partie ist hauptsächlich für die Entscheidung bekannt, die Weiß in der Diagrammstellung fällte:

W

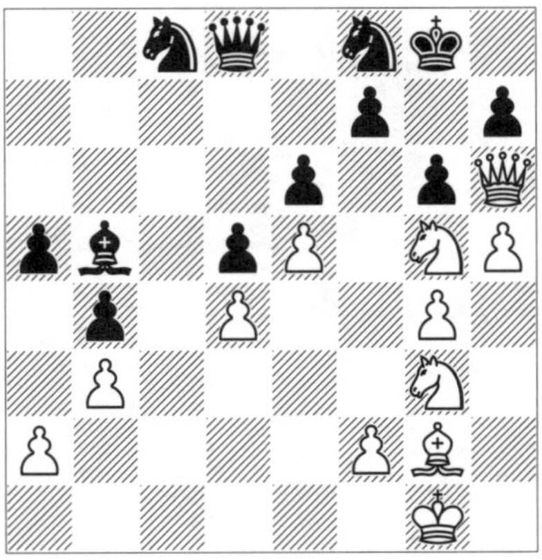

Fischer – Panno
Buenos Aires 1970

Ist es möglich den weißen Druck in etwas Konkreteres zu verwandeln? Die Kandidatenzüge geben keine klare Auskunft. Der Springer auf g3 kann nicht direkt nach f6 gelangen: 28 ♘3e4?? dxe4; der realistischere Versuch mit 28 ♘xh7!? ♘xh7 29 hxg6 fxg6 30 ♕xg6+ ♔h8 31 ♕xe6 durchzubrechen ist nach 31...♕d7 nicht vollkommen klar. 28 hxg6 fxg6 29 ♘xh7 läuft aufs Gleiche hinaus. Wenn man nichts Eindeutigeres finden kann, dann ist dies die Variante, die man spielen muss. Die Berechnung der beiden vorherigen Varianten (auch wenn die erste lächerlich aussieht, kann es gelegentlich interessant sein, solche Züge in Betracht zu ziehen!) offenbart jedoch einen Zug, der beide Varianten entscheidend verstärkt:

28 ♗e4!!

Ich wiederhole: Wenn man einen solchen Zug sieht, und dann seine Stärke zu würdigen weiß, ist es immer interessant zu verstehen, wie der Spieler zu dieser Entscheidung gelangt ist.

28...♕e7

Es ist klar, dass der Läufer nicht geschlagen werden kann, während der Anziehende nach 28...♗e8 29 hxg6! hxg6 (das andere Schlagen verliert auch: 29...fxg6 30 ♕xf8+ ♔xf8 31 ♘xe6+ ♔e7 32 ♘xd8 dxe4 33 ♘b7) 30 ♘h5! gxh5 31 ♗h7+ ♘xh7 32 ♘xh7 f6 (falls 32...f5, dann entscheidet 33 g5!) 33 ♘xf6+ ♔f7 34 g5 gewinnt. Nun aber führt das Springeropfer zum Sieg.

29 ♘xh7! ♘xh7 30 hxg6 fxg6 31 ♗xg6! *(D)*

S

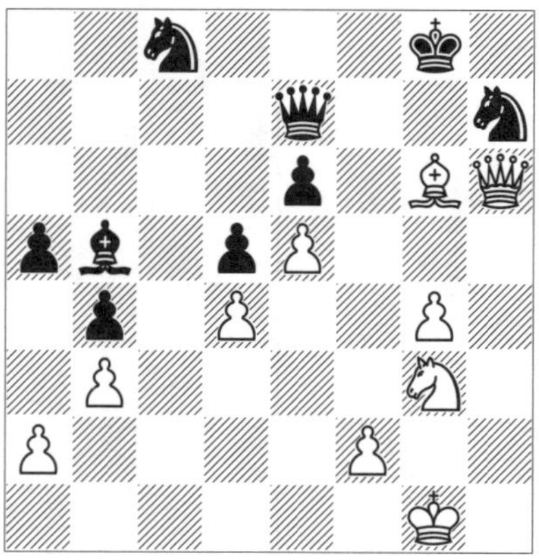

31...♘g5

Schwarz hat keine nützlichen Züge: 31...♗e8 32 ♗xh7+ ♕xh7 33 ♕xe6+ +–; 31...♕g7 32 ♗xh7+ +–; 31...♔h8 32 ♘h5 +–.

32 ♘h5 ♘f3+ 33 ♔g2 ♘h4+ 34 ♔g3 ♘xg6 35 ♘f6+ ♔f7 36 ♕h7+ 1-0

Ich möchte Ihnen eine weitere bemerkenswerte Partie aus dem gleichen Turnier zeigen. Auch diese enthält einen Zug, bei dem ich mir den Kopf zerbrochen habe, wie man solche Züge finden kann!

Fischer – Schweber

Buenos Aires 1970

1 e4 e6 2 d4 d5 3 ♘c3 ♗b4 4 e5 c5 5 a3 ♗xc3+ 6 bxc3 ♕c7 7 ♘f3 ♘c6 8 ♗e2 ♗d7 9 0-0 ♘ge7 10 a4 ♘a5 11 ♖e1 cxd4?!

Schwarz hat die Eröffnung auf fragwürdige Weise gespielt, und Weiß hat einen nachhaltigen Vorteil.

12 cxd4 ♘c4 13 ♗d3 h6 *(D)*

W

14 ♘d2!

Der Springer zieht weg und öffnet der weißen Dame den Weg zum Königsflügel. Gleichzeitig tauscht er den feindlichen Springer ab, der die Felder a3 und e3 kontrolliert, über welche die weißen Türme die dritte Reihe erreichen wollen. Wie die Partie zeigt, ist dies ein sehr wichtiger Faktor. Kurz gesagt, mit diesem unscheinbaren, ruhig aussehenden Zug, schafft Weiß die Voraussetzungen für das weitere Geschehen.

14...♘xd2 15 ♗xd2 ♘c6 16 ♕g4 g6 17 ♖e3! 0-0-0 18 ♖g3!

Als ich diese Partie zum ersten Mal sah, quälte mich lange Zeit die Frage, was die Pointe dieses Zugs war. Und als dann der Groschen endlich fiel, stürmte eine zweite, eine meiner Lieblingsfragen, auf mich ein: Wie kam es dazu, dass Fischer überhaupt über diesen Zug nachdachte? Ich denke nun, dass ich die Antworten zu beiden Fragen weiß, und sie mit Ihnen teilen kann. Zunächst mal ist der positionell äußerst wünschenswerte Zug 18 ♖f3 im Moment nicht gut wegen 18...f5! 19 exf6 (19 ♕xg6 ♘xd4 =) 19...e5 20 ♕xg6 e4. Zweitens ist ...f5 so ziemlich die einzige Möglichkeit für Schwarz, zu Gegenspiel zu kommen, und schon allein aus allgemeinen Gründen lohnt es sich, solche Sachen wie 18 a5 f5 19 exf6 e5 20 ♕xg6 ♖dg8 zu verhindern. Das erklärt, wie man darauf kommt, den Turm nach g3 zu ziehen!

Solche Erwägungen sind uns natürlich mittlerweile vertraut, schauen wir uns daher an, wie sich die Dinge nach der Antwort von Schwarz weiter entwickelten, was aus *grundsätzlichen Überlegungen* ebenfalls logisch und nützlich ist:

18...♔b8?! *(D)*

Angezeigt war 18...♖df8, obwohl die schwarze Stellung auch dann unerfreulich ist.

W

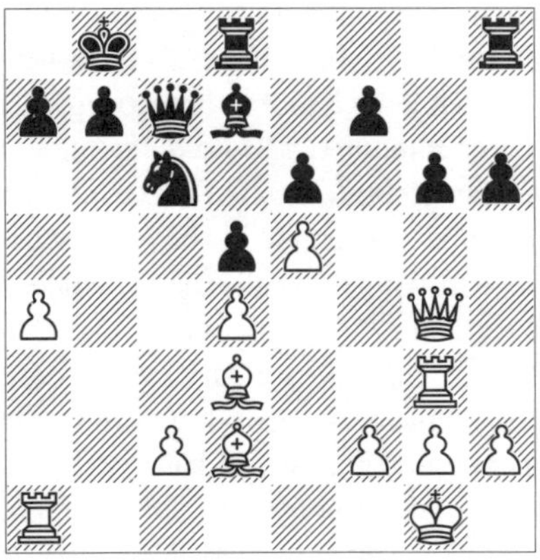

Nun folgte eine Antwort, die nicht gefährlich für Schwarz aussah:

19 ♖f3!! f5

20 ♖f6 zu erlauben, ist offensichtlich unschön.

20 exf6 e5 21 ♕g3 ♘xd4 22 ♖e3 e4

Auf 22...♘c6 folgt 23 ♖xe5! ♘xe5 24 ♗f4 ♔a8 (in der Variante 24...♖de8 25 ♖e1! ♘f3+? 26 gxf3 gewinnt Weiß) 25 ♗xe5 mit dauerhaftem Vorteil für Weiß. Aber was nun?

23 ♖xe4!

Dies erhält nur ein Ausrufezeichen, weil das zweite für den Zug 19 ♖f3!! aufgewendet wurde.

23...♕xg3 24 ♖xd4! *(D)*

S

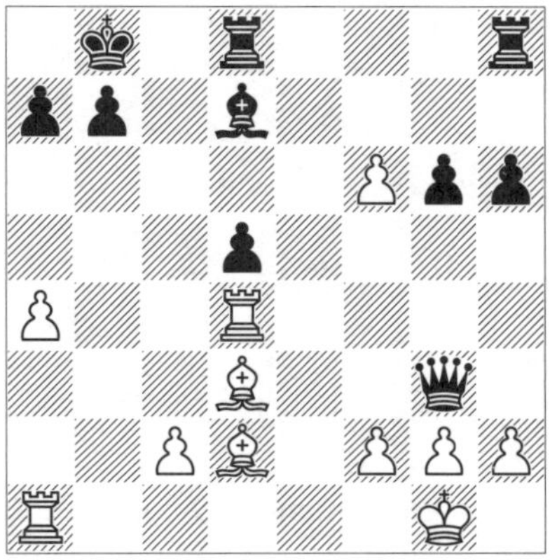

Die Dame ist gefangen! Und obgleich der Nachziehende sie zurückgeben und sogar die Qualität dafür gewinnen kann, verbleibt seine Stellung sehr schwierig.

24...♕g4 25 ♖xg4 ♗xg4 26 ♗xg6 ♖hg8 27 ♗h7 ♖h8 28 ♗d3 *(D)*

S

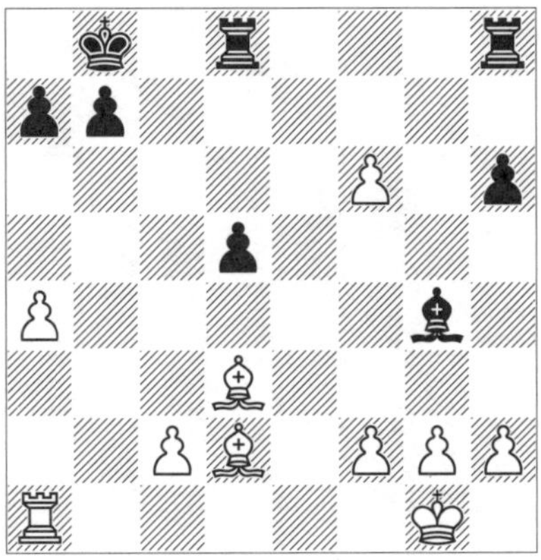

Wenngleich das Material in der entstandenen Stellung ungefähr ausgeglichen ist, machen der weiße Bauer auf f6 und das ausgezeichnete Läuferpaar dem Nachziehenden das Leben schwer. Fischer demonstriert nun bei der Verwertung seines Vorteils seine gewohnt fabelhafte Technik und führt die Partie überzeugend zum Sieg.

28...♖de8 29 f7! ♖e7 30 f8♕+ ♖xf8 31 ♗b4 ♖ff7 32 ♗xe7 ♖xe7 33 f3 ♗d7 34 a5! *(D)*

S

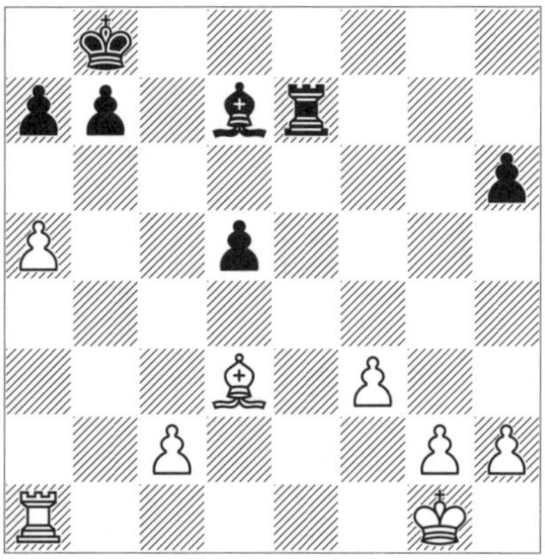

Ein instruktiver Moment. Der Bauer entzieht sich dem Angriff des gegnerischen Läufers, was das Gegenspiel des Gegners verringert. Nach dem weniger genauen 34 ♔f2 könnte Schwarz die Schwäche durch 34...a5! fixieren.

34...♔c7 35 ♔f2 ♖f7 36 ♔e3 ♔d6 37 g3 ♔c5 38 f4 ♗g4 39 ♖b1 ♖e7+ 40 ♔d2 b6 41 axb6 axb6 *(D)*

W

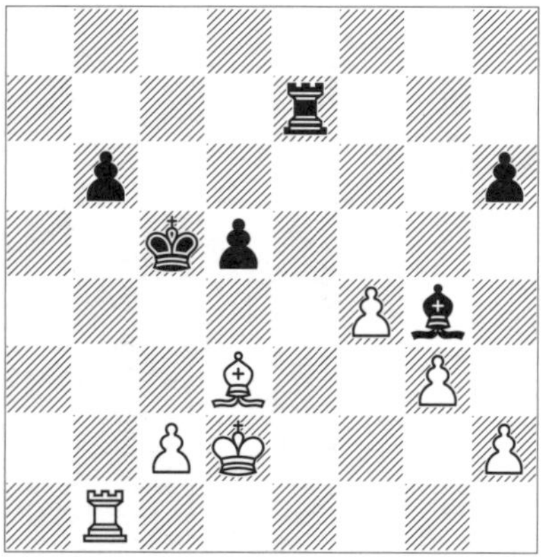

42 h3! ♗d7 43 g4 d4 44 f5 ♖e3 45 f6! ♖f3

Oder 45...♖xh3 46 f7 ♖f3 47 ♖f1.

46 ♖f1 ♖xf1 47 ♗xf1 ♗e6 1-0

Das folgende Beispiel machte ebenfalls einen großen Eindruck auf mich als ich es zum ersten Mal sah.

W

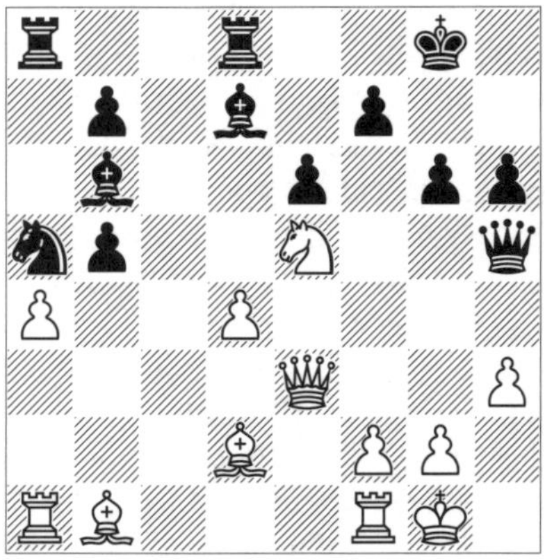

Kortschnoj – Ljubojević

Tilburg 1987

Die Stellung erscheint kompliziert und schwer einzuschätzen. Das Gefecht findet auf dem ganzen Brett statt, und beide Seiten haben sowohl Vorteile als auch Nachteile. Es scheint allerdings ziemlich klar zu sein, dass die Chancen von Weiß auf dem Königsflügel liegen, wo der Gegner eindeutige Schwächen hat, besonders auf f7 und e6, während die schwarzen Aussichten aus dem Spiel gegen den gegnerischen isolierten Bauern auf dem Damenflügel bestehen. In solchen Stellungen ist der wichtigste Faktor die Initiative. Direkte aktive Maßnahmen von Weiß werden jedoch nicht vom Erfolg gekrönt, wie die Berechnung der Kandidatenzüge zeigt:

a) 25 ♗xg6 fxg6 26 ♘xd7 ♖xd7 27 ♕xe6+ ♖f7, und hier verliert 28 ♕xb6? (besser ist 28 axb5 ♗d8 mit ungefähr gleichen Chancen) wegen 28...♘c4.

b) 25 ♕f4 ♗e8 26 ♗xa5 (verhindert den Springerzug nach c4 oder b3, was in vielen Varianten unerquicklich ist), und nun ist 26...♖xa5! sehr stark – der Läufer verbleibt auf b6, der Bauer d4 geht verloren, und Weiß verkehrt in Schwierigkeiten.

Aus diesen zwei Varianten zog Kortschnoj die richtige Schlussfolgerung und spielte:

25 ♗xa5!!

Nach diesem „ruhigen" Abtausch verschlechtert sich die schwarze Stellung plötzlich.

25...♗xa5?!

Nach 25...♖xa5 ist das Opfer 26 ♗xg6! gut: 26...fxg6 27 ♘xd7 ♖xd7 28 ♕xe6+ ♖f7 29

♕xb6, und Schwarz hat nicht den entscheidenden Springerzug nach c4. Schwarz hätte sich trotzdem auf diese Variante einlassen sollen, da sich die Alternative als schlechter herausstellt.

26 ♕f4 ♗e8

Nach 26...g5 27 ♕f6 ♗e8 28 ♘g4 hat Weiß einen entscheidenden Vorteil.

27 ♘g4 ♔f8

In der Variante 27...♔g7 28 ♕f6+ ♔h7 29 axb5! ♕g5 kann Weiß einen Schlag von furchtbarer Stärke anbringen: 30 ♖xa5!!, und nach 30...♖xa5 31 ♗xg6+! fxg6 32 ♕f8 erhält er einen gravierenden Vorteil.

28 ♘f6 g5

Der einzige Zug.

29 ♕e5 ♕h4 *(D)*

W

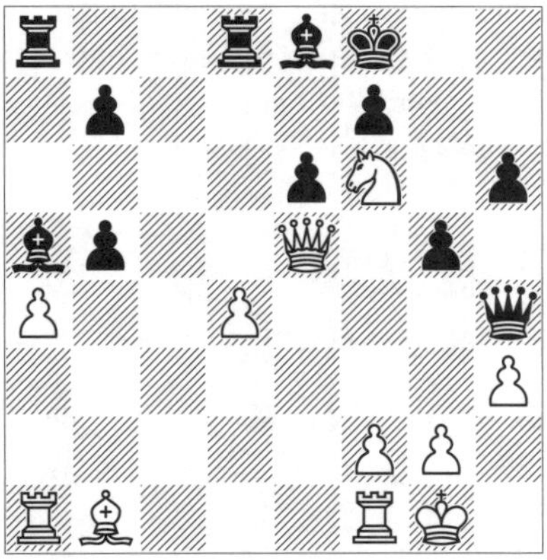

30 ♘g4!?

Ein sehr interessanter Moment. Fritz gibt die zwingende Variante 30 ♕c5+! ♔g7 31 g3! ♕xh3 32 ♕e5! ♗c6 33 d5 exd5 34 ♘xd5+ ♔g8 35 ♘e7+ ♔f8 36 ♘xc6 bxc6 37 ♗f5 ♕h5 38 ♕h8+ ♔e7 39 ♖fe1+ gefolgt von Matt. Da Weiß sich aber wohl in Zeitnot befand, kann man seine Entscheidung nicht kritisieren. Es ist ausgesprochen logisch, dass er versucht, die unglückliche Stellung der gegnerischen Dame auszunutzen und dies mit einem Angriff auf den König kombiniert, womit er schließlich vollends erfolgreich ist. Obwohl Weiß einen zwingenden Gewinn ausgelassen hat, hat er die Initiative nicht abgegeben. Vom kreativen Gesichtspunkt her macht seine Entscheidung einen sehr starken Eindruck.

30...♗b6 31 ♕h8+ ♔e7 32 ♕f6+ ♔f8 33 ♖d1 ♗c7 *(D)*

Nach diesem Zug scheint es, als ob Schwarz die Partie nicht mehr retten kann. Aber auch nach dem scheinbar stärkeren 33...♖xa4 hat Weiß eine mächtige Stellung; z. B. 34 ♖xa4 bxa4 35 ♗g6! ♖d5 (nach 35...♖xd4 36 ♖xd4 ♗xd4 37 ♕xd4 fxg6 38 ♕f6+ ♔g8 folgt eine thematische Damenjagd: 39 ♔h2! b5 40 g3 ♕h5 41 ♕e7 ♗f7 42 ♘f6+) 36 ♔h2! ♗d8 (einziger Zug) 37 ♕h8+ ♔e7 38 ♕g7! ♗c7+ 39 g3, und die Dame wird wieder gefangen. Der Läuferzug zielt darauf ab, Weiß die nützliche Angriffsressource g3 zu nehmen, aber mit seinem nächsten Zug erneuert Weiß die Drohung, und überführt seinen Turm auf die dritte Reihe, wo er äußerst aktiv steht. Infolgedessen entwickelt Weiß einen sehr starken Angriff.

W

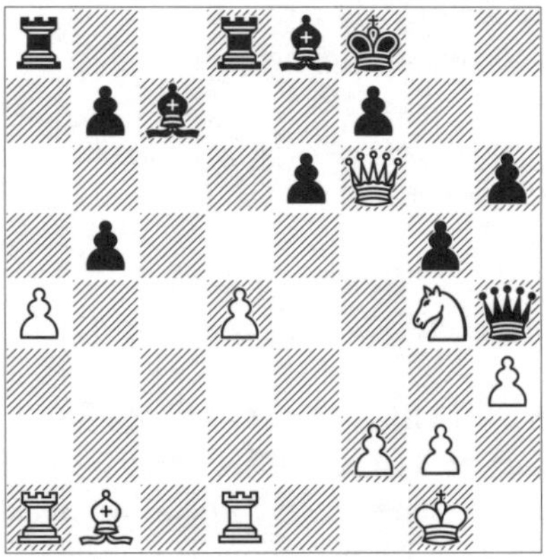

34 ♖a3! h5

Versucht die schwarze Dame zu befreien. 34...bxa4 35 ♖e3!! h5 ist nicht besser (auf 35...♖a6 folgt 36 ♘xh6 ♕f4 37 ♘f5 ♕h2+ 38 ♔f1 ♗b5+ 39 ♗d3 mit baldigem Matt), und nun geht nach 36 g3! ♕xh3 37 ♘h6 ♖d5 38 ♗d3! ♗d8 39 ♕h8+ ♔e7 40 ♗f1 die Dame verloren.

35 g3! ♕xh3 36 ♘h6 *(D)*

36...h4

Es gibt keine Möglichkeit, die Partie zu retten. Beispielsweise: 36...♖a6 37 ♖e3! e5 (oder 37...h4 38 ♘f5 +–) 38 ♕h8+ ♔e7 39 ♘f5+ ♔e6 (39...♔d7 40 dxe5+ ♔c8 41 ♘e7+ ♔b8 42 ♖xd8+ ♗xd8 43 ♕xe8 +–) 40 ♖xe5+ ♗xe5 41 ♕xe5+ ♔d7 42 ♖c1 ♖c6 43 ♖c5!. Dieser

S

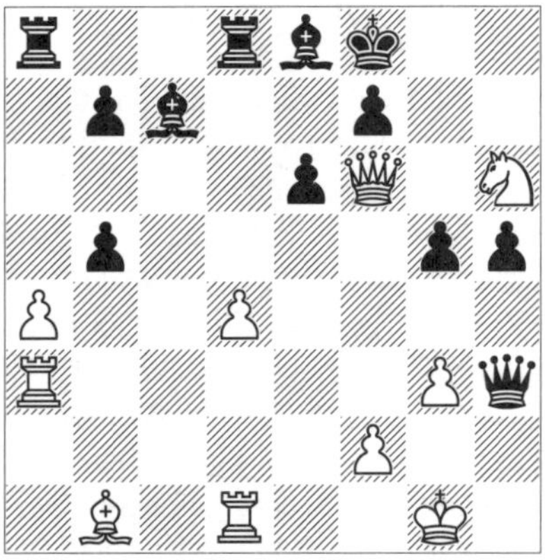

prächtige Zug wurde von Fritz angezeigt und beseitigt sofort alle Probleme. Nun gibt es aber auch einen zwingenden Gewinn.

37 ♗f5! ♗e5

37...exf5 38 ♖e3 mit schnellem Matt.

38 ♕xe5 exf5 39 ♖e3 1-0

Eine echte Meisterleistung !

Die folgende Partie ist genauso interessant, aber besser bekannt.

Geller – Panno

Interzonenturnier, Göteborg 1955

1 e4 c5 2 ♘f3 d6 3 d4 cxd4 4 ♘xd4 ♘f6 5 ♘c3 a6 6 ♗g5 e6 7 f4 ♗e7 8 ♕f3 h6 9 ♗h4 g5!?

Die Geschichte dieser Partie ist wohlbekannt, aber immer noch bemerkenswert. Die drei argentinischen Spieler Panno, Pilnik und Najdorf hatten diesen scharfen Zug gemeinsam für das Interzonenturnier vorbereitet. Man kann es nur als einen außerordentlichen Zufall bezeichnen, dass alle drei diese Stellung in derselben Runde und mit derselben Farbe gegen drei sowjetische Großmeister auf dem Brett hatten: Geller, Spasski und Keres.

10 fxg5 ♘fd7 *(D)*

Es gab hier noch einen anderen interessanten psychologischen Moment. Es ist ziemlich offensichtlich, dass das Opfer auf e6 die prinzipiellste Fortsetzung ist. Allen war klar, dass dies von Anfang an detaillierte Berechnung erforderte.

11 ♘xe6!

Der erste, der diesen Zug spielte, war Geller, der nicht gerade für seine schnelle Spielweise

W

bekannt war! „An dieser Stelle dachten Spasski und Keres noch immer über das Opfer nach“, schrieb Geller. Was ließ diese beiden großartigen Spieler, die bekannt für ihr scharfes Spiel waren, bei diesem Zug zögern? Vielleicht kam es daher, dass sie noch nicht den entscheidenden 13. Zug entdeckt hatten.

11...fxe6 12 ♕h5+ ♔f8 *(D)*

W

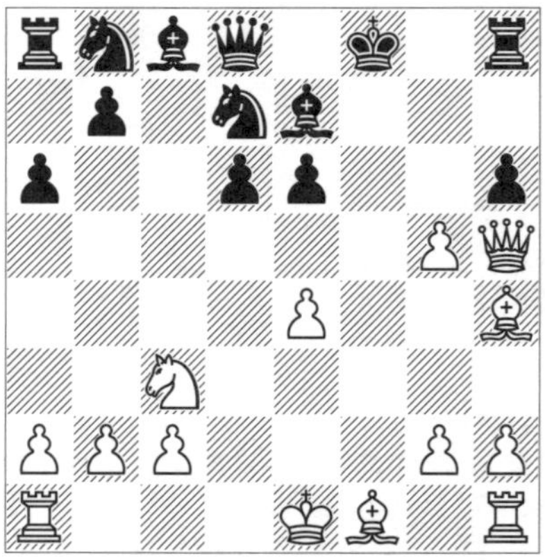

13 ♗b5!!

Das ist der Zug! Er ist höchst spektakulär, wobei seine Stärke nicht darin besteht, sondern in seiner Effektivität. Was ist die Pointe hinter diesem Zug, und (meine Lieblingsfrage!) wie kommt man auf so einen Zug? Die Antwort kann *nur* das Ergebnis der Berechnung der Folgen der logischen Entwicklungszüge bringen: 13 ♗d3 (13 ♗e2 ist das Gleiche) 13...♘e5 14 0-0+ ♔g7 15 ♗g3, und nach 15...♘bc6, was die Stellung der Hauptverteidigungsfigur, des Springers e5, verstärkt, hat der Nachziehende eine Gewinnstellung. Die Schlussfolgerung ist offensichtlich: Man darf nicht zulassen, dass der Springer auf b8 seinen Kollegen auf e5 verteidigt. So gelangt man zu dem frappierenden resultierenden Zug 13 ♗b5!!. Heutzutage ist diese ganze Variante, inklusive des 13. Zugs von Weiß und der unten gegebenen Fortsetzungen, zur Routine geworden, und es finden sich nur ein paar Varianten in theoretischen Fachbüchern. Ursprünglich musste all dies aber am Brett gefunden werden. Gellers Entdeckung stellte sich als folgenschwerer psychologischer Schlag für seinen Gegner heraus, der sehr unglücklich reagierte:

13...♘e5?

Nach diesem Zug bricht seine Stellung zusammen. Die moderne Theorie ist sich nicht ganz einig, aber 13...♖h7! könnte eine angemessene Verteidigung sein. Nach 14 0-0+ ♔g8 15 g6 ♖g7 16 ♖f7! ♗xh4 17 ♕xh6 ♖xf7 18 gxf7+ ♔xf7 lautet eine umstrittene Variante 19 ♖f1+ (19 ♕h7+ ist Remis) 19...♗f6 20 ♕h7+ ♔e8(!) (20...♔f8(?) 21 e5 dxe5 22 ♗e2! ist für Weiß gewonnen, laut einer ausführlichen Analyse von Kirton); z. B. 21 ♕g6+ ♔f8 22 e5 dxe5 23 ♘e4 ♕b6+ 24 ♔h1 axb5 25 ♘xf6 ♔e7 26 ♕e8+ ♔d6 27 ♕xc8 ♖a4! (Cranbourne). Die Tatsache, dass Schwarz möglicherweise eine Verteidigung nach 13 ♗b5 hat, tut der weißen Idee und dem Respekt für den Gedankenprozess der Spieler, die einen solch überwältigenden resultierenden Zug am Brett fanden, keinen Abbruch. Das Wichtige ist, dass man in der Lage ist, sich in jeder beliebigen komplexen Stellung zurechtzufinden.

14 ♗g3!

Der Grund für das Ausrufezeichen wird später klar werden.

14...♗xg5

Falls 14...♘bc6 (oder 14...♘bd7), dann gewinnt Weiß durch 15 ♗xc6! (oder 15 ♗xd7!). Wieder erhält der offensichtliche Zug ein Ausrufezeichen. Die Pointe ist, dass 15 0-0+ ♔g8 16 ♗xc6 nicht so genau ist wegen 16...hxg5!. Das ist auch Grund für den 14. Zug von Weiß.

15 0-0+ ♔e7 16 ♗xe5 *(D)*

In dieser Stellung kann es keine Rettung geben.

16...♕b6+

S

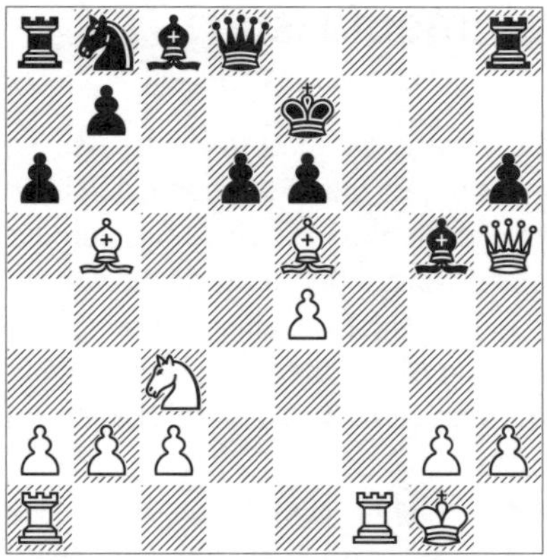

Nach 16...♗e3+ 17 ♔h1 dxe5 ist die stärkste Fortsetzung 18 ♕xe5! ♗d4 19 ♘d5+ ♕xd5 20 ♕c7+ ♕d7 21 ♗xd7 ♘xd7 22 ♖ad1 mit einer glatt gewonnenen Stellung für Weiß. Und nach 16...♖f8 könnte es mit 17 ♕g6! ♖xf1+ 18 ♖xf1 ♕b6+ 19 ♔h1 ♘d7 (19...dxe5 20 ♘d5+) 20 ♘d5+ exd5 21 ♖f7+ ♔d8 22 ♗xd6 weitergehen, und Matt ist unvermeidbar.

17 ♔h1 dxe5 18 ♕f7+ ♔d6 19 ♖ad1+ ♕d4

Oder 19...♔c5 20 ♕f2+.

20 ♖xd4+ exd4 21 e5+! ♔c5 22 ♕c7+ ♘c6 23 ♗xc6 1-0

Ich sollte hinzufügen, dass Geller ein Meister der resultierenden Züge war. Denken wir nur an den Zug, den er im Endspiel der Partie Gufeld-Klovans weiter oben fand, und ebenso den brillanten 27. Zug des Anziehenden in Geller-Smyslow, Moskau, Kandidatenturnier (5) 1965.

Ich möchte noch eine letzte Bemerkung bezüglich resultierender Züge anführen. Wie wir aus den vielen Beispielen gesehen haben, sind resultierende Züge häufig spektakuläre Züge. Das ist ganz natürlich, und es ist nicht so, weil ich absichtlich solche Beispiele ausgewählt habe. Es hat eher mit der Natur der resultierenden Züge zu tun, die, wie wir wissen, nicht auf der natürlichen Logik oder äußeren Erscheinung der Stellung basiert. Resultierende Züge basieren auf jenen besonderen, oft versteckten Charakteristika der Stellung, die nicht sofort ins Auge fallen, und aus diesem Grund häufig einen starken Eindruck hinterlassen, wenn sie auf dem Brett erscheinen.

Zusammenfassung

Fast alles, was ich in diesem Buch sagen wollte, ist nun gesagt. Es bleibt nur noch, den Leser daran zu erinnern, dass für einen Spieler, der sein Spiel verbessern will, nichts so effektiv ist wie eigenständige Arbeit. Daher widme ich den abschließenden Abschnitt dieses Buches dem Thema, wie man seine Rechenfähigkeiten trainieren kann.

Bevor wir aber zum Kern dieses Themas kommen, halte ich es für angebracht, unsere Diskussion über Kotows Theorie der Kalkulation zu Ende zu führen. Die ersten drei Punkte haben wir bereits behandelt, und nun ist es an der Zeit, uns mit dem vierten und letzten Element zu befassen, was Kotow selbst als den wichtigsten Teil der gesamten Theorie betrachtet. Er sagt, dass der Spieler sich dazu erziehen soll, jede Verzweigung des Variantenbaums nur einmal zu untersuchen. Kotows Meinung nach soll der Spieler damit beginnen, alle Kandidatenzüge zu identifizieren, und dann jeden der Reihe nach prüfen, wobei er jede Variante nur einmal durchgehen soll. Danach soll er seine Schlussfolgerung über den zu spielenden Zug ziehen. Was soll man davon halten?

Zunächst mal haben wir bereits gesehen, dass es Situationen gibt, in denen man nach Beginn seiner Berechnungen schon bald eine *allgemeine Tendenz der Entwicklung der Ereignisse* erkennt, ohne die Berechnung aller Varianten beendet zu haben. Und wenn uns diese Tendenz höchst unklar erscheint, können wir diese Variante vorübergehend zur Seite legen und uns mit anderen Kandidatenzügen beschäftigen, in der Hoffnung, etwas Klareres zu finden. Zweitens beweist die Methodik der resultierenden Züge eindeutig, dass man manchmal nach der jeweiligen Berechnung jedes Kandidatenzugs, noch einmal zu ihnen zurückkehrt und nach einer Besonderheit sucht, die einen anderen Zug veranlassen könnte. Und schließlich der wichtigste Faktor von allen. Ja, man soll versuchen, *jeden Kandidatenzug nur einmal zu analysieren, aber nur während man einen Zug aussucht. Wenn die Entscheidung gefallen ist, muss man die Variante, vorausgesetzt man hat genug Zeit, nochmals berechnen.* Wenn der Spieler das macht, wird er gelegentlich eine Schwachstelle in der Variante entdecken und realisieren, dass es letzten Endes doch nicht der richtige Zug ist. Dann muss er sich wieder mit der zweiten Wahl unter den Kandidatenzügen befassen und diesen zum zweiten Mal berechnen.

Meine Empfehlungen stehen im Widerspruch zu Kotows, stehen aber im völligen Einvernehmen mit der Theorie und der Praxis der stärksten Spieler. Ich habe bereits über die Schwächen der ersten drei Punkte von Kotows Schema gesprochen, und wir sehen jetzt, dass der 4. Punkt ebenfalls nicht immer anwendbar ist.

Von Kotows vorgeschlagenen Formeln zur Variantenberechnung, die, wie wir gesehen haben, essentiell aus vier Punkten bestehen, erscheinen nur zwei bedingt sinnvoll. Wenn man diese genau betrachtet, bleibt vom ersten Punkt nur der Begriff „Kandidatenzüge" übrig, wenngleich Kotow keine Definition gibt, was dieser Ausdruck bedeutet. Der vierte Punkt, bei dem es um die einmalige Berechnung jeder Variante geht, ist nur im begrenzten Maße nützlich. Es ist zweifelhaft, dass diese wenigen verbleibenden Fragmente von Kotows prachtvollem Bauwerk in irgendetwas Nützliches verwandelt werden können, sei es vom theoretischen oder vom praktischen Standpunkt.

Kalkulationstraining

Meine Empfehlungen sind in erster Linie an die Leute gerichtet, für die das Schachspiel nicht der Beruf ist, sondern eine Freizeitbeschäftigung. Gleichwohl ist es eine Freizeitbeschäftigung für die sie bereit sind, Zeit aufzuwenden, nicht nur beim Spielen, sondern auch beim eigenständigen Arbeiten zu Hause. Die Leute, die das Schachspiel als Beruf auffassen, finden ihre eigenen Arbeitsmethoden, entweder sie tun es selbst oder mit einem Trainer, obwohl ich denke, dass auch sie hier einige interessante Punkte finden werden.

Der erste wichtige Punkt ist, *regelmäßiges* arbeiten. Wenn Sie an Taktik und Berechnung 5 oder 6 Tage in der Woche arbeiten, dann wird es völlig ausreichen, nur 10-15 Minuten pro Tag damit zu verbringen, nicht mehr. Es sollte aber regelmäßig getan werden!

Und wie sollte man es tun? Eine sehr gute Methode besteht darin, mit einem guten Kombinationsbuch zu arbeiten. Dabei sollte man sich die Dinge vor Augen halten, die wir in diesem Buch erörtert haben, insbesondere dass Kombinationen und Berechnung untrennbar miteinander verbunden sind und dass das eine ohne das andere nicht existieren kann. Aus diesem Grund ist eine Sammlung, die nur die Züge der „Lösung" ohne die grundlegenden, untermauernden Varianten gibt, von relativ geringem Nutzen.

Im nächsten Abschnitt werde ich eine Auswahl von 60 Übungen mit unterschiedlichem Schwierigkeitsgrad präsentieren. Zunächst aber möchte ich einige weitere Beispiele bringen, um Ihnen zu zeigen, wie man das meiste aus diesen Übungen macht, und sogar davor gibt es einen anderen kleinen Punkt. Es ist wohlbekannt, dass Bauernendspiele zum Training des Kalkulationsvermögen ideal sind. Außerdem funktionieren Springerendspiele auf ähnliche Weise wie Bauernendspiele, obgleich es bestimmte Unterschiede gibt.

In diesem Abschnitt werden wir uns mit dem Rechentraining beschäftigen, indem wir uns eine seltene, aber interessante Art von Endspiel anschauen: Springer gegen Bauern. Die folgende Studie erfordert keine sehr komplizierte Berechnung, ist aber in dieser Hinsicht sehr nützlich.

Die Logik dieser Stellung verläuft wie folgt: Der Springer kann die schwarzen Bauern nicht blockieren, und Weiß kann nur hoffen sie zu stoppen, indem er die besondere Stärke des Springers nutzt, Gabeln zu kreieren. Es ist ebenso offensichtlich, dass der schwarze König nur einen Zug seitwärts in Richtung seiner Bauern machen muss, wonach der Springer den größten Teil seiner Chancen verlieren wird. Daraus können wir folgende Schlussfolgerungen ziehen: *Sogar ohne die Konsequenzen zu berechnen*, können wir sicher sein, dass die einzigen Züge, die es sich anzuschauen lohnt, den Angriff auf die feindlichen Bauern zum Gegenstand haben. Der Springer muss mit Drohungen

W

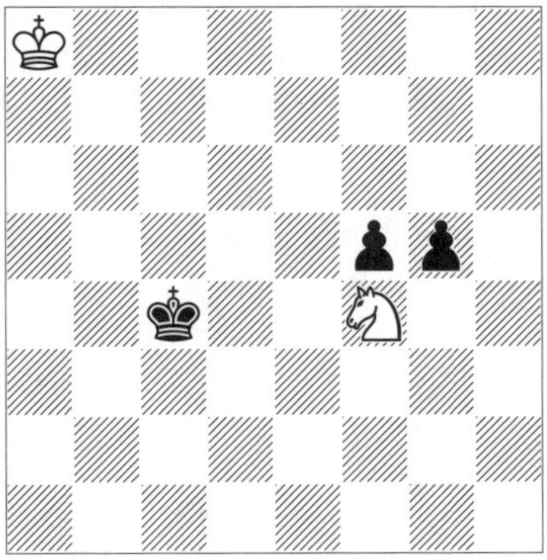

Weiß am Zug und Remis
W. Tschechower
Shakhmaty v SSSR, 1955

arbeiten, um dem Gegner keine Atempause zu geben. „Tu, was Du tun musst, und was passiert, passiert!", wie es in einem Sprichwort heißt. Diese Herangehensweise spiegelt sich in der folgenden Variante wider:

1 ♘e6!

Nur so. Nach 1 ♘h3? g4 kann der Springer die Bauern nicht weiter angreifen.

1...g4 2 ♘g7 f4 *(D)*

Nach 2...g3 3 ♘xf5 g2 4 ♘e3+ erreicht der Springer sein Ziel. Ein gutes Zeichen!

W

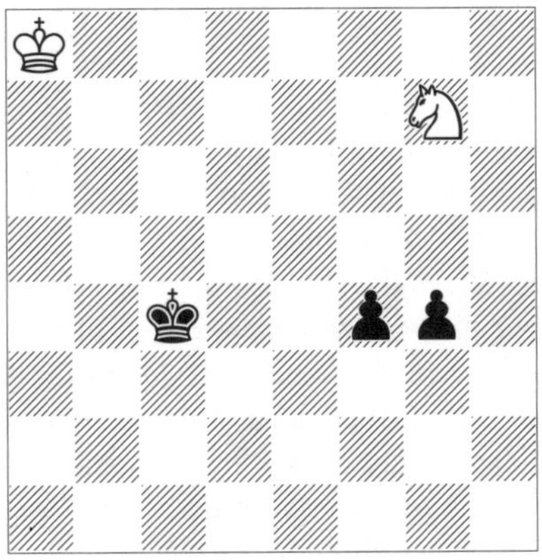

3 ♘h5! f3 4 ♘f6 g3 5 ♘e4 g2 6 ♘d2+ und Weiß macht Remis.

Dies war natürlich eine Studie, und der Autor entwickelte diese verschiedenen, äußerst ähnlichen Varianten absichtlich. Solche Stellungen ergeben sich aber auch in Partien, und man sollte solche Varianten immer im Auge haben.

Die nächste Studie ist viel schwieriger und ist eine meisterhafte Kreation von Grigorjew.

W

Weiß am Zug und Remis

N. Grigorjew

1938

In dieser Studie muss Weiß eine ganze Serie „einziger" Züge finden.

1 ♘e8!

Der andere Kandidatenzug 1 ♘e6? führt zur Niederlage: 1...b3 2 ♘g5 b2 3 ♘e4 ♔d3.

1...♔c5!?

Ein guter Versuch. Nach 1...b3 2 ♘d6+ ♔c3 (2...♔b4 3 ♘e4 b2 4 ♘d2 =; 2...♔d3 3 ♘b5 b2 4 ♘a3 =) macht Weiß durch 3 ♘e4+! ♔c2 4 ♘d6! b2 5 ♘c4 Remis.

Diese Variante verbirgt wertvolle Informationen über die Mechanismen, die in dieser Stellung tätig sind. Ich meine vor allem die Möglichkeit einer Gabel auf a3 und die Bedeutung der Felder d6 und b5 als Sprungbretter für den Springer. Es ist äußerst nützlich, diese Art von Informationen während der Berechnung im Hinterkopf zu behalten, da es dabei hilft, die korrekten Varianten zu finden, und *Varianten durch kurze, zuvor ermittelte Segmente zu berechnen.*

2 ♘f6 ♔d4 *(D)*

Es scheint, dass Weiß in Schwierigkeiten verkehrt, da der schwarze König den Springer

W

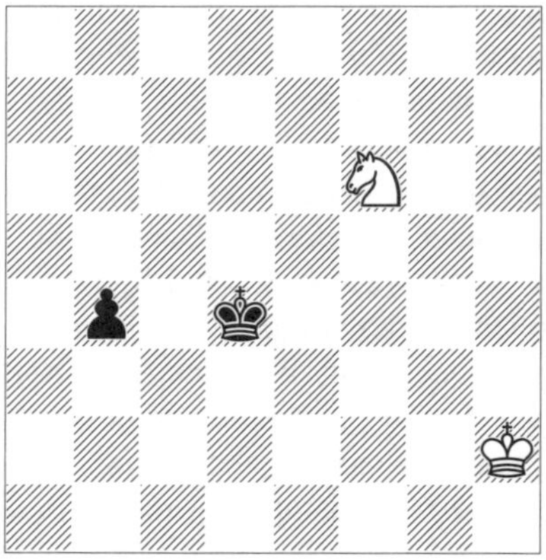

auf Abstand hält. Dem Anziehenden gelingt es aber sich zu retten, indem er seinen Springer über das Schlüsselfeld e8 manövriert, von wo er die Felder d6 und b5 erreicht, deren Bedeutung wir schon erwähnt haben.

3 ♘e8! ♔e5!?

3...b3 4 ♘d6 b2 5 ♘b5+. Mit dem Textzug wird der Springer wieder aufgehalten, aber er findet einen Weg.

4 ♘c7! ♔d6 *(D)*

W

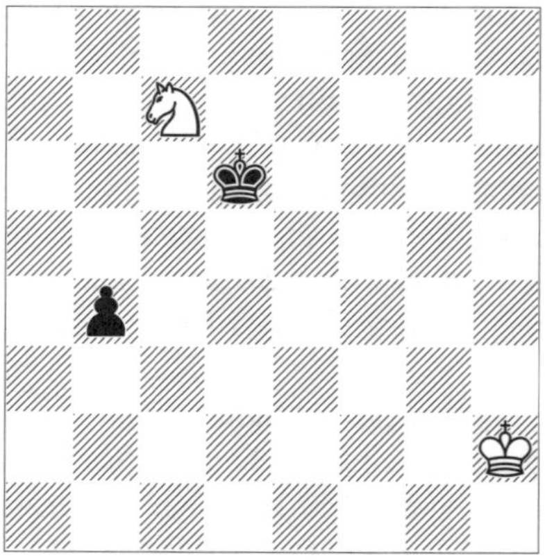

Die Antwort ist nicht schwer zu finden: Der Springer kehrt zum Schlüsselfeld zurück.

5 ♘e8+!

Während der schwarze Bauer auf b4 steht, funktioniert die andere Antwort nicht: 5 ♘b5+? ♔c5 6 ♘c7 b3 7 ♘e6+ ♔c4.

5...♔d5

Mit den anderen Versuchen sind wir bereits vertraut: 5...♔e5 6 ♘c7; 5...♔c5 6 ♘f6 ♔d4 7 ♘e8!.

6 ♘f6+

Das Gleiche ergibt sich nach 6 ♘c7+ ♔c4 7 ♘e8!. Das Feld e8 ist entscheidend.

6...♔d4 7 ♘e8!

Schwarz kann seine Stellung nicht verstärken. Remis.

Zum Abschluss werde ich zwei praktische Endspiele mit derselben Materialbilanz zeigen:

W

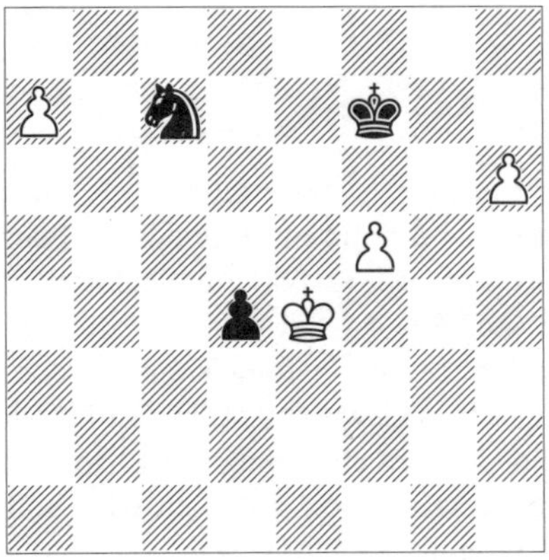

Swidler – Anand
Dos Hermanas 1999

In dieser Stellung passierte etwas Überraschendes: Weiß am Zug bot Remis an! Dies war ein Fehler sowohl im objektiven als auch im subjektiven Sinn. Subjektiv gesehen war es falsch, weil Weiß nach dem Schlagen des Bauern nichts riskiert, und sich mit einem Remisangebot nicht zu beeilen braucht, wenn er nicht in Zeitnot war, was unwahrscheinlich scheint. Zweitens, und was noch wichtiger ist, sogar solch ein starker Spieler, wie Peter Swidler, konnte sich nicht 100% sicher sein, dass er sich bei seinen Berechnungen nicht geirrt hatte. Der springende Punkt ist, je weiter man eine Variante berechnet, desto schwieriger wird es, sich die resultierende Stellung vorzustellen, was die Wahrscheinlichkeit für Fehler vergrößert. Aus diesem Grund ist es aus praktischer Sicht vernünftig, dass man die ersten 2-3 Züge auf dem Brett ausführt (zum Beispiel weil sie sowieso zwingend sind), da man dann die verbleibenden Züge der Variante von einem etwas weiter vorgerückten Startpunkt berechnen kann. Dies war hier der Fall. Swidler hätte erst die zwingenden Züge 70 ♔xd4 ♘b5+ 71 ♔c5 ♘xa7 72 ♔b6 spielen, auf die Antwort seines Gegners warten, und erst dann mit der Berechnung der folgenden Züge beginnen können. Im 72. Zug hat Schwarz die Wahl zwischen zwei Zügen. Der erste ist das trickreiche 72...♔g8 (in der Hoffnung auf 73 ♔xa7? ♔h7 mit Remis), aber dann gewinnt 73 f6! ♘c8+ 74 ♔c7 ♘a7 75 ♔d7 ♘b5 76 ♔e7 leicht.

Die Dinge sind etwas verzwickter für Weiß nach 72...♘c8+ *(D)*.

W

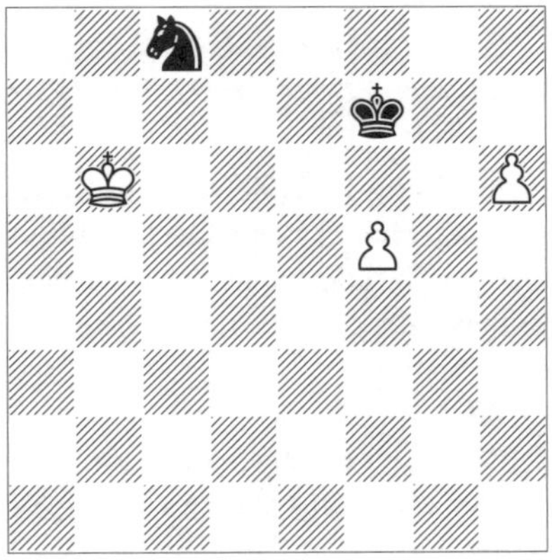

Es ist sehr wahrscheinlich, dass Swidler diese Stellung in seinen Berechnungen erreichte, entschied, dass König und Springer des Gegners zusammen die beiden isolierten Bauern aufhalten und daher Remis anbot. Dies war sein objektiver Fehler. Wäre er, wie oben erörtert, etwas näher an diese Stellung herangekommen, hätte er leicht gesehen, dass er nach 73 ♔c7! auf Gewinn steht. Es gibt zwei Varianten:

a) 73...♘a7 74 ♔d7! ♘b5 (74...♔f6 75 h7! ♔g7 76 f6+ ♔xh7 77 f7 ♔g7 78 ♔e8!) 75 h7 ♔g7 76 f6+ ♔xh7 77 f7 ♔g7 78 ♔e7!.

b) 73...♘e7 74 h7 ♘d5+ (74...♔g7 75 f6+) 75 ♔d6 ♔g7 76 ♔xd5 ♔xh7 77 ♔e6.

Infolge von Swidlers Versehen wurde die Partie verdorben, aber wir haben eine ausgezeichnete Illustration des Themas „wann sollte man die Berechnung abbrechen?“

Im Gegensatz dazu bildet das folgende Beispiel einen Fall von ausgezeichneter Berechnung, in einer viel komplizierteren Situation:

S

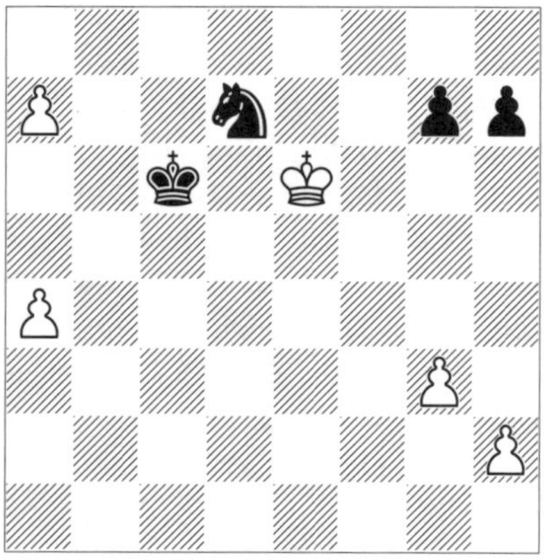

Petrosjan – Geller

Kandidatenturnier, Amsterdam 1956

Diese Stellung ist äußerst kompliziert und schwer zu berechnen, wobei das Ergebnis an einem einzigen Tempo hängt. Es ist daher nicht überraschend, dass Geller im nächsten Zug einen Fehler beging:

51...♘b6?

Es scheint, dass der Nachziehende die Partie mit 51...♘c5+! 52 ♔f7 ♔b7 53 ♔xg7 ♘e4 54 ♔xh7 (Euwe gibt den Gewinnweg 54 ♔h6(?) ♔xa7 55 g4 ♘f2 56 ♔g5! ♘h3+ 57 ♔h4, mit der Fortsetzung 57...♘f2(?) 58 ♔g3 ♘e4+ 59 ♔f4 ♘d6 60 h4! ♘e8 61 h5 usw., aber Schwarz verteidigt durch 57...♘g1! 58 ♔h5 ♘f3 59 h4 ♔b6 60 g5 ♘e5 61 ♔h6 ♘f3 62 h5 ♔a5 63 g6! hxg6 64 ♔xg6 ♘e5+ mit Remis) 54...♘d2! 55 g4 ♘f3 hätte retten können. Einer der Bauern am Königsflügel geht verloren, und der Springer kann den anderen aufhalten.

52 a5 ♘a8 53 ♔f7?!

Erst hier begeht Weiß eine Ungenauigkeit in diesem Endspiel. Nach 53 h4! ♔b7 54 ♔f7 g5 55 h5! hätte er schnell gewinnen können. Glücklicherweise führt seine Ungenauigkeit zu einer Menge interessantem und nützlichem Material.

53...g5

Schwarz lockt den feindlichen König so weit weg wie möglich, wodurch er Zeit gewinnt, um mit seinem Springer zum Königsflügel zu gelangen.

54 ♔f6 g4 55 ♔g5 ♔b7 56 ♔xg4 ♘c7 57 ♔g5 ♘d5 *(D)*

58 h3!

W

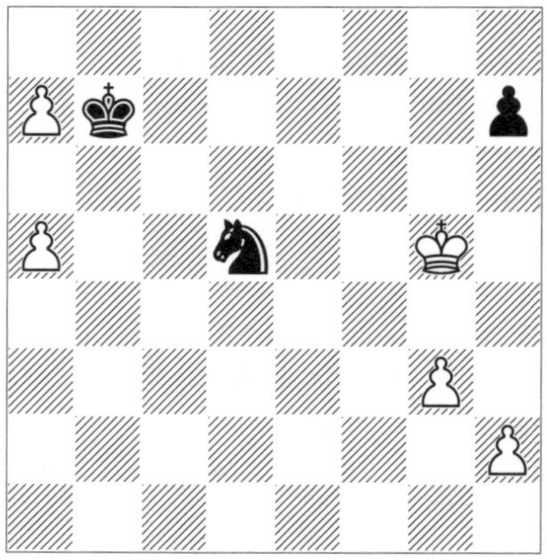

Der Springer ist nun mitten im Geschehen angelangt, und Weiß muss ständig auf der Hut sein. 58 ♔h6? ♘e3! führt zum Remis.

58...♘c3 59 g4

Mit diesem Zug beginnt Weiß mit der Ausführung seines Gewinnplans. Dieser besteht darin, seine Bauern am Königsflügel so weit wie möglich vorzurücken, und sich dann mit seinem König in Richtung Bauer h7 aufzumachen. Wenn die Bauern nicht direkt vorrücken, ist es für den Springer einfacher, sie zu bekämpfen

59...♘e4+ 60 ♔f5 ♘g3+

60...♘d2 61 h4, und Weiß gewinnt schneller.

61 ♔f4 ♘e2+ 62 ♔e3 ♘c3 *(D)*

62...♘g1 beschleunigt den weißen Sieg: 63 h4 ♘h3 64 g5. Und nach 62...♘c1 folgt 63 h4 ♘b3 64 h5 ♘c5 65 ♔f4 h6 66 ♔e5 ♔xa7 67 ♔f6 ebenfalls mit Gewinn.

W

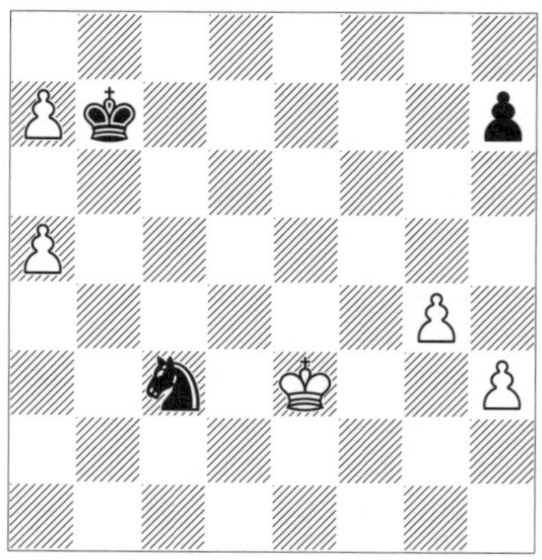

63 g5 ♘d5+!?

Geller verteidigt zäh und macht seinem Gegner das Leben so schwer wie möglich. Falls 63...♔xa7, dann gewinnt Weiß problemlos mit 64 h4 ♔a6 65 h5 ♘d5+ 66 ♔e4.

64 ♔e4 ♘e7 *(D)*

W

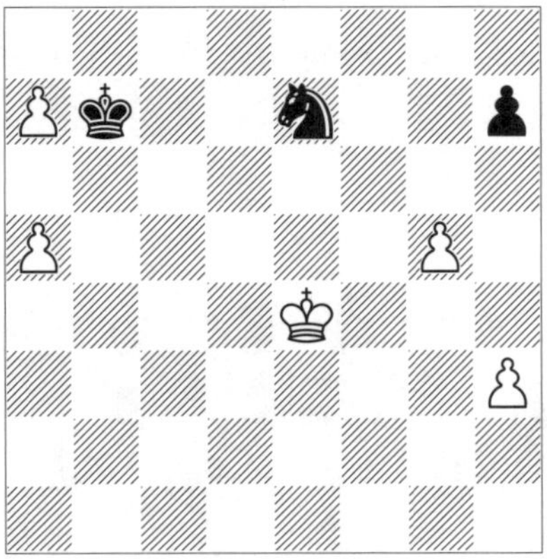

65 ♔f4!

Schwarz stellt immer wieder Fallen. Nach dem natürlichen 65 h4? entsteht nach 65...h6! 66 gxh6 ♘g8 67 h7 ♘f6+ 68 ♔f5 ♘xh7 69 ♔e6 ♘f8+ 70 ♔f7 ♘d7 ein Remis.

65...♘d5+

Andere Versuche scheitern auch, aber Weiß hätte nach 65...♘g6+ 66 ♔g4 ♘e5+ mehr Probleme gehabt. Er muss dann die Fallen 67 ♔h5? ♘f3, 67 ♔f5? ♘f3 und 67 ♔f4? ♘g6+ vermeiden. Der einzige Gewinnweg ist 67 ♔g3! ♔xa7 68 h4! ♔a6 69 h5 ♔xa5 70 ♔f4 ♘f7 71 ♔f5 ♔b5 72 ♔f6 ♘d6 73 g6 hxg6 74 ♔xg6.

66 ♔f3

Nun gibt es eine Alternative: 66 ♔e5 ♘e7 67 ♔f6 ♘g6 68 ♔g7 ♘f4 69 h4 ♘g2 70 h5 ♘f4 71 h6 ♘e6+ 72 ♔f6 ♘f4 73 ♔f7! ♘h3 74 g6 mit Gewinn.

66...♘e7 67 h4 ♔xa7 68 ♔f4!

Vermeidet die letzte Falle: 68 ♔e4? h6! =.

68...♘g6+ 69 ♔g4 ♘e7 70 h5! ♔a6 71 ♔f4 ♔xa5 72 ♔e5 ♔b6 73 ♔e6!

Auf diese Weise gewinnt Weiß einfacher als nach 73 ♔f6 ♘d5+, wonach er noch eine weitere Falle umgehen muss: 74 ♔g7? ♘f4 75 h6 (75 g6 ♘xg6! =) 75...♘e6+ 76 ♔f6 ♘xg5! 77 ♔xg5 ♔c6 78 ♔f6 ♔d7 =. Stattdessen gewinnt er mit 74 ♔f7! ♘f4 75 h6.

1-0

Tigran Petrosjan war nicht nur ein großer Meister der Strategie, sondern brillierte ebenfalls in der Berechnung und in der Taktik.

Schlussfolgerung

In diesem Buch haben wir gesehen, wie viele verschiedene Situationen entstehen können, die dem Spieler gute Rechenfähigkeiten abverlangen. Ich habe versucht, alle essentiellen Prinzipien, Regeln und Methoden zu erklären und zu formulieren. Ich hoffe es ist mir gelungen, den Leser davon zu überzeugen, dass die Fähigkeit, taktische Möglichkeiten zu sehen und Varianten zu berechnen, der ausschlaggebende Faktor zum Schacherfolg ist. Und ich hoffe auch, dass der Leser nun einen Einblick in das Variantendickicht erhalten hat, durch das ein Spieler während der Variantenberechnung navigieren muss, und sich der häufig engen Pfade bewusst ist, die den einzigen korrekten Weg in vielen Stellungen darstellen.

Gerade diese Komplexität und Bedeutung dieses Werks erklärt, warum es so viele ziemlich gute Schachspieler gibt und so wenige wirklich starke! Daraus folgt, dass für jeden Spieler, insbesondere für den, der die Spitze noch nicht erreicht hat, regelmäßige Arbeit auf diesem Gebiet der beste und sicherste Weg ist, seine Spielstärke zu verbessern.

In Anbetracht dessen, und um Ihnen bei Ihrer Arbeit behilflich zu sein, beschließe ich das Buch mit einigen Übungen.

Übungen zum 2. Teil

Die Sammlung enthält Beispiele, die von den einfachsten bis zu sehr komplizierten reichen, um ein größtmögliches Spektrum von Spielern anzusprechen.

41
W

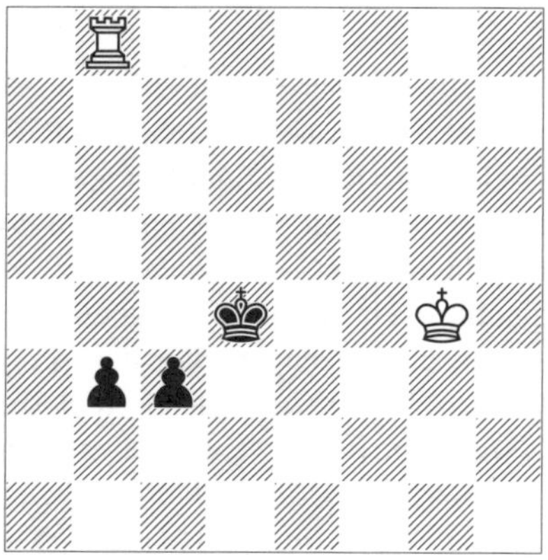

Weiß am Zug

42
W

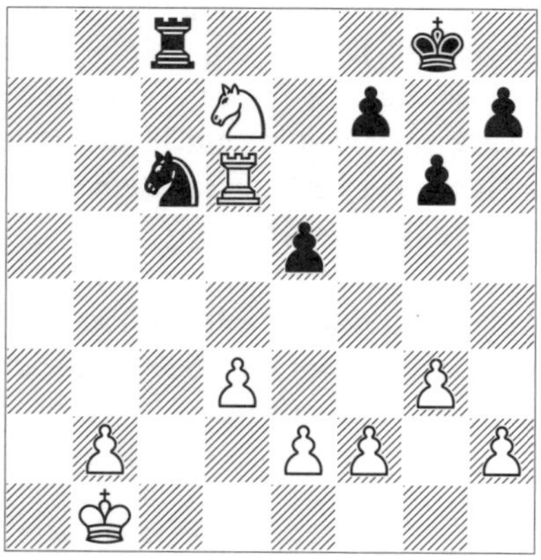

Weiß am Zug

43
W

Weiß am Zug

44
W

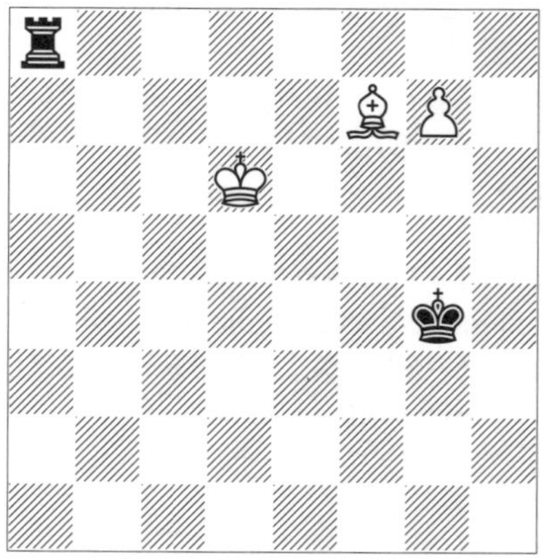

Weiß am Zug

45
S

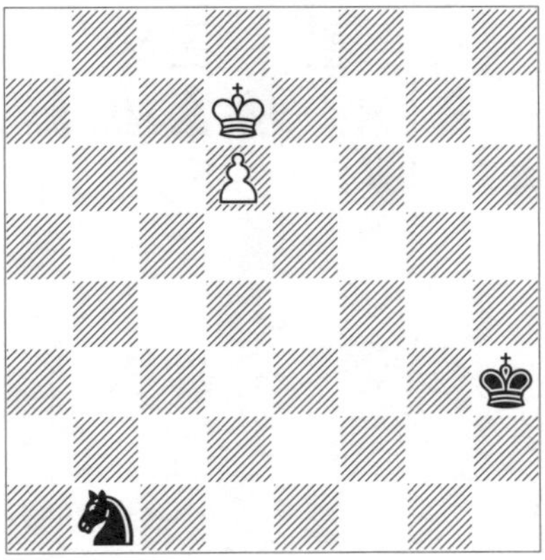

Schwarz am Zug

48
W

Weiß am Zug

46
W

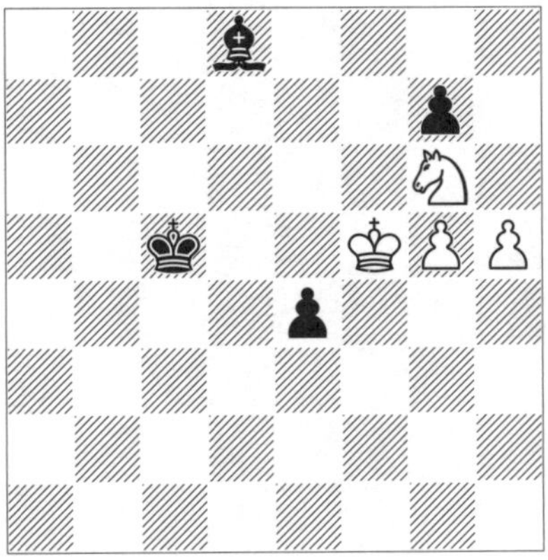

Weiß am Zug

49
W

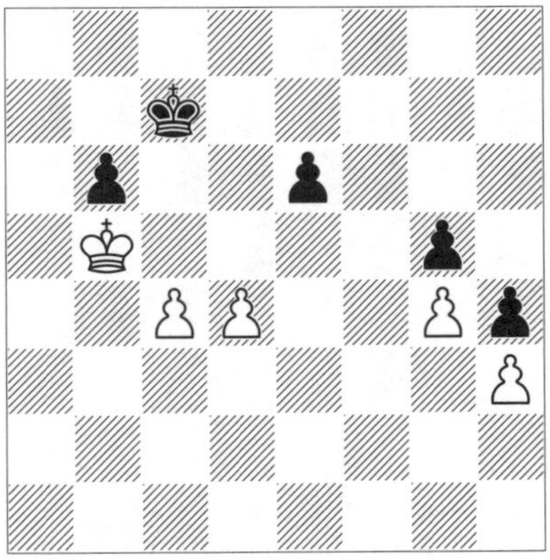

Weiß am Zug

47
W

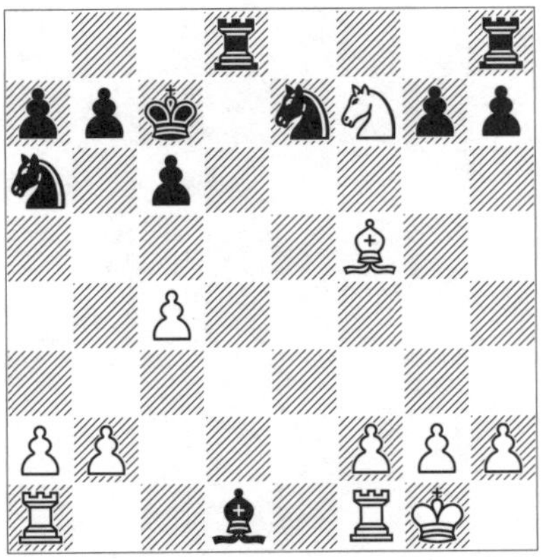

Weiß am Zug

50
W

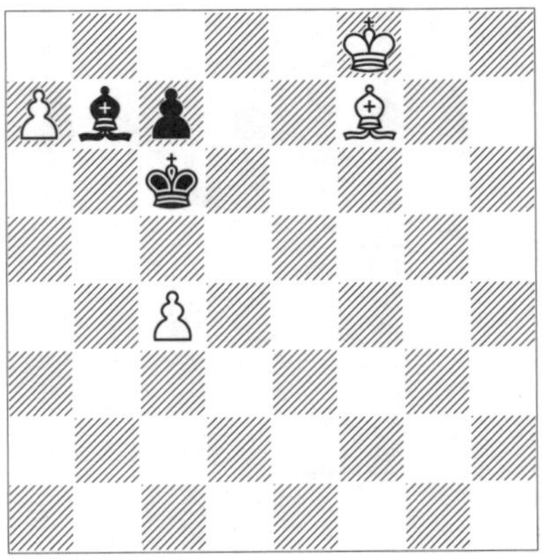

Weiß am Zug

51
W

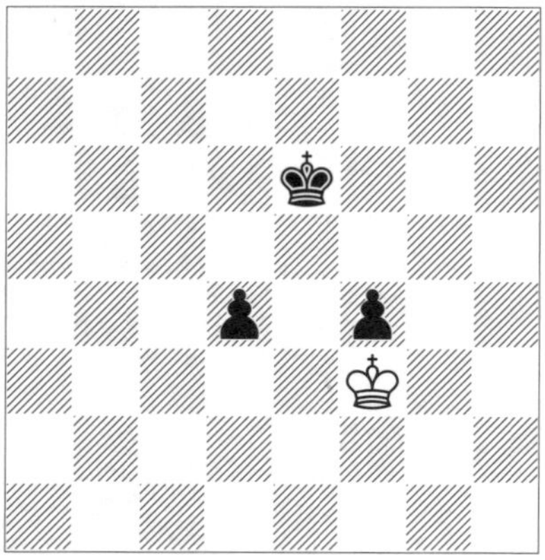

Weiß am Zug

52
W

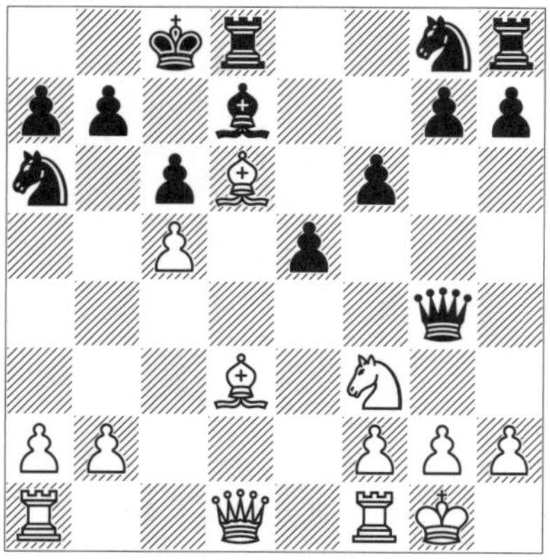

Weiß am Zug

53
S

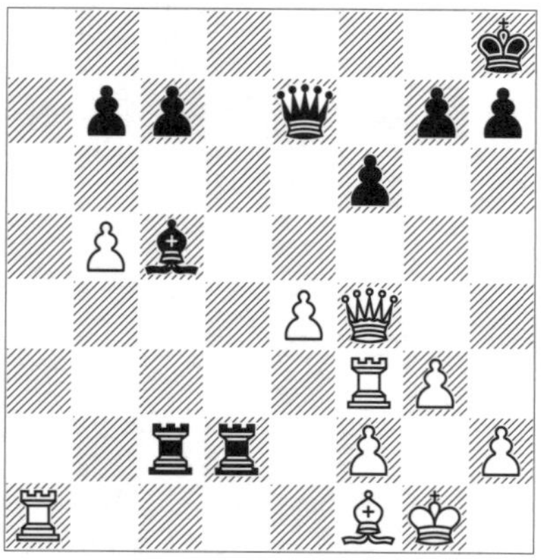

Schwarz am Zug

54
W

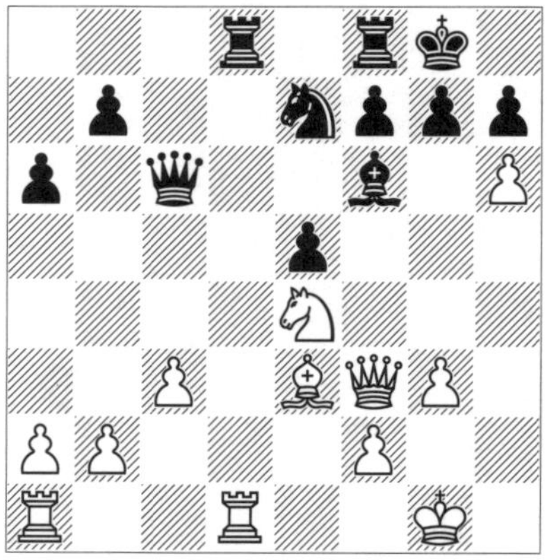

Weiß am Zug

55
W

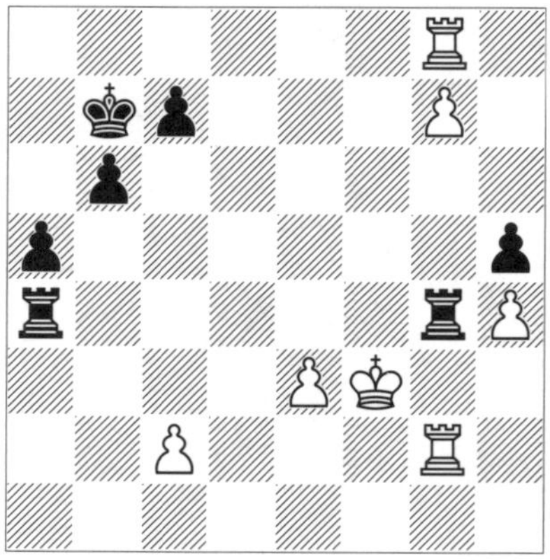

Weiß am Zug gewinnt

56
W

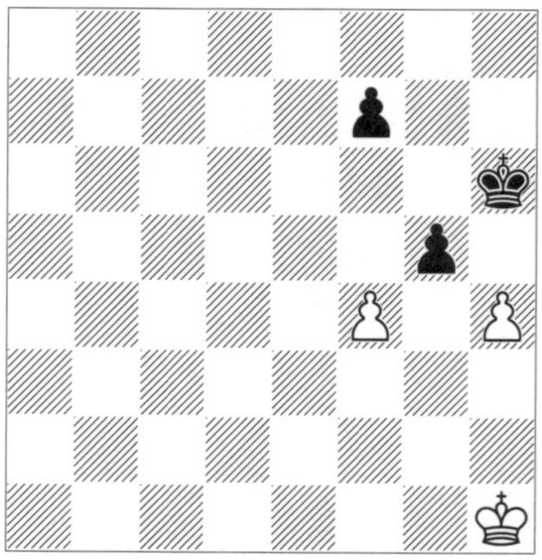

Weiß am Zug

57
W

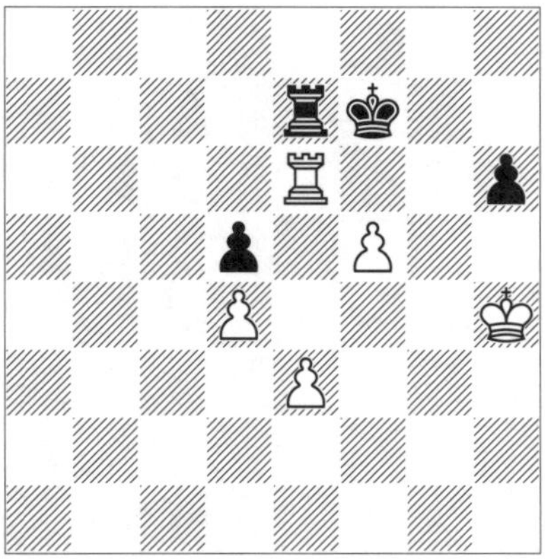

Weiß am Zug

58
W

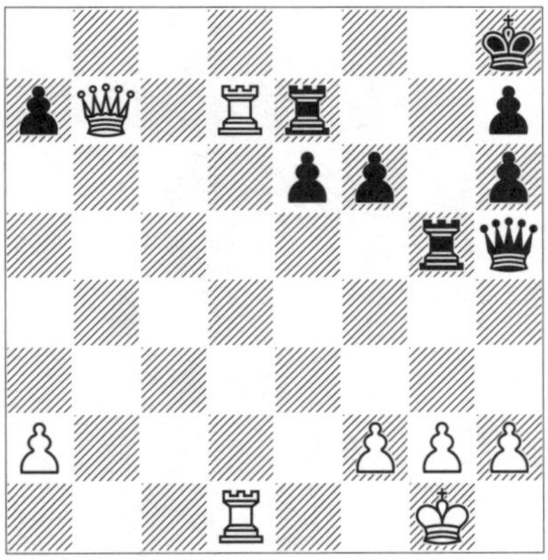

Weiß am Zug

59
W

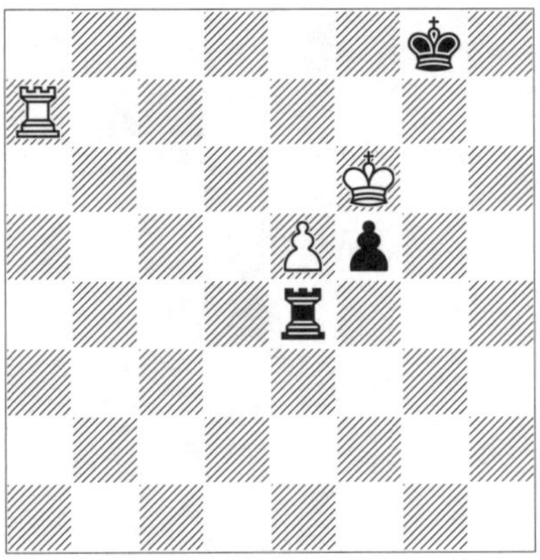

Weiß am Zug

60
S

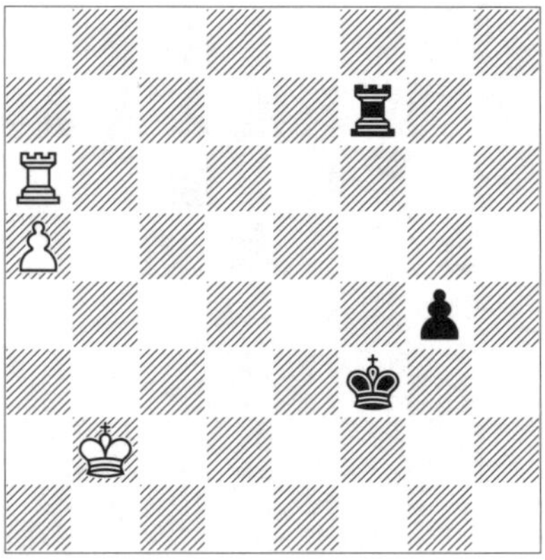

Schwarz am Zug

61
W

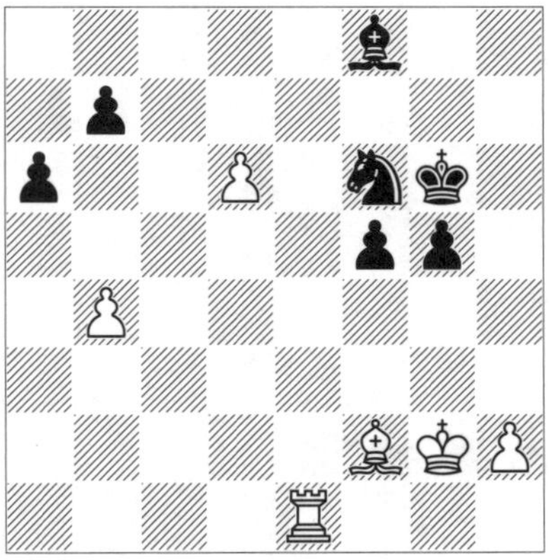

Weiß am Zug

62
W

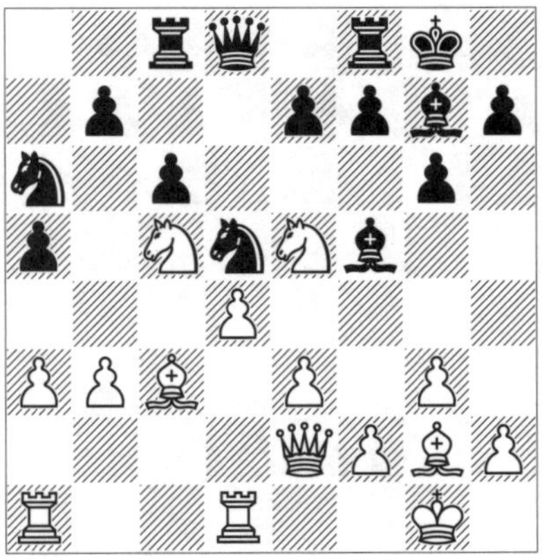

Weiß am Zug

63
W

Weiß am Zug

64
S

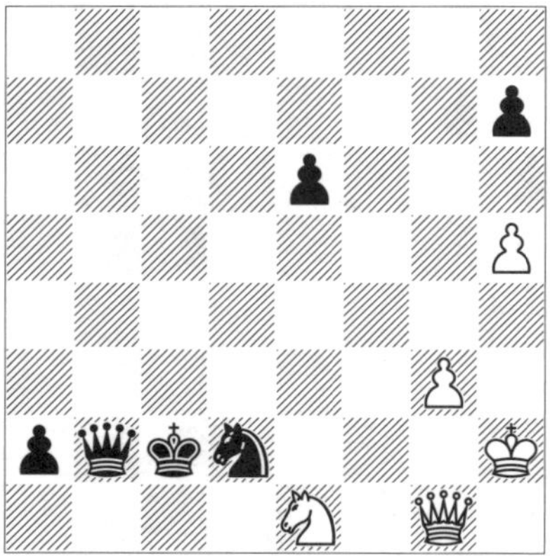

Schwarz am Zug

65
S

Schwarz am Zug

66
W

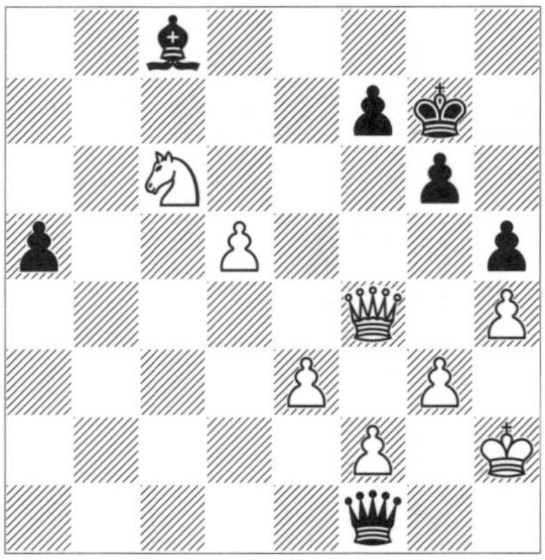

Weiß am Zug

67
S

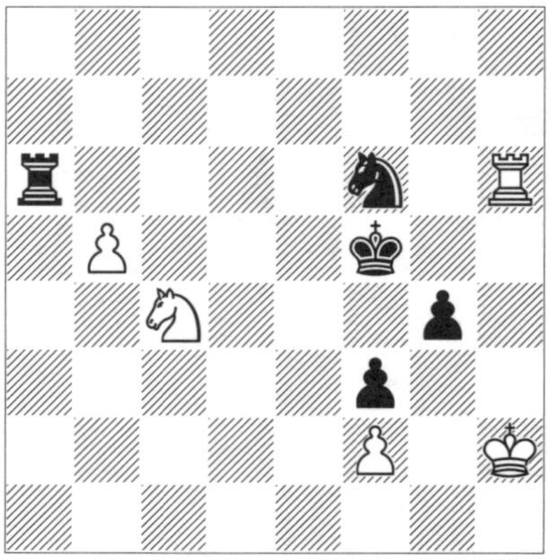

Schwarz am Zug

68
S

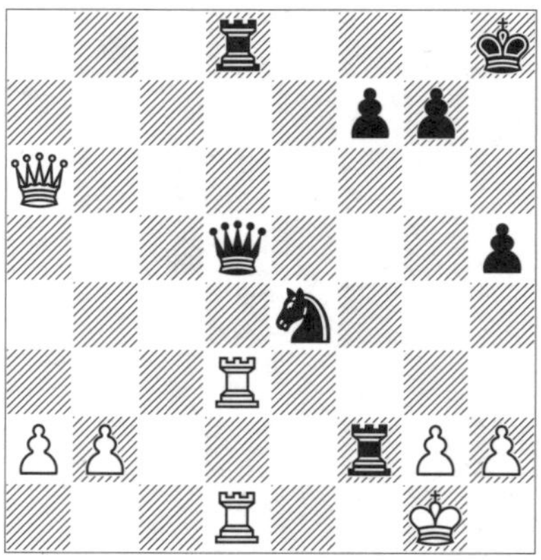

Schwarz am Zug

69
W

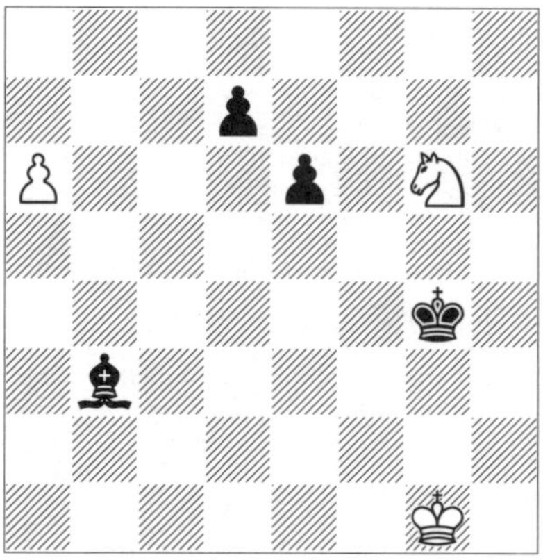

Weiß am Zug

70
W

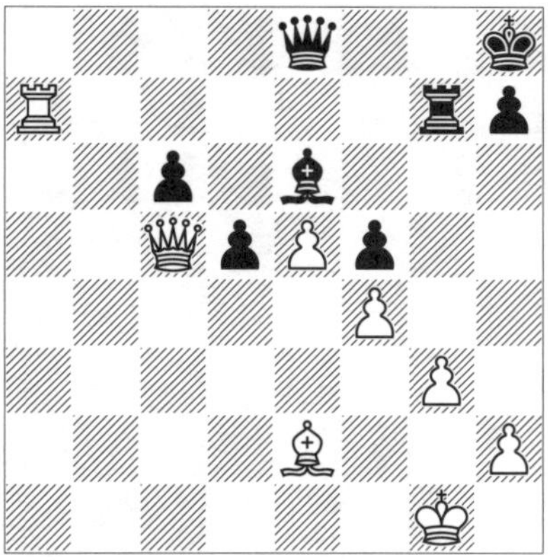

Weiß am Zug

71
W

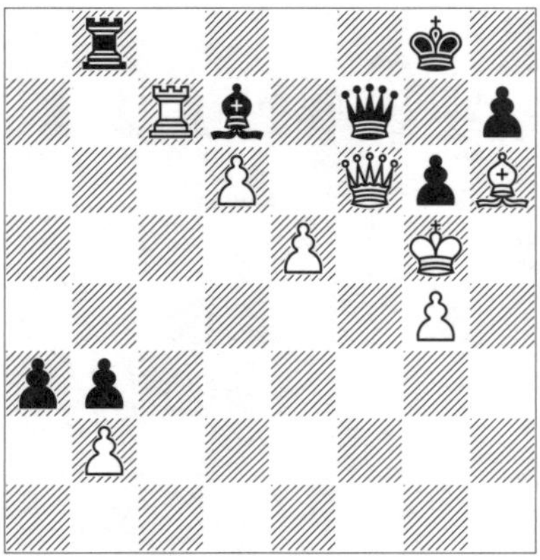

Weiß am Zug

72
W

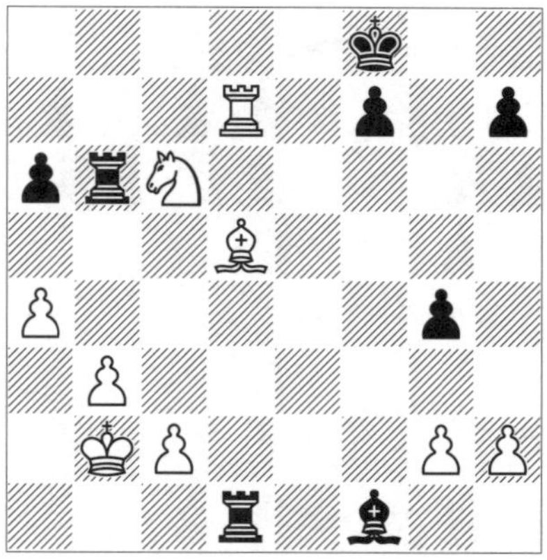

Weiß am Zug

73
W

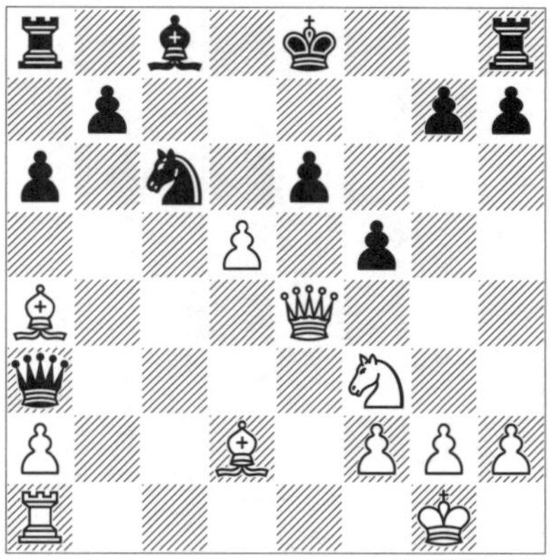

Weiß am Zug

74
W

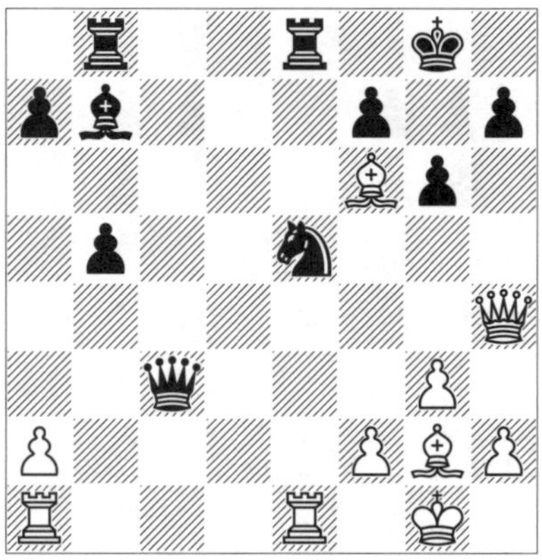

Weiß am Zug

75
W

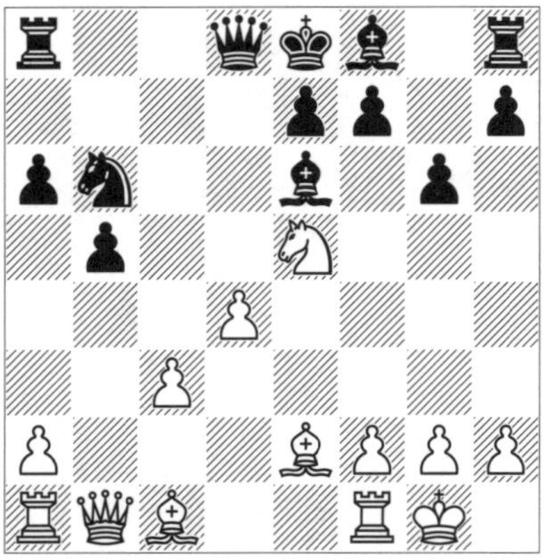

Weiß am Zug

76
W

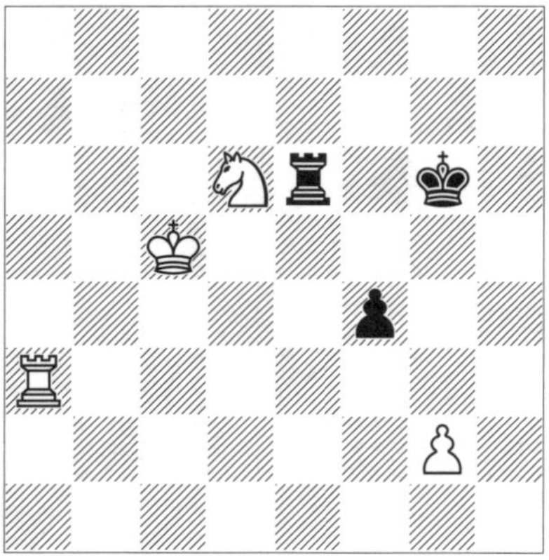

Weiß am Zug

77
W

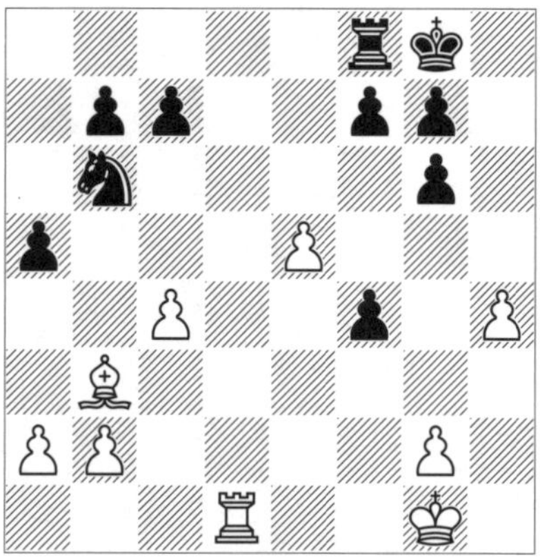

Weiß am Zug

78
W

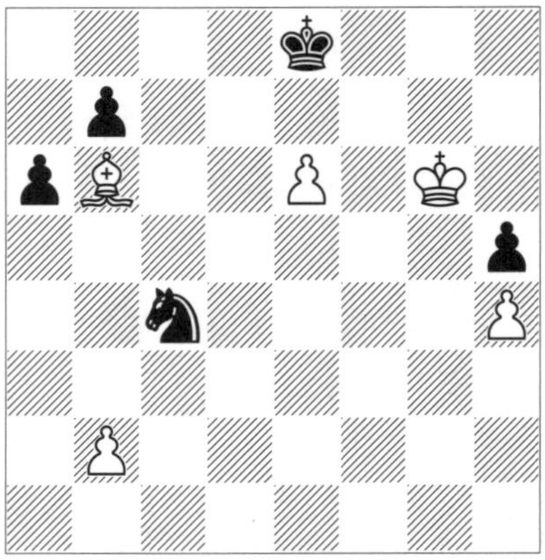

Weiß am Zug

79
W

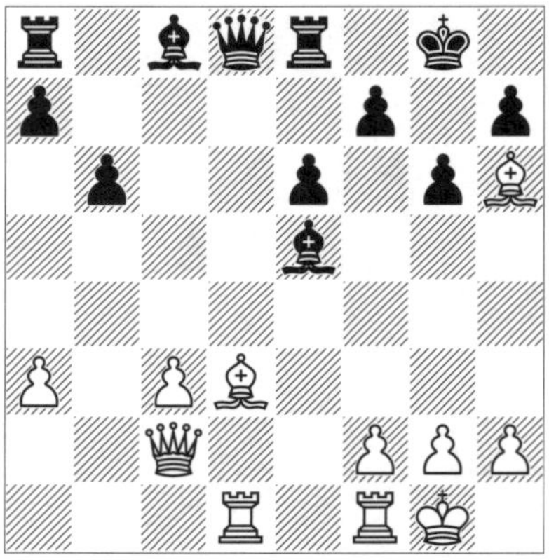

Weiß am Zug

80
W

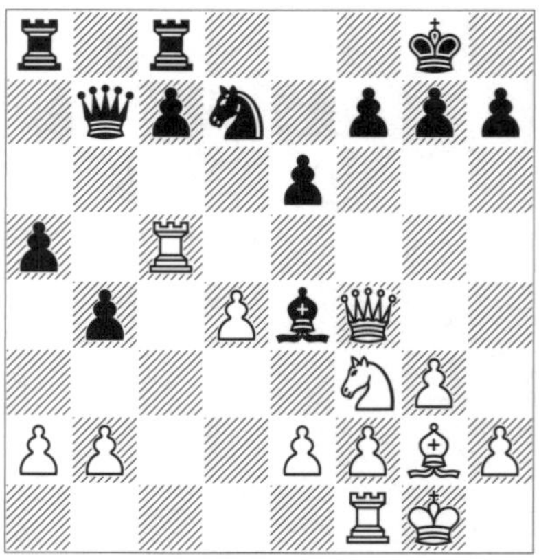

Weiß am Zug

81
W

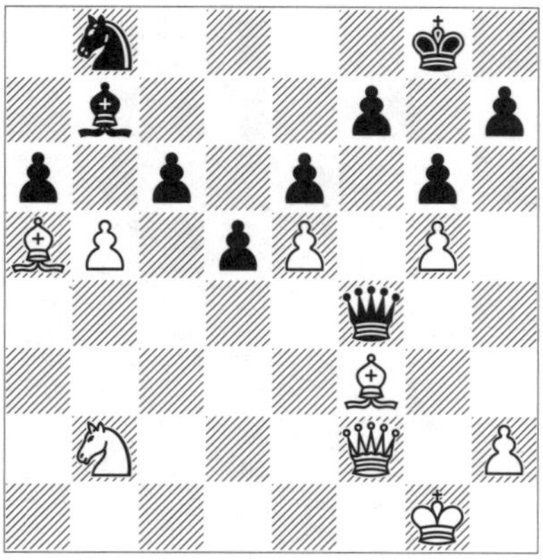

Weiß am Zug

82
W

Weiß am Zug

83
W

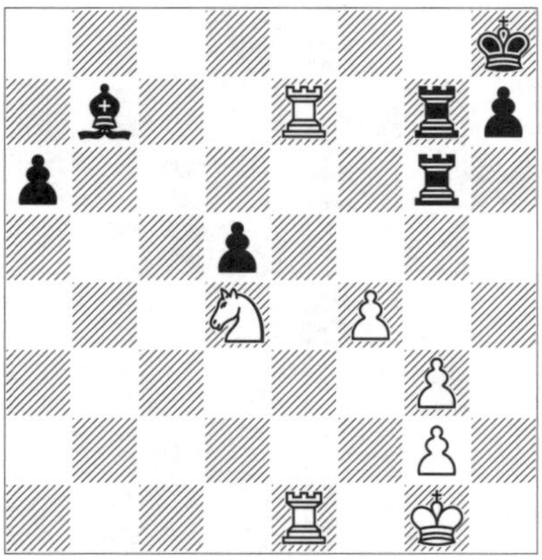

Weiß am Zug

84
W

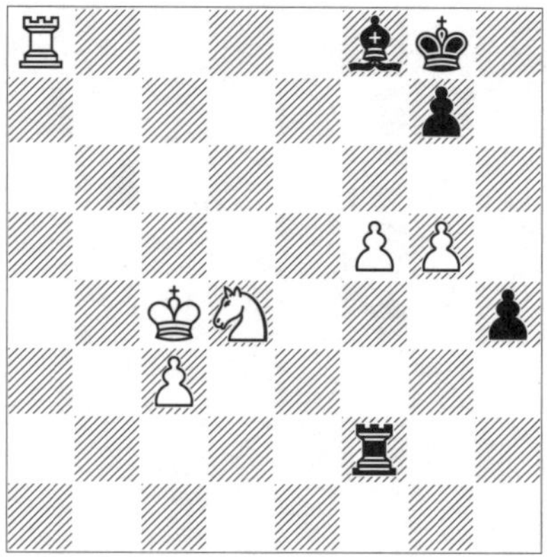

Weiß am Zug

85
S

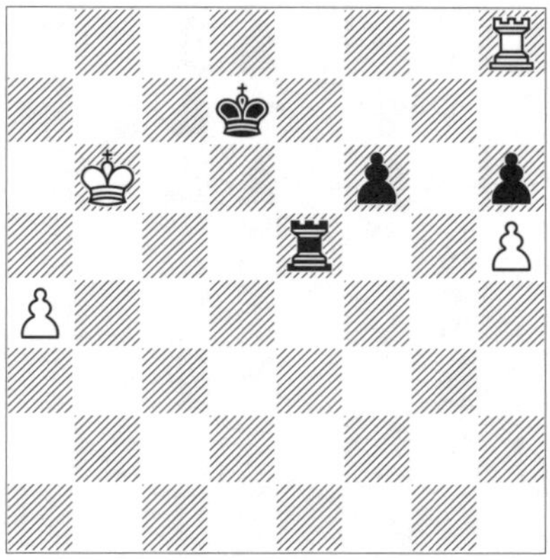

Schwarz am Zug

86
S

Schwarz am Zug

87
S

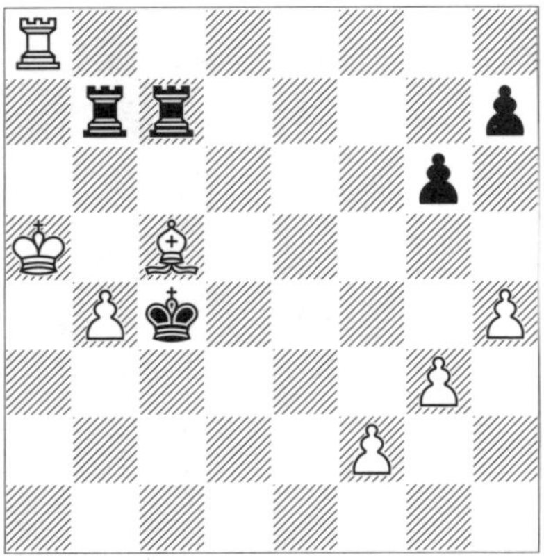

Schwarz am Zug

88
W

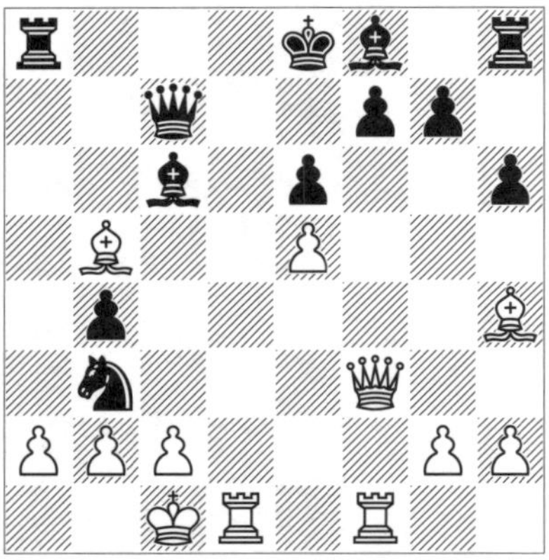

Weiß spielte 21 ♔b1!. Was ist die Pointe dieses Zugs?

89
W

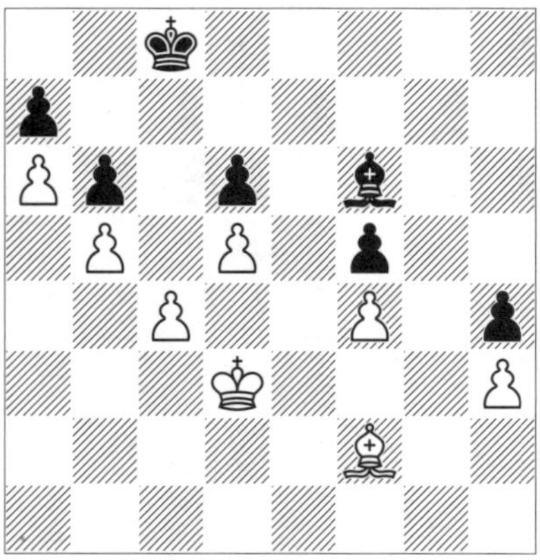

Weiß am Zug

90
W

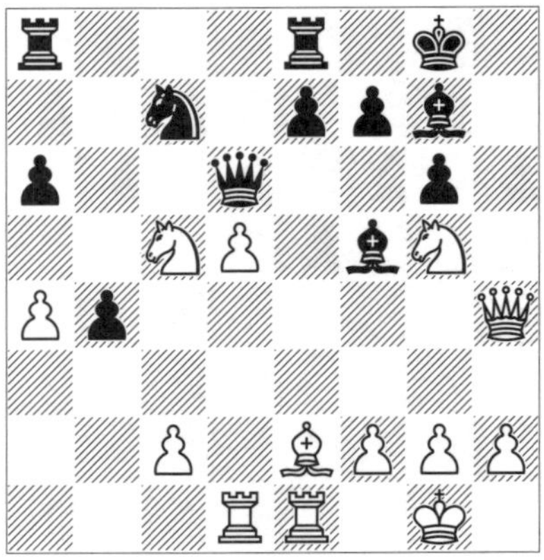

Weiß am Zug

91
W

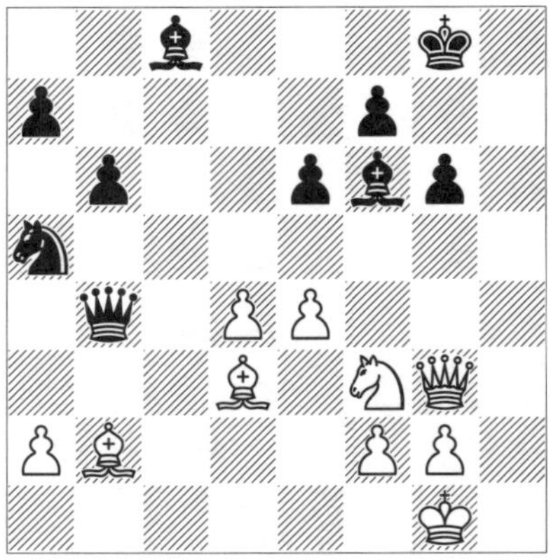

Weiß am Zug

92
W

Weiß am Zug

93
W

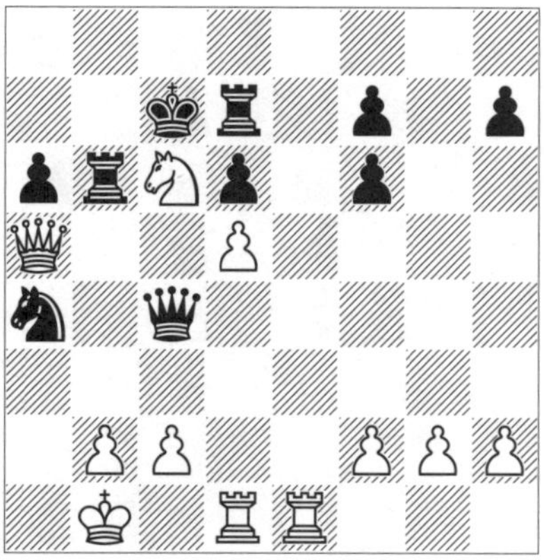

Weiß am Zug

94
W

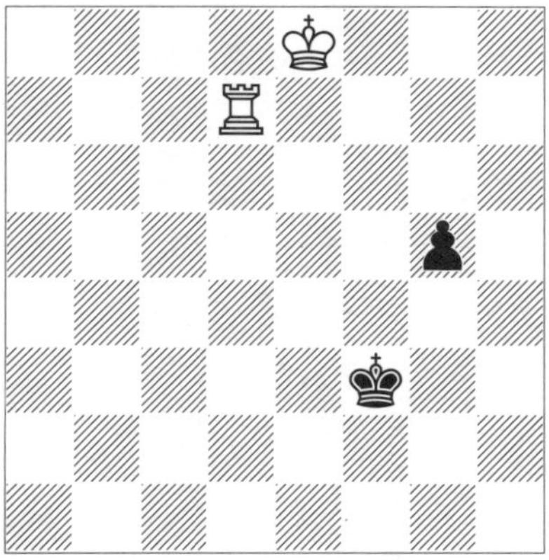

Weiß am Zug

95
W

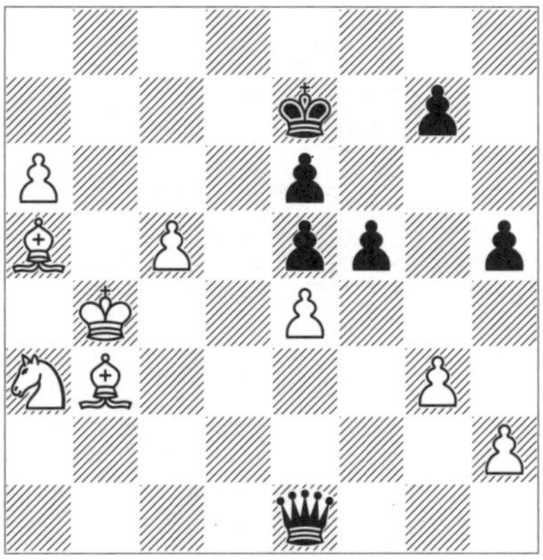

Weiß am Zug

96
W

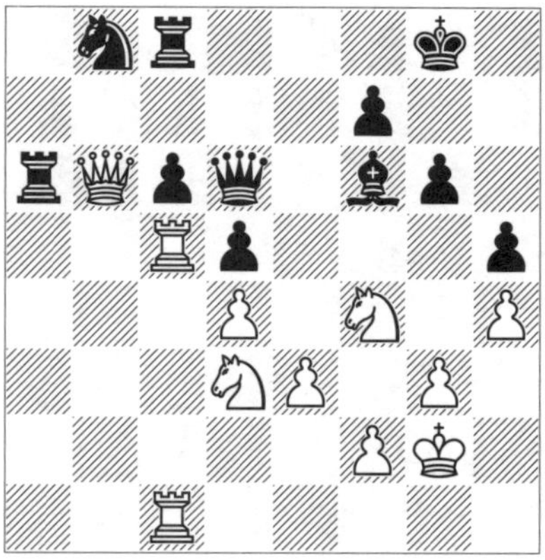

Weiß am Zug

97
W

Weiß am Zug

98
W

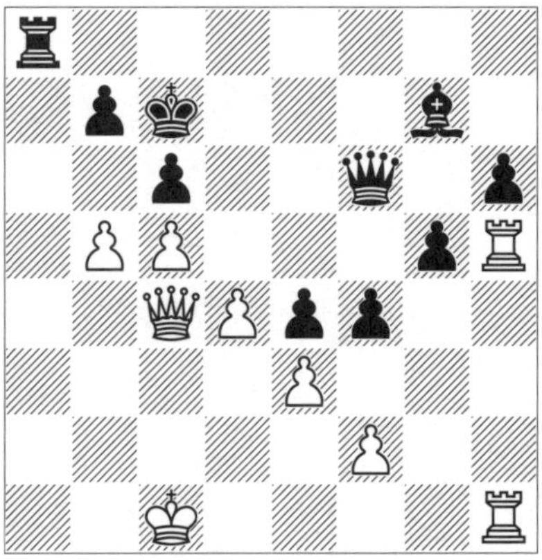

Weiß am Zug

99
W

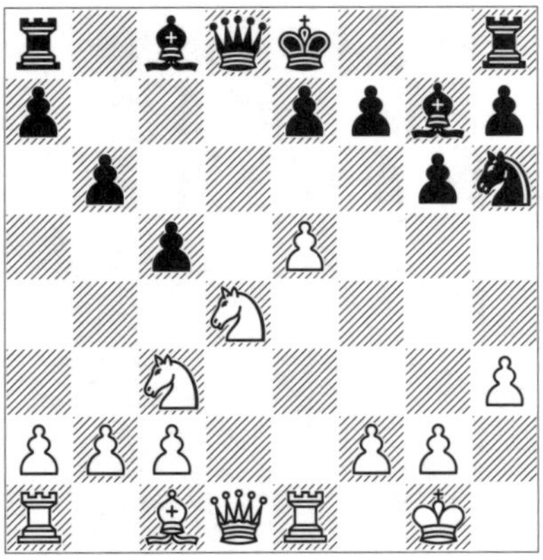

Weiß am Zug

100
W

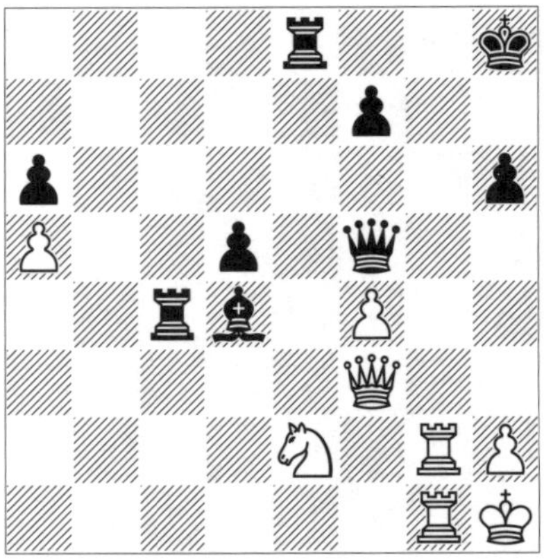

Weiß am Zug

Lösungen

Lösungen der Aufgaben zum 1. Teil

1)

Zhang Zhong – Wang Yaoyao
Jinan 2005

Eine Möglichkeit ist 34 ♖g1 h6 35 ♖xg7+ ♔xg7, und nun folgt:

a) 36 ♖g1+ ♔h7 37 ♗e4+ (oder 37 ♗xf7 ♕d8 38 ♗g8#) 37...♘xe4 38 ♕xe4+ f5 39 ♕e7+ ♖f7 40 ♕xf7#.

b) 36 ♕e5+ f6 37 ♖g1+ ♔h7 38 ♕f5#.

Die spektakulärste und effektivste Methode wurde in der Partie demonstriert:

34 ♕xf7+! *(D)*

S

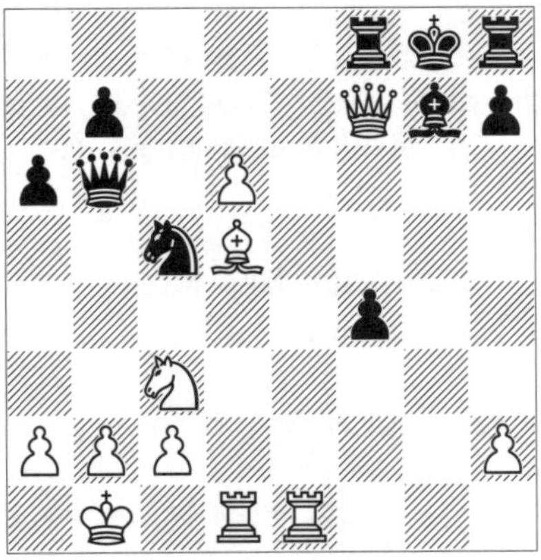

1-0

34...♖xf7 35 ♖e8+ ♗f8 36 ♖g1#.

2)

V. Mikenas – Bronstein
Meisterschaft der UdSSR, Tallinn 1965

Eine weitere Aufwärmübung, aber diesmal etwas schwieriger. Die weiße Stellung scheint solide zu sein, und seine einzige Schwäche, seine Grundreihe, scheint adäquat geschützt zu sein: 24...♕e1+ 25 ♕f1. Ein einziger Zug war jedoch notwendig, um alles klar zu machen:

24...♖xa3!! 0-1

Die Hauptvariante verläuft 25 bxa3 ♕xa1+ 26 ♖b1 ♖e1+.

3)

Mahesh Chandran – Vavrak
Dallas 2004

Diese ruhig aussehende Position endete ebenfalls nach gerade einem Zug – aber was für ein Zug!

25 ♘c8!! *(D)*

S

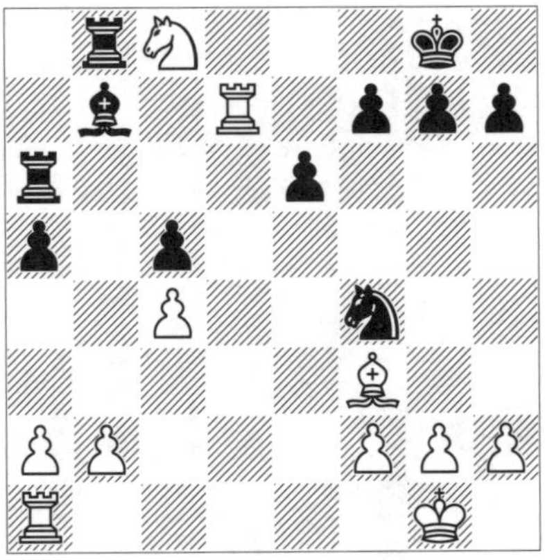

1-0

Nun ist alles klar: 25...♖xc8 (oder 25...♗xc8 26 ♖d8#) 26 ♗xb7.

4)

Adams – Kassimdschanow
FIDE Weltmeisterschaft, Schnellpartie (Partie 7), Tripoli 2004

56 ♗xe5

Dies ist der taktische Trick von Weiß, allerdings funktioniert er nicht!

56...f3+ 57 ♔xf3 ♔xe5 *(D)*

W

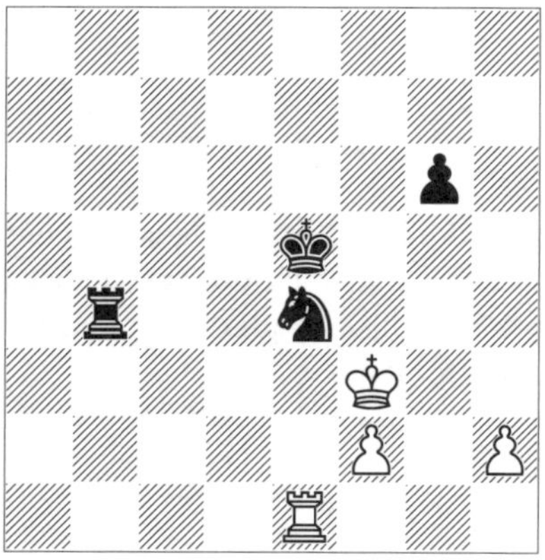

Weiß verliert eine Figur.

58 ♔g4 ♔f6 59 f4 ♘f2+ 60 ♔g3 ♘d3 0-1

5)

Awerbach – Kholmow

Meisterschaft der UdSSR, Riga 1970

Die Aufgabe von Schwarz erweist sich als ziemlich einfach:

20...♕e4 21 f3 *(D)*

Falls 21 f4, dann wird Weiß matt gesetzt: 21...♖xd1+ 22 ♕xd1 ♕xe3+ 23 ♔h1 ♕e4+ 24 ♔g1 ♕g2#.

S

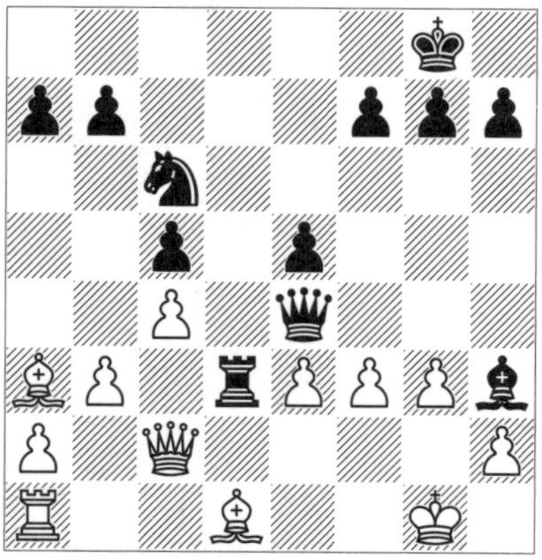

21...♖xd1+! 0-1

22 ♕xd1 ♕xe3+ 23 ♔h1 ♕f2.

Der Name von Ratmir Kholmow war allen Schachbegeisterten einst sehr bekannt. In seinen besten Jahren war er ein außerordentlich starker Spieler und ein hervorragender Taktiker.

6)

Aronjan – Šolak

Moskau 2005

Weiß gewinnt schnell und mit leichter Hand, indem er die taktischen Nuancen der Stellung ausnutzt:

19 hxg5 hxg5 20 g4! ♘e6 21 ♕d5! ♕xd5 22 exd5 1-0

7)

Carlsen – Nikolić

Wijk aan Zee 2005

Die schwarze Königsstellung sieht sehr verdächtig aus, und es überrascht nicht, dass sein Gegner einen starken Schlag hat, der sowohl einfach als auch offensichtlich ist.

20 ♘g5+! fxg5 21 ♕f3+ ♔g8 22 ♖xe6 1-0

Die Partie ist sofort entschieden. Schwarz warf das Handtuch wegen 22...♕f7 23 ♗f5!! g6 (23...h6 24 ♖xe8+ ♕xe8 25 ♕xd5+ ♕f7 26 ♗e6 und 23...♘c4 24 ♖xe8+ ♕xe8 25 ♗e6+ verlieren ebenfalls) 24 ♖xe8+ ♕xe8 25 ♗e6+ ♔g7 26 ♗b2+ d4 27 ♖xd4. Diese Varianten wurden von Maxim Notkin aufgezeigt.

8)

Ehlvest – Bluvshtein

New York 2003

41 ♗xg6! fxg5 42 ♖c1! *(D)*

S

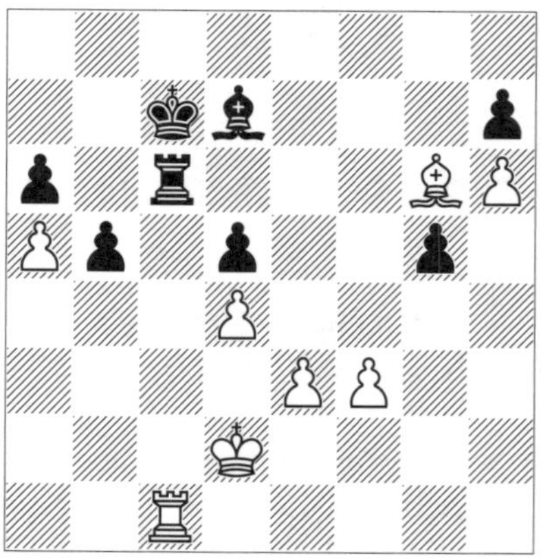

Dieser Zug ist der springende Punkt. Den grundlegenden strategischen Prinzipien entsprechend wird die einzige aktive schwarze Figur abgetauscht, wonach Schwarz hilflos ist.

1-0

9)

Harikrishna – Drejew

Olympiade, Calvia 2004

Der letzte Zug von Schwarz, 26...♕e7-d6, war ein Patzer, den Weiß mit 27 ♖xh2! ♕xh2 28 ♗f4! hätte ausnutzen können, wonach die Partie vorbei ist. Stattdessen folgte:

W

27 f4? ♗g1

Schwarz hat seinem Gegner das taktische Motiv entzogen und gewann letztendlich die Partie. Nicht umsonst sagte Petrosjan, dass „im Schach alles durch die Taktik entschieden wird“.

10)

Carlsen – Nijboer

Wijk aan Zee 2005

Der Nachziehende entschied die Partie mit einigen energischen Zügen.

36...♖fc8!

Dies ist viel stärker als 36...♖f1+!? 37 ♘xf1 ♕xf1+ 38 ♖e1.

37 ♖xe7

Verliert sofort, aber es gibt hier keine Möglichkeit, die Partie zu retten. Nach dem hartnäckigeren 37 ♖d4 ♖c1+ 38 ♕xc1 ♖xc1+ 39 ♔xc1 gewinnt Schwarz durch 39...♕c5+ 40 ♖c4 ♕xe3+.

37...♕d3+! 0-1

11)

Gelfand – Wolff

New York Open 1989

Schwarz hat eine sehr schlechte Königsindisch-Struktur. Sein Springer auf e7 ist besonders schlecht platziert. Eine Serie einfacher taktischer Schläge entscheidet die Partie zu Gunsten von Weiß.

16 c5! ♕c7 *(D)*

Nicht 16...dxc5 17 d6.

W

17 f4! ♘g4

Er verliert sowohl nach 17...cxd5 18 cxd6 als auch nach 17...dxc5 18 d6!.

18 h3 cxd5

Ein aus der Not geborenes Figurenopfer, da 18...♘h6 19 cxd6 ♕xd6 20 fxe5 sogar schlechter gewesen wäre. Die andere Version des Opfers, 18...exf4 19 hxg4 g5 20 e5! ♘xd5 21 exd6, ist nicht besser.

19 hxg4 hxg4 20 fxe5

und Weiß gewann im 36. Zug.

12)

Kortschnoj – Rowson

Port Erin 2004

Das Mittelspiel ist noch nicht mal erreicht, und Weiß hat schon einen Kombinationsschlag, der die Stellung zu seinen Gunsten klärt:

12 d5! ♘xd5 13 ♘xd5 ♗xd5 *(D)*

W

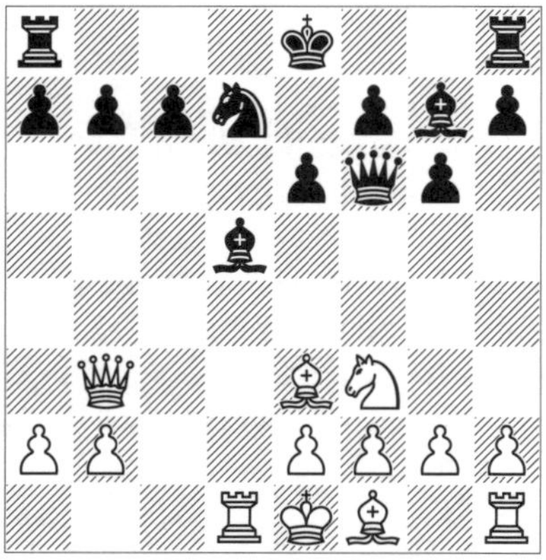

14 ♖xd5! exd5 15 ♗d4 ♕f5

Die Variante 15...♕xd4?! 16 ♘xd4 ♗xd4 17 ♕xd5 ♗xb2 18 ♕e4+ ist offensichtlich besser für Weiß.

16 ♗xg7 ♖g8 17 ♗c3 ♕b1+ 18 ♕d1 ♕xa2 19 e3 0-0-0 20 ♗e2 ♘c5 21 0-0 ♘e4 22 ♕c2! ♖d6 23 ♗d4

Diese Stellung ist mehr oder weniger forciert entstanden. Wie soll man sie bewerten? Die Überlegenheit von zwei Figuren gegen einen Turm ist im Mittelspiel am stärksten ausgeprägt, da in dieser Phase die Anzahl der Bauern weniger wichtig ist als die Anzahl der Figuren. Anders ausgedrückt, zwei Figuren können ein Ziel zweimal angreifen, und der Turm kann es nur einmal verteidigen. Die Kombination, die von Weiß im 12. Zug begonnen wurde, hat somit zu einer Stellung geführt, in der das Material ungefähr ausgeglichen ist, aber in der Weiß die besseren Karten hat. Er fuhr am Ende einen hochverdienten Sieg in 49 Zügen ein.

13)

Wolkow – Khalifman

Russische Mannschaftsmeisterschaft, Sotschi 2005

Diese Situation sieht besonders scharf aus. Guter taktischer Weitblick (es gibt im Schach einen solchen Begriff) ermöglicht es Weiß jedoch, ein in der Stellung verstecktes typisches kombinatorisches Motiv freizulegen:

27 ♘c6! ♖e8

Jede andere Entgegnung verliert Material.

28 ♘e7+! *(D)*

S

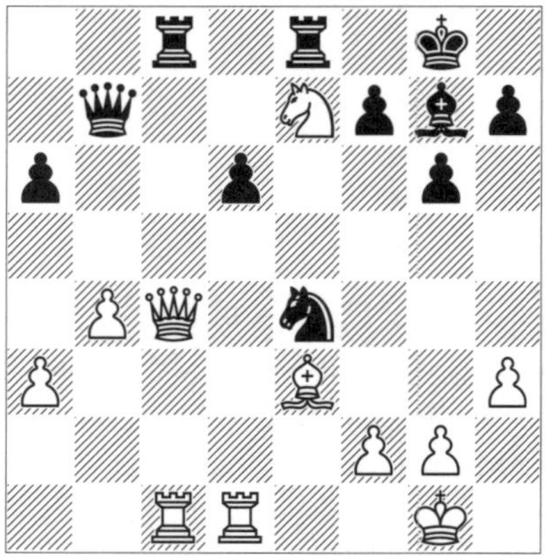

1-0

Angesichts der Variante 28...♕xe7 29 ♕xc8 ♖xc8 30 ♖xc8+ ♗f8 31 ♗h6 strich Schwarz die Segel.

14)

Capablanca – Janowski

New York 1918

Die Diagrammstellung ist unzweifelhaft für Weiß gewonnen, aber es zahlt sich immer aus, nicht locker zu lassen und bis zum Ende der Partie genau zu spielen. Solch eine Angewohnheit ermöglicht dem Spieler, unnötige Probleme und Enttäuschungen zu vermeiden.

30 ♖g7! *(D)*

S

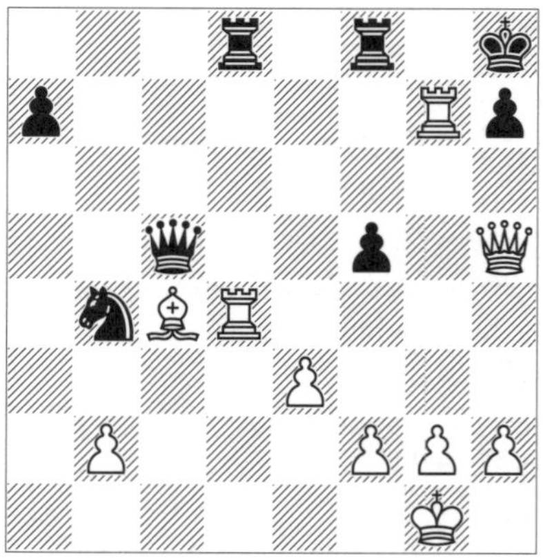

1-0

Die Hauptvariante verläuft 30...♔xg7 31 ♕g5+ ♔h8 32 ♖xd8 ♖xd8 33 ♕f6#.

15)

Jurgis – Botwinnik

Leningrad 1931

34...♖c4!! *(D)*

34...♖d3? 35 ♔g2 ♖xb3 36 ♖xc2 ist deutlich besser für Weiß; 34...♗c5?! 35 ♖xc2! ♖c4+ 36 ♖cf2 ♖c3 37 ♔g2 ♗xf2 38 ♖xf2 ♖xb3 (38...♔f7 39 ♖d2 ♔e7 40 ♖d6 ♖xb3 41 ♖a6 ♖d3 42 ♖xa7+ ♖d7 43 ♖a8 ♖b7 44 a5 b3 45 a6 =) 39 ♖d2 mit zum Ausgleich ausreichendem Gegenspiel.

W

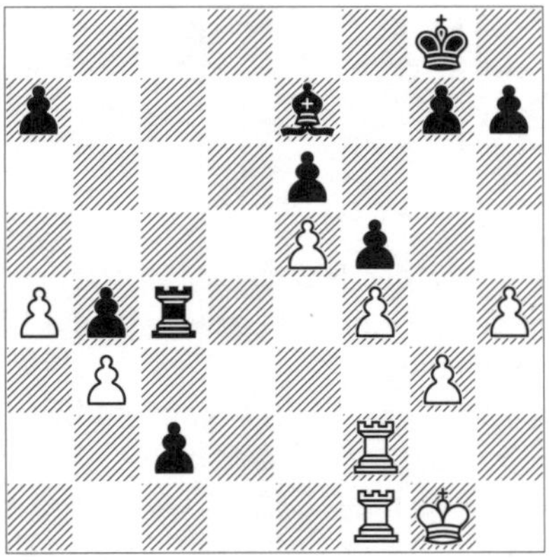

35 bxc4

35 ♖c1 ♗c5 36 ♔g2 ♗xf2 37 ♔xf2 ♖c3 gewinnt ebenfalls für Schwarz.

35...♗c5 36 ♔g2 ♗xf2 37 ♔xf2 b3 0-1

16)

Waganjan – Sargisjan

Moskau 2005

In diesem Beispiel demonstriert Schwarz genaue Berechnung, in dem er einen einfachen, aber eindrucksvollen Angriff ausführt, der auf kombinatorischen Motiven basiert:

35...♕h1+! 36 ♔f2 ♖xe5! 37 ♖xe5 g1♕+ 38 ♖xg1 ♖xf4+ 39 ♔e3 ♕f3+ 40 ♔d2 ♕c3+ 0-1

17)

Petrosjan – Kholmow

Moskau 1947

Schwarz muss bei der Verwertung seines Vorteils Umsicht walten lassen. Das gefräßige 67...♕xa6? wird durch 68 ♕d7+ ♔f6 69 ♕d8+ ♔g7 70 ♕e7+ bestraft, mit Remis. Die Lösung verläuft wie folgt:

67...g5+! *(D)*

W

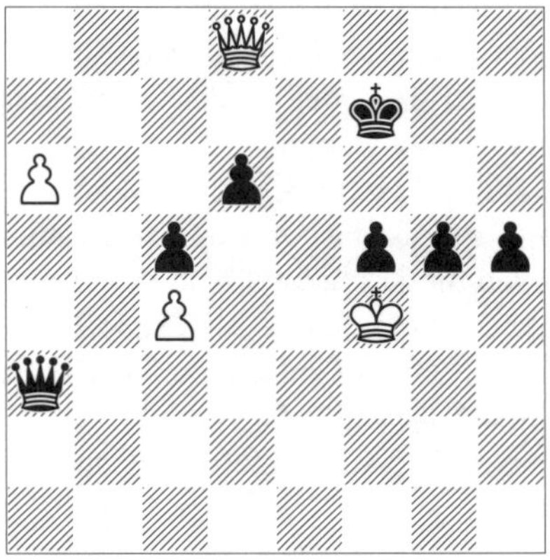

68 ♕xg5

Andere Antworten verlieren einfacher: 68 ♔xf5 ♕f3+ 69 ♔xg5 ♕g4+ oder 68 ♔xg5 ♕g3+ 69 ♔xf5 ♕g4#. Aber sogar jetzt findet Schwarz einen zwingenden Weg zum Sieg.

68...♕c1+! 69 ♔xf5 ♕c2+! 70 ♔f4 ♕xc4+ 71 ♔f5 ♕d3+! 72 ♔f4 ♕xa6 0-1

18)

Aljechin – Euwe

Weltmeisterschaftsmatch (Partie 12), Amsterdam 1937

Mit seinem letzten Zug, 24...♖d8-c8!, bot Schwarz Turmtausch an. Nun wäre das Läuferendspiel nach 25 ♖xc8+ ♗xc8 26 ♔e3 ♔f8 27 ♔e4 ♔e7 heikel für Weiß angesichts des potentiellen entfernten Freibauern des Schwarzen am Damenflügel. Die Rettung kommt stattdessen, dank einer taktischen Pointe, im Turmendspiel:

25 ♖d1! ♖c3 26 d5! ½-½

Ein Remis ergibt sich forciert nach 26...♖xb3 (dasselbe Ergebnis entsteht nach 26...♗b5 27 d6 ♗d7 28 ♗a4!, während der Anziehende nach 26...♔f8 27 d6 ♔e8? 28 ♗xf7+! ♔d7 29 ♗e6+ sogar gewinnt) 27 d6 ♗b5 28 d7 ♗xd7 29 ♖xd7.

19)

I. Rabinowitsch – Botwinnik

Meisterschaft der UdSSR, Moskau 1927

Hier liegt der erste Zug auf der Hand, da die schwarzen Figuren sich dem weißen König nähern können, sobald der Läufer verschwunden ist. Interessanter ist die Art und Weise, wie sich das nachfolgende Spiel fast zwangsläufig entwickelt; die Konsequenzen des Opfers mussten genau berechnet werden.

21...♖xf4! 22 gxf4 ♕g3 23 ♘xe4

Dieser Zug ist fast erzwungen. Er muss etwas gegen die Drohung 23...♗c5 tun, und die Variante 23 cxd5 ♗h3+ 24 ♖xh3 ♕xh3+ 25 ♔f2 ♗c5+ führt zur sofortigen Niederlage.

23...dxe4 24 ♖xd7 *(D)*

24 ♕xe4 ♗c5 ist ebenfalls schlecht.

S

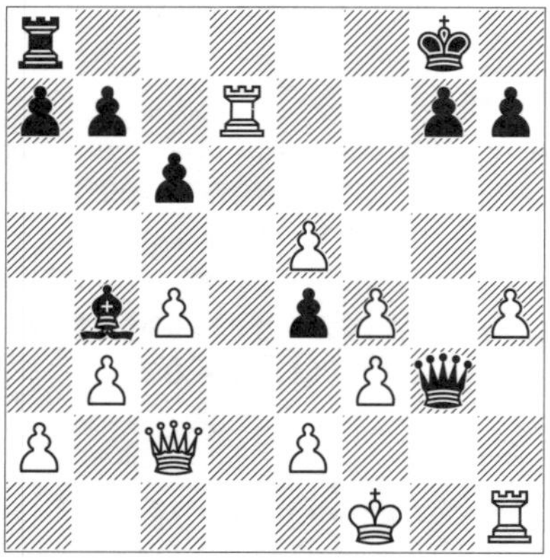

24...♗c5!

Es stellt sich heraus, dass Schwarz keine andere Wahl hat. Der „matt setzende" Zug 24...e3?? verliert nach 25 ♖xg7+!.

25 e3 ♕xf3+ 26 ♕f2 ♕xh1+ 27 ♔e2 ♕h3

Schwarz hat eine Gewinnstellung und gewann entsprechend im 42. Zug.

20)

Short – Gelfand

Tilburg 1990

Die positionellen Errungenschaften des Nachziehenden sind ersichtlich, aber Weiß hat reale Gegenchancen. Schwarz gewinnt jedoch forciert, dank der taktischen Nuancen der Stellung.

38...♖e2+ 39 ♔h1 ♗f2! 40 ♔g2

40 ♖xb5 verliert: 40...♗xg3 41 a4 f4.

40...♖c2 41 ♖xb5 *(D)*

41 ♔h3 ♗g1 42 g4 f4 führt bald zum Matt, während Weiß ebenfalls schnell nach 41 ♔f1 ♗xg3 42 ♖xb5 f4 verliert.

S

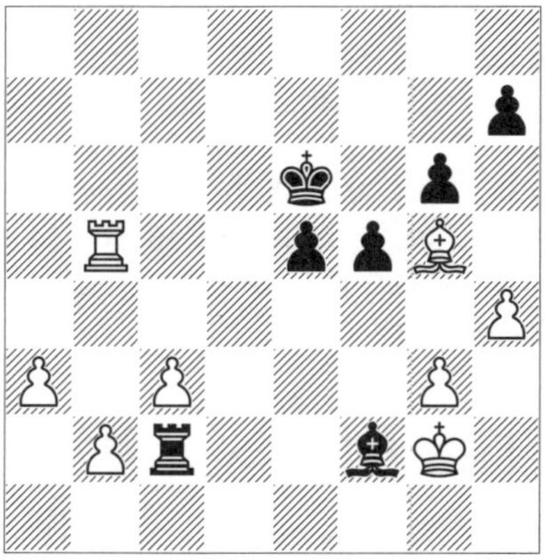

41...h6!

Dieser Zug, der dem weißen Läufer den Teppich unter den Füßen wegzieht, ist die Pointe der Kombination.

42 ♗xh6 ♗e3+ 43 ♔f1 ♗xh6 44 h5

44 ♖b6+ ♔d5 45 h5 ♔e4 −+.

44...♗e3 45 hxg6 ♖f2+ 46 ♔e1 ♖g2 47 g7 ♖xg3 48 ♔e2 f4 49 ♖b8 ♖xg7 50 ♔d3 ♖f7!

Mithilfe einer weiteren Kombination gewinnt Schwarz forciert.

51 ♔e4 f3 52 ♔xe3 f2 53 ♖b6+ ♔d5

Der einzige Zug, der die Korrektheit der schwarzen Kombination bestätigt.

0-1

21)

Keres – Lilienthal

Absolute Meisterschaft der UdSSR, Leningrad/Moskau 1941

18 d6! *(D)*

Aus der Sicht der Schachlogik muss dieser Durchbruch als unerlässlich angesehen werden. Der Vorteil von Weiß liegt nicht so sehr in seinem Mehrbauern begründet, sondern in seinem Raumvorteil, in seiner überlegenen Entwicklung und dem Läuferpaar. Trotz allem aber hat Schwarz die kompaktere Bauernstruktur, und

Weiß muss nur einen Moment lang müßig sein, wie etwa einen konsolidierenden Zug oder einen Entwicklungszug machen, und Schwarz wird sich gutes Spiel sichern. Das kann man in Varianten wie 18 ♗d4 ♘dc5 19 ♗c4 ♗f5 und 18 ♕h5 ♘dc5 19 ♗c4 ♕d6 sehen. In beiden Fällen hat Weiß nur einen geringen Vorteil.

S

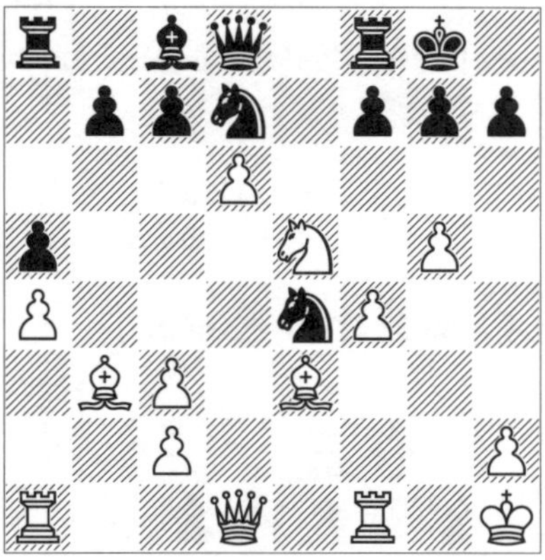

18...♘xe5?

Schwarz verliert die Nerven. 18...♘xd6 bietet hartnäckigeren Widerstand. Dann hat Weiß nach 19 g6 ♔h8! 20 ♘xf7+ ♘xf7 21 gxf7 einen unbestrittenen Vorteil, aber der Kampf geht noch weiter.

19 fxe5 1-0

Auf den ersten Blick sieht die Resignation von Schwarz verfrüht aus, jedoch beweist die Variante 19...cxd6 20 ♕d5 ♘xc3 21 ♕c4, dass er zu Recht aufgab.

22)

Pohla – Juchtman

Mannschaftsmeisterschaft der UdSSR, Moskau 1966

Weiß ist positionell überspielt worden und versucht, mit passiver Verteidigung standzuhalten. Schwarz findet jedoch einen zwingenden Durchbruch:

30...♘xd3! 31 ♕xd3

Er darf die schwarze Dame nicht reinlassen: 31 cxd3 ♕c2.

31...♖c8 32 ♖ac1 *(D)*

Nun folgt der geplante entscheidende Schlag:

32...♗c4! 33 bxc4 bxc4 34 ♕e2

S

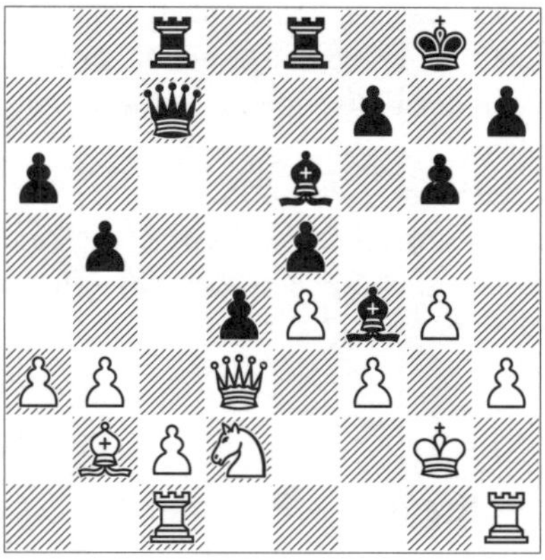

34 ♘xc4 ♗xc1.

34...c3 35 ♖b1 cxd2 0-1

23)

Osnos – Juchtman

Wolgograd 1969

Auch hier muss Schwarz einen überzeugenderen Weg finden, seinen offensichtlichen Vorteil zu verwerten. Man sieht leicht, dass etwas anderes als 33...♘xf4 34 ♗xf4 ♖xf4 35 ♖fxf4 ♖xf4 (Weiß erhält ebenfalls nach 35...♗xf4 36 ♗c2 Gegenspiel) 36 ♖xf4 ♗xf4 37 ♗c2 ♕f7 38 ♕e6!? notwendig ist, wonach nicht klar ist, ob das Endspiel gewonnen ist.

33...♗xf4! *(D)*

W

In der Partie folgte Weiß der Hauptvariante:

34 ♗e8?

Weiß verliert auch nach 34 ♗xf4 ♘xf4 –+. Die beste Chance war 34 ♖e8!, aber auch hier behält der Nachziehende nach 34...♕g7 35 ♕e6 ♖xe8 36 ♕xe8+ ♕f8 einen bedeutenden Vorteil. In der Partie spielte Schwarz nun sein Trumpfass:

34...♗e3!!

Nach diesem spektakulären Schlag kann der Anziehende gravierenden Materialverlust nicht vermeiden.

0-1

24)

Kramnik – Ponomarjow

Sofia 2005

Im Zug zuvor ist der weiße Springer in die gegnerische Bretthälfte vorgedrungen und wurde sofort vom Bauern angegriffen. Sollte er bescheiden zurückgehen?

20 c3! *(D)*

S

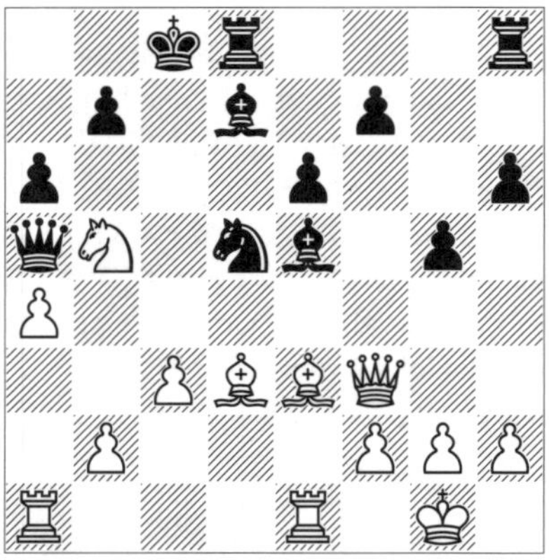

Ganz bestimmt nicht! Nach diesem „ruhigen“ Bauernzug wird es klar, dass der Springer unantastbar ist. Die Drohung ist b4. Die Ereignisse nehmen nun einen zwingenden Verlauf.

20...♘xe3

Jeder Leser dieses Buches sollte in der Lage sein, den 20. Zug von Weiß zu finden und die Varianten, die zeigen, dass das Nehmen des Springers schlecht ist. Sie verlaufen wie folgt: 20...♗xb5 21 axb5 ♕c7 22 bxa6 (22 g3!? +–) 22...♗xh2+ 23 ♔h1 und 20...axb5 21 axb5 ♗xh2+ 22 ♔h1. Man braucht nicht weiter zu rechnen, da es klar ist, dass Weiß die Initiative ergreift.

21 ♕xe3?!

Diese Entscheidung wurde von Igor Zaitsew, einem großartigen Analytiker, der viele Jahre mit Karpow gearbeitet hat, kritisiert. Er demonstrierte, dass Weiß 21 b4! hätte spielen sollen. Dann entstehen nach 21...♕b6 22 a5 die Varianten 22...♗c6 23 ♕h5, 22...♕xb5 23 ♗xb5 ♗xb5 24 ♕xe3 +– und 22...g4 23 ♕e2 ♗xb5 24 axb6 ♖xd3 25 fxe3 ♗xc3 26 ♖ac1 ♔b8 27 ♖ed1 +–. In allen Fällen hat Weiß einen entscheidenden Vorteil.

21...♗c7

Nicht 21...♗f4 22 ♕c5+ ♗c7 23 ♘d6+. Das Nehmen auf b5 ist nicht besser als es im vorherigen Zug war.

22 b4 ♕b6 23 ♕xb6 ♗xb6 *(D)*

W

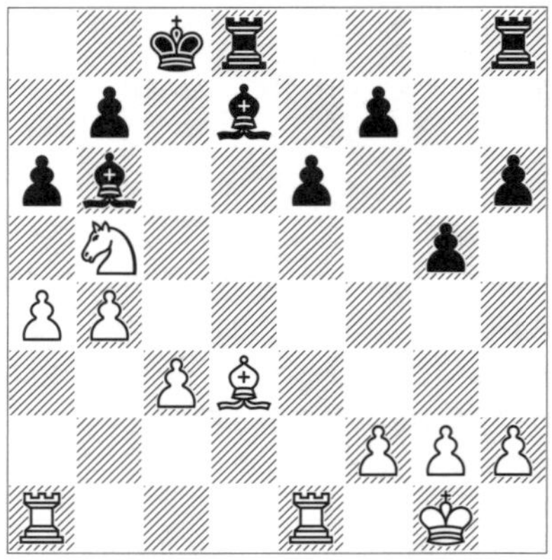

24 ♘d6+ ♔b8

Laut Zaitsew war 24...♔c7! 25 ♘xf7 ♖hf8 26 ♘xd8 ♗xf2+ 27 ♔h1 ♗xe1 28 ♘xe6+ ♗xe6 29 ♖xe1 stärker, und nun hat Schwarz die wichtige Ressource 29...♖d8! mit realen Aussichten, die Partie zu retten.

In der restlichen Partie demonstrierte Kramnik seine gewohnte ausgezeichnete Endspieltechnik und gewann im 60. Zug.

25)

Geller – Fischer

Havanna 1965

Der Anziehende verwertete seinen Vorteil in zwingender Manier, inklusive eines taktischen Schlags:

53 ♗f3! ♗xf3

Die Rückkehr des Läufers rettet die Partie auch nicht: 53...♗a6 54 ♕e5+! ♕xe5 55 fxe5+ ♔d7 56 e6+.

54 ♕e5+! ♕xe5 55 fxe5+ ♔xe5

55...♔c6 56 gxf3 ♔xb6 57 f4!.

56 gxf3 ♔d6

W

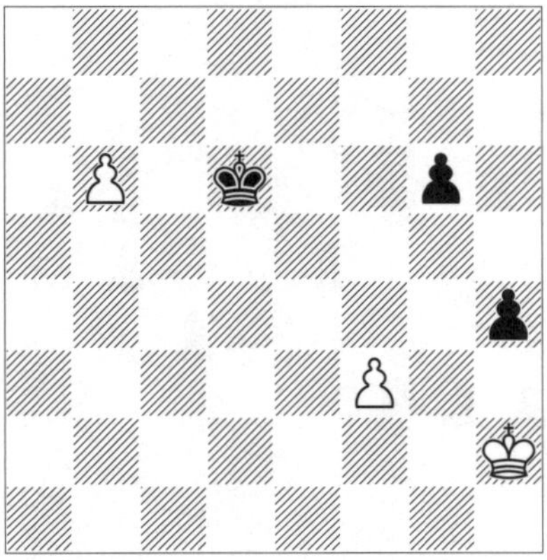

57 f4!

Der Schlüsselzug der ganzen Operation. Der f-Bauer läuft durch.

1-0

26)

L. Prokeš

Sachové Studie, 1941

Die folgenden geradlinigen Varianten demonstrieren, dass Routinemethoden nicht gewinnen: 1 ♔f7? ♖b5; 1 b8♕? ♖g8+; 1 ♗xc6? ♖g8+ 2 ♔f7 ♖b8. Etwas Drastischeres ist angesagt.

W

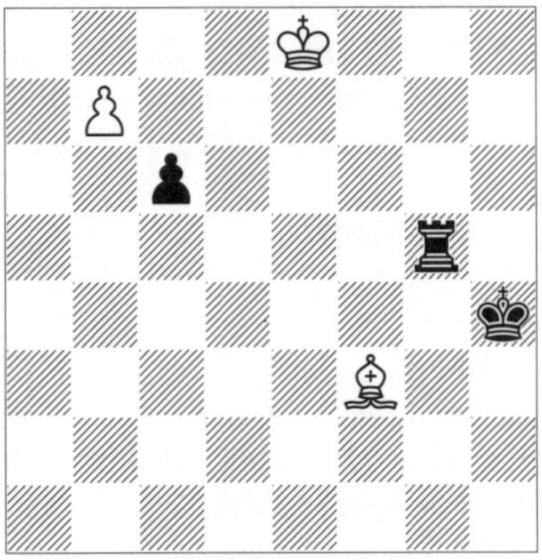

1 ♗d5!

Die Logik dieses Zugs geht aus den vorherigen Varianten hervor: Weiß schließt die 5. Reihe und übernimmt die Kontrolle von g8.

1...♖h5

1...cxd5 verliert nach 2 ♔f7.

2 ♔f8! cxd5

Erzwungen.

3 ♔g7

Weiß gewinnt.

27)

Gelfand – Wladimirow

Moskau GMA 1990

Die weiße Aktivität wird durch taktische Mittel in einen Sieg umgemünzt:

21 ♘xe5! ♕e8 *(D)*

In der ersten Phase muss Weiß nur das Abspiel 21...dxe5 22 ♗xf8 ♗xe4 (22...♔xf8 23 g4) 23 ♗xh6 berechnen und auf die Reaktion seines Gegners warten. Nun stellt sich heraus, dass Schwarz ernsthafte Probleme in jeder Variante hat. 21...♕e6 verliert wegen 22 ♘xd6! ♘e7 (22...♕xe5 23 ♘xf5 ♖xf5 24 ♗d5+ +–) 23 ♘xf5 ♖xf5 24 d4, und sogar nach der stärksten Fortsetzung 21...♕e7 22 ♘g4 ♗g7 23 ♗b2! behält Weiß einen gravierenden Vorteil. Die Partie endete:

W

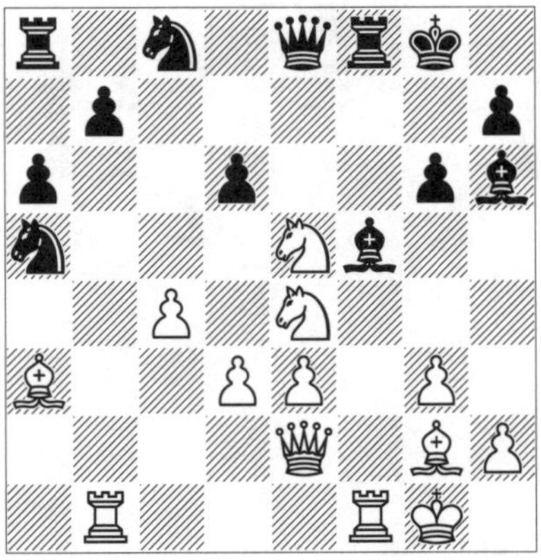

22 ♘xd6! ♕xe5 23 ♘xf5 1-0

28)

Capablanca – Randolph

New York 1912

Weiß gewinnt mit einer etwas komplizierteren Version des Doppelangriffs:

W

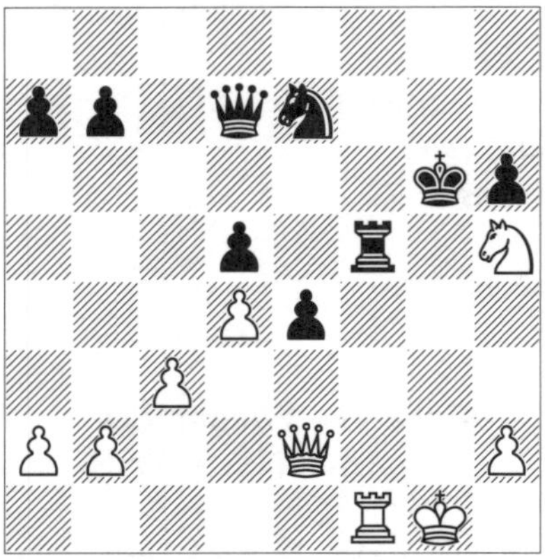

27 ♕g4+! ♖g5 28 ♖f6+ ♔h7 29 ♖f7+ ♔h8

29...♔g8 verliert angesichts der Replik 30 ♖g7+.

30 ♖f8+ ♘g8 31 ♕xg5 hxg5 32 ♖xg8+ 1-0

29)

J. Polgar – Anand

Wijk aan Zee 1998

Eine Wiederholung des vorigen Beispiels:

W

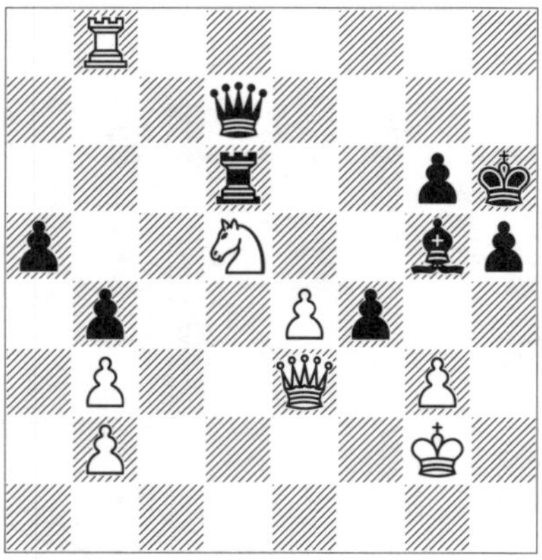

56 ♖h8+! 1-0

56...♔g7 57 ♕d4+ ♗f6 (57...♖f6 58 ♖h7+!) 58 ♕xf6+! ♖xf6 59 ♖h7+ +–.

30)

Haznedaroglu – Golubew

Europäischer Vereinspokal, Cesme 2004

Schwarz hat einen großen und offensichtlichen positionellen Vorteil. Aber nur, wenn er nichts Besseres finden kann, sollte er sich mit 27...♘d2+?! 28 ♗xd2 ♕xe7 29 ♗xb4 zufrieden geben, wonach Weiß weiterhin Widerstand leisten kann. Das Motiv der Kombination ist klar, und eine kleine Zugumstellung löst alle Probleme:

S

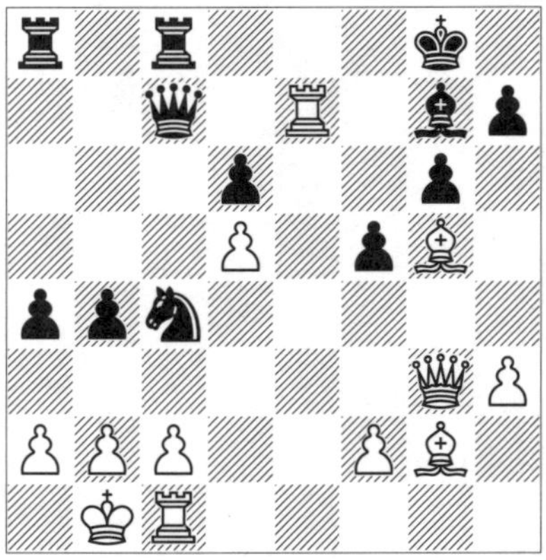

27...♕xe7! 28 ♗xe7 ♘d2+ 29 ♔a1 a3 30 c3 bxc3 31 bxc3 ♖ab8 0-1

Das Matt ist unvermeidbar.

31)

Hector – Nakamura

Malmö 2005

Ungeachtet der Materialknappheit sind die weißen Figuren gut koordiniert, und Schwarz muss genau spielen, um der Drohungen Herr zu werden. Beispielsweise wird das natürliche 54...f4 mit 55 c6 f3 (55...♖b3+ 56 ♔a2 ♖b6 57 ♗xe7 führt zum Remis, genau wie 55...♘xc6 56 ♖xc6 ♔b7 57 ♖f6 =) 56 ♖xc8+ ♘xc8 57 ♘c7+ ♔b8 58 ♘a6+ mit Dauerschach beantwortet. Stattdessen hat Schwarz einen Gegenschlag:

54...♘d5! 55 c6!?

55 ♖xc8+ verliert auf der Stelle: 55...♔b7 56 ♖b8+ ♔xa6.

55...♘d6! *(D)*

Genau auf diese Ressource hat sich Schwarz verlassen. Nicht 55...♘cb6?? 56 ♖b7, während 55...♘xc7? 56 ♘xc7+ ♔b8 57 ♘a6+ nur zum Remis führt. Nun, quasi aus dem Stand heraus, ist es Schwarz, der die ausgezeichnete Figurenkoordination erhält.

W

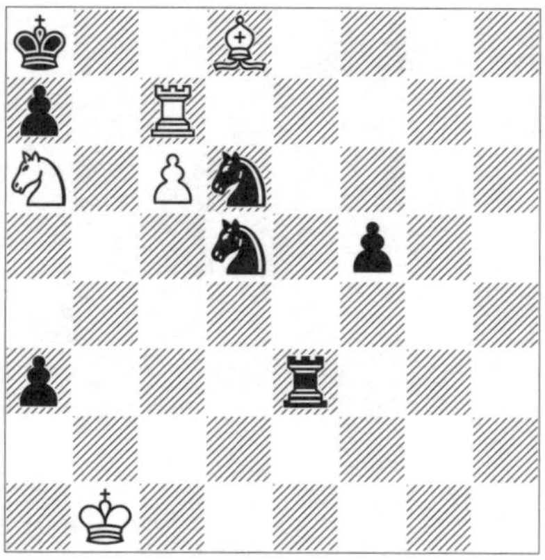

56 ♖d7 ♖b3+ 57 ♔c2

Der Anziehende verliert schnell nach 57 ♔a2 ♖b2+ 58 ♔a1 ♘c3 59 ♘c7+ ♔b8 60 ♘a6+ ♔c8.

57...♖c3+ 58 ♔b1 ♖xc6 59 ♘c7+ ♘xc7 60 ♗xc7 ♘b5 61 ♗e5 ♖e6 62 ♖d5 a6 63 ♖c5 ♔b7 64 ♗f4 ♖e1+ 65 ♔a2 ♖e2+ 66 ♔a1 ♔b6 67 ♖c8 ♘d4 68 ♖c3 ♔b5 69 ♗d6 *(D)*

S

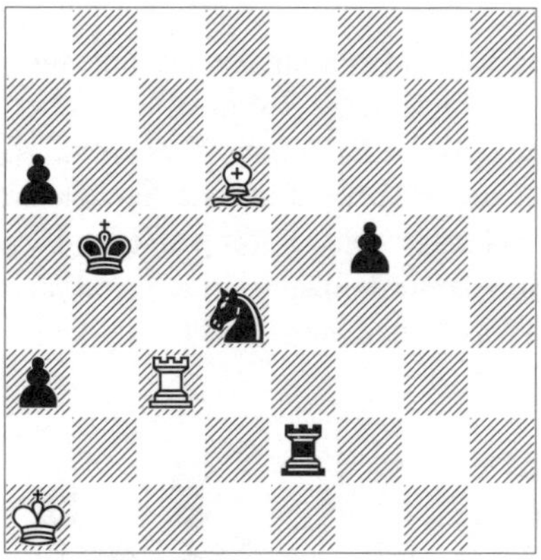

Es war an der Zeit, das Handtuch zu werfen, aber Weiß bleibt stur, und gibt so seinem Gegner eine weitere Chance, sein taktisches Können und seine ausgezeichneten Berechnungsfähigkeiten unter Beweis zu stellen:

69...♘c2+! 70 ♔b1

Nach 70 ♔a2 gewinnt Schwarz durch 70...f4! 71 ♗xf4 ♔b4.

70...♖e1+! 71 ♔xc2 a2 0-1

32)

Van Wely – Swidler

Amber Turnier (Schnellpartie), Monte Carlo 2005

Schwarz findet einen zwingenden Weg, seinen Vorteil zu verwerten.

S

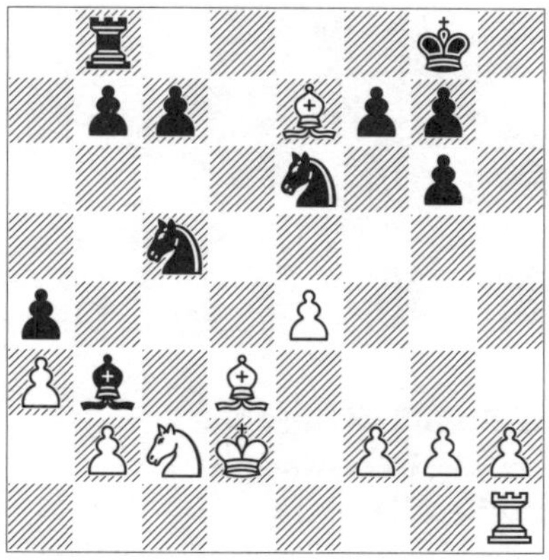

31...♘xd3! 32 ♔xd3 ♖e8 33 ♗b4

Weiß darf ein Schachgebot auf c5 nicht zulassen: 33 ♗h4 ♘c5+ 34 ♔d2 (34 ♔d4 b6! –+) 34...♘xe4+ 35 ♔c1 ♘xf2! –+.

33...c5 34 ♗d2

34 ♗a5 zögert die Sache nur einen Zug lang hinaus – 34...♖a8!.

34...♖d8+ 35 ♔c3 ♘c7! 0-1

Dieser letzte Zug ist der taktische Schlag, auf den die ganze Operation aufgebaut war.

33)

Psachis – Porper

Israelische Meisterschaft, Jerusalem 1996

Zuerst sieht die Stellung sehr kompliziert und angespannt aus, aber eine Reihe taktischer Schläge entscheidet die Partie zu Gunsten von Weiß.

42 ♖xg6! f4 *(D)*

Das Schlagen des Turms verliert schnell: 42...hxg6 43 ♕h6+ ♔g8 44 ♕xg6+ ♔h8 45 ♖f3. 42...♖g8 ist ebenfalls schlecht: 43 ♖xg8+ ♔xg8 44 ♕g5+ ♔h8 45 ♖xf5. Falls 42...♘d7, dann hat Weiß zwei gute Fortsetzungen, eine beginnend mit 43 ♖g5 und die andere mit 43 ♕h6. Mit dem Textzug verhindert Schwarz beide, aber nun schlägt Weiß auf der anderen Seite zu.

W

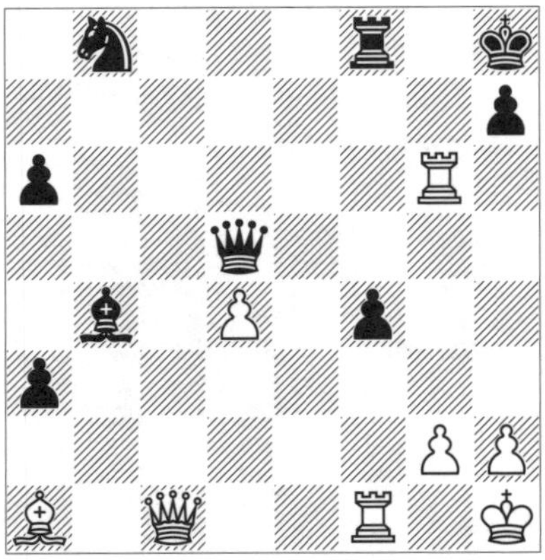

43 ♕c5! ♖d8 44 ♖g5! ♗xc5

Dieser Zug ist erzwungen.

45 dxc5+ ♕d4

Der Rest ist eine Sache der ziemlich einfachen Technik.

46 ♖f5! ♘c6

Oder 46...♕b2 47 ♖5xf4! ♘c6 48 ♗xb2+ axb2 49 ♖4f2 ♖b8 50 ♖b1.

47 ♖5xf4 ♕xa1 48 ♖xa1 ♖d5 49 h3 ♖xc5 50 ♖xa3 a5 51 ♖f7 1-0

34)

Jewsejew – Khassangatin

Koszalin 1999

Wir haben bereits mehrere Situationen gesehen, in denen die Verwertung eines klaren und scheinbar erheblichen positionellen Vorteils, große Genauigkeit und Energie erfordert.

16 ♗xc4!

Viel überzeugender als 16 ♕h2 h6 17 gxh6 g6 18 h7+ ♔h8.

16...dxc4

Es gibt keinen Grund, solch einen starken Läufer am Leben zu lassen. Nun aber setzt Weiß mit seiner Kombination fort.

17 ♖xh7! ♗d6

Das Schlagen des Turms verliert auf der Stelle: 17...♔xh7 18 ♕h2+ ♔g6 (18...♔g8 19 ♖h1 f5 20 g6) 19 ♖h1.

18 ♕h2 ♔f8 *(D)*

W

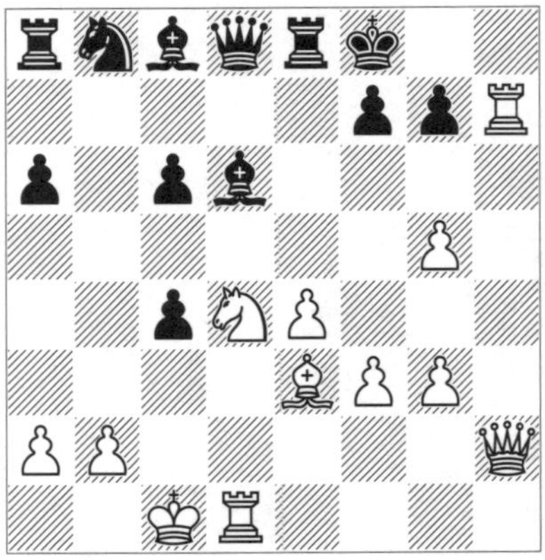

19 ♖xg7!

Zu diesem Zeitpunkt hatte Weiß sogar eine Wahl; 19 ♘f5!? ♗xf5 20 exf5 ist ebenfalls völlig ausreichend.

19...♔xg7 20 ♘f5+ ♗xf5 21 ♗d4+ ♔f8

21...f6 22 ♗xf6+ ♕xf6 23 gxf6+ ist auch hoffnungslos für Schwarz.

22 ♗f6 1-0

35)

Stein – Portisch

Interzonenturnier, Stockholm 1962

Weiß hat Entwicklungsvorsprung und eine klare Übermacht am Königsflügel, aber dies sind kurzfristige Faktoren. Wenn Weiß zögert, werden diese Vorteile schwinden. Derweilen greift Schwarz den Läufer auf c4 an. Indem man sich darauf konzentriert, die Initiative um jeden Preis zu behalten, findet man die folgende Lösung:

W

19 ♘xg7!! ♗xc4

Schwarz kann die Partie nicht retten. Das Nehmen des Springers führt zu einem schnellen Matt: 19...♔xg7 20 ♗f6+ ♔g8 (20...♔g6 21 ♗xe6 +–) 21 ♕d2 (21 ♗xe6 ist auch gewonnen), während 19...♘xc4 wegen 20 ♗f6 ♗e7 21 ♘xe6+ verliert.

20 ♗f6

Die Pointe.

20...♗e7

20...♘d7 21 ♖xd7.

21 ♕f3 1-0

Schwarz gab auf wegen 21...♔g8 22 ♘h5.

36)

Sandipan – Nisipeanu

Pune 2004

In dieser Stellung gelang es Schwarz, seine Initiative zwingend in einen Sieg umzumünzen. Um das zu erreichen, musste er aber nicht nur die grundlegende Idee der Kombination sehen, sondern auch die genaue Zugfolge berechnen. Der erste Zug liegt auf der Hand:

30...♖c1! 31 ♘c3 *(D)*

S

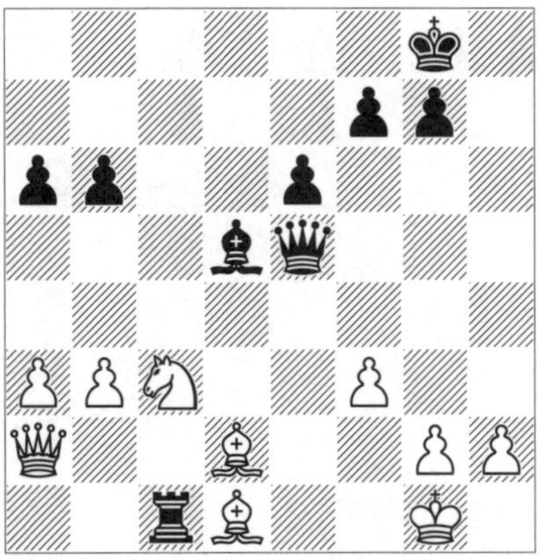

Nun beginnt der wirklich interessante Teil. Zunächst bringt dem Schwarzen das Abspiel 31...♖xc3 32 ♗xc3 ♕xc3 33 ♔f1 weniger als ihm lieb ist. Zweitens besteht die natürliche Idee darin, auf b3 zu opfern, was sich aber als nicht so einfach herausstellt. Nach dem sofortigen 31...♗xb3 32 ♕b2! ♕d4+ 33 ♔h1! ♕c4 (33...♖xd1+?? 34 ♘xd1 +–; 33...♕f2 34 h3 ♖xd1+ 35 ♘xd1 ♕f1+ 36 ♔h2 ♕xd1 ∓) 34 h3 ♖xd1+ 35 ♘xd1 ♕f1+ ist der schwarze Vorteil nicht so großartig. Der Schlüssel ist die weiße Königsstellung. Daher spielt Schwarz...

31...♕d4+! 32 ♔f1

Es stellt sich heraus, dass in dieser Zugreihenfolge 32 ♔h1 wegen 32...♕xc3! verliert. Nun aber funktioniert die Hauptidee:

32...♗xb3! 33 ♕xb3

33 ♕b2 ♗c4+.

33...♕xd2 34 ♕xb6 ♖xc3 0-1

37)

Haba – Lechtynsky

Tschechische Meisterschaft, Prag 2005

Die schwarze Stellung erscheint solide, und es wäre äußerst schwierig, den geringen Materialvorteil des Anziehenden mit rein technischen Mitteln zu verwerten. Es stellt sich heraus, dass die taktischen Besonderheiten der Stellung der ausschlaggebende Faktor sind:

28 ♕g4! *(D)*

S

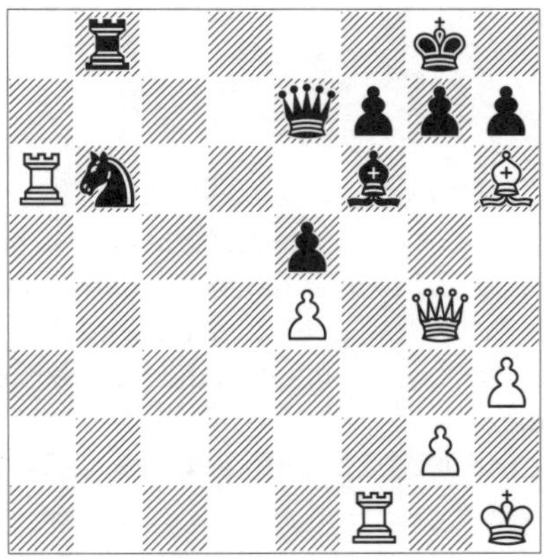

Ein sehr starker Zug, der nicht einfach zu finden ist. Er basiert auf der Tatsache, dass die schwarzen Figuren aufgrund gegenseitiger Verteidigungsaufgaben überlastet sind.

28...♕d6

Schwarz kann den verschiedenen taktischen Schlägen nicht entkommen: 28...♔f8 29 ♗xg7+ ♗xg7 30 ♖xb6 ♖xb6 31 ♕c8+ ♕e8 32 ♕c5+ +– oder 28...g6 29 ♖xb6! ♖xb6 30 ♖xf6!. Sogar nach dem zäheren 28...♕e6!? 29 ♕xe6 fxe6 30 ♖b1 kann Schwarz die Stellung nicht halten.

29 ♖xf6! 1-0

Auf 29...♕xf6 folgt 30 ♖xb6! ♖xb6 (oder 30...♕xb6 31 ♕xg7#) 31 ♕c8+.

38)

Tkachiev – W. Watson

London (Lloyds Bank) 1993

Weiß nutzt die Tatsache aus, dass die gegnerischen Figuren weit weg vom Königsflügel entfernt sind und landet einen für den Sizilianer typischen taktischen Schlag. Die Schwierigkeit besteht darin, die Idee taktisch zu rechtfertigen.

W

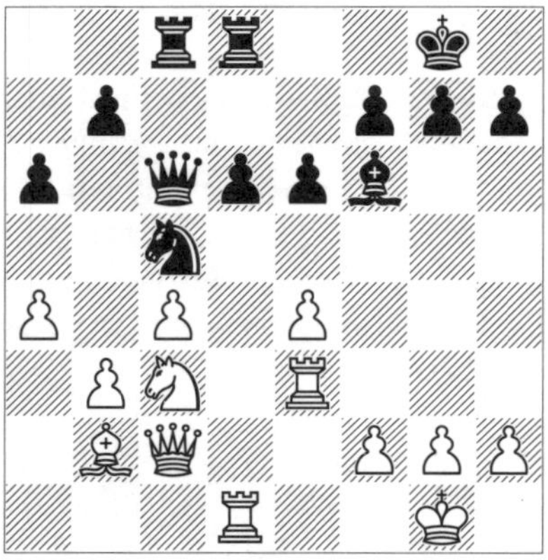

20 ♘d5!! exd5

20...♗h4 ist ebenfalls schlecht angesichts 21 ♖h3 exd5 22 exd5, und nach dem zäheren 20...e5 21 ♘xf6+ gxf6 22 ♕e2 wird Schwarz nicht in der Lage sein, all seine Schwächen zu verteidigen.

21 exd5 ♕d7 22 ♗xf6 gxf6 23 ♖g3+ ♔h8 *(D)*

W

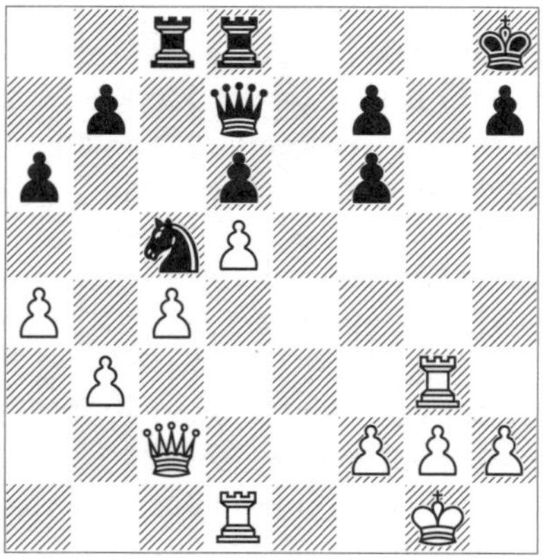

24 ♕xh7+!!

Nur dieser Schlag bestätigt die Korrektheit des Springeropfers, und Weiß musste das schon im 20. Zug erkennen.

24...♔xh7 25 ♖d4 1-0

39)

Barejew – Lautier

Enghien les Bains 2001

Die weißen Figuren sind aktiver (vergleichen Sie die Türme auf g1 und a8, und auch die Läufer auf h4 und b7), aber es scheint, dass er keine anderen Vorteile hat. Die Stellung enthält dennoch einige versteckte taktische Feinheiten, und während er diese untersucht, findet Barejew einen spektakulären zwingenden Gewinn. Es stellt sich heraus, dass die dunklen Felder am schwarzen Königsflügel unangemessen verteidigt sind und der Turm auf c7 anfällig ist. All dies vereint sich in der folgenden komplizierten und wunderschönen Kombination:

W

21 ♗xe4! ♘xe4

Das Schlagen mit einem der Bauern ist auch schlecht: 21...fxe4 22 ♖xg7 ♔xg7 23 ♖g1+ ♔f8 24 ♗xf6 ♕e6 25 ♕g2 ♗xe5 26 dxe5 ♗c6 27 ♕g5 oder 21...dxe4 22 ♖xg7! ♔xg7 23 ♖g1+ ♔f8 (23...♘g4 24 ♘xg4 fxg4 25 ♕xg4+ ♕g6 26 ♕e6 +–) 24 ♗xf6 ♕e6 25 ♕g2! mit einer sehr starken Initiative.

22 ♘xe4 ♗xe5 *(D)*

Die Variante 22...fxe4 23 ♖xc7 ♗xc7 24 ♖xg7! ♗xe5 (24...♔xg7 25 ♕g4+ ♔f8 26 ♗f6 gewinnt ebenfalls für Weiß) 25 ♖xb7 ♕c6 26 dxe5 ♕xb7 27 ♗f6+ ♔g8 28 e6 endet mit einer Gewinnstellung für Weiß.

W

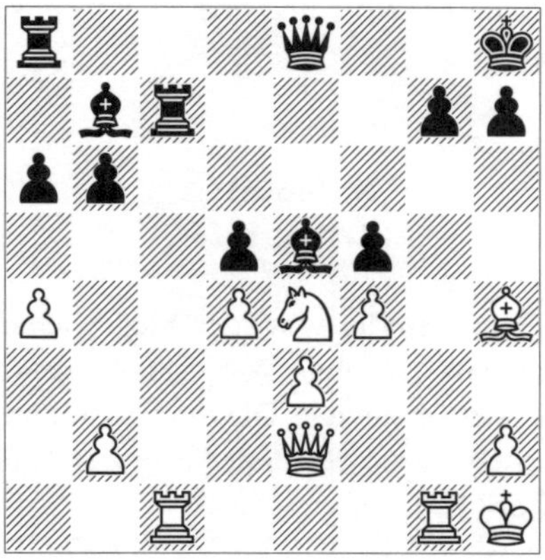

Der krönende Abschluss basiert auf dem Überlastungsthema:

23 ♘f6!! ♗xf6 24 ♖xc7 ♗xh4 *(D)*

Nach 24...♕e4+ ist die einfachste Entgegnung 25 ♕g2!.

W

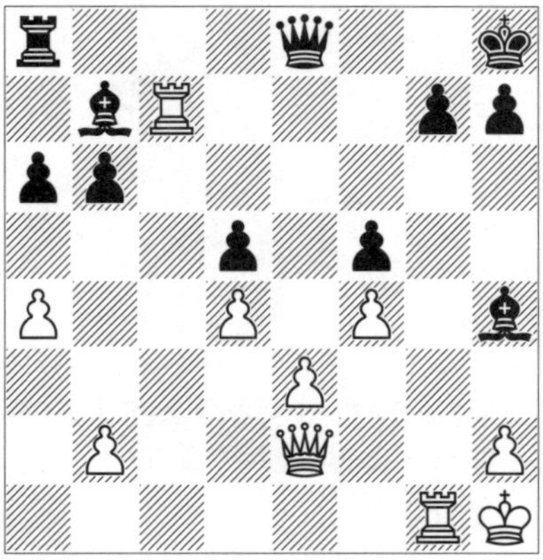

25 ♖gxg7 ♕e4+ 26 ♔g1 1-0

26...♕b1+ 27 ♕f1 +–.

40)

I. Rabinowitsch – Botwinnik

Moskau (Training) 1937

Die Hauptschwierigkeit hier ist nicht die Anzahl der Abspiele oder ihre Komplexität, sondern die Bewertung der resultierenden Stellung. Daher wird es nach 45...♖xb6 46 ♔xf4 ♖b4+ 47 ♔g3 ♘xh5+ 48 ♔h4 ♘g7 (nach 48...♘f4 macht die Fortsetzung 49 ♔xg4 ♘e2+ 50 ♔h5 Remis, und falls 48...♘f6 49 ♘e2 ♖b1 50 ♘g3 ♖b2 51 ♘f5 ♖h2+ 52 ♔g3 ♖h3+ 53 ♔f4, ist ein Remis ebenso höchst wahrscheinlich) 49 ♘e2 ♘f5+ 50 ♔h5 sehr schwierig für Schwarz, die Partie trotz seiner zwei Mehrbauern zu gewinnen (diese Varianten wurden von Botwinnik aufgezeigt). Gleichermaßen ist es im Fall von 45...f3 46 ♔xf6 ♖xb6+ 47 ♔e5! f2 48 ♖a1 ♔f7 49 ♖f1 ♖f6!? 50 ♘e2 ♖e6+ 51 ♔f4 ♖xe2 52 ♔xg4 Remis. Schwarz muss weit im Voraus ein wichtiges taktisches Detail sehen.

45...♘xh5!! 46 b7

Nun verliert Weiß laut Botwinnik nach 46 ♔f5 f3 47 ♖a2 ♖b4 48 ♔g6 ♘g3 (z. B. 49 ♔xh6 ♖xb6+ 50 ♔g5 ♘e4+ 51 ♔xg4 f2 52 ♖a1 fxg1♕+ 53 ♖xg1 ♖g6+).

46...f3 47 ♖a8+ ♔g7 48 b8♕ ♖xb8 49 ♖xb8 f2 50 ♖b1 *(D)*

S

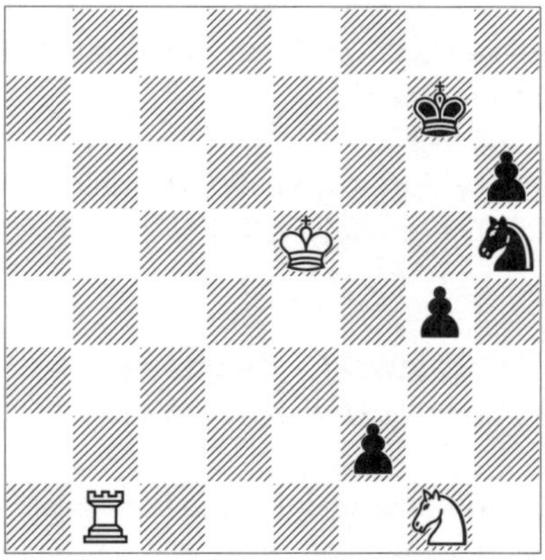

50...♘g3!

Diese bemerkenswerte Ressource, die auf dem Doppelangriff basiert, musste schon im 45. Zug gesehen werden.

51 ♔d5

Die Gabeln verfolgen den König des Anziehenden nach 51 ♔f4 fxg1♕ 52 ♖xg1 ♘e2+ und 51 ♘e2 ♘xe2 52 ♔e4 f1♕ –+. Daher kann der schwarze König nicht daran gehindert werden, sich zu nähern.

51...♔g6 0-1

Dieses Beispiel beendet den Abschnitt der Übungen über die Taktik. Der nächste Abschnitt behandelt die Berechnung von Varianten.

Lösungen der Aufgaben zum 2. Teil

41)

Fridstein – Lutikow

Mannschaftsmeisterschaft der UdSSR, Riga 1954

Dieses Endspiel enthält eine ziemlich bekannte Kuriosität. Nach Berechnung der Variante 60 ♖xb3 c2 61 ♖b4+ ♔d5 62 ♖b5+ ♔d6 63 ♖b6+ ♔c7, wonach Schwarz zur Dame umwandelt, gab Weiß auf. Hätte er aber den elementaren Kandidatenzug **60 ♖b4+!** in Betracht gezogen, wäre es sofort Remis gewesen.

42)

Gulko – Rojas Keim

Buenos Aires 2005

Weiß gewinnt mit einem zwingenden Manöver eine Figur.

36 ♘b6 1-0

Schwarz warf sofort das Handtuch wegen 36...♖c7 37 ♘d5 ♖c8 38 ♖xc6! ♖xc6 39 ♘e7+.

43)

Polugajewski – Comas Fabrego

Palma de Mallorca (GMA) 1989

Die Partie wurde durch ein typisches Opfer entschieden und von einer standardmäßigen Kombination gekrönt:

19 ♘de6! *(D)*

S

1-0

Schwarz verliert die Qualität angesichts der Variante 19...fxe6 20 ♗xe6+ ♔h8 21 ♘g6+ ♔h7 22 ♘f8+ ♔h8, und nun 23 ♕h7+! ♘xh7 24 ♘g6#.

44)

H. Mattison

Latvis, 1923

In dieser Studie wird der Sieg wieder auf einfache Art und ohne Widerstand der schwächeren Seite errungen. Die einzige Schwierigkeit besteht darin, den ersten Zug zu finden:

1 ♗d5! *(D)*

Aber nicht 1 ♔e7? ♔g5 2 ♗e8 ♖a7+ 3 ♗d7 ♖a8 mit Remis.

S

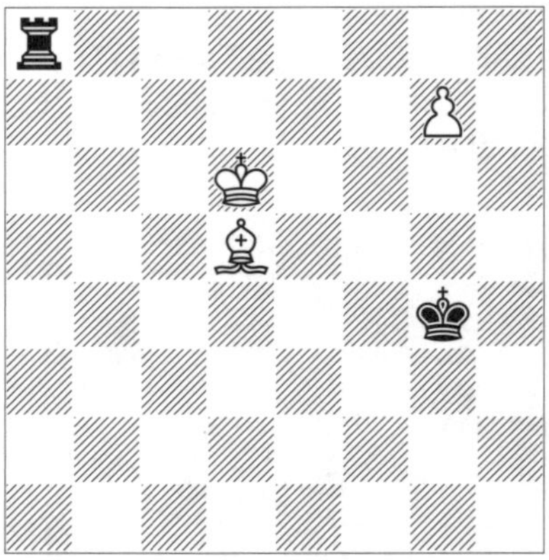

1...♖e8 2 ♔d7 ♖b8 3 ♔c7 ♖e8 4 ♗f7! ♖a8 5 ♗e6+ ♔g5 6 ♗c8 ♖a7+ 7 ♗b7

45)

Nach J. Moravec

Ceské Slovo, 1938

Die Lösung zu dieser Studie kann durch den Einsatz von Logik gefunden werden. Da der weiße König sowohl nach links als auch nach rechts gehen kann, muss der schwarze Springer sich die Fähigkeit bewahren, angemessen zu reagieren. Daraus folgt automatisch der erste Zug:

1...♘d2! *(D)*

Der schwarze König ist zu weit weg, und die Untersuchung von 1...♘c3? bestätigt die

Richtigkeit unserer logischen Analyse sofort: Nach der Folge 2 ♔c6! ♘e2 3 d7 ♘d4+ 4 ♔d5! gewinnt Weiß. Nach dem Textzug muss sich der weiße König festlegen, und der schwarze Springer wird in die entgegengesetzte Richtung ziehen.

W

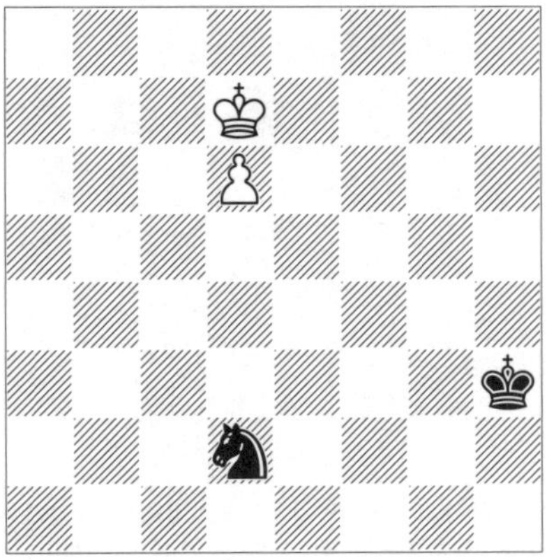

2 ♔c7

Ein Remis ergibt sich ebenfalls aus den folgenden Varianten: 2 ♔e7 ♘c4 3 d7 ♘e5 =; 2 ♔c8 ♘c4 =; 2 ♔e8 ♘e4 =; 2 ♔c6 ♘c4 =; 2 ♔e6 ♘e4 =.

2...♘e4 3 d7 ♘c5

Mit Remis.

46)

Sawon – Gligorić

Moskau (GMA) 1989

Weiß gewinnt einfach:

68 h6! *(D)*

S

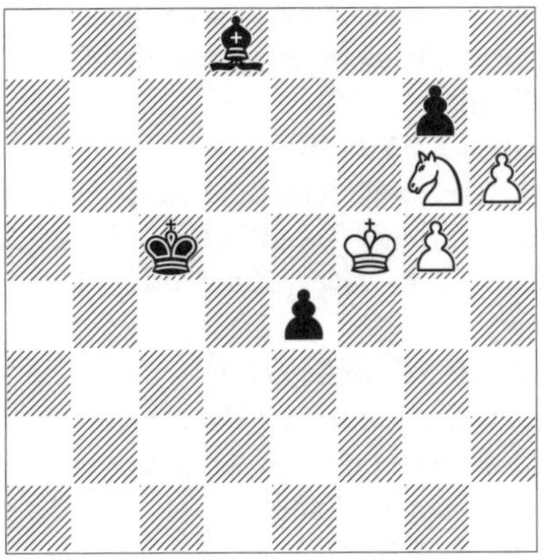

68...gxh6 69 gxh6 e3 70 h7 1-0

Der weiße Bauer kann nicht aufgehalten werden, wogegen der schwarze fällt, sogar nach der Umwandlung zur Dame: 70...e2 71 ♘f4 e1♕ 72 ♘d3+.

47)

Tal – Dorfman

Meisterschaft der UdSSR, Tiflis 1978

Weiß hat eine Auswahl von Möglichkeiten, aber der unbestrittene Favorit unter diesen ist ein einfacher, aber effektiver Schlag durch den Weiß einen wertvollen Bauern gewinnt:

17 ♗xh7! *(D)*

S

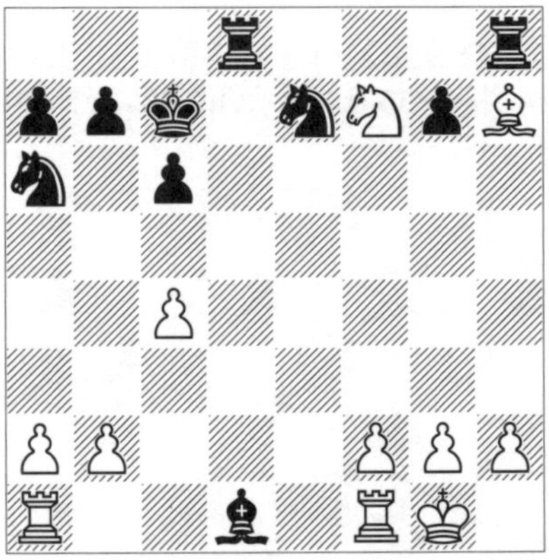

17...♗g4 18 ♘xh8 ♖xh8 19 ♖fe1! ♘c8 20 ♗c2! ♘b4 21 ♗e4 a5 22 f3 ♗d7 23 ♖ad1

Weiß hat einen klaren Vorteil, den er nach 47 Zügen verwertete.

48)

Pantsulaia – Sutovsky

Europäische Mannschaftsmeisterschaft, Göteborg 2005

Diese Stellung wird in wenigen Zügen durch einen einfachen Schlag entschieden, der auf dem Überlastungsthema basiert:

27 a3!

Dies ist viel stärker als das allzu direkte 27 ♗xd8? ♖xd8 28 ♖a1 ♗xe4 29 fxe4 ♗a3, wonach die Partie fast ausgeglichen ist. Der Rest entwickelt sich forciert.

27...♗xe4 28 fxe4 ♗d2 *(D)*

Schlechter ist sogar 28...♖d7 29 axb4 ♖xc7 30 bxa5.

W

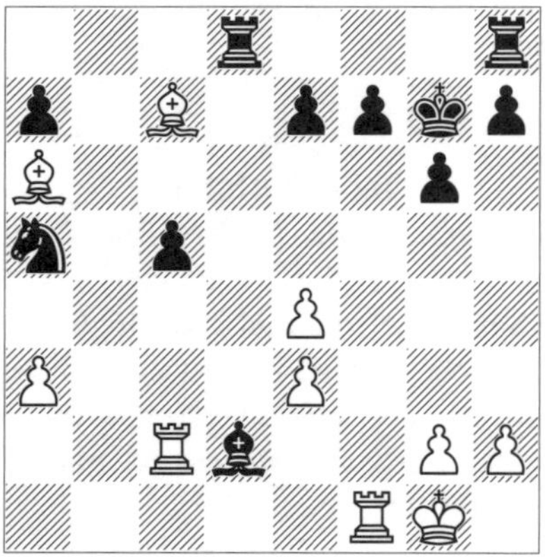

29 ♖xd2 ♖xd2 30 ♗xa5 ♖c2 31 ♗d3 ♖a2 32 ♗c4 ♖xa3 33 ♖xf7+ ♔h6 34 ♗c7 *(D)*

S

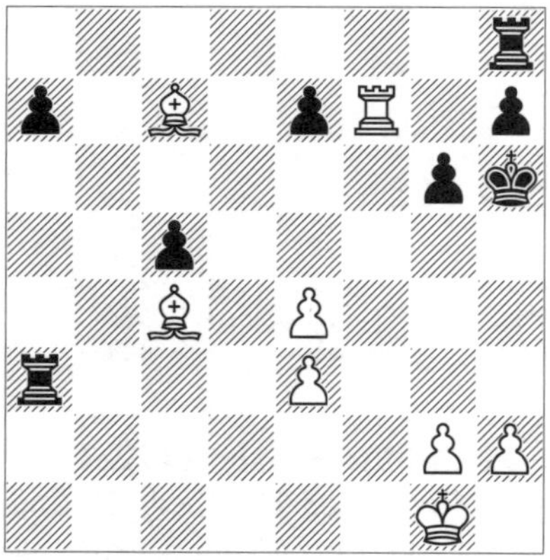

Das Ergebnis ist, dass Weiß einen überwältigenden positionellen Vorteil hat und leicht gewinnt:

34...♖a4 35 ♗e6 ♖xe4 36 ♗f4+ g5 37 ♗f5! gxf4 38 ♗xe4 fxe3 39 ♔f1 c4 40 ♖xe7 ♖c8 41 ♖xh7+ ♔g5 42 ♖xa7 c3 43 ♖a2 ♖c4 44 ♗d3 ♖h4 45 g3 ♖h8 46 ♖c2 ♖f8+ 47 ♔e2 1-0

49)

Timman – P. Nikolić

Belgrad 1987

Der weiße Vorteil basiert auf seiner überlegenen Königsstellung und der Möglichkeit einen entfernten Freibauern zu bilden. Es geht nur darum diese Pluspunkte richtig zu verwerten.

40 c5 bxc5 41 dxc5 e5 *(D)*

W

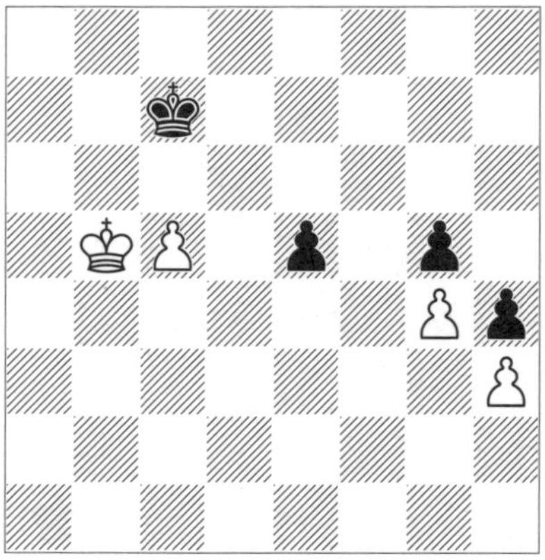

Weiß musste diese Fortsetzung vorhersehen und auch die Tatsache, dass die Stellung nach 42 c6? e4 43 ♔c4 ♔xc6 44 ♔d4 ♔d6 45 ♔xe4 ♔e6 Remis ist. Derweilen führt 42 ♔c4? ♔c6 zu einer Stellung mit gegenseitigem Zugzwang, daher musste Weiß auch die Lösung sehen:

42 ♔b4! 1-0

Weiß nähert sich dem Bauern e5 indirekt, indem er das Feld c4 vermeidet. 42...♔d7 43 ♔c3! ♔c7 (43...♔e6 44 ♔c4 +–) 44 ♔d3!. Daher gab Schwarz auf.

50)

M. Golubew

Chess Today, 2005

Die Lösung zu dieser Studie erfordert nur minimale Berechnung, die wichtigeren Faktoren sind Logik und Endspielwissen. Der schwarze König droht, nach b6 zu gehen, daher hat Weiß keine Wahl:

1 ♗d5+ ♔b6 2 a8♕

Hier ist etwas Kalkül erforderlich. Weiß muss die Variante 2 ♗xb7 ♔xb7 3 ♔e7 ♔xa7 4 c5 ♔a6 5 ♔d7 ♔b5 prüfen, die in Remis endet.

2...♗xa8 3 ♗xa8 c6 *(D)*

Die zweite Phase der Berechnung beginnt. Hier ist der Hauptfaktor der Bauer c4, der nur so gerettet werden kann:

4 ♗b7 ♔xb7

W

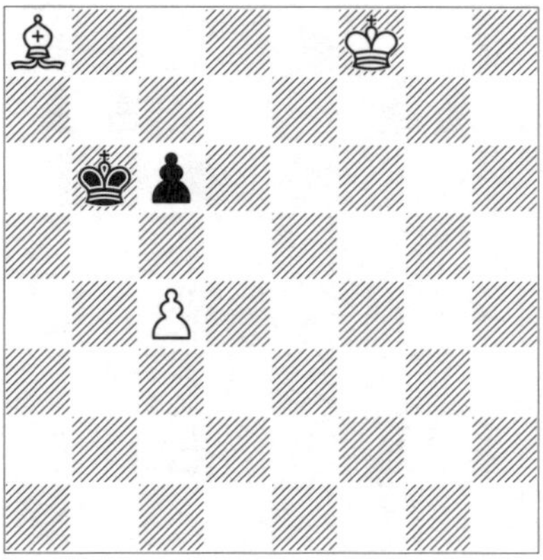

Die Variante 4...♔c5 5 ♗a6 ♔b6 6 ♗c8 ♔c5 7 ♗e6 +– ist weniger interessant. Nun ist die dritte Phase erreicht. Weiß darf ...c5 nicht erlauben, wonach die Stellung Remis ist, daher ist seine Antwort forciert:

5 c5 ♔a6 *(D)*

W

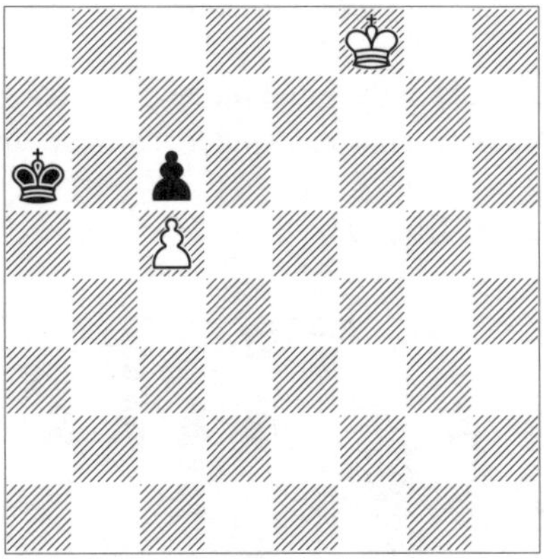

Alles, was man jetzt noch benötigt, sind grundlegende Endspielkenntnisse:

6 ♔e7 ♔a5

6...♔b5 7 ♔d6 +–.

7 ♔d7! ♔b5 8 ♔d6

Wir haben eine Stellung mit gegenseitigem Zugzwang erreicht, in der Schwarz am Zug ist.

51)

R. Skuja

Padombu Taunatne, 1950 (Version)

In dieser Stellung gibt es nur einen Kandidatenzug und eine Variante, die allerdings für Weiß ungünstig ist: 1 ♔xf4 ♔d5 2 ♔f3 ♔c4 3 ♔e2 ♔c3. Daraus folgt, dass er den resultierenden Zug spielen muss:

1 ♔e4! *(D)*

S

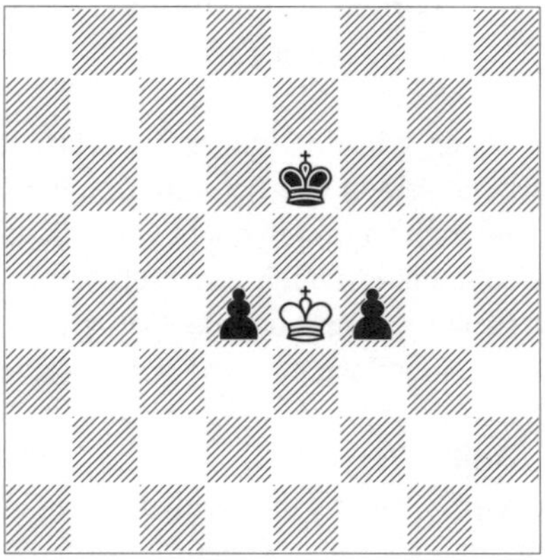

1...f3

1...♔d6 2 ♔xd4 =; 1...♔f6 2 ♔xf4 =.

2 ♔xf3 ♔d5 3 ♔e2

Die Pointe. Es stellt sich heraus, dass der weiße König einen Zug näher ist und es rechtzeitig schafft, zum Schlüsselfeld zu gelangen.

3...♔c4 4 ♔d2

Mit Remis.

52)

Bacrot – Filippow

Moskau 2005

Gewaltsam startet Weiß einen unaufhaltsamen Angriff auf den schwarzen König:

14 h3! *(D)*

S

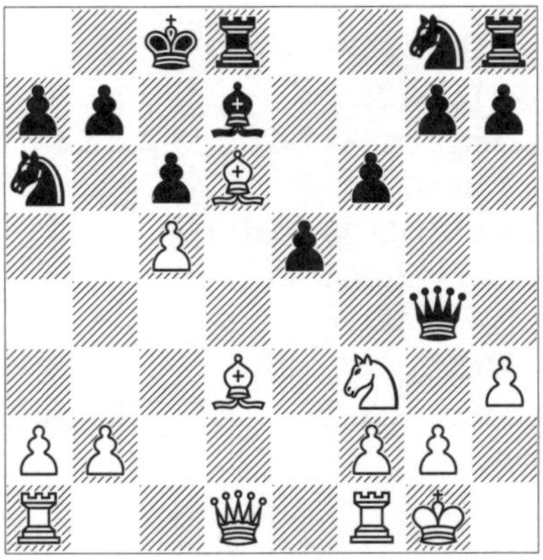

14...♕e6 15 ♕a4! ♘c7 16 ♗c4! ♕f5 17 ♕a5! ♘e8 18 ♗f7! 1-0

Es gibt keine Verteidigung.

53)

Larsen – Botwinnik

Leiden 1970

Hier sehen wir eine kleine Schachtragödie. Schwarz hat seinen Gegner vollkommen überspielt, und man kann sich leicht vorstellen, dass viele Großmeister (mich eingeschlossen) hier mit Weiß aufgegeben hätten. Der große Botwinnik begeht jedoch nun eine ganze Reihe von Fehlern:

33...♕d8?! *(D)*

Wie wir wissen, ist die ideale Lösung in solchen Stellungen eine zwingende Variante, die dem Gegner keine Hoffnung gibt. Das war hier mittels 33...g5! 34 ♕xf6+ (34 ♕f5 ♗xf2+ 35 ♔h1 ♗d4) 34...♕xf6 35 ♖xf6 ♗xf2+ 36 ♔h1 ♗d4 möglich. Nun nimmt die Unsicherheit von Schwarz zu.

W

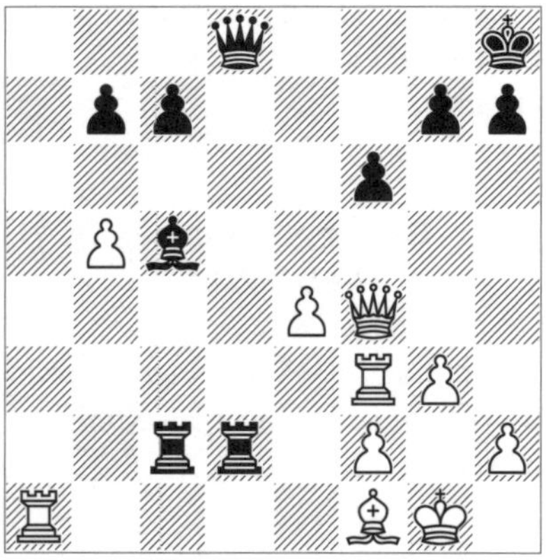

34 ♔h1 ♗xf2

Angezeigt war 34...♖xf2 35 ♖xf2 ♖xf2 mit klarem Vorteil.

35 ♖d3! ♖xd3 36 ♗xd3 *(D)*

Und nun verwandelt sich alles in einen Albtraum:

36...♖b2??

Sogar hier wäre 36...♗d4! 37 ♖d1 ♖f2 sehr stark gewesen.

37 ♕xc7!

Nun steht Weiß auf Gewinn!

S

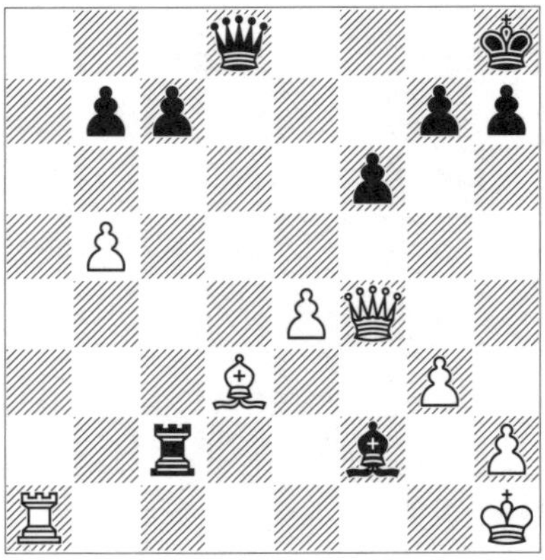

37...♕g8 38 ♕xb7 ♖a2 39 ♖c1 ♖a8 40 ♖c7 ♖b8 41 ♕d5 ♗b6 42 ♖c6 ♕f8 43 ♕f5 ♕g8 44 ♔g2 ♗d4 45 ♕d5 ♗b6 46 h4 ♕f8 47 e5 1-0

54)

Smirin – Pelletier

Europäische Mannschaftsmeisterschaft, Göteborg 2005

Weiß steht aktiver und findet einen Weg, seinen Druck in eine zwingende Variante umzusetzen:

23 ♗c5! ♖fe8 *(D)*

W

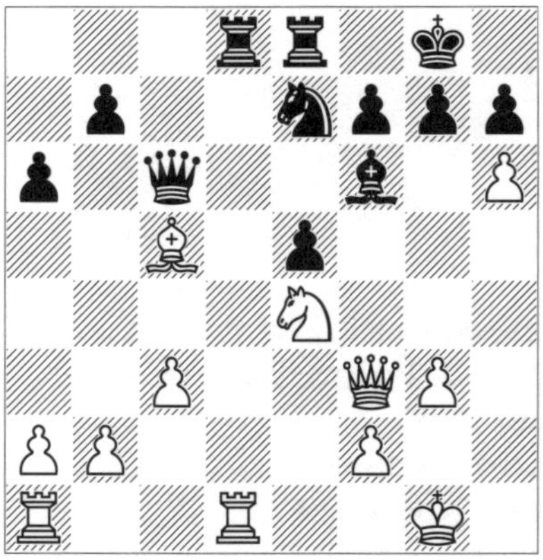

24 ♗d6! ♔h8

Nicht 24...♘d5? 25 ♖xd5, und auch nicht 24...♔f8 25 ♕g4!.

25 ♗xe7! ♗xe7 26 ♕xf7 gxh6 27 ♖xd8 ♗xd8 28 ♖d1

Weiß hat eine Gewinnstellung erreicht. Der Rest ist elementar.

28...♕g6 29 ♕xb7 ♖f8 30 ♖d6 ♕f5 31 ♕d5 ♗g5 32 ♖e6 1-0

55)

O. Duras

Casopis Československy Šach, 1912

Dies ist wieder eine Studie, die durch einen resultierenden Zug gelöst wird. Es ist klar, dass dem Weißen das Wegziehen des Turms von g8 nichts einbringt, ebenso wie das Opfer auf b8 mit Schach. Die zweite Idee führt uns jedoch zur korrekten Entscheidung:

1 e4! *(D)*

S

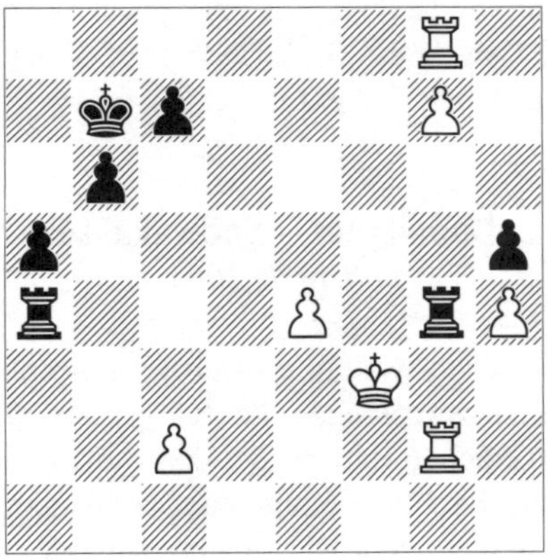

1...♖axe4

Nach 1...♖xg2 2 ♔xg2 ♖xe4 3 ♖b8+ ♔xb8 4 g8♕+ ♔a7 5 ♕g5! ♖g4+ 6 ♕xg4 hxg4 7 h5 gewinnt Weiß genau wie in der Variante 1...♖gxe4 2 ♖f8. Auf ähnliche Weise kann er den Schachgeboten nach 1...♖a3+ 2 ♔f2 ♖f4+ 3 ♔e2 ♖xe4+ 4 ♔d2 ♖d4+ 5 ♔c1 ♖a1+ 6 ♔b2 ♖ad1 7 ♖e8 b5 8 g8♕ ♖b4+ 9 ♔c3 ♖c4+ 10 ♕xc4 entkommen. Nach dem Textzug kommt die zweite Idee zum Einsatz.

2 ♖b8+ ♔xb8 3 g8♕+

und der Turm auf e4 geht verloren.

56)

H. Mattison

Deutsches Wochenschach, 1918

Diese Stellung wird am besten in Phasen gelöst. Da 1 ♔g2? g4 2 ♔g3 ♔h5 3 f5 f6 und 1 fxg5+? ♔h5 2 ♔g2 ♔xh4 3 g6 fxg6 4 ♔h2 g5 5 ♔g2 ♔g4 beide für Weiß verlieren, ist sein erster Zug im Grunde genommen erzwungen:

1 hxg5+ ♔h5 *(D)*

W

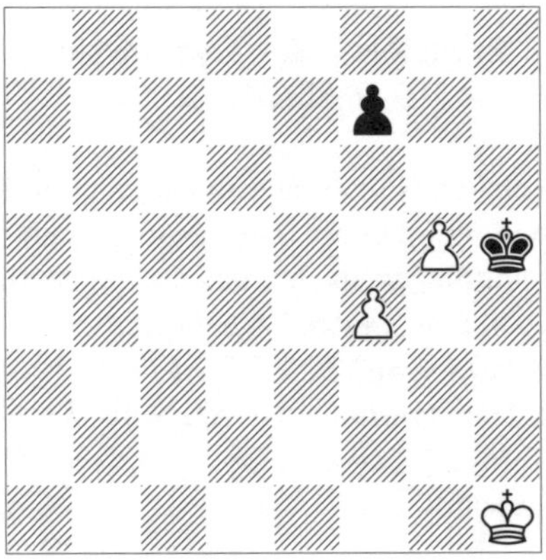

Nun beginnt die zweite Phase. Wenn der schwarze König den Bauern f4 schlägt, dann verliert Weiß in allen Varianten, weil Schwarz immer zumindest einen gefährlichen Zug mit dem f-Bauern hat. Daraus folgt, dass Weiß in allen Varianten nach 2 ♔g2 ♔g4 verliert, und auch nach 2 f5 ♔xg5 3 ♔g2 ♔xf5 4 ♔f3 f6, wonach wieder Weiß am Zug ist. Es bleibt nur ein Zug übrig:

2 g6 fxg6

2...♔xg6 3 ♔g2 ist sofort Remis. Nun aber wird aus den oben aufgeführten Gründen klar, dass es nur einen möglichen Zug gibt:

3 f5! *(D)*

Nicht 3 ♔g2? ♔g4 4 f5 gxf5!.

S

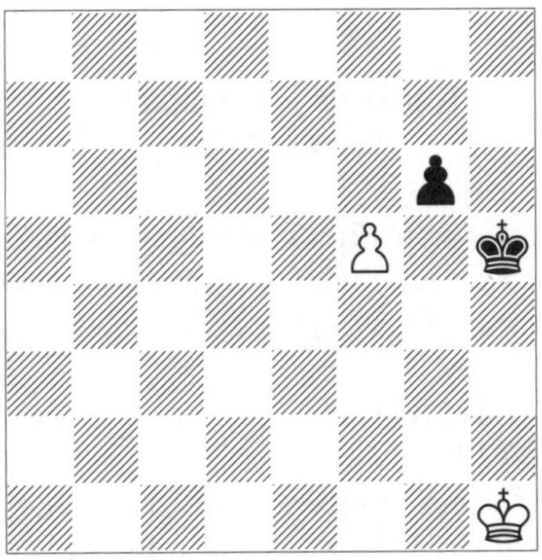

3...gxf5

Wir haben Phase 4 erreicht, die einfachste.
4 ♔g1! ♔g5 5 ♔f1!
mit Remis.

57)

Bronstein – An. Bychowski

Moskau 1962

In solchen Situationen muss man zunächst die Überleitung in ein Bauernendspiel untersuchen, und nur wenn sich das als ungünstig erweist, soll man andere Züge prüfen.

56 ♖xe7+ ♔xe7 57 ♔h5 ♔f7 *(D)*

Die Hauptvariante ist 57...♔f6 58 ♔xh6 ♔xf5 59 ♔g7 ♔e4 60 ♔f6 ♔xe3 61 ♔e5, und Weiß gewinnt.

W

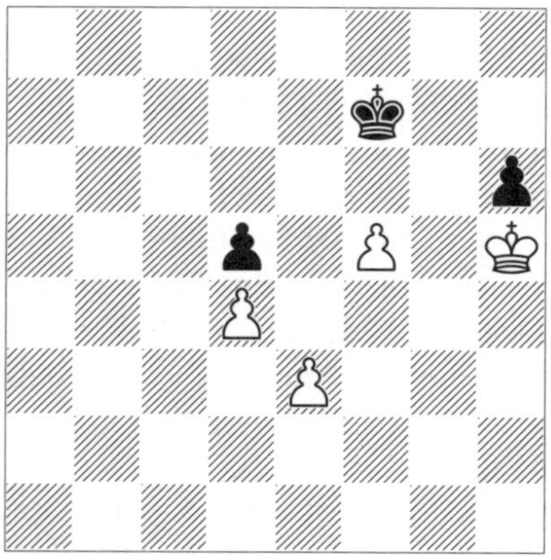

58 f6! 1-0

Nach 58...♔xf6 59 ♔xh6 ist es Zugumstellung in die vorherige Variante.

58)

Knežević – I. Saitzew

Moskau 1968

Auf den ersten Blick scheint es sich hier um eine schwierige Stellung zu handeln, aber der Anziehende findet einen kurzen und genauen Gewinnweg:

31 ♖d8+! ♖e8 *(D)*

32 ♕f3!!

Hier war es immer noch möglich, die Sache zu vergeigen, indem man die „offensichtliche“ Variante bevorzugt: 32 ♕e7?? ♕xd1+ –+.

1-0

W

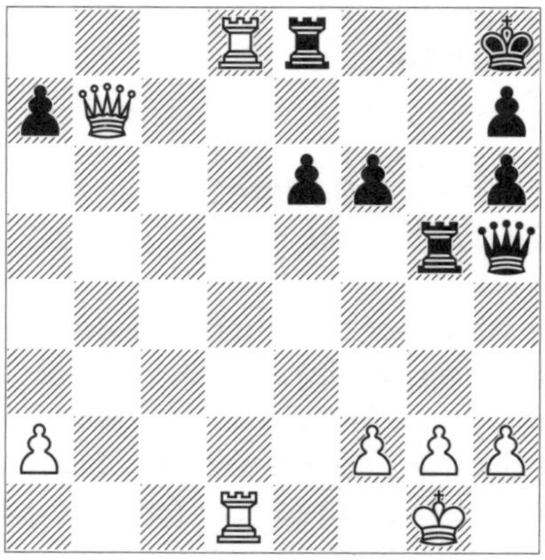

Schwarz gab auf wegen 32...♕xf3 (32...♖xd8 33 ♕xf6+; 32...♕g6 33 ♖xe8+ ♕xe8 34 ♕xf6+ +–) 33 ♖xe8+ ♔g7 34 ♖d7+ ♔g6 35 ♖g8+ ♔f5 36 ♖xg5+ hxg5 37 gxf3.

59)

L. Dominguez – Sadwakassow

Poikowski 2005

Hier sehen wir ein typisches Endspiel, das man nicht vergessen sollte. Schwarz wird von seinem eigenen Bauern, der den weißen König vor Schachgeboten schützt, auf verhängnisvolle Weise behindert. Die Gewinnmethode ist instruktiv:

59 e6 f4 *(D)*

W

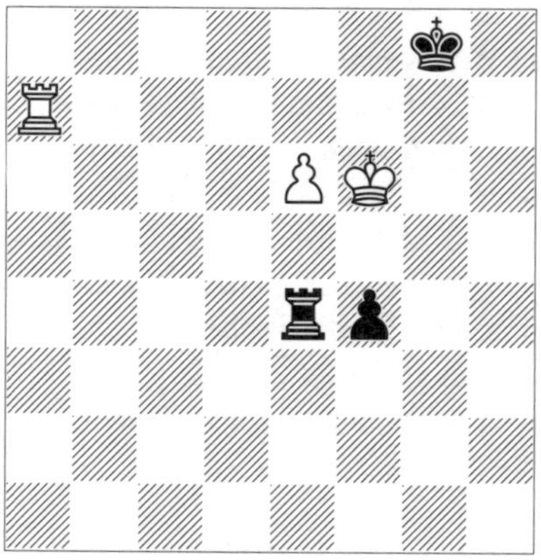

60 ♖g7+!

Ein typisches und sehr effektives Mittel. Die direkte Methode 60 e7 f3 61 ♖a8+ ♔h7 62 e8♕?? (korrekt ist 62 ♖a3! ♖f4+ 63 ♔e5 f2 64 e8♕ f1♕ 65 ♖a7+ +–) scheitert an 62...♖xe8, wonach Weiß im Fall von 63 ♖xe8?? f2 –+ sogar verliert.

60...♔h8 *(D)*

60...♔f8 61 e7+ ♔e8 62 ♖g8+ ♔d7 63 ♖d8+ ♔c7 64 e8♕.

W

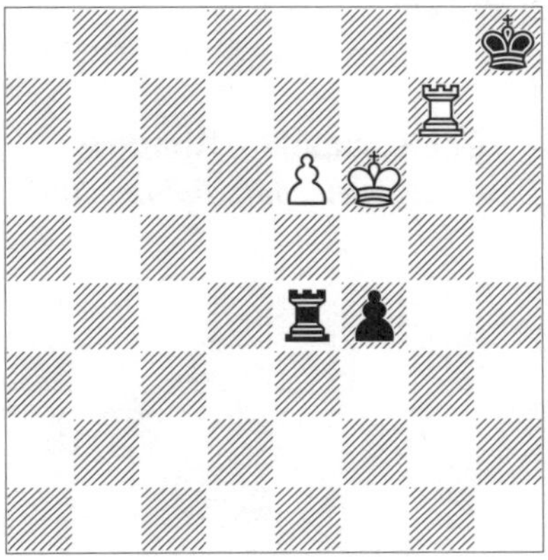

61 ♖g4 ♖e1 62 ♔f7 1-0

60)

Beljawski – Radulow

Leningrad 1977

Der voreilige Bauernvorstoß 53...g3 54 ♖g6 g2 55 ♔b3 ♔f2 56 ♔b4 g1♕ 57 ♖xg1 ♔xg1 58 ♔c5 führt zum Remis. Auf ähnliche Weise rettet sich Weiß nach 53...♖g7 54 ♖f6+. Die einzig richtige Variante ist:

53...♖f5! *(D)*

W

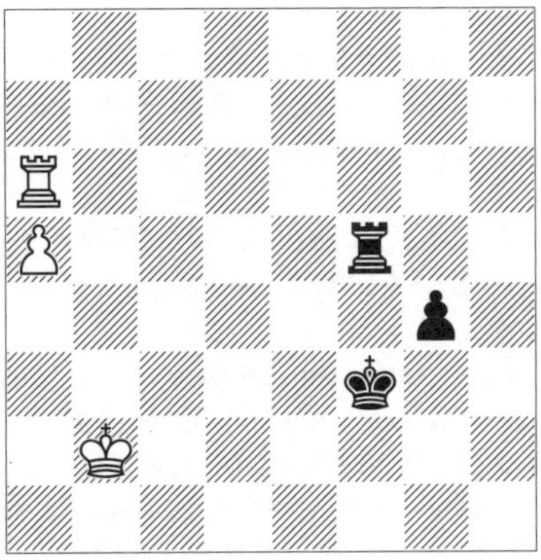

54 ♖a8

Falls 54 ♔b3 g3 55 ♔b4 g2 56 ♖g6, dann nutzt Schwarz das typische Manöver 56...♖f4+ 57 ♔b5 ♖g4.

54...g3 55 a6 ♖f6! 0-1

61)

Asmaiparaschwili – Drejew

Dos Hermanas 2005

Weiß gewinnt auf die zuverlässigste Weise, nämlich forciert. Er findet eine Kombination mit einem geometrischen Motiv:

42 ♖e6! ♔f7 43 ♖xf6+! ♔xf6 44 d7 ♗e7 *(D)*

Die Pointe ist die Variante 44...♔e7 45 ♗c5+ ♔xd7 46 ♗xf8.

W

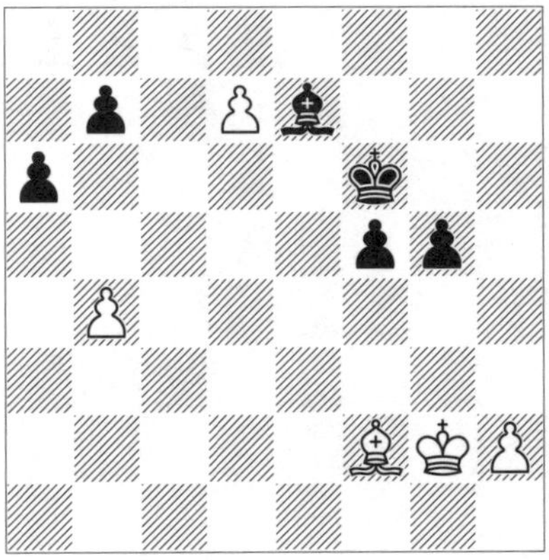

45 ♗b6 f4 46 ♔f3 1-0

62)

Taimanow – Moissejew

Meisterschaft der UdSSR, Moskau 1951

Weiß findet eine Variante, die die Stellung zwingend zu seinen Gunsten verändert:

26 ♘xb7! ♕b6

Nach 26...♘xc3 27 ♕xa6 ♕c7 28 ♖dc1 steht der Nachziehende sogar schlechter.

27 ♗xa5 ♕xb7 28 e4 f6?!

Schwarz bricht zusammen, aber sogar nach dem stärksten Abspiel 28...♗xe4 29 ♕xe4! ♕xb3 30 a4 ♕b7 31 ♘xc6 hat Weiß einen unbestreitbaren Vorteil.

29 ♘c4 ♗xe4 30 ♗xe4 ♕xb3 31 ♖db1 ♕a4 32 ♗c2 1-0

63)

Anand – Gelfand

Amber-Turnier, Schnellpartie,
Monte Carlo 1999

Der weiße Vorteil basiert auf seinen zwei Läufern und der Möglichkeit einen entfernten Freibauern auf der a-Linie zu bilden. In der Regel werden diese Faktoren einfacher in der Abwesenheit der Damen ausgenutzt, und daher ist es verständlich, dass der Damentausch für Weiß günstig ist. Dieses Ziel wird mittels eines kurzen, aber genau berechnetem Manöver erreicht:

24 ♘xb5! ♖xc2 25 ♗d3 ♖b2 *(D)*

W

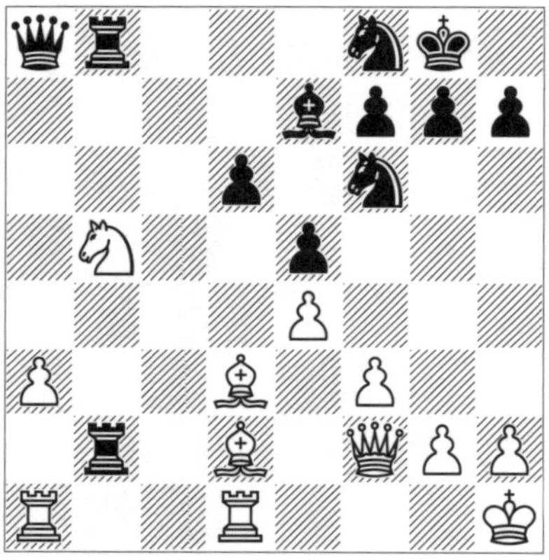

26 ♕a7!

Dieses Eindringen war der springende Punkt. Nun bricht die schwarze Stellung überraschend schnell zusammen.

26...♕b7 27 ♕xb7 ♖xb7 28 a4 ♘e6 29 ♗f1 ♘c5 30 ♗e3 ♘fd7 *(D)*

W

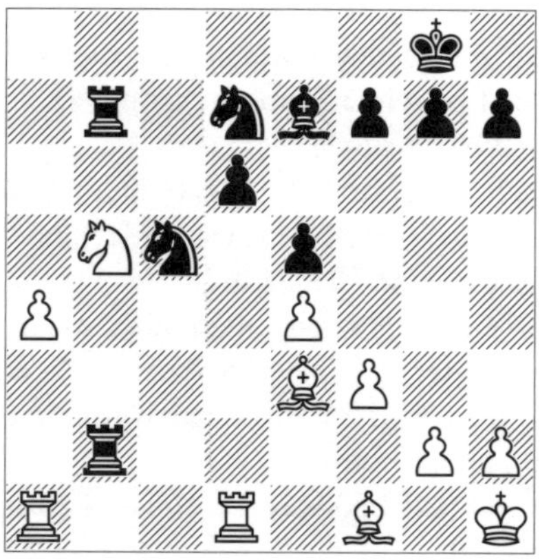

31 ♘xd6 ♗xd6 32 ♖xd6 ♖b1 33 ♖xb1 ♖xb1 34 ♗xc5!

Diese sehr einfache Episode verdient auch Aufmerksamkeit. Anand wählt die einfachste und zwingendste Variante und nimmt seinem Gegner damit jede Hoffnung.

34...♖xf1+ 35 ♗g1 ♘f8 36 a5 ♘e6 37 a6 ♖a1 38 a7 1-0

64)

Goloschapow – Kharlow

Europameisterschaft, Batumi 2002

S

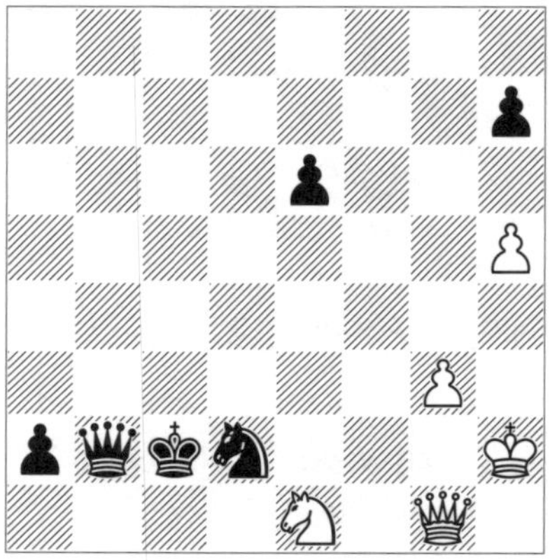

57...♔b1!

Der einzige Zug, der zum Gewinn führt. Andere Züge führen entweder zu einer Stellungswiederholung oder zu einem sofortigen Remis:

a) 57...♔d1 58 ♘g2+ ♔e2 59 ♕e3+ ♔d1 60 ♕g1+ ♔c2 61 ♘e1+.

b) 57...♔c1 58 ♘d3+ ♔c2 59 ♘e1+.

c) 57...♔c3? 58 ♕e3+! ♔c4 59 ♕xe6+ ♔b5 60 ♕e8+ ♔c4 61 ♕e6+ ♔c3 62 ♕e3+ ♔c4 63 ♕e6+!.

d) 57...♔b3 58 ♕b6+ ♔a3 59 ♕a7+ ♔b3 60 ♕b6+ ♔c3 61 ♕e3+ mit Remis.

0-1

Weiß gab sofort auf, ohne sich die Variante 58 ♘g2+ (58 ♘d3+ ♘f1++ 59 ♔h3 ♕h2+ –+) 58...♕c1 59 ♕b6+ ♔c2 60 ♘e3+ (60 ♕c5+ ♔b2 61 ♕b6+ ♘b3 –+) 60...♔d3 61 ♕a6+ ♘c4 62 ♘xc4 (62 ♕xa2 ♔xe3 63 ♕a7+ ♔e2 64 ♕xh7 ♘d2 –+) 62...♕xc4 –+ zeigen zu lassen.

65)

V. Mikenas – Keres

Meisterschaft der UdSSR, Moskau 1949

Der weiße König befindet sich in einer prekären Situation. Es ist außerdem klar, dass das konkrete Ziel von Schwarz das Feld e2 ist. Diese Erwägungen führen zur folgenden Entscheidung:

13...g5! *(D)*

W

14 ♘d3 ♖xe2+ 15 ♔xe2 ♘e5

Die entstandene Stellung kann nur so bewertet werden: Schwarz hat eine kreuzgefährliche Initiative.

16 ♔d1

Weiß verliert ebenfalls nach 16 ♗xg5 ♗xd3+ 17 ♕xd3 ♘xd3 18 ♔xd3 ♕d7!, wie von Keres angezeigt.

16...♗xd3 17 ♕a4

Weiß verliert seinen Kopf und bricht sofort zusammen. 17 ♕b3 ist zäher, aber sogar dann hat Schwarz nach 17...♘fg4 großen Vorteil.

17...b5 18 ♕a6 ♕d7! 19 ♔c1 b4 20 ♕a5 a6! 0-1

Die Dame ist gefangen.

66)

Jussupow – Reuss

Deutsche Meisterschaft, Altenkirchen 2005

Am einfachsten verwertet Weiß seinen Vorteil, indem er die Zusammenarbeit seiner Dame mit seinem Springer ausnutzt. Dies wird zwingend erreicht:

35 ♕e5+! *(D)*

Deutlich schwächer ist 35 ♘xa5 ♗h3 36 ♕e4 ♗f5 37 ♕g2 ♕d3 38 ♘b7 ♗e4 39 ♘c5 ♗xg2 40 ♘xd3 ♗xd5.

S

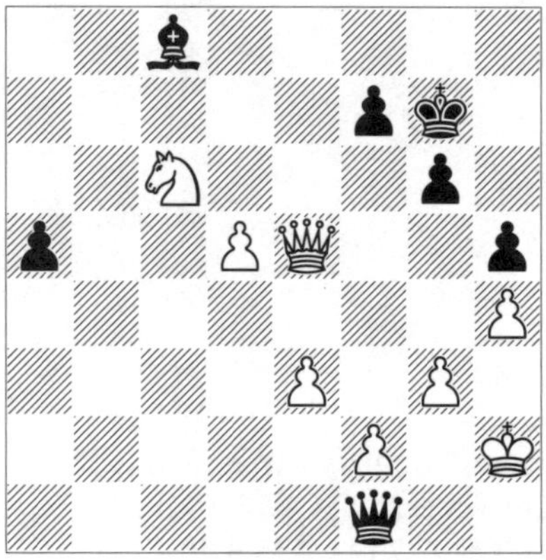

35...♔g8

Nach 35...♔h7 36 ♕f6 ♕h3+ 37 ♔g1 ♕f5 38 ♕xf5 ♗xf5 39 ♘xa5 ist das Endspiel problemlos gewonnen.

36 ♕f6 ♗f5

Der einzige Zug.

37 ♘e7+ ♔f8 38 ♘xg6+!

Weiß musste diesen Schlag vorhersehen als er seinen 35. Zug berechnet hat. Alle anderen Fortsetzungen scheitern.

38...♗xg6 39 d6 ♔g8 40 d7 1-0

67)

Stepitschew – Juchtman

UdSSR 1969

Es ist nicht mehr viel Material auf dem Brett, und dieser Faktor erfordert äußerste Präzision von Schwarz. Daher ist im Fall von 1...♖a2?! 2 ♘e3+ ♔g5 3 ♖xf6! ♔xf6 4 ♔g3 das wahrscheinlichste Ergebnis ein Remis. Aber es gibt einen Gewinn, und der wird zwingend erreicht:

1...g3+! 2 ♔h3 *(D)*

Der einzige Zug.

2...g2!

Der einzige Weg! Schwächer ist 2...gxf2? 3 ♘e3+ ♔f4 4 ♘f1 ♖e6 5 ♖h4+ ♔g5 6 ♘h2 ♖e1 7 ♘xf3+ ♔f5 8 ♘d2 ♖d1 9 ♘f1! ♖xf1 10 ♔g2 mit Remis.

3 ♘e3+ ♔g5 4 ♘xg2 ♖a1! 5 ♖h4

5...♖h1+!

S

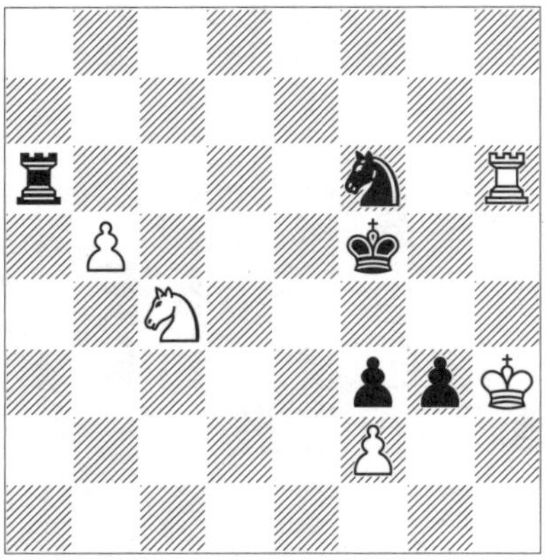

Wieder der einzige Weg. 5...fxg2? ist deutlich schwächer: 6 f4+ ♔f5 7 ♔xg2.

6 ♔g3 fxg2 7 f4+ ♔f5 0-1

68)

Evans – Larsen

Dallas 1957

Ein Turmopfer ist erzwungen. Die einzige Frage ist, auf welchem Feld.

27...♖f1+!

Die einzige korrekte Lösung. Die Fortsetzung 27...♖xg2+? 28 ♔xg2 ♕g5+ 29 ♖g3! ♖d2+ 30 ♖xd2 ♕xd2+ 31 ♔f3 ♘xg3 32 hxg3 ♕xb2 33 ♕c8+ ♔h7 34 ♕f5+ ♔h6 35 ♕xf7 = ist viel schwächer.

28 ♖xf1 *(D)*

28 ♔xf1 ♕f5+ 29 ♔g1 ♕c5+ 30 ♔h1 ♘f2+ 31 ♔g1 ♘h3+ 32 ♔h1 ♕g1+ 33 ♖xg1 ♘f2#.

S

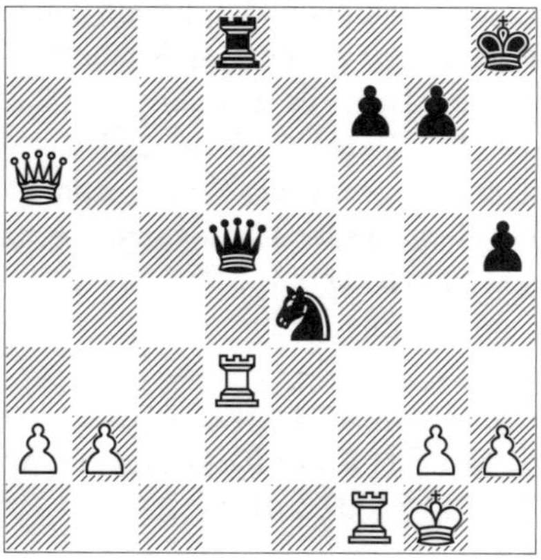

28...♕c5+! 0-1

69)

L. Kubbel

Niva, 1910

Die Lösung dieser Studie erfolgt ebenfalls in Etappen.

1 ♘e7 ♗c2

1...♗d1 2 ♘c6! – siehe Zug 4!

2 ♘d5! ♗a4 3 ♘b4! ♗d1 4 ♘c6! ♗a4 5 ♘d4!

70)

Keres – Bronstein

Moskau (Training) 1951

Der Anziehende muss hier eine ganz präzise Route finden, um seinen Vorteil zu verwerten, und Keres war ein Spezialist auf diesem Gebiet.

39 ♗h5! ♕c8

39...♕xh5 40 ♕f8+ ♖g8 41 ♕f6+.

40 ♖xg7 ♔xg7 41 ♕e7+ ♔g8

Und nun folgt das wichtigste Element der gesamten Operation.

42 g4! ♕d7

Die schwarze Stellung ist unhaltbar nach 42...fxg4 43 f5 ♗xf5 44 ♗f7+ +–; 42...h6 43 ♗g6 +–.

43 ♗f7+ 1-0

71)

Kortschnoj – Tal

Meisterschaft der UdSSR, Jerewan 1962

50 ♖xd7!!

Die Variante 50 ♕xf7+ ♔xf7 51 ♖xd7+ ♔e6 52 ♖e7+ ♔d5 sollte verworfen werden, da sie dem Nachziehenden zu viele Gegenchancen gibt.

50...♕xd7 51 e6

Die einzige Hoffnung von Schwarz besteht nun in Schachgeboten, und diese können durch Zentralisation gestoppt werden...

51...♕a7 *(D)*

52 ♕e5!

...wie diese! Es macht keinen Sinn, sich von Varianten wie 52 d7 ♕a5+ 53 ♔f4 (einziger Zug) 53...♕d2+ 54 ♔g3 (wieder erzwungen) 54...♕e1+ ablenken zu lassen, auch wenn die Analyse zeigt, dass es einen Gewinn gibt.

W

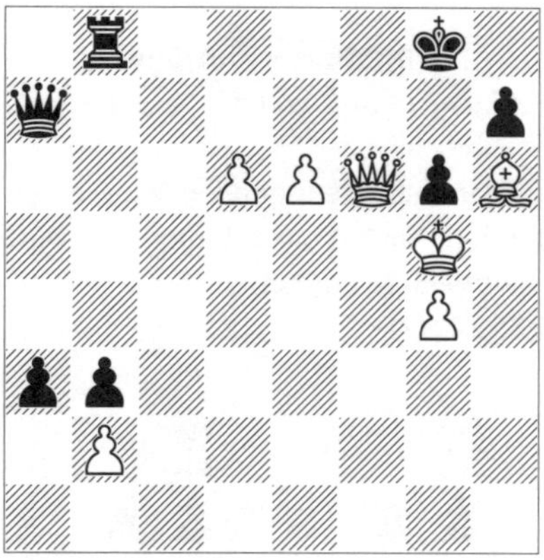

52...axb2 53 e7 ♔f7 54 d7! 1-0

72)

Swidler – Lautier

Olympiade, Calvia 2004

Weiß hat eine überlegene Stellung erreicht, aber es gibt nichts direkt Entscheidendes. Zunächst mal sollte er alles dafür tun, das Gegenspiel seines Gegners zu unterbinden. Swidler fand ein ausgezeichnetes Manöver:

30 ♖xf7+! ♔e8 31 ♖e7+! ♔f8 32 ♖e5! ♖d2

Der springende Punkt ist 32...♖xd5? 33 ♖xd5 ♖xc6 34 ♖f5+. Der Anziehende hat ebenfalls einen klaren Vorteil nach 32...♗c4 33 ♗xc4 ♖xc6 34 ♖g5.

33 ♔c1! ♖f2 34 ♖g5 ♔e8 35 ♖xg4

Es ist unbestreitbar, dass Weiß einen deutlichen Vorteil hat, und er gewann im 63. Zug

73)

Marzolo – P.H. Nielsen

Französische Mannschaftsmeisterschaft, Noyon 2005

Der Vorteil von Weiß ist trotz seines Minusmaterial klar. Es ist an der Zeit, die Früchte seiner Arbeit einzufahren, aber stattdessen folgte:

18 dxc6? *(D)*

Weiß hat sich mit seiner Berechnung nicht besonders hervorgetan. Die einfachste Variante war 18 ♕c2! 0-0 19 dxc6, was einen großen Vorteil in einer übersichtlichen Stellung behält. Es gab auch einen etwas komplizierteren Weg, der auch nicht schwierig zu finden war: 18 ♕d4! b5 19 dxc6 ♕xa4 20 ♕xg7 ♖f8 21 ♗g5! ♖f7 22 ♕g8+ ♖f8 23 ♕xh7 ♖f7 24 ♕g8+ ♖f8 25 ♕g6+ mit Gewinn.

S

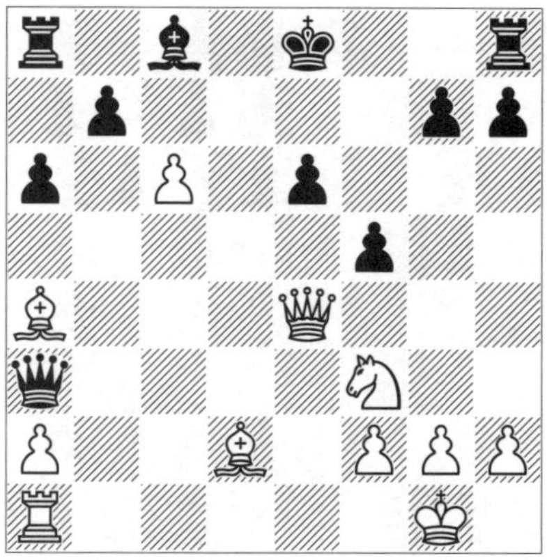

18...fxe4 19 cxb7+ ♕xa4 20 bxa8♕ 0-0

Falls nun 21 ♘e5, dann 21...♕d4. So wie die Dinge liegen, ist es Schwarz, der nun einen kleinen Vorteil hat.

74)

Juchtman – Kots

Ukrainische Meisterschaft, Kiew 1966

Hier ist alles klar. Weiß muss die Konsequenzen berechnen, wenn er die Dame nach h6 zieht. Die direkte Ausführung dieses Zugs scheitert: 24 ♕h6 ♘f3+ 25 ♗xf3 ♖xe1+ 26 ♖xe1 ♕xe1+ 27 ♔g2 ♗xf3+ 28 ♔xf3 ♕h1+ 29 ♔g4 ♕e4+, und Schwarz gewinnt. Daher muss die Zugfolge geändert werden:

24 ♗xb7 ♖xb7

Der Anziehende hat nach 24...♘f3+ 25 ♗xf3 ♖xe1+ 26 ♖xe1 ♕xe1+ 27 ♔g2 eine Gewinnstellung.

Nun aber ist der Damenausfall möglich:

25 ♕h6! ♘f3+ 26 ♔g2 ♘xe1+ 27 ♖xe1 ♕c6+ 28 ♔h3 ♕d7+ 29 ♔h4 1-0

75)

Kornejew – Speelman

Gibraltar Masters, Catalan Bay 2003

Das Wesen der Stellung ist klar: Weiß hat einen Entwicklungsvorsprung und muss schnell agieren, um Drohungen aufzustellen. Schwarz hat Schwächen auf dem Damenflügel, und daher ist der naheliegende Zug:

15 a4! *(D)*

S

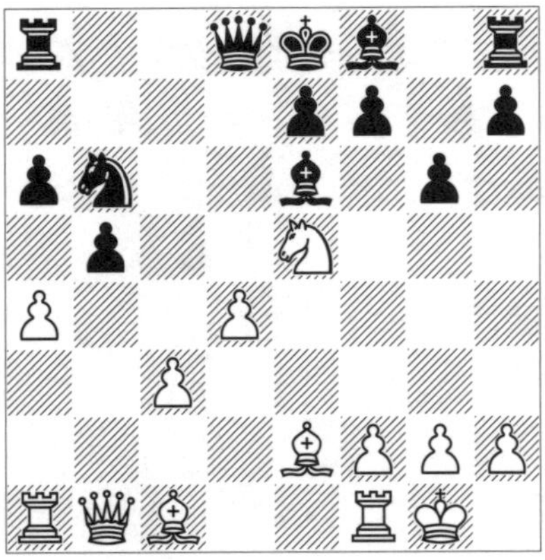

Jetzt muss man nur noch die Varianten berechnen:

15...♘xa4

15...bxa4? ist grottenschlecht angesichts 16 ♗xa6!.

16 ♗xb5+ axb5 17 ♕xb5+ ♗d7 18 ♕d5 e6 19 ♕f3 f6 20 ♘xd7 ♔xd7 21 ♕b7+ ♔e8 22 ♕c6+ ♔f7 23 ♖xa4

Der Anziehende hat forciert einen Bauern gewonnen und gute Chancen ihn auszubeuten. Leider spielte er den späteren Teil der Partie nicht sehr überzeugend, und die Partie endete Remis.

76)

Bluvshtein – Efimenko

Montreal 2005

Trotz seiner Mehrfigur sieht sich Weiß einem schwierigen Problem gegenüber. Schwarz braucht nur den letzten Bauern abzutauschen, und dies ist nicht einfach zu verhindern, wie diese Variante zeigt: 57 ♖a2 ♖e3 58 ♖f2 ♔g5 59 ♔d4 ♔g4 60 ♘c4 ♔g3! 61 ♖c2 ♖e1 62 ♘e5 ♖g1. Daher:

57 ♖a8! ♖e2 58 ♖g8+ ♔f6 59 ♘c4 ♔f5 60 ♔d4 ♖f2 61 ♘d6+ ♔e6 62 ♖g6+ ♔d7 63 ♘e4 ♖f1 64 ♔e5

64 ♘d2 ist ebenfalls gut.

64...f3 65 g3 ♔e7 66 ♖f6 ♔d8 67 ♖f4 ♔e7 68 ♔f5 1-0

77)

Bronstein – Simagin

Meisterschaft von Moskau 1947

Weiß hat einen zwingenden Weg, einen entscheidenden Vorteil zu erhalten. Er darf nur keine Zeit verschwenden:

28 c5! a4 *(D)*

W

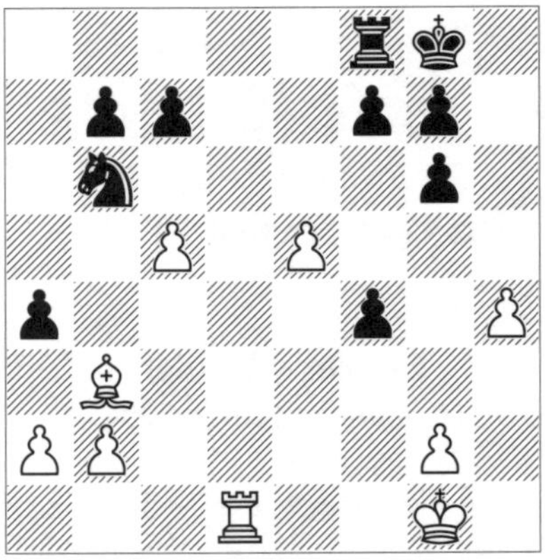

29 e6!!

Dieser Zug ist die Pointe der ganzen Variante.

29...♘c8

Das Schlagen verliert: 29...axb3 30 e7 ♖e8 31 ♖d8 bxa2 32 ♖xe8+ ♔h7 33 ♖h8+ ♔xh8 34 e8♕+ ♔h7 35 ♕e1, während das Gleiche auf die Variante 29...♔h7 30 e7 ♖e8 31 cxb6 axb3 32 bxc7 bxa2 33 ♖a1 f6 34 ♖xa2 ♔g8 35 ♖a7 zutrifft.

30 exf7+ ♔h8 31 ♗c4 b5 32 ♗e6 g5 33 ♖d7 1-0

78)

Gelfand – Kortschnoj

Dos Hermanas 1999

In dieser scheinbar einfachen Situation steht Weiß eine schwierige Wahl ins Haus.

51 ♗c5!! *(D)*

Es ist nicht so einfach, die Pointe dieses Zugs, oder die beiden angefügten Ausrufezeichen zu verstehen. Gelfand selbst gab die Erklärung dazu. Er wies auf die Variante 51 ♗d4 ♔e7 52 ♔xh5 ♔xe6 53 ♔g6 ♘d6 54 h5 ♘f5 55 ♗b6 ♘e7+ 56 ♔g7 ♘f5+ 57 ♔f8 ♔f6 58

♗d8+ ♔e6 59 ♔g8 ♔d7 60 ♗g5 ♔e6 61 h6 ♘xh6+ 62 ♗xh6 a5 = hin, und aus der Berechnung dieses Abspiels wird es klar, dass der Anziehende entweder die Aktivität des schwarzen Königs einschränken muss, oder eine Möglichkeit finden muss, eine neue Schwäche in der schwarzen Stellung zu provozieren. Der Textzug erfüllt beide Aufgaben auf brillante Weise, und bekommt für jede ein Ausrufezeichen!

S

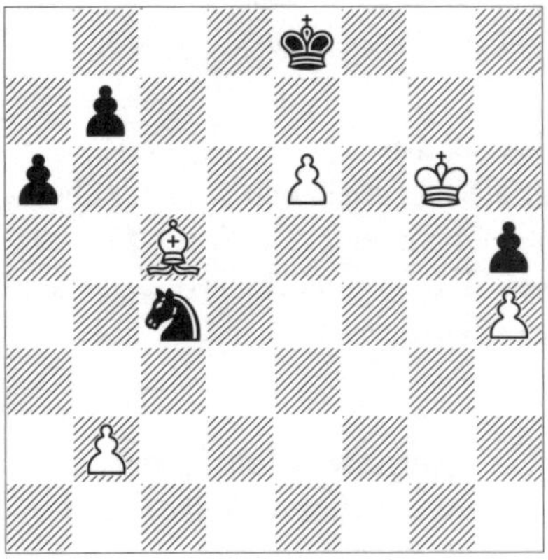

51...b6

In der Variante 51...♘xb2 52 ♔xh5 ♘d3 (52...b6 verliert ebenfalls nach 53 ♗d4 ♘c4 54 ♔g6 ♔e7 55 h5 ♔xe6 56 h6 ♘d6 57 h7 ♘f7 58 ♗xb6 +–) 53 ♗d6 b5 54 ♔g5! b4 55 h5 erweist sich die Passivität des schwarzen Königs als entscheidend, und Weiß steht auf Gewinn.

52 ♗d4 ♔e7 53 ♔xh5 ♔xe6 54 ♔g6 ♘d6 55 ♗xb6 ♘f5 56 h5 ♘e7+ 57 ♔g7 ♘f5+ 58 ♔g6 ♘h4+ 59 ♔g7 ♘f5+ 60 ♔f8 ♔f6 61 ♗d8+ ♔e6 62 ♔g8 ♘h6+ 63 ♔g7 ♘f7 64 ♗c7 1-0

79)

Gutman – Schanawa

Pardubice 2003

Es ist klar, dass Weiß Züge mit seinem weißfeldrigen Läufer berechnen muss. Die Varianten 18 ♗xg6 ♗xh2+! 19 ♔xh2 ♕h4+ und 18 ♗e4 ♕h4 19 f4 ♕xh6 20 fxe5 ♕e3+ bieten Weiß nichts Besonderes, und führen nur zu unklaren Stellungen. Nur eine Fortsetzung bringt Erfolg:

18 ♗b5! ♕h4 19 g3! ♕xh6 20 ♗xe8 ♗a6

Die ganze Variante basiert auf der folgenden Kombination:

21 ♗xf7+! ♔xf7 22 ♖fe1! ♗f6 23 ♕a4! 1-0

80)

Wells – Speelman

Gibraltar Masters, Caleta 2005

Fast alle schwarzen Figuren befinden sich auf dem Damenflügel, und es überrascht daher nicht, dass Weiß einen Weg findet, ihn am Königsflügel zu zerstören.

20 ♘g5! ♘xc5

Nach 20...♗xg2 gibt Wells die Variante 21 ♕xf7+ ♔h8 22 ♘xe6 ♖g8 23 ♖xc7 ♕e4 24 ♘g5 usw. mit Gewinn.

21 ♕xf7+ ♔h8 *(D)*

W

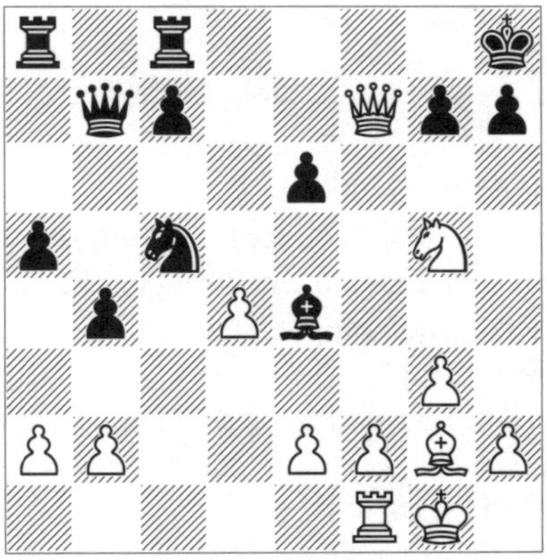

22 ♕h5! h6

Wells weist auf eine weitere Variante hin: 22...♗g6 23 ♗xb7 ♗xh5 24 dxc5 ♗xe2 25 ♖c1! mit Vorteil.

23 ♘xe4 ♘xe4 24 ♕g6!

Nun hat der Anziehende eine sehr starke Initiative in jedem Abspiel, und er gewann in der Folge.

81)

Gelfand – Hort

Olympiade, Novi Sad 1990

Die Aufgabe von Weiß besteht darin, die Aktivität der schwarzen Dame auf ein Minimum zu begrenzen, und dann am gegnerischen

Damenflügel einzudringen. Dies wird wie folgt erreicht:

29 ♗d2!

Varianten wie 29 ♕a7 ♘d7! 30 ♕xb7 (30 bxa6 ♕xg5+ 31 ♔f2 ♕h4+ =) 30...♕e3+ 31 ♔g2 ♘xe5 sollten nur als letzter Ausweg in Betracht gezogen werden.

29...♕xe5 *(D)*

W

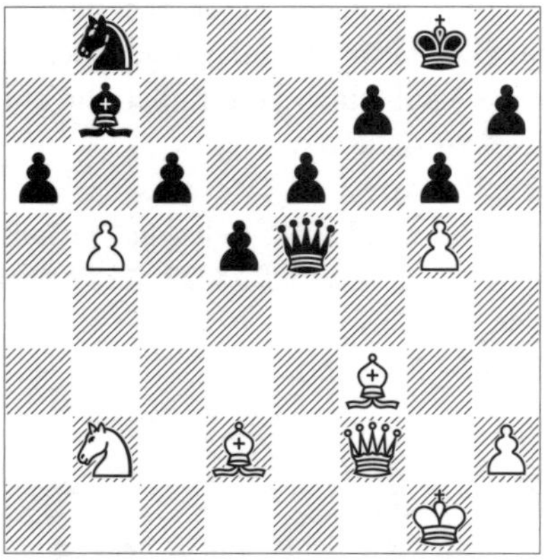

30 ♘d3! ♕f5

Nach 30...♕a1+ 31 ♗e1 ist Weiß schon bereit, mit seiner Dame einzudringen. Es ist aber sogar jetzt schon möglich.

31 ♕a7! ♘d7

31...♕xf3 32 ♕xb8+ ♔g7 33 ♗c3+ verliert ebenfalls.

32 ♘e1! ♗c8

Oder 32...♘e5 33 ♕b8+ ♔g7 34 ♗c3.

33 ♕c7 1-0

82)

Short – Beljawski

FIDE-Weltmeisterschaft, Knockout, Groningen 1997

Weiß hat einen zwingenden Gewinn:

25 ♖xd7! ♗xf5

25...♕xd7 verliert wegen 26 ♕xe4 exf4 27 ♗xe6 ♕xe6 28 ♕xa8.

26 ♖xb7 exf4 *(D)*

Falls 26...♗e4, dann gewinnt 27 ♖d7 exf4 28 ♗xe6 fxe6 29 ♖d4.

Die erste Phase der Berechnung ist beendet. Nun hat Weiß eine klare und effektive Ressource:

W

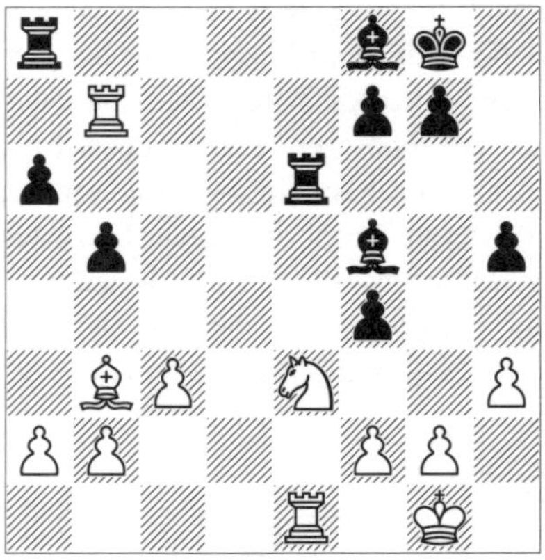

27 ♖xf7!! 1-0

„Einfach, aber dennoch schön." (Short). Angesichts der Variante 27...♔xf7 28 ♘xf5 ♔f6 29 ♗xe6 ♖e8 30 ♘d4 ♗c5 31 ♖d1! ♗xd4 32 ♗d7 gab Schwarz auf.

83)

Karpow – Taimanow

Moskau (Mannschaften) 1983

Der Anziehende entdeckte ein alles andere als einfaches, aber höchst effektives Mittel, seinen Vorteil in entscheidendem Maß zu vergrößern.

48 f5! ♖b6

Falls 48...♖xg3 49 f6, dann erleidet Schwarz entscheidenden Materialverlust.

49 ♖7e6!

Dies war der Zug, der wirklich schwer zu finden war. Der Rest ist einfacher:

49...♖xe6

Der einzige Zug; 49...♖b4 50 f6 +–.

50 fxe6 ♖g8 51 e7 ♖e8 52 ♘f5 ♗c6 53 ♘d6 ♖g8 54 e8♕ ♗xe8 55 ♘xe8 ♖xg356 ♘f6! 1-0

84)

Taimanow – Prins

Interzonenturnier, Saltsjöbaden 1952

Die geringe Bauernanzahl und sein Freibauer bieten Schwarz einige Chancen, die Partie zu retten, wie eine typische Variante wie 39 ♔d5 h3 40 c4 h2 41 ♖a1 ♖g2 42 ♖h1 ♖xg5 43 ♖xh2 g6 zeigt. Stattdessen fand Taimanow eine bemerkenswerte Idee, die den Sieg erzwingt:

39 f6!! gxf6 *(D)*

Nach 39...h3 40 ♘e6 gxf6 41 g6 setzt Weiß matt, während er nach 39...♔f7 40 g6+ ♔xg6 41 ♖xf8 ♖xf6 42 ♖h8 ♔g5 43 ♔d5 mühelos gewinnt.

W

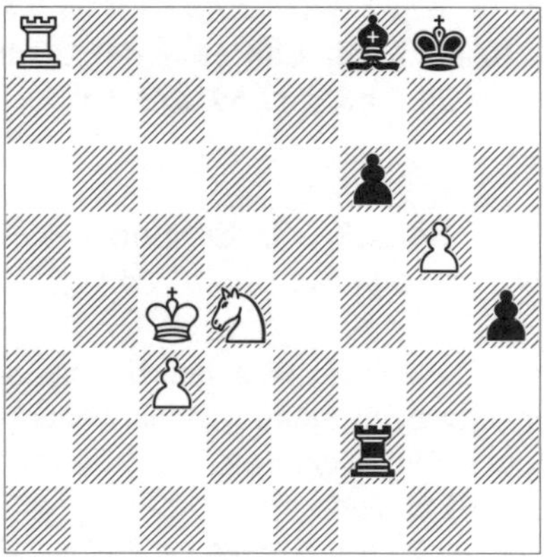

40 g6! ♔g7

40...♖f4 41 ♔d5 rettet die Partie für Schwarz auch nicht.

41 ♘e6+ ♔xg6 42 ♖xf8 ♔h7 43 ♖d8 h3 44 ♖d3 h2 45 ♖h3+ ♔g6 46 ♘d4! f5 47 ♔d3 f4 48 ♔e4 1-0

85)

Ki. Georgiew – Kempinski

Europäische Mannschaftsmeisterschaft, Göteborg 2005

In diesem Beispiel scheitert Schwarz daran, zwischen zwei Möglichkeiten die richtige Fortsetzung zu wählen.

63...♖xh5?

Der Nachziehende konnte mittels 63...♖e6+ 64 ♔b7 ♖e5 65 ♖h7+ (65 ♖xh6 ♖a5 66 ♖xf6 ♖xa4 =) 65...♔e6 66 ♔b6 ♖xh5 67 a5 ♖h1 68 a6 ♖b1+ 69 ♔c6 ♖c1+ 70 ♔b7 ♖b1+ 71 ♔c8 ♖a1 72 a7 f5 Remis machen, da das schwarze Gegenspiel zur Rettung der Partie ausreichend ist: 73 ♖xh6+ ♔e5 74 ♔b7 ♖xa7+ 75 ♔xa7 f4 =. In der Partie wendeten sich die Dinge zum Schlechteren:

64 a5 ♖h1 65 a6 ♖b1+ 66 ♔c5 ♖c1+ 67 ♔d5 1-0

In seinen anfänglichen Berechnungen hatte Schwarz entweder das standardmäßige Mittel des Turmgewinns durch 67...♖d1+ 68 ♔e4 ♖e1+ 69 ♔d3 ♖a1 70 a7 übersehen oder dass 67...♖c8 angesichts 68 ♖h7+ verliert.

86)

J. Horvath – Kosten

Französische Mannschaftsmeisterschaft 2005

Schwarz begann mit einem effektiven, aber dennoch ziemlich normalen, taktischen Schlag:

18...♕g3!! 19 ♗e3 *(D)*

Weiß hat keine andere Verteidigung. Er verliert sofort nach 19 ♕f3 ♘xg4 20 ♗f4 ♘xf2+.

S

19...♘xg4!

Die Pointe! Falls 19...♗xe3 20 ♕xe3 ♕xe3 21 fxe3 ♘xg4 22 ♘a4, dann ist die weiße Stellung in Ordnung.

20 fxg3 hxg3+ 21 ♔g1 ♘xe3!

Das Schlagen ist ein weiteres wichtiges Element im schwarzen Spiel. 21...♗xe3+ ist deutlich schwächer: 22 ♕xe3 ♘xe3 23 ♖f3.

22 ♖f2 ♘f5! 23 exf5 gxf2+ 24 ♕xf2 ♗xf2+ 25 ♔xf2 ♔e7

und Schwarz gewann bald.

87)

Salow – J. Polgar

Madrid 1997

Schwarz gelang ein einfacher aber effektiver Angriff auf den feindlichen König.

51...♖c6! 52 ♗f8

Das Problem von Weiß besteht darin, dass sein Turm an die a-Linie gebunden ist, was zu

Varianten führt wie 52 g4 ♖b5+ 53 ♔a4 ♖cxc5 54 bxc5 ♖b1 55 ♔a5 ♖a1+ 56 ♔b6 ♖xa8 57 c6 ♔d5 58 c7 ♔e4, oder ähnlich 52 f4 ♖b5+ 53 ♔a4 ♖cxc5. 52 ♗e3 verliert ebenfalls nach 52...♖xb4 53 ♖a7 ♖b2.

52...♖b5+ 53 ♔a4 ♖b8! 0-1

88)

Lukownikow – Sapunow

Woronesch 2000

Die Diagrammstellung hatte sich schon in einer vorherigen Partie ergeben. Dort hatte Weiß 21 axb3 gespielt, aber nach 21...♖a1+ 22 ♔d2 ♕d7+ 23 ♔e3 ♗c5+ hätten völlig unklare Komplikationen entstehen können. In der vorliegenden Partie spielte Schwarz nach 21 ♔b1:

21...♘a5 *(D)*

Es gibt nichts anderes: 21...♖c8 22 ♗xc6+ ♕xc6 23 ♕xc6+ ♖xc6 24 ♖d8#.

W

22 ♗e7!!

Das ist die Antwort. Nun ist die schwarze Stellung unhaltbar: 22...f5 23 exf6 ♔f7 24 fxg7+.

1-0

89)

Spasski – R. Byrne

Kandidatenmatch (Partie 6), San Juan 1974

Weiß gewann auf eine standardmäßige, aber instruktive Weise:

50 c5! dxc5

Nach 50...bxc5 gewinnt das folgende Manöver: 51 ♗e1! ♗d8 (sonst geht der weiße Läufer nach a5, der Bauer nach b6 und dann marschiert der König nach c6, mit Gewinn) 52 ♗c3 ♔b8 53 ♗g7 ♔c8 54 ♗f8 ♔d7 55 ♗h6! ♔c7 56 ♗g5.

51 d6! ♔d7 52 ♗xc5 ♗d8 53 ♗b4 ♔e6 54 ♔c4 ♗f6 55 ♗c5! ♗d8 56 ♗d4! ♔xd6 57 ♗e5+ ♔e6 58 ♗b8 ♔d7 59 ♔d5 1-0

90)

Spasski – L. Schmid

Olympiade, Warna 1962

Spasski fand einen Weg, den Hauptverteidiger der schwarzen Stellung ohne weitere Vorbereitung sofort zu entfernen:

22 ♗d3!! ♕xc5

22...♗xd3 23 ♘ce6! fxe6 24 ♕h7+ ♔f8 25 ♖xd3 ist eine wichtige Variante.

23 ♗xf5 ♘xd5 *(D)*

Es gibt keine Rettung: 23...gxf5 24 ♕h7+ ♔f8 25 ♕h5 oder 23...♖ed8 24 ♗xg6.

W

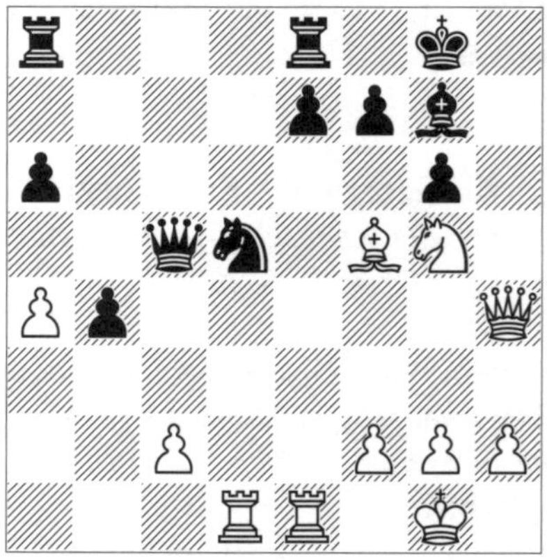

24 ♗e6! 1-0

91)

Keres – Malich

Olympiade, Warna 1962

Der erste Zug ist offensichtlich:

26 ♕c7 ♕xb2 *(D)*

Nun aber muss die Berechnung beginnen. Das offensichtliche Schlagen 27 ♕xc8+ hat den Nachteil, dass Schwarz das harmonische

Zusammenspiel zwischen seiner Bauern und dem Läufer auf dem Königsflügel beibehält. Die Variante könnte wie folgt weitergehen: 27...♔g7 28 e5 ♗e7 29 ♕c7 ♗a3!? 30 ♕xa7 ♘c6 31 ♕d7 ♘e7, und Schwarz hat keine Probleme. Mit anderen Worten, es wäre besser für Weiß, wenn er den schwarzen Läufer loswerden würde. Daher:

W

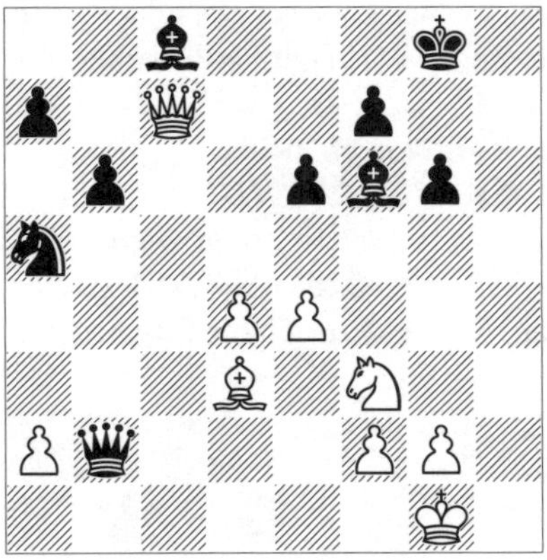

27 e5!! ♗e7

27...♗g7 28 ♕xc8+ ♗f8 29 ♗xg6! gibt Weiß einen starken Angriff. 27...♗h4!? ist ein interessanter Versuch, aber nach 28 ♕xc8+ ♔g7 29 g3 ♗e7 (29...♕a3 30 ♗e4 ♗e7 31 ♕c7 ±) 30 ♕c7 ♗a3 erweist sich der zusätzliche Zug g3 als nützlich: 31 ♕d8! ♕c1+ 32 ♗f1! ♕c2 33 ♘g5 ♕f5 34 f4 ♘c6 (34...♗c1 35 ♗h3 +−) 35 ♕e8 ♘xd4 36 ♗d3 +−.

Nun folgt der abschließende Teil des Angriffs.

28 ♕xe7! ♕c1+ 29 ♗f1! ♗b7

Nach 29...♗a6 gewinnt der Anziehende mittels 30 ♕d8+ ♔g7 31 ♕f6+ ♔g8 32 ♘g5 (Keres), und nach 29...♕h6 durch 30 ♘g5 ♕f8 31 ♕xa7.

30 ♘g5 ♕f4 31 g3 1-0

92)

Timofejew – Kurnossow

Russische Juniorenmeisterschaft, Noiabrsk 2005

Weiß kann gewaltsam gewinnen, aber genaue Berechnung ist erforderlich.

31 ♖xf6!

Der einzige Weg. 31 ♘f7+? ist falsch wegen 31...♖xf7! 32 ♕xf7 ♘xc2.

31...♕xe5!?

31...♘xb3 32 ♖xd8 ♕xd8 33 ♘f7+ und 31...gxf6 32 ♕f7! verlieren schnell.

32 ♕d3!

Dieser Zug und seine Folgen mussten zu Beginn der Berechnung vorhergesehen werden.

32...♘e2+ 33 ♔g2 1-0

Schwarz gab wegen der Variante 33...♖xd3 34 ♖f8+ ♔h7 35 ♗xd3+ g6 36 ♗xg6+ ♔g7 37 ♖f7+ ♔g8 38 ♖d8+ auf.

93)

Stein – Tal

UdSSR Mannschaftsmeisterschaft der Gewerkschaften, 1961

Genaue Berechnung befähigt Weiß, die Gegendrohungen seines Gegners zu ignorieren.

26 ♖d4! ♘xb2

26...♕c3 wird mittels 27 ♕xb6+ abgewehrt.

27 ♔c1! ♕c5 28 ♖e3! ♔b7 29 ♖c3 ♖b5!?

Tal sucht bis zum bitteren Ende nach Chancen! Hoffnungslos ist 29...♕xa5 30 ♘xa5+ ♔b8 31 ♘b3.

30 ♕a3!

30 ♖xc5! dxc5 31 ♖a4! ist genauso stark.

30...♕xa3 31 ♖xa3 ♖xd5 32 ♘a5+ 1-0

94)

N. Kopajew

1954

Diese Studie ist nicht leicht zu lösen, ist aber besonders wertvoll, weil sie verschiedene der wichtigsten Elemente des Endspiels Turm gegen Bauer enthält.

1 ♖f7+!

Das erste Element: die Methode des Tempogewinns. Ein Remis ergibt sich nach 1 ♔f7? g4 2 ♔g6 g3 =.

1...♔g3!

1...♔e3 ist bedeutend schwächer: 2 ♖g7 ♔f4 3 ♔f7 g4 4 ♔g6! g3 5 ♔h5!. Nun sieht sich Weiß nicht einfachen Problemen gegenüber.

2 ♔e7!

Schlecht ist 2 ♖g7? g4 3 ♔f7 ♔f3 4 ♔g6 g3 5 ♔h5 g2 =.

2...g4 3 ♔e6! *(D)*

Einmal mehr ist große Genauigkeit gefragt. Der scheinbar gleichwertige Zug 3 ♔f6? ist schlecht: 3...♔f4!! 4 ♔g6+ ♔e3 5 ♔h5 g3 =. Nun sind die Dinge einfacher:

S

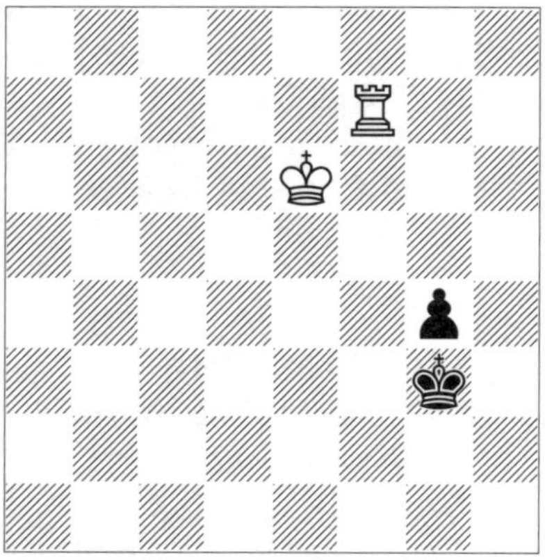

3...♔h2 4 ♔f5 g3 5 ♔g4 g2 6 ♖h7+ ♔g1 7 ♔g3! ♔f1 8 ♖f7+ ♔g1 *(D)*

W

9 ♖g7!

Und Weiß gewinnt. Selbst hier war es noch nicht zu spät, vom Weg abzukommen: 9 ♖f2? ♔h1 =.

95)

Gulko – Aleksejew

Entfernungsmatch, St. Petersburg gegen New York 2005

Eine äußerst ungewöhnliche und interessante Stellung, in der es unmöglich ist, sich durch das Befolgen von analogen Beispielen oder allgemeinen Betrachtungen zu orientieren. Alles muss auf Variantenberechnung basieren. Vor diesem Hintergrund ist es nicht nur nützlich, den offensichtlichen Zug nach a4 zu berechnen, was alles andere als klar ist, sondern auch den Königszug nach b5. Es stellt sich heraus, dass Weiß nach 36 ♔b5! ♕xe4 37 c6 ♕d3+ durch 38 ♘c4! ♕xb3+ 39 ♗b4+ ♔e8 40 a7 ♕a2 41 ♗a5 ♕b3+ 42 ♔c5 gewinnt. Es sei angemerkt, dass dies alles erzwungen ist. In der Partie wählte Weiß:

36 ♔a4

Das verdirbt noch nichts.

36...♕xe4+ 37 ♗b4? *(D)*

Aber das tut es! Er sollte wieder 37 ♔b5! ♕d3+ 38 ♘c4! ♕xb3+ 39 ♗b4 spielen, mit Gewinn. Nun ändert sich die Situation.

S

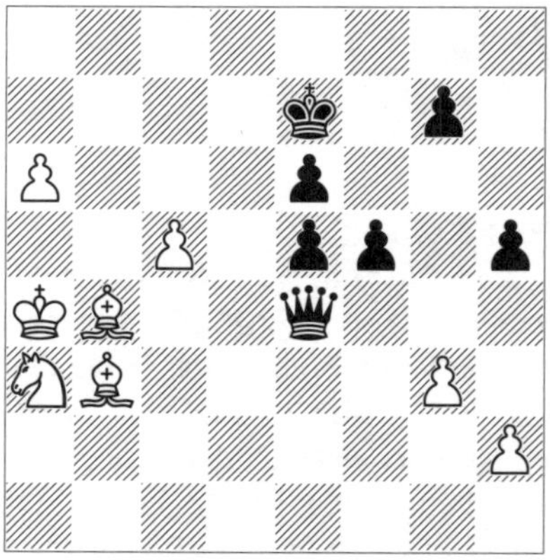

37...♕c6+ 38 ♔a5 f4 39 ♘c4 f3 40 ♘e3 ♔d8

Weiß macht nun einen weiteren Fehler, dieses Mal entscheidend:

41 ♗c2?

Notwendig war 41 ♗a4 ♕c7+ 42 ♔b5 ♕b8+ 43 ♔a5 ♔c7 mit einer unklaren Stellung. Später versäumte Schwarz selbst einen Gewinn im 49. Zug, und die Partie endete mit Remis.

96)

Petrosjan – Spasski

Weltmeisterschaftsmatch (Partie 20), Moskau 1969

Dies ist eine klassische Partie, in der Weiß seinen Vorteil im kraftvollen Stil vorführt:

43 ♖xd5!

43 ♕b7!? ist ebenfalls gut, wenn auch weniger zwingend.

43...♕xf4!

Weiß gewinnt ganz einfach nach 43...♖xb6 44 ♖xd6 ♗e7 45 ♘d5! oder 43...♕f8 44 ♕b7.

44 ♕xa6

Der einzige Zug.

44...♕e4+ 45 f3 ♕e6 46 ♕c4 ♕xe3 *(D)*

Der Anziehende hat eine Gewinnstellung nach 46...♖e8 47 ♖e5! ♗xe5 48 ♕xe6 ♖xe6 49 ♘xe5.

W

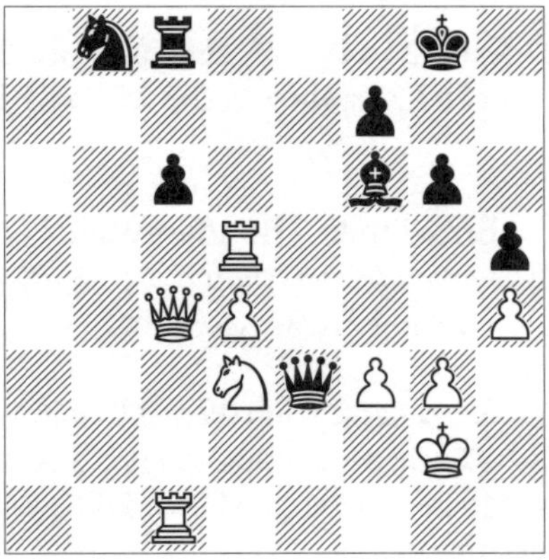

47 ♘e5!

Droht das Schach 48 ♖d8+. Ebenfalls angemessen war 47 ♖d6!?, und bei der Variantenberechnung reichte es, dass Weiß so weit voraus gesehen hatte.

Die Partie endete:

47...♖f8

47...cxd5 48 ♕xc8+ ♔g7 49 ♕e8! gewinnt für Weiß.

48 ♖c5!?

48 ♖d6! ist ebenfalls sehr stark.

48...♗e7 49 ♖b1! ♗xc5

Oder: 49...♔g7 50 ♖b7 ♕d2+ 51 ♔h3 ♕e1 52 ♕c1 +–; 49...♗d6 50 ♖b2! ♔g7 51 ♕c3 +–.

50 ♖xb8! 1-0

50...♔h8 51 ♖xf8+ ♗xf8 52 ♘xf7+ ♔g7 53 ♘e5 ♔h6 54 ♕c2.

Natürlich wird der Eindruck, den die präzise Berechnung von Weiß geschaffen hat, dadurch gemindert, dass sie das Produkt einer Hängepartieanalyse war.

97)

Tal – Hübner

Montreal 1979

Diese Stellung enthält eine zwingende Lösung:

20 ♗f4! ♗d6 21 ♖xd6! ♖xd6 22 ♘e5!

Dieser Zug ist ziemlich offensichtlich, da er eine andere Figur in den Angriff bringt, aber er erfordert genaue Berechnung.

22...♔a8

Die folgende Variante ist wichtig: 22...♘d5 23 ♘xf7 ♘xf4 24 ♖xf4 ♖f8 25 ♘xd6 ♖xf4 26 ♘b5!.

23 ♘c4!

Ebenfalls möglich war 23 ♘xf7, aber dann muss Weiß mit dem Gegenschlag 23...e5 rechnen. Die Partiefortsetzung ist viel genauer. Sie basiert außerdem auf einer hübschen taktischen Feinheit.

23...♘e8

Im Fall von 23...e5?, hatte Tal die folgende Lösung vorbereitet: 24 ♗xe5 ♖e6 25 ♗xc7! ♖xe2 26 ♘b6+ axb6 27 ♖a4#.

24 ♖g4! ♕e7

Schwarz sieht sich unvermeidbarem Materialverlust gegenüber: 24...♖g8 25 ♘xd6 ♘xd6 26 ♕d3 ♖d8 27 ♖xg7.

25 ♘xd6 ♘xd6 26 ♖xg7

Weiß verwandelte seinen Vorteil in der Folge in einen Sieg.

98)

Gyimesi – Erdos

Ungarische Meisterschaft, Kazincbarcika 2005

Weiß führte eine glänzende Kombination durch, die vor allem ausgezeichnete Variantenberechnung erforderte.

36 b6+! ♔d7 37 ♖xh6!! ♗xh6 38 ♖xh6 ♕xh6

Nun ist es einfach. 38...♕f5 ist eine wichtige Alternative. Dann gewinnt Weiß durch 39 d5!!. Das Vorhersehen dieses Zugs und die Berechnung seiner Konsequenzen, war der schwierigste Teil der Kombination. Die Varianten verlaufen wie folgt: 39...♖a1+ (39...cxd5 40 c6+ +–) 40 ♔b2 ♕e5+ 41 ♕d4 ♕xd4+ 42 exd4

♖a5!? (42...♖f1 43 dxc6+ bxc6 44 d5 +–) 43 ♖h7+ ♔d8 (43...♔c8 44 ♖c7+ ♔b8 45 d6 +–) 44 ♖xb7 cxd5 45 ♖g7, und Weiß gewinnt.

39 ♕f7+ ♔d8 40 ♕g8+ ♔e7 41 ♕xa8 ♕e6 42 ♕xb7+ ♔f6 43 ♔b2! fxe3 44 fxe3 g4 45 ♕c7 ♕c4 46 ♕f4+ ♔e7 47 ♕xe4+ ♔f6 48 ♕f4+ ♔e7 49 ♕xg4 ♕b4+ 50 ♔c2 1-0

99)

Kholmow – Keres

Meisterschaft der UdSSR, Tiflis 1959

Beide Seiten haben diese Stellung angestrebt. Es stellte sich heraus, dass Weiß korrekt war, nachdem er die Konsequenzen der folgenden Operation präzise bewertet hat:

12 ♘c6!! ♕d7

Nach 12...♕xd1 13 ♖xd1 ♗b7 (13...♗d7) 14 ♘d5 hat Weiß einen großen Vorteil.

13 ♘xe7!

Dieser Schlag ist die Pointe der gesamten Kombination und erforderte eine Menge Berechnung.

13...♔xe7

13...♕xd1 14 ♖xd1 ♔xe7 wird stark mit 15 ♗g5+! ♔e6 16 ♖d6+ ♔f5 17 f4 ♗xe5 (einziger Zug; 17...♗a6 18 ♗xh6 ♗xh6 19 ♖f6#) 18 ♖d5! beantwortet, mit einem nahezu entscheidenden Vorteil.

14 ♗xh6! ♗xh6

14...♕xd1 15 ♗g5+ +–.

15 ♕f3 ♗g7 *(D)*

Das Feld f6 muss gedeckt sein: 15...♖e8 16 ♖ad1 ♕b7 17 ♕f6+ ♔f8 18 ♕h8+ ♔e7 19 ♘d5+.

Nun kommt der letzte Angriffssturm.

16 ♘d5+!

16 ♕xa8? ist schlecht: 16...♗b7 17 ♕xa7 ♕c6 18 f3 ♖a8.

16...♔d8

16...♔f8 17 e6 ♕b7 18 e7+ ♔e8 19 ♖ad1 +–.

17 ♖ad1 ♗b7 18 ♕b3 ♗c6 19 ♘xb6 axb6 20 ♕xf7 ♗xe5 21 ♖xd7+ ♗xd7 22 ♖xe5 ♔c7

W

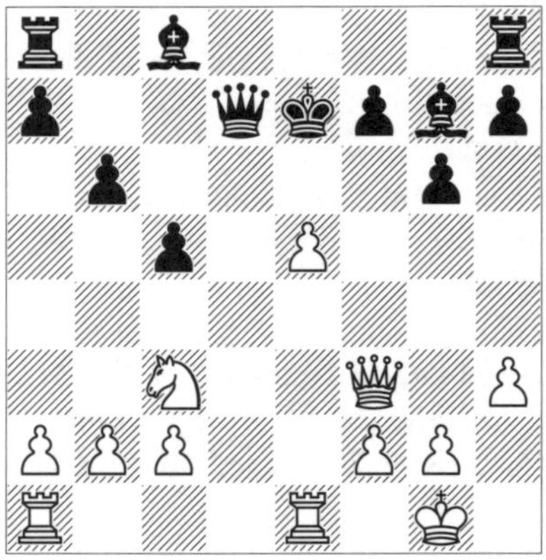

23 ♖e7 ♖ad8 24 a4 g5 25 ♕d5 ♖he8 26 ♖xh7 g4 27 a5 gxh3 28 axb6+ ♔xb6 29 ♖xd7 1-0

100)

Botwinnik – Bondarewski

Absolute Meisterschaft der UdSSR, Leningrad/Moskau 1941

In Zeitnot spielte Weiß **39 ♘g3?** und verlor nach 89 Zügen. Botwinnik zeigte, dass er in diesem Moment hätte gewinnen können. Hier ist seine Analyse:

39 ♘xd4! ♖xd4 40 ♕c3! ♕f6

40...♕d3 41 ♕c6 +–.

41 ♖g7!!

Der springende Punkt ist, das Feld g3 zu besetzen, und Schwarz ist in Zugzwang:

a) 41...♖xf4 42 ♕g3 ♖fe4 (42...♖f1 43 ♖g8+ ♔h7 44 ♕d3+) 43 ♖g8+ ♔h7 44 ♕g7+ ♕xg7 45 ♖1xg7#.

b) 41...♖d8! 42 h3!! (Zugzwang; 42 ♕g3? ♖d1! 43 ♖g8+ ♔h7 44 ♖g7+ ♔h8 =), und nun:

b1) 42...♕f5 43 ♕g3 ♕e4+ 44 ♖g2 +–.

b2) 42...♕e6 43 ♕g3 ♕e4+ 44 ♖g2 +–.

b3) 42...♕xf4 43 ♖7g4 +–.

b4) 42...♕h4 43 ♖xf7 ♕f2 44 ♖h7+ ♔xh7 45 ♕c7+.

b5) 42...h5 43 ♖7g5 +–.

b6) 42...♖xf4 43 ♕g3 h5 44 ♖g5 gewinnt ebenfalls für Weiß.

Spielerverzeichnis

Wenn der Name eines Spielers im **Fettdruck** erscheint, hatte der betreffende Spieler Weiß; anderenfalls hatte der ERSTGENANNTE SPIELER Weiß. Die Zahlen sind Seitenangaben.
Wenn eine Seitenzahl *kursiv* dargestellt wird, zeigt das eine Übung an.

ADAMS – Kassimdschanow *153*
ALEKSEJEW – **Gulko** *186*
ALJECHIN – **Euwe** 14; Euwe 79, *157*
ALMASI, Z. – Winants 66
ANAND – Gelfand *176*; Kassimdschanow 83; Nisipeanu 36; **Polgar, J.** *162*; **Swidler** 139; **Van Wely** 65
ARESCHTSCHENKO – **Malachow** 71
ARONJAN – Šolak *154*
ASMAIPARASCHWILI – Drejew *175*
AWERBACH – Kholmow *154*
AWRUCH – **Kovačević, A.** 29
BACROT – Filippow *171*
BAREJEW – **Kramnik** 117; Lautier *166*
BELJAWSKI – Radulow *175*; **Short** *182*
BELLIN – **Ungureanu** 37
BLUVSHTEIN – Efimenko *180*; **Ehlvest** *154*
BOBOTSOW – Petrosjan 47
BONDAREWSKI – **Botwinnik** *188*
BOTWINNIK – Bondarewski *188*; **Jurgis** *157*; Larsen 20; **Larsen** *172*; **Rabinowitsch, I.** *158*, *167*
BRONSTEIN – Bychowski, An. *174*; **Keres** *178*; **Mikenas, V.** *153*; Simagin *180*
BYCHOWSKI, AN. – **Bronstein** *174*
BYRNE, R. – **Spasski** *184*
CAPABLANCA – Janowski *156*; Randolph *161*; **Tartakower** 47; Yates 17
CARLSEN – **Graf** 11; Nijboer *155*; Nikolić *154*
COMAS FABREGO – **Polugajewski** *168*
DELEKTA – Geller 43
DOMINGUEZ, L. – Quezada 45; Sadwakassow *174*
DORFMAN – **Tal** *169*
DREJEW – **Asmaiparaschwili** *175*; **Harikrishna** *155*
DUKE OF BRUNSWICK UND COUNT ISOUARD – **Morphy** 42
EFIMENKO – **Bluvshtein** *180*
EHLVEST – Bluvshtein *154*
ERDOS – **Gyimesi** *187*
EUWE – Aljechin 14; **Aljechin** 79, *157*
EVANS – Larsen *178*
FANG – **Milman** 105
FILIPPOW – **Bacrot** *171*
FISCHER – **Geller** *160*; Panno 129; Schweber 130; Unzicker 68
FLOHR – Geller 118
FRIDMAN – **Konstantinopolski** 20
FRIDSTEIN – Lutikow *168*
GADJILY – Nisipeanu 122
GELFAND – **Anand** *176*; Georgiew, Ki. 72; Hort *181*; Kortschnoj *180*; Malachow 82; **Short** *158*; Wladimirow *161*; Wolff *155*
GELLER – **Delekta** 43; Fischer *160*; **Flohr** 118; Panno 134; **Parma** 102; **Petrosjan** 140; **Smyslow** 26; Smyslow 87; **Spasski** 63
GEORGIEW, KI. – **Gelfand** 72; Kempinski *183*
GLIGORIĆ – **Sawon** *169*
GOLOSCHAPOW – Kharlow *176*
GOLUBEW – **Haznedaroglu** *162*
GRAF – Carlsen 11
GRIGORJEW – **Petrosjan** 13; **Subariew** 85
GUFELD – Klovans 121
GULKO – Aleksejew *186*; Rojas Keim *168*; Timman 66
GUTMAN – Schanawa *181*
GYIMESI – Erdos *187*
HABA – Lechtynsky *165*
HARIKRISHNA – Drejew *155*; Shabalov 73
HAZNEDAROGLU – Golubew *162*
HECTOR – Nakamura *162*
HODGSON – **Kuijf** 46
HOFFMANN, M. – Papp 33
HORT – **Gelfand** *181*
HORVATH, J. – Kosten *183*
HÜBNER – **Karpow** 127; **Tal** *187*
IBRAGIMOW – **Nakamura** 67
ILLESCAS – **Jussupow** 64
IWANTSCHUK – **Kramnik** 126; Moissejenko 30

JANOWSKI – **Capablanca** *156*
JEWSEJEW – Khassangatin *164*
JUCHTMAN – Kots *179*; **Osnos** *159*; Palatnik 25; **Pohla** *159*; **Stepitschew** *177*
JURGIS – Botwinnik *157*
JUSSUPOW – Illescas 64; Reuss *177*
KARPOW, AL. – Owetschkin 12
KARPOW, AN. – Hübner 127; Spasski 110; Taimanow *182*
KASPAROW – **Kramnik** 98
KASSIMDSCHANOW – **Adams** *153*; **Anand** 83; **Topalow** 50
KEMPINSKI – **Georgiew, Ki.** *183*
KERES – Bronstein *178*; **Kholmow** *188*; Lilienthal *158*; Malich *184*; **Mikenas, V.** *177*; Spasski 34
KHALIFMAN – **Wolkow** *156*
KHARLOW – **Goloschapow** *176*
KHASSANGATIN – **Jewsejew** *164*
KHOLMOW – **Awerbach** *154*; Keres *188*; **Petrosjan** *157*
KLOVANS – **Gufeld** 121
KNEŽEVIĆ – Saitzew, I. *174*
KONSTANTINOPOLSKI – Fridman 20
KORNEJEW – Speelman *179*
KORTSCHNOJ – **Gelfand** *180*; Ljubojević 132; Rowson *155*; Tal *178*
KOSTEN – **Horvath, J.** *183*
KOTS – **Juchtman** *179*
KOVAČEVIĆ, A. – Awruch 29
KRAMNIK – Barejew 117; Iwantschuk 126; Kasparow 98; **Leko** 27; Ponomarjow *160*; Topalow 52
KREJCIK – Krobot 124
KROBOT – **Krejcik** 124
KUIJF – Hodgson 46
KURNOSSOW – **Timofejew** *185*
KUSNEZOW, A. – Spasski 115
LARSEN – **Botwinnik** 20; Botwinnik *172*; **Evans** *178*
LAUTIER – **Barejew** *166*; **Swidler** *179*
LECHTYNSKY – **Haba** *165*
LEKO – Kramnik 27
LEPESCHKIN – **Stein** 101
LILIENTHAL – **Keres** *158*; **Smyslow** 125
LJUBOJEVIĆ – **Kortschnoj** 132
LÖWENTHAL – Morphy 128
LUKOWNIKOW – Sapunow *184*
LUTIKOW – **Fridstein** *168*
MAHESH CHANDRAN – Vavrak *153*
MALACHOW – Areschtschenko 71; **Gelfand** 82
MALICH – **Keres** *184*
MALICHEWA – **Zhao Jianchao** 99
MARZOLO – Nielsen, P.H. *179*
MIEZIS – Smirin 126
MIKENAS, V. – Bronstein *153*; Keres *177*
MILMAN – Fang 105
MOISSEJENKO – **Iwantschuk** 30
MOISSEJEW – **Taimanow** *175*
MORPHY – Duke of Brunswick und Count Isouard 42; **Löwenthal** 128; NN 42
NAKAMURA – **Hector** *162*; Ibragimow 67
NESCHMETDINOW – **Polugajewski** 89
NEUMANN – **Steinitz** 16
NIELSEN, P.H. – **Marzolo** *179*
NIJBOER – **Carlsen** *155*
NIKOLIĆ – **Carlsen** *154*; **Timman** *170*
NISIPEANU – **Anand** 36; **Gadjily** 122; **Sandipan** *165*
NN – **Morphy** 42
NOWIKOW – **Wischmanawin** 81
ONISCHUK – **Schirow** 100
OSNOS – Juchtman *159*
OWETSCHKIN – **Karpow, Al.** 12
PALATNIK – **Juchtman** 25
PANNO – **Fischer** 129; **Geller** 134
PANTSULAIA – Sutovsky *169*
PAPP – **Hoffmann, M.** 33
PARMA – Geller 102
PELLETIER – **Smirin** *172*
PETROSJAN – **Bobotsow** 47; Geller 140; Grigorjew 13; Kholmow *157*; **Polugajewski** 95; Spasski *186*; Taimanow 94
PLACHETKA – Zinn 24
PLATONOW – **Tal** 104
POHLA – Juchtman *159*
POLGAR, J. – Anand *162*; **Salow** *183*
POLOWNIKOWA – **Tschiburdanidse** 44
POLUGAJEWSKI – Comas Fabrego *168*; Neschmetdinow 89; Petrosjan 95; Tal 116
PONOMARJOW – **Kramnik** *160*
PORPER – **Psachis** *163*
PORTISCH – **Stein** *164*
PRINS – **Taimanow** *182*
PSACHIS – Porper *163*
QUEZADA – **Dominguez, L.** 45
RABINOWITSCH, I. – Botwinnik *158*, *167*
RADULOW – **Beljawski** *175*
RANDOLPH – **Capablanca** *161*
REUSS – **Jussupow** *177*
RJASANZEW – Rublewski 108
ROJAS KEIM – **Gulko** *168*

ROWSON – **Kortschnoj** *155*
RUBLEWSKI – **Rjasanzew** 108; Sadwakassow 18; Zhang Zhong 39
SADWAKASSOW – **Dominguez, L.** *174*; **Rublewski** 18
SAITZEW, I. – **Knežević** *174*
SALOW – Polgar, J. *183*
SANDIPAN – Nisipeanu *165*
SAPUNOW – **Lukownikow** *184*
SARGISJAN – **Waganjan** *157*
SASHIKIRAN – Williams, S. 28
SAWON – Gligorić *169*
SCHANAWA – **Gutman** *181*
SCHAPOSCHNIKOW – **Ulibin** 113
SCHIROW – Onischuk 100
SCHMID, L. – **Spasski** *184*
SCHWEBER – **Fischer** 130
SHABALOV – **Harikrishna** 73
SHORT – Beljawski *182*; Gelfand *158*
SIMAGIN – **Bronstein** *180*
SMIRIN – **Miezis** 126; Pelletier *172*
SMYSLOW – Geller 26; **Geller** 87; Lilienthal 125
ŠOLAK – **Aronjan** *154*
SPASSKI – Byrne, R. *184*; Geller 63; **Karpow** 110; **Keres** 34; **Kusnezow, A.** 115; **Petrosjan** *186*; Schmid, L. *184*; Taimanow 96; Tal 75
SPEELMAN – **Kornejew** *179*; **Wells** *181*
STEIN – Lepeschkin 101; Portisch *164*; Tal *185*
STEINITZ – Neumann 16
STEPITSCHEW – Juchtman *177*
SUBARIEW – Grigorjew 85
SUTOVSKY – **Pantsulaia** *169*
SWIDLER – Anand 139; Lautier *179*; **Van Wely** *163*
TAIMANOW – **Karpow** *182*; Moissejew *175*; **Petrosjan** 94; Prins *182*; **Spasski** 96
TAL – Dorfman *169*; Hübner *187*; **Kortschnoj** *178*; Platonow 104; **Polugajewski** 116; **Spasski** 75; **Stein** *185*
TARTAKOWER – Capablanca 47
TIMMAN – **Gulko** 66; Nikolić, P. *170*
TIMOFEJEW – Kurnossow *185*
TKACHIEV – Watson, W. *166*
TOPALOW – Kassimdschanow 50; **Kramnik** 52
TSCHIBURDANIDSE – Polownikowa 44
ULIBIN – Schaposchnikow 113
UNGUREANU – Bellin 37
UNZICKER – **Fischer** 68
VAN WELY – Anand 65; Swidler *163*
VAVRAK – **Mahesh Chandran** *153*
WAGANJAN – Sargisjan *157*
WANG YAOYAO – **Zhang Zhong** *153*
WATSON, W. – **Tkachiev** *166*
WELLS – Speelman *181*
WILLIAMS, S. – **Sashikiran** 28
WINANTS – **Almasi, Z.** 66
WISCHMANAWIN – Nowikow 81
WLADIMIROW – **Gelfand** *161*
WOLFF – **Gelfand** *155*
WOLKOW – Khalifman *156*
YATES – **Capablanca** 17
ZHANG ZHONG – **Rublewski** 39; Wang Yaoyao *153*
ZHAO JIANCHAO – Malichewa 99
ZINN – **Plachetka** 24

Verzeichnis der Komponisten

Zahlen beziehen sich auf Seiten. Wenn eine Seitenzahl *kursiv* dargestellt wird, zeigt das eine Übung an.

Duras, O. *173*
Golubew, M. *170*
Grigorjew, N. 138
Issler, W. 123
Jaroslawzew, A. 107
Kopajew, N. *185*
Kubbel, L. 19,*178*
Mattison, H. *168*,*173*
Moravec, J. *168*
Platow, V. und M. 70
Pogosiants, E. 12
Prokeš, L. *161*
Prokop, F. 78
Réti, R. 129
Skuja, R. *171*
Smyslow, W. 76
Troitsky, A. 120
Tschechower, W. 137
Weenink, H. 38

Das Verständnis des Mittelspiels im Schach
John Nunn
John Nunn erklärt die 100 wichtigsten Mittelspielideen, wobei jede durch zwei instruktive Beispiele aus dem modernen Schach illustriert wird.
240 Seiten, 248mm x 172mm

Schach verstehen Zug um Zug
John Nunn
Der klassische Bestseller – John Nunn analysiert 30 hochklassige Partien und erklärt dabei jeden einzelnen Zug.
272 Seiten, 248mm x 172mm

Schach für Kinder
Murray Chandler und Helen Milligan
Mit diesem unterhaltsamen Buch werden Kinder mit Begeisterung die grundlegenden Züge des Schachspiels lernen. Es sind keine Vorkenntnisse erforderlich.
112 Seiten, 280 mm x 210 mm

Das Verständnis der Schachendspiele
John Nunn
Ohne besondere Endspielkenntnisse vorauszusetzen, präsentiert John Nunn 100 Schlüsselkonzepte und erklärt, wie man sie nutzt, um Partien zu gewinnen oder schwierige Stellungen zu retten.
232 Seiten, 248mm x 172mm

Papa, du bist schachmatt
Murray Chandler
In einem klaren, leicht verständlichen Format erklärt dieses Buch die 50 tödlichen Schachmatts, mit denen man Gegner jeder Spielstärke besiegen kann.
128 Seiten, 226mm x 174mm

Einführung in die Schachtaktik
John Nunn
Die Verbesserung der taktischen Fähigkeiten ist das wirksamste Mittel, um mehr Partien zu gewinnen. Die systematische Vorgehensweise in diesem Buch garantiert, dass jedes Konzept erklärt und überprüft wird, bevor das nächste vorgestellt wird.
160 Seiten, 248mm x 172mm

Schachtaktik für Kids
Murray Chandler
Die illustrativen Stellungen, die alle aus wirklichen Partien stammen, zeigen die 50 taktischen Tricks, die erfahrene Schachmeister benutzen, um ihre Partien zu gewinnen.
128 Seiten, 230 mm x 178 mm

John Nunns Schachkurs
John Nunn
Großmeister John Nunn bietet eine vollständige Schachausbildung, die auf den Partien des Weltmeisters Emanuel Lasker basiert.
384 Seiten, 248 mm x 172 mm

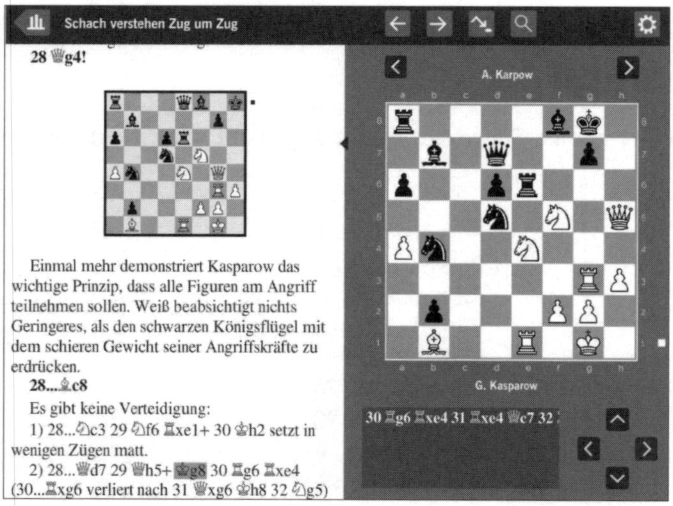

Probieren Sie unsere App, *Gambit Chess Studio*, erhältlich für iOS (iPad und iPhone) und für Android-Geräte. Sie können alle Züge des Buches auf dem Bildschirm nachspielen, ohne ein Schachbrett zu benutzen. Alle obigen Titel sind im *Gambit Chess Studio* erhältlich.